国学名著讲读系列

礼记讲读

吕友仁 著

王元化 顾问
胡晓明 主编

华东师范大学出版社

目录

序

朱文化

中国自古以来有着十分浓厚的人文经典意识。一方面是传世文献中有着代代相承的丰富多样的文化典籍(这在世界文化中是罕见的),另一方面是千百年来读书人对经典的持续研讨和长期诵读传统(这在世界历史上也是罕见的)。由于废科举,兴新学,由于新文化运动和建立新民族国家需要,也由于二十世纪百年中国的动乱不安,这一传统被迫中断了。但是近年来似乎又有了一点存亡继绝的新机会。其直接的动力,一方面是自上而下地提倡大力弘扬和培育民族精神,另一方面更主要的是自下而上,由民间社会力量以及一些知识分子推动的又一次“传统文化热”,尤其表现在与八十年代坐而论道的文化批判不同,一些十分自发的社会文化教育形式的新探索。譬如各地开展的少儿诵读经典活动,一些民间学堂的传统文化研习,一些民办学校、农村新兴私塾等,对学习传统经典的恢复,以及一些大学里新体制的建立等。其时代原因,表面上看起来与中国近十年的经济活力与和平崛起有关系,其实比这复杂得多。至少可以提到的是:转型社会的道德危机和意义迷失所致的社会生活新问题及其迫切性;世界范围内各种思想的相互竞争相互激荡;在全球经济一体化和科技至上的社会环境中,公民社会的人文精神品质正在迅速流失;在这个背景下,青年一代人中国文化特质正在迅速丧失;中国近现代思想史上,由文化激进主义而带来的弊端渐渐显露,中国文化由遭受践踏到重新复苏的自身逻辑以及文化觉醒;以及从经验主义出发,从社会问题出发,实用地融合各种思想文化的资源以有利于社会全面发展和人的全面发展的新视野等等。总之,一方面是出现了重要的新机会,另一方面也有前所未有的危机。惟其复杂而多元,我们就不应该停留于旧的二元对立的思路,不应该坚执于概念义理的论争,不应该单一地思考文化思想的建设问题,而应该从生活的实践出发,根据我们变化了的时代内涵,提炼新的问题意识,回应社会的真正需要,再认传统经典的学习问题。

所以，这套书我是欣然赞成的。在目前中国文化的发展出现前所未有的新机会，同时也是出现前所未有危机的情况下，华东师范大学出版社愿意做一点负起社会责任的事情，体现了他们的眼光、见识和魄力。如果有更多的出版社和文化单位愿意援手传统文化积累培育工作，中国文化的复兴是有希望的。是为序。

二〇〇五年七月二十二日

导读

一、《礼记》的名称

《礼记》者，《礼》之记也。“记”的任务就是解释《礼》所未明和补充《礼》所未备。《礼》，在西汉时是五经之一，所以又叫作《礼经》；又因为《礼经》的内容主要是针对士的阶层，所以又叫作《士礼》。晋代以后，《礼》《礼经》《士礼》之名被《仪礼》之名所取代。需要说明的是，我们今天看到的《仪礼》只有十七篇，它只是《礼经》流传下来的一部分。《史记・儒林列传》说：“《礼》固自孔子时而其经不具，及至秦焚书，书散亡益多。”[①]而据《汉书・艺文志》，西汉时的《礼》还有五十六篇，其中的三十九篇，因为没有师说，到了魏晋时期也就散佚了。我们今天在阅读《礼记》时，会发现其中的有些篇是和《仪礼》有关系的，而有些篇则似乎与《仪礼》不搭界，原因何在？明白了这一点，我们就不至于迷惑不解。答案就是，《记》所要解释或补充的对应的《礼》没有流传下来嘛。

《礼记》的别名甚多，或曰《礼》，或曰《记》，或曰《礼记》，或曰《小戴礼》，或曰《小戴礼记》，达五种之多。这些名称，或同一时间而单行，或同一时间而共行。再加上其中的某些名称与《仪礼》一书的早期名称同名（早期《仪礼》，亦或曰《礼》，或曰《礼记》，详下），其结果，不仅使初学者眼花缭乱，就是有的大学者由于一时不慎，也曾有张冠李戴的疏误。

《汉书・艺文志》礼家著录“《记》百三十一篇”，注云：“七十子后学者所记也。”[②]给人一种印象，似乎早期的《礼记》只称作《记》。例如，清代学者黄以周在其《礼书通故》卷一说：“西汉之时，于《礼经》，但曰《礼》；其《记》，但曰《记》。”[③]笔者也曾经人云亦云，盲从黄氏之说。实际上，“其《记》，但曰《记》”的说法是违背事实的，因而是错误的。

---

① 《史记》，中华书局修订版，2013 年，3771 页。

② 《汉书》，中华书局，2016 年，1709 页。

③ 詹亚园等主编《黄以周全集》，上海古籍出版社，2014 年，29—30 页。

为了探寻《礼记》的早期称呼，笔者曾经在十种汉代以前的古书中作了一个调查。这十种古书是，《孟子》、《荀子》（以上两种，先秦）、陆贾《新语》、贾谊《新书》、董仲舒《春秋繁露》、桓宽《盐铁论》、《淮南子》、《汉志》礼家中的《石渠议奏》辑本、司马迁《史记》（以上七种，西汉宣帝以前），另外加上《汉书》（仅使用其宣帝以前的史料）。我调查了上述十种古书在征引《记》文时的称呼，结果如下：《孟子》征引《记》文三十七次，其中三十四次是暗引，三次是明引。明引的三次，均将征引的《记》文称之为《礼》。《荀子》征引《记》文三十九次，其中三十八次是暗引，一次是明引。明引则称之为《礼》。《新语》征引《记》文十五次，都是暗引。《新书》征引《记》文二十六次，其中二十一次是暗引，五次是明引。五次明引，皆称之为《礼》。《春秋繁露》征引《记》文二十九次，其中二十六次是暗引，三次是明引。三次明引，二次称之以《礼》，一次径称《王制》之篇名。而检视《春秋繁露》全书，凡明引《礼记》文字者，皆称以书名，未尝以篇名相称。此其一。且《春秋繁露》征引《王制》凡六次，其他五次皆暗引，何独一次径称《王制》？此其二。因疑称《王制》篇名者，盖后人所为，原书不如此也。《盐铁论》征引《记》文五十三次，其中五十一次是暗引，二次是明引，明引皆以《礼》称之。《淮南子》征引《记》文三十八次，都是暗引。《史记》征引《记》文十三次，其中十次是暗引，三次是明引。三次明引，均称之为《礼》。《汉书》宣帝以前史料征引《记》文十八次，其中十一次是暗引，七次是明引。七次明引中，六次称之为《礼》，一次称之为《传》。[①] 空口无凭，姑以《孟子》一书为证：

1.《公孙丑下》："《礼》曰：父召无诺，君命召不俟驾。"[②]

按："父召无诺"，见《礼记·曲礼上》。[③]

2.《滕文公下》："《礼》曰：诸侯耕助，以供粢盛；夫人蚕缫，以为衣服。"[④]

按：《礼记·祭统》："天子亲耕于南郊，以共齐盛；王后蚕于北郊，以共纯服。诸侯耕于东郊，亦以共齐盛；夫人蚕于北郊，以共冕服。"[⑤]《孟子》所引，盖节引《祭统》之文。

3.《离娄上》："男女授受不亲，《礼》也。"[⑥]

---

① 此节内容，详见拙作《〈礼记〉研究四题》中的《〈礼记〉成书管窥》一节，中华书局，2014年。

② 《孟子注疏》，北京大学出版社，2000年，125页。

③ 《礼记正义》，上海古籍出版社，2008年，57页。

④ 《孟子注疏》，195页。

⑤ 《礼记正义》，1868—1869页。

⑥ 《孟子注疏》，241页。

按:《礼记·坊记》曰:“诸侯不下渔色,故君子远色以为民纪,故男女授受不亲。”[①]

总而言之,笔者从调查中得出了这样的一个结论:《礼记》一书,在西汉宣帝以前,只叫作《礼》。这个结论,不仅发前人所未发,也推翻了我脑中旧有的认识。

需要指出的是,上述结论,并不意味着西汉宣帝以后把《礼记》叫作《礼》的现象就绝迹了。不是的。西汉宣帝以后,把《礼记》叫作《礼》的现象仍然不绝如缕,只不过已经不是主流罢了。例如,刘向《列女传》,这是西汉末年的书。该书卷一《邹孟轲母》:“孟母召孟子而谓之曰:‘夫《礼》,“将入门,问孰存”,所以致敬也。“将上堂,声必扬”,所以戒人也。“将入户,视必下”,恐见人过也。’”[②]按:“将上堂,声必扬。将入户,视必下”,见今本《礼记·曲礼上》。[③] 又如,《汉书·师丹传》:“哀帝欲尊其本生父,丹议独曰:‘《礼》:父为士,子为天子,祭以天子,其尸服以士服。’”[④]按:此所谓《礼》云云,乃《礼记·丧服小记》文。[⑤]

《礼记》之称作《记》,据我的考查,始于汉宣帝甘露三年(前51)在宫内石渠阁召开的议礼会议上。这次会议的记录被编成了一本书,在《汉书·艺文志》叫作《石渠议奏》,在《隋书·经籍志》叫作《石渠礼论》。这两本书都没有流传下来,《通典》尚保留若干记载,后人有辑本。其中有云:

> 闻人通汉问云:“《记》曰:‘君,赴于他国之君曰不禄;夫人,曰寡小君不禄。大夫、士或言卒、死。’皆不能明。”戴圣对曰:“君死未葬曰不禄,既葬曰薨。”(《通典》卷八十三《初丧》)

按:所谓“《记》曰”云云,见今《礼记·杂记上》。

《礼记》之称作《礼记》,据我的考查,始于汉元帝时。《汉书·梅福传》:“元帝时,匡衡议以为:‘《礼记》孔子曰:“丘,殷人也。”先师所共传,宜以孔子世为汤后。’上以其语不经,遂见寝。”[⑥]

按:“孔子曰:丘,殷人也”,语见《礼记·檀弓上》。这是最早称作《礼记》的例子。

---

① 《礼记正义》,1982页。
② 刘向《列女传》,辽宁教育出版社,1998年,7页。
③ 《礼记正义》,45页。
④ 《汉书》,3506页。
⑤ 《礼记正义》,1305页。
⑥ 《汉书》,2926页。

魏晋以后,《礼记》又有《小戴礼》和《小戴礼记》之称。之所以书名前面要加上个定语“小戴”,是因为《礼记》在西汉时有两种辑本。一种辑本的编者是戴德,其辑本有八十五篇。一种辑本的编者是戴圣,其辑本有四十九篇。戴德与戴圣是叔侄关系,为了区分,人们就把戴德的辑本叫作《大戴礼》或《大戴礼记》,而把戴圣的辑本叫作《小戴礼》或《小戴礼记》。两种辑本的《礼记》在人们心目中的地位大有悬殊。《小戴礼》的编者戴圣参加了汉宣帝甘露三年的石渠会议,而《大戴礼》的编者戴德却没有参加石渠会议,这表明《大戴礼》在当时就受到了皇帝的冷落。《小戴礼》后来由东汉大儒郑玄作了注,从此跻身于“三礼”的行列;更由于《小戴礼》的内容为构建封建社会秩序提供了较多的参照系而为朝野所共同接受,进而由“三礼”的末位而跃升首位,简直是红得发紫。而《大戴礼》也没有得到郑玄的青睐,士人传习者少,到了唐代,已经散佚了四十六篇,仅存三十九篇,这就是我们今天看到的《大戴礼记》。

汉代以前,《仪礼》也叫作《礼》。这样的称呼,始于战国。《孟子》在征引《仪礼》时,就称之为《礼》。例如:

1.《离娄下》:“(齐宣)王曰:‘《礼》,为旧君有服。’”①

按:“为旧君有服”,见《仪礼·丧服》齐衰三月章。

2.《万章下》:“孟子曰:‘在国曰市井之臣,在野曰草莽之臣,皆谓庶人。庶人不传质为臣,不敢见于诸侯,《礼》也。’”②

按:《仪礼·士相见礼》:“在邦则曰市井之臣,在野则曰草莽之臣。”③

东汉时,犹循斯例。例如,许慎《说文解字》:“奠,置祭也。《礼》有奠祭。”段玉裁注云:“《礼》,谓《礼经》也。《士丧礼》、《既夕礼》祭皆谓之奠。”④

上文谈到,西汉宣帝以前,《礼记》只叫作《礼》。而汉代以前,《仪礼》也叫作《礼》,这就形成了在西汉宣帝以前二书同名的现象。职此之故,我们在阅读、研究西汉宣帝以前的文献时,要注意二者的区分。

两汉时期,《仪礼》也叫作《礼记》。之所以这样叫,是因为《仪礼》十七篇,其中的十三篇,在正文后面都附有起补充说明作用的“记”。这样一来,就和四十九篇的《礼记》纠缠在一起。清季学者皮锡瑞《经学通论·三礼》把这个问题解说得相

---

① 《孟子注疏》,255页。

② 《孟子注疏》,338页。

③ 《仪礼注疏》,点校《十三经注疏》繁体字版,北京大学出版社,2000年,144页。

④ 段玉裁《说文解字注》,上海古籍出版社,1981年,200页。

当明白:“汉所谓《礼》,即今十七篇之《仪礼》,而汉不名《仪礼》。专主经言,则曰《礼经》,合《记》而言,则曰《礼记》。许慎、卢植所称《礼记》,皆即《仪礼》与篇中之记,非今四十九篇之《礼记》也。其后《礼记》之名,为四十九篇之《记》所夺,乃以十七篇之《礼经》别称《仪礼》。”①

例如,许慎《说文解字·艹部》:“苄,地黄也。《礼记》:‘鈃毛、牛藿、羊苄、豕薇是。’”②

按:此所谓《礼记》云云,乃《仪礼·公食大夫礼·记》文。

再如,《后汉书·卢植传》:“时始立太学石经,以正礼记文字。植乃上书曰:‘臣少从通儒故南郡太守马融受古学,颇知今之《礼记》,特多回穴。’”③

按:此所谓《礼记》,亦指《仪礼》而言。

由于《礼记》和《仪礼》在名称上有此纠葛,所以我们在读书时需要格外留心。清初学者万斯同作《石经考》,他首先征引了西晋陆机《洛阳记》的一段话:

> 太学在洛城南开阳门外,讲堂长十丈,广二丈。堂前《石经》四部。本碑凡四十六枚。西行,《尚书》《周易》《公羊传》,十六碑存,十二碑毁。南行,《礼记》十五碑,悉崩坏。东行,《论语》三碑,二碑毁。《礼记》碑上有谏议大夫马日磾、议郎蔡邕名。(按:原文见《后汉书·蔡邕传》李贤注)④

万斯同不知《洛阳记》中的《礼记》乃指《仪礼》而言,因加案语云:“《礼记》不立学官,何以得与诸经并刻?及考洪氏,石经残碑有《仪礼》而无《礼记》,乃知《洛阳记》之误。”⑤实际上是万斯同自己都没有搞明白,反而说《洛阳记》错了。大学者尚有此失,我们就更应该小心了。

二、《礼记》的内容

《礼记》四十九篇,由于《曲礼》《檀弓》《杂记》三篇的卷帙繁重,文字较多,所以各分为上下两篇。这样一来,实际上只有四十六篇。据顾炎武《金石文字记》卷五的统计,以《唐石经》为准,《礼记》共有九万八千九百九十四字,差不多是《周礼》

---

① 皮锡瑞《经学通论》,中华书局,1954年,“三礼”之第1页。

② 段玉裁《说文解字注》,32页。

③《后汉书》,中华书局,1965年,2116页。

④《后汉书》,1990页。

⑤ 万斯同《石经考》,景印文渊阁《四库全书》本,上海古籍出版社,1987年,第683册,855页。

《仪礼》二书的字数之和。

《礼记》的“礼”，可以说包罗万象。我们从中可以看到，上至治国、平天下，下至齐家、修身，礼都无时不在。不但对活着的人要讲礼，还要对死去的人讲礼。我们看到的是，整个社会，在礼的框架下运转；而一个人从呱呱落地到寿终正寝，也须臾离不开礼。这个“礼”，是广义的“礼”，所以其中有《学记》篇和《乐记》篇，把老师应该怎样教，学生应该怎样学，诗歌、音乐、舞蹈的本质和要义是什么，也都包括了进来。有的篇章让人感到条理秩如，有的篇章又让人感到杂乱无章，但万变不离其宗，这个“宗”就是礼。

《礼记》四十九篇，每篇的解题及主旨，兹简介如下：

《曲礼》上第一：本篇是以篇首二字命篇。寻其含义，众说纷纭。据郑玄和孔颖达说，本篇所记包含了吉、凶、宾、军、嘉五礼，但大多属于细微末节，故称。

《曲礼下》第二：郑玄《三礼目录》云：“义与前篇同。简策重多，分为上下。”①

《檀弓上》第三：檀弓是人名，因为首章记檀弓之事，因以名篇。本篇的中心内容是讨论丧葬之礼，但多是就事论事，显得结构零散。其中不少章节义理文彩俱佳，后人传诵不绝。“曾子寝疾”章、“孔子蚤作”章、“丧欲速贫，死欲速朽”章、“有子与子游立”章、“子路曰伤哉贫也”章、“苛政猛于虎”、“齐大饥”章等，是其例。

《檀弓下》第四：郑玄《三礼目录》云：“义同前篇。以简策繁多，故分为上下二卷。”

《王制》第五：王制，意谓王者之制度。郑玄《三礼目录》说：“名曰《王制》者，以其记先王班爵、授禄、祭祀、养老之法度。”这是一篇完整的施政大纲。将“鳏、寡、孤、独”四者视为弱势人群并由国家予以补贴，即出此篇。

《月令》第六：郑玄《三礼目录》说：“名曰《月令》者，以其纪十二月政令之所行也。”一年十二个月，每月施行什么样的政令，取决于当月的天象、节气、候应。规定得相当细。本篇是以阴阳五行学说为指导的全年施政纲领，对后世颇有影响。

《曾子问》第七：曾子是孔子的弟子。全篇采取曾子问（个别条是孔门其他弟子问）、孔子答的形式，所涉及的问题则是遇到丧葬之礼中的某些突发情况应如何处置。从这个意义上来说，本篇补充了《仪礼・士丧礼》之所未备。

《文王世子》第八：文王，谓周文王。世子，即太子。本篇主要讲周文王、周武

---

① 郑玄《三礼目录》一卷，始见《隋书・经籍志》，这是一本介绍《三礼》（《周礼》《仪礼》《礼记》）每篇内容的书，后佚。清人臧庸、王谟、黄奭、袁钧、孔广林等均有辑本。《三礼目录》中的《礼记目录》，可以在各种校点本《礼记正义》的每一篇开头看到。

王如何扮演世子的角色，以及周公如何教育成王之事。又推而广之，论及夏、商、周三代对世子的教育等事。

《礼运》第九：郑玄《三礼目录》说："名曰《礼运》者，以其记五帝三王相变易，阴阳转旋之道。"盖"礼运"者，礼之发展演变也。社会由五帝时的大同，演变为三王时期的小康，其分水岭便是由德治变为礼治。孔子借着弟子子游之问，遂纵论礼的产生、发展与作用。篇中对大同社会、小康社会的描写，几千年来，一直牵动着中国人的心。

《礼器》第十：本篇所讲的礼，不是抽象的礼，而是具体的礼，故以"器"称之。本篇论述这样一个原则：礼以恰如其分为贵。该多的时候就多，该少的时候就少，该文的时候就文，该质的时候就质。人作为礼的施行者，又必须具备忠信的美德，否则，礼作为器的作用也要受到影响。

《郊特牲》第十一：陆德明《经典释文》云："郊者，祭天之名。用一牛，故曰特牲。"[①]本篇内容较杂。以解说祭天、社祭、蜡祭、庙飨等祭礼为主，另外还有涉及朝觐、燕礼的内容，涉及冠礼、昏礼的内容。

《内则》第十二：所谓"内则"，即家庭之内，儿子、媳妇如何伺候父母、公婆的细则。这是本篇的主要内容。此外，还谈到养老之法、食谱和育子之法。

《玉藻》第十三：玉藻即旒，它是天子的冕前沿下垂的玉串。藻是五彩丝绳。以藻贯玉，以玉饰藻，故曰玉藻。清孙希旦《礼记集解》说："此篇首记天子诸侯衣服、饮食、居处之法，中间专记服饰之制，其前后又杂记礼节、容貌、称谓之法。《礼记》中可以考见古人之名物制度者，此篇为最详。"[②]

《明堂位》第十四：明堂，古代帝王宣明政教的地方。此篇首记周公摄政，诸侯相率来朝，朝周公于明堂，各就其位。次记成王以周公有功，赐鲁以天子之礼乐。

《丧服小记》第十五：吴澄《礼记纂言》云："《丧服》者，《仪礼》正经之篇名。正经之后有记，盖以补经文之所不备。此篇内所记丧服一章，又以补《丧服经》后记之所未备者也。其事琐碎，故名《小记》，以别于经后之记。"

《大传》第十六：郑玄《三礼目录》说："名曰《大传》者，以其记祖宗人亲之大义。"本篇主要讲丧服制度，讲宗法制度。

《少仪》第十七：朱熹《仪礼经传通解·目录》曰："此篇言少者事长之节。"[③]即

---

① 《礼记正义》，1023页。

② 孙希旦《礼记集解》，中华书局，1989年，774页。

③ 朱熹《仪礼经传通解》，景印文渊阁《四库全书》本，上海古籍出版社，1987年，第131册，8页。

卑幼者如何礼貌地对待尊长。

《学记》第十八：《学记》主要记两个方面：学者应该怎样学，教者应该怎样教。它对我国先秦时期的教育和教学第一次从理论上作了全面、系统的总结，可资后世借鉴者甚多。

《乐记》第十九：乐的概念，古今有异。本篇所谓之乐，包括诗歌、音乐、舞蹈在内。本篇记乐的产生原因，乐的社会功能，乐与礼的相辅相成关系，乐与和的关系，等等，都具有重要的理论意义，并产生了深远的影响。

《杂记上》第二十：郑玄《三礼目录》云："名曰《杂记》者，以其杂记诸侯以下至士之丧事。"本篇所记，有可补《仪礼》之《士丧礼》、《丧服》二篇之未备者。

《杂记下》第二十一：内容同上。由于卷帙繁重，分为上下两篇。

《丧大记》第二十二：郑玄《三礼目录》云："名曰《丧大记》者，以其记人君以下始死、小敛、大敛、殡葬之事。"王夫之《礼记章句》说："大，备也。自始死至葬，自诸侯至士，皆备记之，所以补《丧礼》之未悉者也。"①

《祭法》第二十三：《汉书·郊祀志第五下》称引此篇作《祀典》。本篇备记天神、地祇、人鬼之大中小祀典，并论述其所以能够被列入祀典的原因。

《祭义》第二十四：郑玄《三礼目录》云："名曰《祭义》者，以其记祭祀、斋戒、荐羞(进献供品)之义也。"本篇意在通过祭祀活动以揭示孝悌之义。

《祭统》第二十五：郑玄《三礼目录》云："名曰《祭统》者，以其记祭祀之本也。统，犹本也。"说得更明白点，这个"本"就是一片孝心。祭祀先祖，并不是迷信鬼神，而是出于饮水思源的孝心。就是祭祀过程中的种种仪节，也无不贯穿着孝心。

《经解》第二十六：《经解》之"经"，即儒家的六经：《诗》《书》《易》《礼》《春秋》《乐》。孙希旦《礼记集解》说："此篇凡为三段：首论《六经》教人之得失，次言天子之德，终言礼之正国。"②

《哀公问》第二十七：本篇开头一句是"哀公问于孔子曰"，即以篇首三字名篇。哀公，鲁哀公。哀公所问，一是问礼，二是问政。通篇采取哀公问、孔子答的形式。

《仲尼燕居》第二十八：仲尼，孔丘的字。燕居，闲暇无事之时。本篇记孔子在家休息的时候，有三个弟子陪侍在旁，闲谈之中，孔子给他们讲了礼的内容、本质及作用，弟子听了，"昭然若发蒙"。

---

① 王夫之《礼记章句》，《续修四库全书》本，上海古籍出版社，2002年，第98册，397页。

② 孙希旦《礼记集解》，1254页。

《孔子闲居》第二十九：本篇取篇首四字名篇。孔子在休息时，子夏陪侍在旁，顺便请孔子为其讲解《诗经》里的诗句，孔子遂由讲《诗》而及于《礼》。

《坊记》第三十：坊，本字作“防”，堤也。郑玄《三礼目录》说：“名曰《坊记》者，以其记《六艺》之义，所以防人之失者也。”本篇是记防备人们犯种种错误、做种种坏事的道理，而这些道理，就蕴含在《六经》里面。

《中庸》第三十一：本篇记中庸之道。《论语·雍也》：“中庸之为德也，其至矣乎！”把中庸看作是至高无上的道德。本篇为朱熹所编《四书》之一。

《表记》第三十二：南宋卫湜《礼记集说》卷一三七引吕大临说云：“此篇论仁为多，而篇中有云‘仁者，天下之表’，恐取此义以名篇。”[①]然则《表记》者，《仁记》也。

《缁衣》第三十三：《缁衣》，本《诗经》篇名。郭店简本《缁衣》首章（今本为第二章）有“好贤如《缁衣》”句，盖取以名篇。本篇主要记君上化民，臣下事君，以及安身立命之道。与《坊记》《表记》一样，通篇采取“子曰”的形式。

《奔丧》第三十四：郑玄《三礼目录》云：“名曰《奔丧》者，以其居他国，闻丧奔归之礼。此实逸曲礼之正篇也。汉兴后，得古文，而礼家又贪其说，因合于《礼记》耳。”孔颖达进一步解释说，郑玄所说的“逸礼”，即《汉书·艺文志》礼类所载之《礼古经》五十六卷，因其藏在秘府，所以叫作逸礼。

《问丧》第三十五：本篇是记居丧之礼的问答。前半篇是寓问答于叙述中，后半篇则是设为问答。

《服问》第三十六：《服问》，犹言关于丧服制度的问答。本篇实际上是采取论述的形式，不是设为问答。对此，王夫之《礼记章句》解释道：“未尝有问答之文而言‘问’者，条析疑义以待问也。”[②]《仪礼》有《丧服》一篇，本篇可补《丧服》之所未备。

《间传》第三十七：郑玄《三礼目录》云：“名曰《间传》者，以其记丧服之间轻重所宜。”意思是说，丧服五等，由重到轻的顺序是：斩衰、齐衰、大功、小功、缌麻。居丧之时，穿不同丧服的人，其容貌、哭声、言语、饮食、居处、丧服也不同。总的原则是，穿什么样的丧服，就应在容貌、哭声、言语等方面持相应的表现。否则，不是失礼，就是矫情。这就叫作“丧服之间轻重所宜”。

《三年问》第三十八：丧服的不同，守丧的时间长短也不同，有三年、一年、九个

---

① 卫湜《礼记集说》，景印《摛藻堂四库全书荟要》本，台湾世界书局，1988 年，第 56 册，400 页。

② 王夫之《礼记章句》，《续修四库全书》本，第 98 册，543 页。

月、五个月、三个月之分。这种守丧时间的长短，是根据生者与死者血缘关系的远近、哀痛程度的深浅来决定的。本篇就是通过问答的形式来说明这个道理。因为是以三年之丧的问答为主，故以《三年问》为名。

《深衣》第三十九：郑玄《三礼目录》云："名曰《深衣》者，以其记深衣之制也。"深衣，古代上衣与下裳相连缀的一种服装，类似后世的长袍，是诸侯、大夫、士夕时所着之服，庶人也用作祭服。本篇不仅记其制，而且也记这样制作的含义。

《投壶》第四十：古时候，主人宴请宾客，为了尽兴，或比赛射箭，或比赛投壶，以决胜负。负者饮以罚酒。本篇为逸礼之一。其文体仿《仪礼》。孔颖达说，从篇首至"正爵既行，请彻马"是经文，其后才是"记者之言"。《大戴礼》也有此篇，不无异同，可以对照来看。

《儒行》第四十一：《儒行》，记儒者值得称道的品行。全篇通过哀公问、孔子答的形式，历述儒者十六项值得称道的品行。吕大临批评说："此篇之说，有矜大胜人之气，少雍容深厚之风。"[①]按《荀子·非十二子》"士君子之容，其冠进，其衣逢"。王先谦《荀子集解》："俞樾曰：'进，读为峻。峻，高也。'杨倞注：'逢，大也。谓逢掖也。'"[②]按：《礼记·儒行》："孔子对曰：'丘少居鲁，衣逢掖之衣；长居宋，冠章甫之冠。'"《荀子》既引此篇，则此篇早于《荀子》也。

《大学》第四十二：郑玄《三礼目录》云："名曰《大学》者，以其记博学可以为政也。"在郑玄那里，"大"是"博"的意思，大学即博学。宋代学者则不然。朱熹《大学章句序》："《大学》之书，古之大学所以教人之法也。"[③]把大学看作与小学相对的教育机构。本篇着重阐述个人道德修养与社会治乱的关系。文中提出了实现天下大治的八个步骤，即格物、致知、诚意、正心、修身、齐家、治国、平天下。其中修身是具有决定意义的一步。其前的四个步骤是修身的方法途径，其后的三个步骤是修身的必然结果。本篇为朱熹所编《四书》之一。

《冠义》第四十三：郑玄《三礼目录》云："名曰《冠义》者，以其记冠礼成人之义。"按《仪礼》有《士冠礼》，记冠礼的具体仪式，本篇则说明那些仪式的含义。

《昏义》第四十四：郑玄《三礼目录》云："名曰《昏义》者，以其记娶妻之义，内教之所由成也。"按《仪礼》有《士昏礼》，记昏礼的具体仪式，本篇则说明那些仪式的含义。郑玄《昏礼目录》云："娶妻之礼，以昏为期，因名焉。必以昏者，取其阳王阴

---

① 见卫湜《礼记集说》卷一四七征引，景印《摛藻堂四库全书》本，第56册，598页。

② 王先谦《荀子集解》，中华书局，1998年，102页。

③ 朱熹《大学章句》，《四书章句集注》，中华书局，2011年，2页。

来之义。日入后二刻半为昏。”①

《乡饮酒义》第四十五：郑玄《三礼目录》云：“名曰《乡饮酒义》者，以其记乡大夫饮宾于庠序之礼，尊贤养老之义。”按《仪礼》有《乡饮酒礼》，记乡饮酒礼的具体仪式，本篇则说明那些仪式的含义。又按：乡是周代的行政单位，辖一万二千五百家，乡的首长叫乡大夫。一乡辖五州，州辖二千五百家，州的首长叫州长。乡学叫庠，州学叫序。

《射义》第四十六：《仪礼》有《乡射礼》《大射》两篇，前者是州长召集民众习礼于州序之射，后者是诸侯将要举行大的祭祀活动，就举行射箭比赛来选拔有资格参加祭祀的人。《乡射礼》《大射》两篇是记其仪，本篇则是记其义。

《燕义》第四十七：郑玄《三礼目录》云：“名曰《燕义》者，以其记君臣燕饮之礼，上下相尊之义。”按：《仪礼》有《燕礼》一篇，记诸侯国君与其臣下燕饮之仪，本篇则记其义。燕，本字是“宴”。

《聘义》第四十八：郑玄《三礼目录》云：“名曰《聘义》者，以其记诸侯之国交相聘问之礼，重礼轻财之义也。”按《仪礼》有《聘礼》一篇，记诸侯派遣本国的卿到友好国家进行访问的礼仪，本篇就是发明其义。

《丧服四制》第四十九：郑玄《三礼目录》云：“名曰《丧服四制》者，以其记丧服之制取于仁、义、礼、知也。”换言之，仁、义、礼、知是制定丧服的四条原则。孔颖达说：“以上诸篇，每篇言义，此不云《丧义》而云《丧服四制》者，但以上诸篇皆记《仪礼》当篇之义，故每篇言义也。此则记者别记丧服之四制，非记《仪礼·丧服》之篇，故不云《丧服之义》也。”

三、《礼记》的成书

1. 四十九篇的《礼记》是谁编选的？何时编选的？

学者们养成了这样一个习惯，凡是遇到涉及先秦和西汉的书，为了了解该书的有关情况，都要先去查查《汉书·艺文志》，看看那里是怎么说的。而奇怪的是，这部大名鼎鼎的四十九篇的《礼记》，《汉书·艺文志》竟然没有著录，也不见编选者戴圣之名。换言之，我们从《汉书·艺文志》中找不到四十九篇《礼记》的出生证。找到的只是这么两句话：“《记》百三十一篇。”其下小字注云：“七十子后学者

① 《礼记正义》，2273页。

所记也。”对此，清代学者钱大昕在《廿二史考异》的《汉书考异》卷二解释说：

案郑康成《六艺论》云："戴德传《记》八十五篇，戴圣传《记》四十九篇。"此云"百三十一篇"者，合大、小戴所传而言。《小戴记》四十九篇，《曲礼》、《檀弓》、《杂记》皆以简册重多，分为上下，实止四十六篇，合大戴之八十五篇，正协百卅一之数。[①]

按照钱大昕的说法，意味着这个“《记》百三十一篇”，是《大戴礼记》和《小戴礼记》的联合出生证。问题是尽管数目字加起来恰巧吻合，但深入的研究告诉我们，无论是《大戴礼记》，还是《小戴礼记》，它们的取材并不局限于这个“《记》百三十一篇”，所以，时至今日，信奉钱说者寥寥。

这就需要我们另辟蹊径。余嘉锡《古书通例》卷一告诉我们，“诸史经籍志皆有不著录之书”，《汉书・艺文志》自然也不例外。我们知道，《汉书・艺文志》是以刘向《别录》和刘歆《七略》为蓝本的，换句话说，《汉书・艺文志》是《别录》和《七略》的删节本。因此，我们何不找来《别录》和《七略》看看呢？这个想法虽然好，遗憾的是，这两种书到了宋代就佚失了。所幸的是，隋唐之际的学者陆德明、孔颖达把他们从《别录》和《七略》看到的有关情况摘要地记了下来，使后人能够看到并据以得出相应的结论。例如，清代学者沈钦韩在《汉书疏证》卷二十四说：“案孔氏《乐记》疏云：‘《别录》：“《礼记》四十九篇，《乐记》第十九。”则《乐记》入《礼记》也。’是则四十九篇刘向已著录。”[②]姚振宗《汉书艺文志条理》说：“案：《释文・叙录》云：‘刘向《别录》有四十九篇，其篇次与今《礼记》同。’又《乐记正义》云：‘《别录》：《礼记》四十九篇，《乐记》第十九。’是《别录》中有小戴四十九篇篇目审矣。”[③]这说明刘向《别录》是著录了四十九篇的《礼记》的，只不过没有点明编选者是戴圣而已。

对于戴圣的生平事迹，史书记载不多。综合《汉书》中《艺文志》《儒林传》《何武传》的记载，知道戴圣是梁（今河南商丘）人，字次君，是当时《礼经》权威、博士后仓的弟子。汉宣帝甘露三年，戴圣曾经以博士的身份参加石渠礼议的会议，从此名声大振，自成一家之学，官至九江太守。在做九江太守时，行为有失检点之处，《何武传》如此记载：

九江太守戴圣，《礼经》号小戴者也，行治多不法，前刺史以其大儒，优容

---

① 陈文和主编《嘉定钱大昕全集》（增订本），凤凰出版社，2016年，160—161页。

② 沈钦韩《汉书疏证》，《续修四库全书》本，上海古籍出版社，2002年，第266册，655页。

③ 姚振宗《汉书艺文志条理》，《续修四库全书》本，上海古籍出版社，2002年，第914册，18页。

之。及武为刺史，行部录囚徒，有所举，以属郡。圣曰："后进生何知，乃欲乱人治！"皆无所决。武使从事廉得其罪，圣惧，自免。后为博士，毁武于朝廷。武闻之，终不扬其恶。而圣子宾客为群盗，得，繫庐江，圣自以子必死。武平心决之，卒得不死。自是后，圣惭服，武每奏事至京师，圣未尝不造门谢恩。[①]

按：这是戴圣生平的一个污点。据《旧唐书·太宗本纪》记载，贞观二十一年，下诏说，包括戴圣在内的二十一个历代大儒，"世用其书，垂于国胄。自今有事于太学，并命配享宣尼庙"。[②] 能够得到从祀孔庙的礼遇，可谓荣耀之极。而到了明代，由于上述的污点，朝廷又把戴圣从从祀名单中删除（详《明史纪事本末》卷五一）。到了清代汤斌编写《洛学编》，由于戴圣"有功圣学"，本来应该在书中占有一席之地，但终以"治行不检"为由，不予收录。这是后话。

王锷《〈礼记〉成书考》认为"戴圣约生于汉昭帝始元六年（前81）或更早，汉成帝阳朔三年（前22），他已经是六十岁以上的老人"，卒年不详。他的著作，除了编辑四十九篇的《礼记》外，据《隋书·经籍志》，尚有《石渠礼论》四卷和《群儒疑义》十二卷。此二书均佚，前者有辑本。[③]

第一个将四十九篇的《礼记》的著作权归之于戴圣的是东汉的郑玄，孔颖达《礼记正义序》说："郑玄《六艺论》云：'今礼行于世者，戴德、戴圣之学也。'又云'戴德传《记》八十五篇'，则《大戴礼》是也；'《戴圣》传《礼》四十九篇'，则此《礼记》是也。"[④]郑玄是《礼记》一书的注者，其言自当可信。迄今近两千年，其间虽有二三学者对郑说提出质疑，但也无大波澜，到头来是事出有因，查无实据，复归平静。

笔者认为，汉宣帝甘露三年的石渠礼议会议，对于确认《礼记》的编者是戴圣和《礼记》编成的时间，是一个非常重要的参考系。据考证，石渠礼议会议的参加者凡五人，即萧望之、韦玄成、梁丘临、闻人通汉和戴圣。五人之中，只有戴圣一人是"以博士论石渠"，换言之，只有戴圣一人是以《礼经》专家身份预会的，其他四人则不然。此其一。从辑本《石渠礼论》可知，在这次最高级别的会议上，《记》文屡被称引，大出风头。称引《记》文的与会者，据统计，有萧望之、戴圣、闻人通汉，还有一位失其姓名者，总计四人。值得注意的是，四人称引的《记》文文字，不约而同地都和今本《礼记》的文字一致。这不仅表明他们每人手中都有一个由若干篇

① 《汉书》，3482—3483页。
② 《旧唐书》，中华书局校点本，1975年，59页。
③ 王锷《〈礼记〉成书考》，中华书局，2007年，314页。
④ 《礼记正义》，4页。

《记》文组成的一部《记》的丛编，而且表明此种丛编的内容是相同的，换言之，他们每人持有的是同一版本的《记》的丛编。而这同一版本的丛编的编选者，无论是从全国范围内来挑选，还是在与会者中间来挑选，戴圣都应当是首选。原因不是别的，正是因为无论在全国范围内还是在这次会议上，只有戴圣一人具备《礼经》博士的资格。此其二。为了探求在石渠礼议之前究竟有多少篇单行的《记》文存在，我从《汉志》的儒家类中选择了《孟子》《荀子》《新语》《新书》《春秋繁露》《盐铁论》等六种，从《汉志》的杂家类中选取《淮南内》一种，从《隋志》中选取《石渠礼论》一种，加上《史记》《汉书》(仅使用其宣帝以前的数据)，凡十种书，分别考证每种书征引《记》文的情况。得出的结果是，以上十种宣帝以前的古书，共征引了今本《礼记》中的四十二篇，尚缺《杂记下》《祭法》《仲尼燕居》《深衣》《投壶》《燕义》《丧服四制》等七篇。考虑到我的调查还只是局限于上述十种书，考虑到要求从他书的征引中就能够百分之百地找出《礼记》四十九篇来未免标的过苛，考虑到我的调查也可能有遗漏，我认为，在宣帝以前已经存在今本《礼记》中的四十二篇这一事实，还是可以说明这样一个问题的：小戴《礼记》编选成书的客观条件在石渠礼议之前已经具备。此其三。据此，我认为，汉宣帝甘露三年三月，石渠礼议之时，就是小戴《礼记》公开发表之时。至于其成书，还应该略早于此。

2.《礼记》四十九篇的取材、作者和时代

先说取材问题。

历代学者都为解决这个问题动了脑筋，也取得了日趋进步的答案，但由于文献不足征，所以至今尚未能完全、彻底解决这个问题。晋陈邵《周礼论序》说："戴德删古礼二百四篇为八十五篇，谓之《大戴礼》。戴圣删《大戴礼》为四十九篇，是为《小戴礼》。"(陆德明《经典释文·叙录》征引)。这里的"古礼"二字，我们应当把它理解为"古记"。为什么？因为《经典释文·叙录》在此句之前说："刘向《别录》云：'古文《记》二百四篇。'"陈邵的意思是说，戴德从这二百零四篇古记中筛取了八十五篇，谓之《大戴礼》；而戴圣又从《大戴礼》的八十五篇中筛取了四十九篇，就成了《小戴礼》。陈邵的说法有两点与事实不符。第一，把二百零四篇古文《记》当作《礼记》四十九篇取材的唯一来源，与事实不符。详下。第二，与今存之《大戴礼记》和《小戴礼记》的实际内容不符。既然你说"戴圣删《大戴礼》为四十九篇，是为《小戴礼》"，那么，《小戴礼》的内容就应该和《大戴礼》完全不同。但事实是二者有不少篇的内容是一样的。例如，二者都有《投壶》篇，《小戴礼》的《哀公问》篇就是《大戴礼》的《哀公问于孔子》，《小戴礼》的《丧服四制》篇与《大戴礼》的《本命》篇大部分相同，这表明《小戴礼》四十九篇绝不是筛选自《大戴礼》。

陈邵说法的合理成分在于，他指出了二戴的《礼记》在取材上都与古文《记》有关。刘向《别录》说“古文《记》二百四篇”，《汉志》说“《记》百三十一篇”，究竟是多少篇，谁也说不清楚，所以洪业在《礼记引得序》里有“《记》无算”的说法，倒是被他说中了。《郭店楚墓竹简》出版以后，其中有些篇与今本《礼记》相同，有些篇是前所未见，但与今本《礼记》性质相似，有的学者称之为“荆门《礼记》”，从一个侧面验证了“《记》无算”的说法。所以笔者认为，这些谁也说不清楚的《记》，应当是《礼记》四十九篇的主要来源。这些《记》，在戴圣编选《礼记》之前，是以单篇形式流行的。

除了上述的《记》以外，学者在研究中发现，《汉书·艺文志》中《礼》类中的《明堂阴阳》三十三篇、《王史氏》二十一篇、《曲台后仓》九篇，《论语》类中的《孔子家语》二十七卷（按：非今日所见之《孔子家语》），“儒家类”中的《子思》二十三篇、《曾子》十八篇、《公孙尼子》二十八篇，也是《礼记》四十九篇的取材来源。例如，四十九篇中的《曾子问》取材于《曾子》，《中庸》《表记》《坊记》《缁衣》取材于《子思子》，《乐记》取材于《公孙尼子》，《明堂位》取材于《明堂阴阳》。还有个别篇，例如《投壶》《奔丧》两篇，取材于《逸礼》，为《汉志》所未载。

次说作者问题。

四十九篇的作者问题，是个难题，从汉至今，学者们动了不少脑筋，但收效甚微。上文已经谈到，四十九篇的主要来源是《记》。而这些《记》的作者，班固在《汉书·艺文志》中注解说：“七十子后学者所记也。”不知道他是知道各篇作者但为了省文而不说呢？还是他自己也不知道各篇作者因而只好用一句概括的、笼统的话作个交待呢？郑玄是四十九篇《礼记》的注者，他的学问大，想必应该知道的吧，实则不然。他在《三礼目录》（此书已佚，有辑本）中，明确点明作者的只有一篇：“《中庸》，孔子之孙子思伋作之。”但这还不能算是郑玄的功劳，因为司马迁在《史记·孔子世家》中早已说过：“子思作《中庸》。”另外还有五篇，郑玄通过《三礼目录》传达出有关作者的信息，即：

郑《目录》云：“名曰《月令》者，以其纪十二月政之所行也。本《吕氏春秋》十二月纪之首章也，以礼家好事抄合之，后人因题之名曰《礼记》。”

郑《目录》云：“名为《曾子问》者，以其记所问多明于礼，故著姓名以显之。曾子，孔子弟子曾参。”

郑《目录》云：“名曰《哀公问》者，善其问礼，著谥显之也。”按：本篇是鲁哀公问，孔子答。

郑《目录》云："名曰《仲尼燕居》者，善其不倦，燕居犹使三子侍之，言及于礼。著其字，言事可法。"

郑《目录》云："名曰《孔子闲居》者，善其既倦而不亵，犹使一弟子侍，为之说《诗》。著其氏，言可法也。"

听话听音，使人感到郑玄的意思是，《月令》的作者是吕不韦，《曾子问》的作者是曾子，《哀公问》《仲尼燕居》《孔子闲居》三篇的作者是孔子。

即令我们认为郑玄说得都对，也不过六篇而已。

郑玄又在注《儒行》篇的最后一句说："《儒行》之作，盖孔子自卫初反鲁时也。"是以《儒行》的作者为孔子。但后世学者响应郑玄此说者盖寡。北宋李觏《盱江集》卷二十九《读〈儒行〉》即持异论："《儒行》，非孔子言也，盖战国时豪士所以高世之节耳。"①

唐代的孔颖达是《礼记正义》的作者，想必他应该知道了，其实也不然。且看孔颖达在《礼记正义序》中如何说：

> 至孔子没后，七十二之徒，共撰所闻，以为此《记》。或录旧礼之义，或录变礼所由，或兼记体，履或杂序得失，故编而录之，以为《记》也。《中庸》是子思伋所作，《缁衣》公孙尼子所撰。郑康成云《月令》吕不韦所修，卢植云《王制》谓汉文时博士所录。其余众篇皆如此例，但未能尽知所记之人也。②

孔颖达在继承前人研究成果的基础上，也不过点出了四篇的作者，还不一定说得都对。例如《王制》篇，孔颖达借卢植之口说是汉文帝时的博士所录，这就等于说《王制》是西汉初年的作品。实际上大谬不然。宋元之际金履祥的《孟子集注考证》、元代吴澄的《礼记纂言》、明代陈士元的《孟子杂记》、清代焦循的《孟子正义》，以及当代学者沈文倬的《略论礼典的实行和〈仪礼〉书本的撰作》（载《文史》第十六辑）、王锷《礼记成书研究》（中华书局，2007 年），还有拙作《〈礼记〉成书管窥》（载拙作《〈礼记〉研究四题》，中华书局，2014 年），都先后发现《孟子》一书中有不少与《王制》相同的文字。他们认为，这种现象，应属于《孟子》征引《王制》，而不属于《王制》征引《孟子》。换言之，他们认为《王制》篇的成书早于《孟子》。当然，这需要证明。

---

① 李觏《盱江集》，景印《文渊阁四库全书》本，第 1095 册，256 页。

② 《礼记正义》，4 页。

兹简介其证明方法如下：例如，

《孟子·滕文公上》："吾尝闻之矣：三年之丧，齐疏之服，飦粥之食，自天子达于庶人，三代共之。"①

按：金履祥发现，《孟子》中的"齐疏之服，飦粥之食，自天子达于庶人"三句，与《礼记·檀弓上》的"齐斩之情，飦粥之食，自天子达"四句基本上一样，而《孟子》此三句话的上文曰"吾尝闻之矣"，这就说明："则此三句亦古语，《孟子》引之尔。"（金履祥《论孟集注考证》卷三）既然是《孟子》引《礼记·檀弓上》之文，则《礼记》早于《孟子》明矣。

再如，

《孟子·梁惠王上》："孟子曰：君子之于禽兽也，见其生不忍见其死，闻其声不忍食其肉，是以君子远庖厨也。"②

按：焦循《孟子正义》引翟灏《四书考异》云："'君子远庖厨'，本《礼记·玉藻》文，孟子述之，故加有'是以'二字。"③

这也就是说，《孟子》晚于今本《礼记》。

至于《孟子》征引《王制》的文字，例如：

1.《梁惠王上》："斧斤以时入山林，材木不可胜用也。"④

按：《王制》："草木零落，然后入山林。"

2.《梁惠王上》："颁白者不负戴于道路矣。"⑤

按：《王制》："道路：轻任并，重任分，斑白者不提挈。"

3.《梁惠王下》："老而无妻曰鳏，老而无夫曰寡，老而无子曰独，幼而无父曰孤。此四者，天下之穷民而无告者。"⑥

按：《王制》："幼而无父者谓之孤，老而无子者谓之独，老而无妻谓之矜，老而无夫者谓之寡。此四者，天民之穷而无告者也。"

因此，上述学者都认为《王制》成书的时代要早于《孟子》，说《王制》是汉文帝时博士所录是错误的。

---

① 焦循《孟子正义》，中华书局，1987年，323页。
② 焦循《孟子正义》，83页。
③ 焦循《孟子正义》，84页
④ 焦循《孟子正义》，55页。
⑤ 焦循《孟子正义》，58页。
⑥ 焦循《孟子正义》，136页。

不过，孔颖达所说的“未能尽知所记之人也”，却反映了一个学者应有的实事求是的态度。

在《礼记》四十九篇作者的问题上，目前学者比较一致的看法是，《乐记》，公孙尼子作；《坊记》《中庸》《表记》《缁衣》四篇，子思作；《大学》，依朱熹所说：“经一章，盖孔子之言，而曾子述之；其传十章，则曾子之意而门人记之。”[①]能够指出作者者，仅此六篇而已。其余四十三篇的作者，或无可考，或众说纷纭，读者当自己开动脑筋，慎下判断。

最后说四十九篇的成篇时代问题。

《礼记》是一部丛书，其四十九篇，成于众手，作非一时。在这个问题的探讨上，王锷《〈礼记〉成书考》用力甚勤，是一部近年出现的力作，其结论值得重视。

王锷《〈礼记〉成书考》说：“《礼记》四十九篇中，《哀公问》《仲尼燕居》《孔子闲居》《儒行》《曾子问》《大学》《学记》《坊记》《中庸》《表记》《缁衣》《乐记》《曲礼》《少仪》等十四篇，是春秋末期至战国前期的文献。《礼记》四十九篇中，《奔丧》《投壶》《丧服小记》《大传》《杂记》《丧大记》《问丧》《服问》《间传》《三年问》《丧服四制》《祭法》《祭义》《祭统》《王制》《礼器》《内则》《玉藻》《经解》等十九篇，均成篇于战国中期。《礼记》四十九篇之中，战国中晚期和晚期的文献有《深衣》《冠义》《昏义》《乡饮酒义》《射义》《燕义》《聘义》《文王世子》《礼运》《郊特牲》《檀弓》《月令》《明堂位》等十三篇。其中《深衣》《冠义》《昏义》《乡饮酒义》《射义》《燕义》《聘义》七篇是战国中晚期的文献，《文王世子》《礼运》《郊特牲》三篇是战国时期陆续撰写，到战国晚期整理而成的文献；《檀弓》《月令》《明堂位》是战国晚期的文献。”

《〈礼记〉成书考》颇多新义，这和作者独特的研究思路有密切关系。首先，作者放弃了那种长期以来把《礼记》作为一个整体来研究的思路，采取以篇为单位来研究，这就比较符合《礼记》的实际；其次，即令是以篇为单位来研究，作者根据各篇的实际情况，有时候还要把它拆成更小的段落来研究。由于思路独特，视角新颖，故多创获。例如《王制》篇的写成时代，多数学者认为是在《孟子》成书之后，而作者从五个方面进行论证，得出《王制》成书早于《孟子》的结论，颇具说服力。再如，对《乡饮酒义》篇成篇时间的考证，作者得出如下与众不同的结论：“我们认为，《乡饮酒义》是由两篇内容近似的文章组合而成。自篇首至‘贵贱明’一段是第一篇，约成篇于战国中晚期。自‘乡饮酒之义：立宾以象天’至篇末是第二篇，该篇主

---

① 朱熹《大学章句》，《四书章句集注》，4页。

要用阴阳五行思想解释乡饮酒礼中人物的方位，大概是秦汉间人的作品。”[1]确有新义。

过去的一些中国哲学史论著和中国思想史论著，往往把《礼记》一书作为秦汉时期的作品来对待，现在看来不对了。笔者认为，从整体上来看，《礼记》应该定位为先秦的作品。郭店简和上博简中都有《礼记》的《缁衣》篇，上博简中还有《孔子闲居》篇，这些出土的文献也为《礼记》是先秦作品提供了新的旁证。过去讲先秦的哲学史和思想史，从儒家来说，往往都是讲了孔子，接着就是孟子，所以形成了一个在中国妇孺老幼皆知的一个词语：“孔孟之道”，似乎孟子是直接继承孔子。我们知道，孔子生于公元前551年，卒于公元前479年；孟子生于公元前385年，卒于公元前304年（用杨伯峻《孟子译注》说）。在孔子卒后，孟子成年之前，中间还有一个多世纪，如果套用过去的思维模式，这一个多世纪的学术思想就成了空白。这不禁使人想起孟子的自白：“予未得为孔子徒也，予私淑诸人也。”（《孟子·离娄下》）朱熹注曰：“人，谓子思之徒也。自孔子卒至孟子游梁时，方百四十余年，而孟子已老，然则孟子之生，去孔子未百年也。故孟子言予虽未得亲受业于孔子之门，然圣人之泽尚存，犹有能传其学者，故我得闻孔子之道于人，而私窃以善其身。”[2]朱熹的这个注释，把孔子、孟子之间还有一个传承的桥梁的事实给点明了。而能够承担这个传承桥梁重任的人，就是“七十子后学者”，能够承担这个传承桥梁重任的书，没有比《礼记》更合适的了。

四、《礼记》在儒家经典中的地位

说起《礼记》在儒家经典中的地位，总觉得带有某种戏剧性。它最初的身份不过是附庸而已，而后来竟蔚为大国，使得原来的“主子”黯然失色。非独此也，不仅《礼记》一书作为一个整体日益走红，而且从《礼记》中剖离出来的《大学》《中庸》两篇，更是红得发紫，被编入了朱熹《四书章句集注》。

我们知道，《礼记》是儒家经典所谓《十三经》之一。在《十三经》中，有《周礼》《仪礼》《礼记》，合称《三礼》。在《三礼》之中，《礼记》被排在最末，说是“小弟弟”都有点抬举它了。因为据说《周礼》是周公所作，《仪礼》是孔子所作，而《礼记》的作

---

① 王锷《〈礼记〉成书考》，220页。

② 朱熹《孟子集注》，《四书章句集注》，中华书局校点本，295页。

者是"七十子后学者",名副其实的徒子徒孙。这么一比,《礼记》的权威性比起《周礼》《仪礼》来自然要大大逊色。《三礼》之中,《礼记》与《仪礼》的关系最为密切。朱熹说:"《仪礼》是经,《礼记》是解《仪礼》。如《仪礼》有《冠礼》,《礼记》便有《冠义》;《仪礼》有《昏礼》,《礼记》便有《昏义》,以至《燕》《射》之类,莫不皆然。"[①]又说:"读《礼记》,须先读《仪礼》。荆公废《仪礼》而取《礼记》,舍本而取末也。"[②]元人熊朋来更明确地说:"《仪礼》是经,《礼记》是传。"[③]

如上所述,在中国经学史上,《周礼》应该是很风光了,《仪礼》应该是很风光了,《礼记》应该是很受冷落了。而纵观中国经学史的发展演变,其实际情况,恰恰相反。

先秦的《记》,从编辑形式上来说,可以分为附经之《记》和单篇别行之《记》。所谓附经之《记》,存在于今本《仪礼》中。《仪礼》十七篇,除去《士相见礼》《大射》《少牢馈食礼》《有司彻》四篇外,其余十三篇的经文后面都附有《记》。附经之《记》的地位如何呢?沈文倬《略论礼典的实行和〈仪礼〉书本的撰作》说:

> 历代礼家都以为:经文是叙述一个礼典的始末,记文是补经之作。……有汉简本作证,今本"记"字显然是汉以后人所加,不足凭信。附经之《记》本来就是经文组成部分,"于是乎书"时便已包括在内,经与附经之《记》不是前后撰作的两种书,而是同时撰作的一书的两个部分,因此,援引附经之《记》与援引本经之文,就不必再加以区别了。[④]

这就是说,附经之《记》与《记》前之经文,同时诞生,身份一样,应该一体对待,一视同仁。

那么,单篇别行之《记》又如何呢?我曾经作过一个调查,调查《孟子》一书中,征引了今本《仪礼》多少次,征引了今本《礼记》多少次,征引时是怎样称呼它们的。调查的结果是:《孟子》一书中,征引《仪礼》凡四次,其中一条是暗引,三条是明引。三条明引,皆称所引《仪礼》之文为《礼》。《孟子》一书中,征引《礼记》凡三十七次,其中三十四次是暗引,三次是明引。明引的三次,均将征引的《记》文称之为

① 朱熹著、黎靖德编《朱子语类》,中华书局校点本,1986年,2194页。

② 朱熹著、黎靖德编《朱子语类》,2225页。

③ 熊朋来《经说》,景印《文渊阁四库全书》本,第184册,308页。

④ 沈文倬《略论礼典的实行和〈仪礼〉书本的撰作》,《宗周礼乐文明考论》,杭州大学出版社,1999年,32—33页。

《礼》。[①] 笔者从中得出两条结论：第一，《孟子》对征引的《仪礼》称《礼》，对征引的《礼记》也称《礼》，这说明《孟子》对单篇别行之《记》和《仪礼》经文是一体对待的，没有分什么你是主我是宾，你是经我是传。第二，《孟子》征引《仪礼》四次，而征引《礼记》多达三十七次，真应着了那句俗话：零头都比它多！愚以为，次数的多寡，反映了被当时社会认知程度的高低。如果说附经之《记》还不得不屈居末席的话，单篇别行之《记》在《孟子》中已经露出尾大不掉之势，为日后之取而代之张本。如此看来，今本《礼记》之日后走红，超越本经，躐等而上，并非贫家子一夜暴富，而是其来有渐，在先秦时期就已经埋下伏笔。

再看《仪礼》和《礼记》在西汉时的表现。西汉时，《仪礼》是经，《礼记》是《记》。《汉书·艺文志》礼家著录《礼古经》五十六卷，《经》十七篇。学者皆认为，《礼古经》五十六卷，即《仪礼》之古文经；《经》十七篇，即《仪礼》之今文经。《礼古经》五十六卷中，有十七卷亦即十七篇与今文经相同，剩下的三十九卷，由于绝无师说，藏在秘府，后来就佚失了。这在某种程度上反映了朝廷对《仪礼》文献的保存、流传并不多么在意。再来看当时那些《仪礼》专家的表现。按《汉书·儒林传》："汉兴，鲁高堂生传《士礼》十七篇，而鲁徐生善为颂。孝文时，徐生以颂为礼官大夫，传子至孙延、襄。襄，其资性善为颂，不能通经。延颇能，未善也。"颜师古注引苏林曰："《汉旧仪》有二郎，为此颂貌威仪事。有徐氏，徐氏后有张氏，不知经，但能盘辟为礼容。"师古曰："颂，读与'容'同。"[②]所谓"不能通经"，就是说这些专家对《仪礼》十七篇并不真懂，他们只是擅长于"颂（读作"容"）貌威仪"的表演而已。所谓"但能盘辟为礼容"，也就是说只会行礼时的盘旋进退的动作。这与《礼记》在西汉的政治生活中，社会生活中，作为一种指导思想的存在，大异其趣。兹以《汉书》所载为例：

1.《宣帝纪》："元平元年四月，昭帝崩。秋七月霍光奏议曰：'《礼》，人道亲亲故尊祖，尊祖故敬宗。大宗无嗣，择支子孙贤者为嗣。孝武皇帝曾孙病已，有诏掖庭养视，至今年十八，师受《诗》《论语》《孝经》，操行节俭，慈仁爱人，可以嗣孝昭皇帝后，奉承祖宗，子万姓。'奏可。"[③]

按："《礼》，人道亲亲故尊祖，尊祖故敬宗"，出自《礼记·大传》："是故，人道亲

① 详见拙作《〈礼记〉研究四题》中的《〈孟子〉征引〈记〉文考》，中华书局，2014 年，54—63 页。

② 《汉书》，3614—3615 页。

③ 《汉书》，238 页。

亲也。亲亲故尊祖，尊祖故敬宗。”这是涉及立皇位继承人的大事，霍光从《礼记》中找到了理论根据。

2.《成帝本纪》河平元年：“夏四月己亥，晦，日有蚀之，既，诏曰：‘朕获保宗庙，战战栗栗，未能奉称。《传》曰：“男教不修，阳事不得，则日为之蚀。”天著厥异，辜在朕躬，公卿大夫其勉悉心以辅不逮。’”①

按：《礼记・昏义》：“是故男教不修，阳事不得，适（通“谪”）见于天，日为之食。”这是成帝下的罪己诏，诏文亦从《礼记》中找到根据。

3.《董仲舒传》曰：“古之王者明于此，是故南面而治天下，莫不以教化为大务，立太学以教于国，设庠序以化于邑。”②

按：“古之王者明于此，是故南面而治天下，莫不以教化为大务”三句源出于《礼记・学记》：“是故古之王者，建国君民，教学为先。”这是董仲舒在朝廷上的对策，亦从《礼记》中寻找根据。

4.《司马迁传・报任安书》：“《传》曰：‘刑不上大夫。’此言士节不可不厉也。”③

按：“刑不上大夫”，《礼记・曲礼上》文。这表明当时的士大夫在砥砺自己的操守上也是从《礼记》中寻找格言。

5.《孙宝传》：“以明经为郡吏，御史大夫张忠辟宝为属，欲令授子经，更为除舍。宝曰：‘礼有来学，义无往教。’”④

按：《礼记・曲礼上》：“礼闻来学，不闻往教。”这表明底层小吏也以《礼记》中的话作为自己的行动准则。

《礼记》的上述表现，与《仪礼》的表现对比，反差极大。

下面谈谈《礼记》何时升格为经的问题。对这个问题，学术界有两种看法。一是唐代入经说，持此说者，管见所及有四家。

（1）刘师培《经学教科书》：“西汉之时，或称六经，或称六艺。厥后《乐经》失传，始以《孝经》《论语》配五经称为七经。至于唐代，则《春秋》《礼经》咸析为三（《春秋》分为《公》《谷》《左氏》三经，而《礼经》之外，并以《周礼》《礼记》为经，且误

---

①《汉书》，309页。
②《汉书》，2503页。
③《汉书》，2732页。
④《汉书》，3257页。

以《礼记》一书为本经），立三传、三礼之名，合《易》《书》《诗》为九经。”①

（2）朱维铮编校《周予同经学史论著选集》（增订版）：“‘经’是中国封建专制政府‘法定’的古代儒家书籍，随着中国封建社会的发展和统治阶级的需要，“经”的领域在逐渐扩张。自汉武帝罢黜百家，独尊儒家，设立五经博士，从而《易》《书》《诗》《礼》《春秋》五经就被封建专制政府所法定。又汉代以孝治天下，于是再将《论语》《孝经》升格，称为“七经”。到了唐代，处于封建帝国极盛时期，把极力主张贵贱尊卑区别、认为阶级社会的秩序是‘天道使然’的《五经正义》钦命为科举取士的标准书，又在明经科中设‘三礼’（《周礼》《仪礼》《礼记》）‘三传’（《左传》《公羊传》《谷梁传》），连同《易》《书》《诗》，而有“九经”之称。”②

（3）钱玄《三礼通论》：“郑玄为小戴《礼记》作注，并以小戴《礼记》与《仪礼》《周礼》并称为‘三礼’。因此小戴《礼记》在唐代，列入经书，并为士子必读之书。”③

王文锦《礼记译解·前言》：“汉末《礼记》独立成书，到了唐代，开始取得了经典的地位。”④

一是三国魏入经说，持此说者，首先是王国维。笔者赞同三国魏入经说。我们知道，入经是有标准的。这个标准就是朝廷为该经立博士，或曰列于学官。这可以说是一道法定的手续。那么请看《三国志·魏书·三少帝纪》的两条记载：

齐王芳正始七年：“冬十二月，讲《礼记》通，使太常以太牢祀孔子于辟雍。”⑤

又同卷高贵乡公甘露元年夏四月：“帝幸太学，于是复命讲《礼记》。帝问曰：‘“太上立德，其次务施报。”为治何由而教化各异，皆修何政而能致于立德，施而不报乎？’博士马照对曰：‘太上立德，谓三皇五帝之世，以德化民；其次报施，谓三王之世以礼为治也。’”⑥

按：“太上贵德，其次务施报”，《礼记·曲礼上》文。然则马照为《礼记》博士明矣，是魏有《礼记》博士也。这就是说，《礼记》在三国魏时已经办妥了入经手续。王国维正是看到了上述历史事实，所以在《汉魏博士考》中说：“试取魏时博士考之，以高贵乡公幸太学问答考之，所问之《礼》，则《小戴记》，盖亦郑玄、王肃注也。

---

① 劳舒编、雪克校《刘师培学术论著》，浙江人民出版社，1998 年，173 页。

② 朱维铮编校《周予同经学史论著选集》，上海人民出版社，1981 年，654 页。

③ 钱玄《三礼通论》，南京师范大学出版社，1996 年，48 页。

④ 王文锦《礼记译解》，中华书局，2001 年，1 页。

⑤《三国志》，中华书局，1959 年，121 页。

⑥《三国志》，138 页。

《王肃传》明言其所注诸经皆列于学官，则郑注礼记亦列于学官可知。"[①]

《礼记》的升格为经，意味着它已经取得与《仪礼》平起平坐的资格，已经摆脱附庸的名分，蔚为大国。而随着《礼记》地位的上升，《仪礼》的地位则日趋式微。《北史·儒林传序》："诸生尽通《小戴礼》，于《周礼》《仪礼》兼通者，十二三焉。"[②]唐初，孔颖达奉太宗之命撰《五经正义》，其中有《礼记正义》，这说明《五经》中的《礼》已经不是《仪礼》而是《礼记》了。换句话说，《仪礼》的《礼经》地位，已被《礼记》取而代之了。此后，《仪礼》的地位，更是每况愈下。开元八年(720)七月，国子司业李元瓘上言："《三礼》《三传》及《毛诗》《尚书》《周易》等，并圣贤微旨，生徒教业，必事资经远，则斯道不坠。今明经所习，务在出身，咸以《礼记》文少(笔者按：盖谓文字浅显，非谓文字数少)，人皆竞读。《周礼》经邦之轨则，《仪礼》庄敬之楷模，《公羊》《谷梁》，历代崇习。今两监及州县，以独学无友，四经殆绝。"[③]《礼记》是"人皆竞读"，《仪礼》则"殆绝"，几乎无人问津了。到了宋代，王安石变法，在科举考试中废除《仪礼》和《春秋左氏传》。元佑初，恢复了《春秋左传》，而《仪礼》始终没有恢复。所以朱熹说："《仪礼》旧与《六经》《三传》并行，至王介甫始罢去。其后虽复《春秋》，而《仪礼》卒废。"[④]《仪礼》经此一废，可以说是寿终正寝，从此再无翻身之日。清初顾炎武说："唐、宋取士，皆用《九经》。今制定为《礼记》，而《周礼》《仪礼》《公羊》《谷梁》二传，并不列于学官。"[⑤]可证。

《礼记》与《仪礼》这种戏剧性的变化，其原因何在？我想到的有三点。第一，《仪礼》比较难读。西汉时的一些礼官大夫都不能通晓，何况一般人！唐代的韩愈，当过国子博士、国子祭酒，用今天的话来说，当过大学教授、大学校长。但韩愈《读〈仪礼〉》犹说："余尝苦《仪礼》难读。"[⑥]则一般人可知。清代的阮元也是学问渊博之士，他在《仪礼注疏校勘记序》中也说："《仪礼》最为难读。"[⑦]由难读而被士人视为畏途，也是情理之常。但这不是主要原因，佶屈聱牙的《尚书》也很难读，但其经典地位始终岿然不动便是明证。第二，从宋代开始，《仪礼》失去了科举考试这

---

① 王国维《观堂集林》，河北教育出版社，2003年，92页。

② 《北史》，中华书局，1974年，2708页。

③ 杜佑《通典》，中华书局，2003年，355页。

④ 朱熹著、黎靖德编《朱子语类》，朱杰人等主编《朱子全书》，上海古籍出版社、安徽教育出版社，2002年，第17册，2888页。

⑤ 顾炎武著、陈垣校注《日知录校注》，安徽大学出版社，2007年，435页。

⑥ 韩愈著、马其昶校注《韩昌黎文集校注》，上海古籍出版社，1998年，38—39页。

⑦ 阮刻《十三经注疏》(附校勘记)，中华书局景印本，1980年，942页。

根指挥棒。中国的读书人都明白这个道理，你考什么，我就学什么；你不考，我就不学。这是很实际的事情，读书人不会在这方面犯傻。第三，《仪礼》和《礼记》的内容不同，因此影响了人们的取舍。《仪礼》十七篇，篇篇都是一大堆烦琐的礼节单，篇与篇之间又多雷同。《礼记·乐记》说："陈尊俎，列笾豆，以升降为礼者，礼之末节也。"[①]《仪礼》十七篇，除了《丧服》一篇外，篇篇都是这种"礼之末节"。其枯燥无味自不必说了，更严重的是，它脱离时代，脱离生活，近乎一堆僵硬的教条。《孝经》上说："安上治民，莫善于礼。"[②]随着社会的发展，《仪礼》的内容越来越不能满足封建统治者"安上治民"的需要，在这种情况下，统治者将其弃之如敝屣也就不足为怪了。《礼记》则不然。《礼记》虽然也记载了一些礼之末节，但分量很小。它的主要内容是系统地讲理论，讲礼的原则和意义。譬如说，《中庸》上说："非天子不议礼，不制度。"[③]统治者看到这句话会不喜上眉梢吗！正是由于《礼记》为封建统治者提供了极富弹性的礼治理论，而这种理论正好满足了统治者"安上治民"的需要，所以赢得了历代(从先秦到清代)统治者的青睐，所以才产生了上述戏剧性的变化。清代学者焦循说："以余论之，《周礼》《仪礼》，一代之书也；《礼记》，万世之书也。《记》之言曰：'礼以时为大。'此一言也，以蔽千万世制礼之法可矣！"[④](《礼记补疏序》)何谓"礼以时为大"？用今天的话来说，就是礼要与时俱进。这句话精辟地道出了《礼记》日益走红的根本原因。

五、《礼记》的价值

笔者认为，《礼记》一书，就过去而言，它对于中华民族的礼仪文明的形成贡献至巨。就现在与未来而言，它对社会主义的礼仪文明建设有具有巨大的、无可代替的借鉴价值。

我国素称礼仪之邦，而赢得这个美誉的最大功臣应是《礼记》。《三礼》之中，《周礼》原叫《周官》，是讲中央政府的设官分职的，严格地讲，和礼仪有点不搭界。《仪礼》是讲礼仪的。它一共讲了十五种人生礼仪。这十五种人生礼仪，好是好，问题是它讲的礼仪基本上已经变成了僵死的教条，后世很少有人问津，时过境迁，

---

① 《礼记正义》，1516页。

② 《孝经注疏》，点校《十三经注疏》繁体字版，北京大学出版社，2000年，50页。

③ 《礼记正义》，2038页。

④ 焦循《礼记补疏》，《续修四库全书》本，上海古籍出版社，2012年，第105册，1页。

已是明日黄花，可谓有历史意义而无现实意义。在礼仪文明形成的长河中，唯有《礼记》始终忠实地陪伴着我们。

《礼记》是讲究礼仪的百科全书。在中国汗牛充栋的书的海洋里，最具有此种功能的书非《礼记》莫属。平天下需要讲究礼仪，治国需要讲究礼仪，齐家需要讲究礼仪，修身也需要讲究礼仪。最高统治者需要讲究礼仪，一般士大夫需要讲究礼仪，普通百姓也需要讲究礼仪。富的时候需要讲究礼仪，穷的时候也需要讲究礼仪。活人对活人需要讲究礼仪，活人对死人也需要讲究礼仪。人的一生，有幼年、少年、青年、壮年、老年，每个人生阶段都需要讲究礼仪。人要说话，要走路，要吃饭、要穿衣，要睡觉，要访友，吃喝拉撒，桩桩件件都需要讲究礼仪。人的一生，生、老、病、死四部曲，哪一部曲都需要讲究礼仪。你是做儿子的，做父亲的，做教师的，做学生的，做国君的，做太子的，做臣子的，做朋友的，做公婆的，做媳妇的，做兄长的，做弟弟的，无论你的身份是什么，都有你需要讲究的礼仪，等等，等等。而上述这些需要讲究的礼仪，在其他书中你或者看不到，或者看到的只是一部分，而在《礼记》中你都可以看得到。比较而言，《礼记》最切近人们的生活，它离我们并不遥远。

举些实际例子来说吧。

（1）《礼记·礼运》篇描述了两种让国人无限向往的社会模式：大同社会和小康社会。而小康社会的治理，就是“礼义以为纪”。2014 年 9 月 24 日，习近平主席《在纪念孔子诞辰 2565 周年国际学术研讨会暨国际儒学联合会第五届会员大会开幕会上的讲话》中说：“中国人民正在为实现‘两个一百年’奋斗目标而努力，其中全面建成小康社会中的‘小康’这个概念，就出自《礼记·礼运》，是中华民族自古以来追求的理想社会状态。”

（2）《礼记》对形成中华民族根深蒂固的重视教育的优良传统起着无可代替的主导作用。《礼记》中的《学记》篇，是我国有关教育的最早的经典文献。其开篇就说：“玉不琢，不成器；人不学，不知道。是故古之王者，建国君民，教学为先。”[①]董仲舒对策，建议汉武帝“立太学以教于国”，就是以《学记》为根据。此后历代相承。党和政府提出：“把教育摆在优先发展的战略地位。”更是注入了时代的精神。

（3）《礼记》对我国尊师重道优良传统的形成起着无可替代的主导作用。“天地君亲师”这五个字在中国历史上有很高的知名度。鲁迅《我的第一个师父》：“我

---

① 《礼记正义》，1424 页。

家的正屋的中央，供着一块牌位，用金字写着必须绝对尊敬和服从的五位：‘天地君亲师。’”[1]郭沫若《洪波曲》第十一章四：“中国社会是尊师重道的，每家的祖先堂上都供有‘天地君亲师’的香位牌。”[2]张舜徽《切庵学术讲论集》：“真正彻底了解‘天地君亲师’五个大字的来源和作用，对整个中国封建社会的内幕，可算是了解了一大半。”[3]

按：“尊师重道”这句话出自《礼记・学记》，姑且不说。就是那“天地君亲师”五字，也是源出《礼记》。《礼记・礼运》：“故天生时而地生财，人，其父生而师教之，四者，君以正用之。”[4]第一次将“天地君亲（父）师”五字放在一起。[5]

（4）《礼记・王制》篇对勤俭节约的治国、持家理念的形成有直接影响。《王制》：“三年耕，必有一年之食；九年耕，必有三年之食。”[6]这就是后世“耕三余一”的由来。《王制》还提出了“量入为出”的消费原则。毛泽东在延安时期写成的《切实执行十大政策》，其中一项就是“耕三余一”。

（5）《礼记》是培育引导社会风气的士大夫（今曰“社会精英”）精神的最好教材。《礼记》中励志的话语很多。例如：《曲礼上》：“礼尚往来。往而不来，非礼也；来而不往，亦非礼也。”[7]又如《曲礼上》：“临财毋苟得，临难毋苟免。”[8]《杂记下》：“一张一弛，文武之道。”[9]《大学》：“汤之盘铭曰：‘苟：日新，日日新，又日新。’”[10]《儒行》云：“儒有可杀而不可辱也。身可危也，而志不可夺也。”[11]《表记》：“君子之接如水，小人之接如醴。”[12]《坊记》：“善则称人，过则称己。”[13]，等等。范仲淹是北宋士大夫的代表人物，他的千古名句“先天下之忧而忧，后天下之乐而乐。噫，微斯

---

① 鲁迅《且介亭杂文末编》，人民文学出版社，1973 年，89 页。

② 《郭沫若全集》文学编第十四卷，人民文学出版社，1992 年，169 页。

③ 张舜徽《切庵学术讲论集》，岳麓书社，1992 年，587 页。

④ 《礼记正义》，911 页。

⑤ 有不少学者认为“天地君亲师”五字出自《荀子・礼论》，但《荀子・礼论》有“先祖”而无“亲”，此其一；《郭店楚墓竹简》问世后，《荀子》成书在《礼记》之后，已成共识，此其二。详见拙文《“天地君亲师”溯源考》，载《河南师范大学学报（哲社版）》2015 年第 3 期。

⑥ 《礼记正义》，510 页。

⑦ 《礼记正义》，22 页。

⑧ 《礼记正义》，8 页。

⑨ 《礼记正义》，1675 页。

⑩ 《礼记正义》，2239 页。

⑪ 《礼记正义》，2222、2225、2227 页。

⑫ 《礼记正义》，2092 页。

⑬ 《礼记正义》，1964 页。

人，吾谁与归”？感动了不知多少人，而他的“微斯人，吾谁与归”两句，正是脱胎于《檀弓下》的“死者如可作也，吾谁与归”？林则徐是清代士大夫的代表人物，曾为朱彬《礼记训纂》作序，其熟悉《礼记》可知。林氏为世传颂的“苟利国家生死以，岂因祸福避趋之”两句诗，其中的“岂因祸福避趋之”即脱胎于《曲礼》的“临难毋苟免”。

(6)《论语》谈到了中庸，但仅仅一句话。而《礼记·中庸》则将孔子的中庸思想发挥得淋漓尽致。朱熹将《中庸》从《礼记》中摘出，构成“四书”之一。毛泽东说：“‘中庸’是孔子的一大发现，一大功绩，是哲学的重要范畴，值得很好地解释一番。”[①]当代学者指出，中庸思想不仅对传统文化有巨大影响，而且有普世价值。中国人的名字(尤其是古人)中含有中庸意味的很多。唐代的韩愈，史称“文起八代之衰”，字退之。“愈”是超过，违背中庸之道，就用字“退之”来中和一下。南宋的理学家朱熹，字元晦。“熹”是炽盛、光亮，未免太出风头，没有节制，于是就字“元晦”，“晦”是昏暗，名字相抵，正合乎中庸之道。翻检臧励和等《中国人名大辞典》，可以看到取名“居中”、“执中”、“秉中”、“师中”、“安中”、“建中”的不少，双名中都含有一个“中”字，这个“中”字是“中庸之道”之中，千万不要误会为“中国”之中。

(7) 如今的中国高校一般都有校训。我们知道，校训的文字非常精炼简洁，寓意深远，耐人咀嚼。一般是八个字，多者十六字，少者四字、二字。我从互联网上作了一番调查，发觉很多大学的校训(包括香港、澳门、台湾)都和儒家的经典有关。其中，尤以与《礼记》有关者为多。据查，校训是完全取自《礼记》者有下面六所：

1. 中山大学：博学，审问，慎思，明辨，笃行。

按：《礼记·中庸》：“博学之，审问之，慎思之，明辨之，笃行之。”[②]

2. 东南大学：止于至善。

按：《礼记·大学》：“大学之道，在明明德，在亲民，在止于至善。”[③]

3. 湘潭大学：博学笃行，盛德日新。

按：“博学、笃行”，出自《中庸》，见上。《礼记·礼器》：“礼器是故大备。大备，

① 《毛泽东书信选集》，中央文献出版社，2003 年，132 页。

② 《礼记正义》，2022 页。

③ 《礼记正义》，2236 页。

盛德也。”[①]又《礼记·大学》:“汤之盘铭曰:‘苟:日新,日日新,又日新。’”[②]

4. 黑龙江大学:博学慎思,参天尽物。

按:“博学慎思”出《礼记·中庸》,见上。“参天尽物”,亦出《中庸》:“能尽人之性,则能尽物之性;能尽物之性,则可以赞天地之化育;可以赞天地之化育,则可以与天地参矣。”[③]

5. 香港大学:明德格物

按:《礼记·大学》:“大学之道,在明明德。”[④]又云:“致知在格物。”[⑤]

6. 香港城市大学:敬业乐群。

按:《礼记·学记》:“三年视敬业乐群。”[⑥]

校训中有六字取自《礼记》者有下面三所:

1. 安徽大学:至诚至坚,博学笃行。

按:《礼记·中庸》:“唯天下至诚,为能经纶天下之大经,立天下之大本,知天地之化育。”[⑦]“博学笃行”出自《中庸》,见上。

2. 河南师范大学:厚德博学,止于至善。

按:“博学”出《中庸》,“止于至善”出《大学》,均见上。

3. 北京邮电大学:厚德,博学,敬业,乐群。

按:“博学”出《中庸》,见上。“敬业、乐群”出《礼记·学记》:“三年视敬业乐群。”[⑧]

校训中有四字取自《礼记》者有下面五所:

1. 福州大学:明德至诚,博学远志。

按:“明德”出《大学》,见上。“至诚”出《礼记·中庸》,见上。

2. 兰州大学:博学笃行,自强为新。

按:“博学笃行”出《中庸》,见上。

3. 厦门大学:自强不息,止于至善。

---

① 《礼记正义》,955 页。

② 《礼记正义》,2239 页。

③ 《礼记正义》,2023—2024 页。

④ 《礼记正义》,2236 页。

⑤ 《礼记正义》,2237 页。

⑥ 《礼记正义》,1426 页。

⑦ 《礼记正义》,2023 页。

⑧ 《礼记正义》,1426 页。

按:“止于至善”出《大学》,见上。

4. 山东师范大学:弘德明志,博学笃行。

按:“博学笃行”出《中庸》,见上。

5. 辽宁工程技术大学:诚朴求是,博学笃行

按:“博学笃行”出《中庸》,见上。

校训中有二字取自《礼记》者有下面五所:

1. 南京大学:诚朴雄伟,励学敦行。

按:二字者:南京大学校训中的“敦行”,见于《礼记·曲礼上》:“博闻强识而让,敦善行而不怠,谓之君子。”[①]

2. 中国政法大学:厚德,明法,格物,致公。

按:“格物”出《大学》:“致知在格物。”[②]

3. 长安大学:求是,笃学,敬业,创新。

按:敬业,出《学记》,见上。

4. 南京中医药大学:自信,敬业。

按:“敬业”出《学记》,见上。

5. 香港浸会大学:笃信力行。

按:“力行”出《礼记·中庸》:“好学近乎知,力行近乎仁,知耻近乎勇。”[③]

我们知道,校训是格言,是座右铭,它反映了学校的办学理念、价值取向、培养目标。它不仅镌刻在学校最醒目的地方,以期达到警示作用,而且嵌印在每个学子的脑海中,起着潜移默化的作用。而这么多高校的校训不约而同地选自《礼记》,这至少表明在教育界有这样一种共识,《礼记》是一部充满人文主义色彩的儒家经典,在塑造中国未来栋梁的国民性的事业中大有用武之地。

话拐回来说。《礼记》中也有糟粕,这也不足为怪。一部成书于两千多年前宗法社会的书,随着社会的发展,其中有些东西不适用了,这很正常。下面我想以《孔雀东南飞》为例,看看《礼记》在这场爱情悲剧中扮演了什么角色。

上个世纪的五十年代,笔者作为一个高中学生,在语文课本上第一次读到《孔雀东南飞》这首长篇叙事诗。感动之余,也有一些问题不得其解。譬如说,女主人公兰芝是一个多么可爱的女性呀,她与丈夫焦仲卿的感情又是那样的深厚,却被

---

① 《礼记正义》,94 页。

② 《礼记正义》,2237 页。

③ 《礼记正义》,2015 页。

焦母活活拆散，把兰芝休回娘家，究竟原因何在？

进入二十一世纪，笔者已近古稀之年，由于接触《礼记》较多，才觉得对《孔雀东南飞》理解地深入了些，不禁产生了这样的感慨：兰芝的种种可爱，是《礼记》造成的；兰芝的人生悲剧，也是《礼记》造成的，简直可以说是“成也《礼记》，败也《礼记》”。

我们不是觉得兰芝勤劳、善良、美丽吗？所谓“勤劳、善良、美丽”是我们现代人使用的辞藻和衡量标准，古人并不使用。古人使用的辞藻和衡量标准是“三从四德”的四德。《礼记·昏义》：“是以古者妇人先嫁三月，教以妇德、妇言、妇容、妇功。”[1]这里所说的“先嫁三月”，就是出嫁之前的三个月，由女师集中时间给未来的新娘施以“妇德、妇言、妇容、妇功”的教育。这个“妇德、妇言、妇容、妇功”就是四德，也就是衡量妇女是否达标的标准。郑玄注释“四德”说：“妇德，贞顺也。妇言，辞令也。妇容，婉娩也。妇功，丝麻也。”我的理解，所谓“贞顺”，主要是温驯听话；所谓“妇言”，不是说巧言花语，天花乱坠，而是当说则说，不当说则不说，不文不火，分寸适度；所谓“妇容”，主要是指服饰鲜洁，容貌端庄，不一定非得是美丽漂亮不可；所谓“妇工”，主要是指会纺线织布。对照《孔雀东南飞》的描写，我们认为，兰芝完全符合“四德”的标准。

先说“妇德”。请看，“奉事循公姥，进止敢自专”，这不就是“妇德”吗？还有“十五弹箜篌，十六诵《诗》《书》”、“十五弹箜篌，十六知礼仪”，请注意，“十五弹箜篌”，字面意思是会弹箜篌，实际上是说兰芝十五岁时已经接受了《乐》的教育。同理，“十六知礼仪”，是表示兰芝十六岁时已经接受了《礼》的教育。总而言之，兰芝是十七岁时出嫁的，兰芝在出嫁前已经完成了《礼》《乐》《诗》《书》的教育。《礼记·王制》：“乐正崇四术，立四教，顺先王《诗》《书》《礼》《乐》以造士。春秋教以《礼》《乐》，冬夏教以《诗》《书》。”[2]乐正是主抓教育的官员，四术就是指《诗》《书》《礼》《乐》这四门必修课程。兰芝是个女性，她所受的婚前教育已经接近达到了男性的标准。这很不简单。接受《诗》《书》《礼》《乐》的教育对受教育者的品行会带来什么样的影响呢？《礼记·经解》：“孔子曰：‘入其国，其教可知也。其为人也：温柔敦厚，《诗》教也；疏通知远，《书》教也；广博易良，《乐》教也；恭俭庄敬，《礼》教也。’”[3]可以说，兰芝在妇德方面已经达到了无可挑剔的地步。

---

① 《礼记正义》，2280 页。

② 《礼记正义》，546 页。

③ 《礼记正义》，1903—1904 页。

次说“妇言”。我们知道，“十六诵《诗》《书》”，兰芝是接受过《诗经》教育的。《论语·季氏》：“子曰：不学《诗》，无以言。”[1]意思是说，不学《诗经》，就不会讲话。反过来说，学了《诗经》，就会讲话。《汉书·艺文志·诸子略》：“从横家者流，盖出于行人之官。孔子曰：‘诵《诗》三百，使于四方，不能专对，虽多亦奚以为！’”[2]这说明学习过《诗经》的人，其讲话像外交官似的，总是很得体的。再看兰芝拜别婆母的一段话：“上堂拜阿母，阿母怒不止。‘昔作女儿时，生小出野里，本自无教训，兼愧贵家子。受母钱帛多，不堪母驱使。今日还家去，念母劳家里。’”尽管兰芝明知她的无端被休是婆母使然，满腹委屈，但她在离开焦家之前还是恪尽妇道，上堂拜别。而且在拜别之时，在焦母丝毫不假颜色的情况下，兰芝仍然是严于自责，没有说一句怨天尤人的话。试想，在情断义绝之时尚能吐言得体如此，则平时可知。《礼记·曲礼上》：“夫礼者，自卑而尊人。”[3]兰芝是不打折扣地做到了。

次说“妇容”。诗中有一段关于兰芝装束姿态的描写：“鸡鸣外欲曙，新妇起严妆。著我绣夹裙，事事四五通。足下蹑丝履，头上玳瑁光。腰若（按《玉台新咏考异》云：“疑‘若’字当作‘著’字。”有道理）流纨素，耳著明月珰。指如削葱根，口如含珠丹。纤纤作细步，精妙世无双。”据此，应该说兰芝在妇容方面也是无可挑剔的。

最后说“妇工”。诗的开头说：“十三能织素，十四学裁衣。……鸡鸣入机织，夜夜不得息。”下文通过兰芝母亲的口又说：“十三教汝织，十四能裁衣。”据此，应该说兰芝在妇工方面也是无可挑剔的。

至此，我们可以说，兰芝在“妇德、妇言、妇容、妇工”四德方面，都是无可挑剔的，是一个完美的女性。

那么，兰芝为什么又被驱遣回娘家了呢？我看到的解释有下列五种：

1. 兰芝没有遵从封建礼教的妇德要求，“本自无教训”，“举动自专由”，虽然温顺，能干，但骨子里有倔劲，因而为焦母所不容。

2. 兰芝多年不育，焦母为传宗接代考虑，找借口驱逐兰芝。

3. 焦刘两家贵贱悬殊，门第不对，焦母见异思迁，为娶进罗敷而逼走兰芝。

4. 焦母无法理解也不能容忍仲卿与兰芝间真挚热烈的爱情。

5. 《大戴礼记·本命》中载：“妇有七去：不顺父母去，无子去，淫去，妒去，有

---

① 《论语注疏》，点校《十三经注疏》繁体字版，北京大学出版社，2000年，261页。

② 《汉书》，1740页。

③ 《礼记正义》，22页。

恶疾去，多言去，窃盗去。”[1]焦母迫害刘兰芝用的是第一条。”焦母压制焦仲卿用的就是孝顺这一条。刘兰芝回娘家后，也受到家长制的威压。

笔者认为，这五点都没有说到点子上。答案还要从《礼记》中去寻找。

首先，人为什么要结婚？古今观念截然不同。《礼记・昏义》：“昏礼者，将合二姓之好，上以事宗庙，而下以继后世也。”[2]上古同姓不婚，所以这里说“将合二姓之好”。后代姓氏混乱，不再讲究，一般来说，只要是两家就行。可见结婚的动机和目的并不是什么男女之间的爱情，而是两个不同的家族的结亲，目的是接续香火，传宗接代。而接续香火、传宗接代是一种新陈代谢行为，它意味着新的诞生，老的死去。所以《礼记・郊特牲》说：“昏礼不用乐，幽阴之义也。昏礼不贺，人之序也。”郑玄注：“序犹代也。”[3]代者，儿子将接替父亲也。《礼记・曾子问》说：“取妇之家，三日不举乐，思嗣亲也。”[4]昏礼喻示着儿子要接父亲的班，其事虽有可喜，也不无可悲。想到这一层，就“不用乐”，“不贺”，这和后代的吹吹打打，鞭炮大作，宾客盈门，大异其趣。

其次，“三从四德”中的三从，是束缚妇女的三道紧箍咒。《礼记・郊特牲》说：“妇人，从人者也：幼从父兄，嫁从夫，夫死从子。”[5]这就是“三从”。兰芝在被驱遣回娘家以后，并没有可能取得任何自由，她的未来，她的一切，仍然是掌握在父兄手里。兰芝很清楚这一点，所以她在分手之际对焦仲卿所说的：“我有亲父兄，性行暴如雷，恐不任我意，逆以煎我怀。”就是一种完全正确的预感。她不可能挣脱“从父兄”的绳索。果不其然，请看诗中的记述：“阿兄得闻之，怅然心中烦，举言谓阿妹：‘作计何不量！先嫁得府吏，后嫁得郎君，否泰如天地，足以荣汝身。不嫁义郎体，其往欲何云？’兰芝仰头答：‘理实如兄言。谢家事夫婿，中道还兄门。处分适兄意，那得自任专！’”

最后，媳妇的好坏去留，谁说了算。焦仲卿对兰芝显然是很满意的：“府吏长跪告：‘伏惟启阿母，今若遣此妇，终老不复取！’”但换来的却是焦母的一顿痛斥：“阿母得闻之，槌床便大怒：小子无所畏，何敢助妇语！吾已失恩义，会不相从许！”焦母根本不把儿子的哀求放在眼里。为什么？因为《礼记・内则》上说得明明白

---

① 王聘珍《大戴礼记解诂》，中华书局，1983年，255页。

② 《礼记正义》，2274页。

③ 《礼记正义》，1093页。

④ 《礼记正义》，771页。

⑤ 《礼记正义》，1092页。

白:“子甚宜其妻,父母不说(悦),出;子不宜其妻,父母曰:‘是善事我。’子行夫妇之礼焉,没身不衰。”①(大意是:儿子认为和妻子很合得来,但是父母不喜欢这个儿媳妇,就应该休掉。儿子认为和妻子很合不来,但是父母说:“这个媳妇很会伺候我们。”儿子就得和她保持夫妻关系,白头到老)可知媳妇的好坏和去留,全凭父母的旨意,儿子是没有半点发言权的。

至此,我们可以说,造成这场爱情悲剧的,前台的人物是焦母,而焦母的后台靠山是《礼记》。

总而言之,《礼记》不但具有现实意义,而且具有认识和解释过去的价值。

六、怎样读《礼记》

笔者谈谈自己读《礼记》的体会,谨供读者参考。

我的体会有五点。第一,读《礼记》当从读《礼记注疏》(也叫《礼记正义》)开始;第二,读《礼记注疏》当选择善本;第三,读《礼记注疏》必须知道《礼记注疏》的义例,否则就很难说“读懂了”;第四,广览博取,转益多师;对“宁道孔圣误,讳闻服郑非”要保持一份独立思考;《礼记》郑注,要相信,但不要迷信。第五,读《礼记注疏》少不了查字典、词典,对字典、词典给出的解释切忌盲目相信。下面逐条说之。

第一,读《礼记》当从读《礼记注疏》(也叫《礼记正义》)开始。

古往今来,有关《礼记》的著述很多,你翻翻《四库全书》《续修四库全书》《四库全书存目丛书》《四库未收书辑刊》这四部大型丛书的目录就知道了,简直吓人。这还不算今人有关《礼记》的著述。但有关《礼记》的著述再多,总有一个源头。这个源头就是《礼记注疏》(东汉郑玄注,唐代孔颖达疏)。为什么?请看一些国学大师对《礼记注疏》的评议:

(1) 皮锡瑞《经学通论・三礼》:“孔颖达于《三礼》,唯疏《礼记》,实贯穿《三礼》及诸经。有因《记》一二语而作疏至数千言者。如《王制》‘三公一命卷’云云,疏四千余字;‘比年一小聘’云云,疏二千余字。《月令》《郊特牲》篇题疏,皆三千余字。元元本本,殚见洽闻,又非好为繁博也。学者熟玩《礼记注疏》,非止能通《礼记》,且可兼通群经。”②

---

① 《礼记正义》,1127 页。

② 皮锡瑞《经学通论》,74 页。

(2) 章太炎先生《汉学论下》说:"余弟子黄侃尝校《注疏》四五周,亦言清儒说经虽精博,其根底皆在《注疏》。故无清人经说,无害也;无《注疏》,即群经皆不可读。"[①]章太炎先生在《题中央大学所刻黄先生纪念册》又说:"季刚说经,独本汉唐传注、正义,读之数周。"[②]

(3) 黄侃《黄侃论学杂着·礼学略说》:"(《礼记》)孔疏虽依傍皇疏(按:谓南朝梁皇侃的《礼记义疏》),然亦时用弹正。采摭旧文,词富理博,说礼之家,钻研莫尽。故清世诸经悉有新疏,独《礼记》阙如者,亦以襄驾其上之难也。"[③]

(4) 1995年6月7日,为了校点上海古籍出版社本《礼记正义》,我专程去北京图书馆看王国维批校的阮刻《礼记注疏》。在阮刻《礼记注疏》卷一末尾有王国维的批语:"癸丑(按:公元1913年)八月十一日,残暑初退,重理旧业,读此卷。国维。"(辛亥革命后,王氏东渡日本。批语即写于此时)。细味"重理旧业"一语可知,这至少是王国维的第二遍读《礼记注疏》。

(5) 梁启超《要籍解题及其读法》:"《礼记》注释书,至今尚无出郑注孔疏右者。"[④]

(6) 叶绍钧《礼记选注·绪言》:"注释《礼记》的书,郑玄以后很多。自从唐孔颖达等的《正义》采取郑注,于是郑注盛行而他家的书渐渐散亡。如欲求简约扼要,以参阅郑注孔疏为是。"[⑤]

从以上六位国学大师的说法、做法来看,可知读《礼记》当从读《礼记注疏》开始是行之有效的不二法门。

第二,读《礼记注疏》当选择善本。

众所周知,读古书应当选择善本。张之洞《书目答问》第一页第一条就是《十三经注疏》,其注文云:"阮本最于学者有益,凡有关校勘处旁有一圈,依圈检之,精妙全在于此。"[⑥]《礼记注疏》是阮刻《十三经注疏》之一。王国维、黄侃读的就是阮刻《礼记注疏》。在张之洞、王国维、黄侃生活的时代,说阮刻《礼记注疏》是最好的善本,阮刻是当之无愧的。但时过境迁,特别是改革开放以后,新的《礼记注疏》版

---

① 《章太炎全集》,上海人民出版社,2014年,第5册,3—4页。
② 《章太炎全集》,第4册,130页。
③ 《黄侃论学杂著·礼学略说》,中华书局,1964年,450页。
④ 梁启超《要籍解题及其读法》,清华周刊丛书社,1930年,196页。
⑤ 叶绍钧选注《礼记》,《万有文库》本,商务印书馆,1930年,12页。
⑥ 张之洞《书目答问》,《续修四库全书》本,上海古籍出版社,2002年,第921册,543页。

本不断出现，阮刻《礼记注疏》难免就相形见绌。我写了一篇《阮刻〈礼记注疏〉并非最佳版本》的论文，指出阮刻有九点缺失：一、底本不佳 无可奈何；二、排斥抚本 拒用《考异》；三、当代成果 有失吸收；四、失校甚多；五、应当他校 而不他校；六、应当内校 而不内校；七、被校之语多有破句；八、无谓之校甚多；九、校勘结论 互相矛盾。此文原载《2002年第二届汉文化数据库国际学术研讨会论文集》181—194页，汉文化信息联盟2002年8月出版；后收入拙作《读经识小录》，上海古籍出版社2017年出版。

2008年9月，上海古籍出版社出版了拙作《礼记正义》校点本，南京师范大学王锷教授在《三种〈礼记正义〉整理本平议》（载《中华文史论丛》2009年4期）一文的摘要中说："本文平议龚抗云、田博元、吕友仁三位先生分别整理出版的《礼记正义》，从凡例的制定、底本的选择、对校本的确定、标点、校勘和序跋的撰写、附录的收集等方面进行对比，认为吕友仁先生整理的《礼记正义》是最佳整理本。"

前几年，承蒙北京大学《儒藏》精华编的主事者不弃，约我为《儒藏》精华编中《礼记正义》的校点者，给我提供了"学而时习之"的机会。这是我第三次字斟句酌地精读《礼记正义》。在精读过程中，我发现我整理的上海古籍出版社本《礼记正义》还有不少失误，感到愧疚。我写了一篇六万多字的《校点本〈礼记正义〉诸多失误的自我批评》。我在《自我批评》"摘要"中说："校点本《礼记正义》，是指由笔者校点的上海古籍出版社2008年出版的《礼记正义》。'诸多失误'，主要指校勘与标点两个方面的失误。其中的校勘失误，含目前已经发现的失校479条及误校32条。其中的标点失误，含目前已发现的破句325处，引号失误103处，顿号失误42处，以及专名号失误3处。对以上诸多失误，笔者谨向读者、出版者表示歉意。"《儒藏》精华编本《礼记正义》已经在2016年出版。上海古籍出版社看到我的《自我批评》后，姿态很高，闻风而动，要走了我写的《自我批评》，准备2020年出版《礼记正义》的修订版。

第三，读《礼记注疏》必须知道《礼记注疏》的义例，否则就很难说"真正读懂"了。

义例，也叫作"例"。清人钱大昕非常重视古书的义例。他在《潜研堂集·答问八》中说："读古人书，先须寻其义例。"[1]在同书《秦三十六郡考》中又说："读古人

① 钱大昕《潜研堂集》，上海古籍出版社，1989年，179页。

书，须识其义例。”[①]义例之重要，由此可见。而古书义例的寻得并非易事。吕思勉先生《史通评》云：“古人著书，虽有例，而恒不自言其例。欲评其得失，必先通贯全书，发明其例而后可。”[②]张舜徽先生《广校雠略》云：“古人著述不言例，而例自散见于全书之中。后人籀绎遗编，多为之方以穷得其例，信能执简驭繁，持类统杂。”[③]可知要找到古书义例，并非一件容易的事。

对《礼记正义》的义例的认识，我有一个过程。2012 年以前，我是懵懂无知，人云亦云。从 2012 年开始，承蒙北京大学《儒藏》精华编主事者不弃，约我整理精华编中的《礼记正义》，给我提供了第三次字斟句酌地精读《礼记正义》的机会（此前的两次是，上世纪九十年代初，承蒙上海古籍出版社不弃，约我整理《礼记正义》；上世纪九十年代末，承蒙贵州人民出版社不弃，约我撰写《礼记全译》）。由于是第三次精读，读得比较从容，有了问题意识。有点感想，就随手摘记。校点完毕，感到长了见识。主要有两点：第一点，开始明白所谓《礼记》郑注，并不是仅指《礼记》郑注那本书，而是指郑玄的一家之学。换言之，指的是郑玄的全部著述。第二点，开始明白那种铺天盖地的“疏不破注”说是错误的，是不实之词。实际上，孔颖达《礼记正义》中有两种破注方式。一种是“直言破注”，即直截了当地说郑注错了。另一种是“微言破注”，也可以说是“委婉破注”。即郑注究竟错了没有，孔疏没有把握，于是就搬出来另外一个《礼记》注家（在《礼记正义》中，基本上是郑玄的对立面王肃）作比较。比较的结果，往往是“未知孰是，故两存焉”。虽然没有说郑注错了，但也动摇了郑注唯一正确的地位，故曰“微言破注”。2013 年，我把这两点读书心得整理了一下，写了一篇《皇侃“既尊郑氏乃时乖郑义”的调查报告》，在浙江大学古籍所主办的礼学会议上宣读。不成想，反响热烈。接着宣读论文的浙江大学崔富章教授乃以“听君一席话，胜读十年书”两句许之。

受此鼓舞，就产生了得寸进尺的念头。2014 年，我以《孔颖达〈五经正义〉中疏与注的关系研究》为题申报国家社科基金项目，幸获批准。2014 年至 2017 年，将近四年时间，披读《五经正义》是每日常课，寝馈其中。以读《礼记正义》的感悟为基础，将其他四经《正义》粗读一过，感到收获很大，最终抽绎出《五经正义》的十二条义例。这十二条义例，其中的三条，被国人长期误解了；其中的九条，国人尚处

---

① 钱大昕《潜研堂集》，260 页。

② 吕思勉《史学四种》，上海人民出版社，1981 年，110 页。

③ 张舜徽《广校雠略》，华中师范大学出版社，2004 年，4 页。

于无知之中。

《礼记正义》的十二条义例如下：

(1)《礼记正义》有以追求正确阐释经旨为第一要义之例；

(2)《礼记正义》有经文自疑例；

(3)《礼记正义》有所选注家是指该注家的一家之学之例。换言之，是指该注家的全部著述，并非仅仅指一本该注家的该经之注；

(4)《礼记正义》有注的生杀予夺一操之于疏之例；

(5)《礼记正义》有"以一家为主，旁及异闻，广采博搜"之例；

(6)《礼记正义》有注可破经之例；

(7)《礼记正义》有疏可破经之例；

(8)《礼记正义》有疏可破注之例；

(9)《礼记正义》有疏须补注未备之例；

(10)《礼记正义》有对所选定的注家与落选注家区别对待之例；

(11)《礼记正义》有将落选注家的错误注解作为反面教材使用之例；

(12)《礼记正义》在处理谶纬问题上有"各从其家而为之说"之例。

下面让我们逐条略加解释。

第一条，《礼记正义》有以追求正确阐释经旨为第一要义之例。

按：这条义例看似平淡无奇，卑之无甚高论。实际上是十二条义例之纲，其余十一条义例是目。试看《礼记正义》有疏可破经之例，便知道为了正确阐释经旨，就是天王老子错了也不留情面。

第二条，《礼记正义》有经文自疑例。

按：所谓"经文自疑"，实质上就是经文自破。世界上有哪部经典如此开诚布公、自曝软肋？在《十三经》中也只有《礼记》这一家。试举一例：

《礼记·檀弓上》："大功废业。或曰：大功，诵可也。"（译文：服大功之丧，要停止一切学业，以免干扰哀思。有人说，诵读还是可以的。）郑注："许其口习故也。"孔疏："此一节论遭丧废业之事。'大功废业'者，业，谓所学习业，则身有外营，思虑他事，恐其忘哀，故废业也。诵则在身所为，其事稍静，不虑忘哀，故许其口习。言'或曰'者，以其事疑，故称'或曰'。"①

按：同一命题，给出两种答案。模棱两可，故曰"经文自疑"。姜广辉主编《中

① 《礼记正义》，264 页。

国经学思想史》说:“我们可以把儒家视为非宗教信仰。”[1]确实如此。

第三条,《礼记正义》有所选注家是指该注家的一家之学之例。换言之,是指该注家的全部著述,并非仅仅指一本该注家的该经之注。

按:这条义例对于我们来说,无疑是当头棒喝,先是惊诧,后是惊喜。我们口口声声地“疏不破注”,而“注”的概念是什么,到头来我们还没有搞清楚,这不是闹笑话吗!在这种情况下,我们还能说真正读懂了《礼记正义》吗?譬如说,我们读《礼记正义》时,会看到孔疏在疏通《礼记》郑注时,时而征引郑玄《周礼注》,时而征引郑玄《仪礼注》,时而征引《毛诗》郑笺,时而征引《论语》郑注,时而征引郑玄《驳礼记异义》,时而征引郑玄《禘祫志》,等等,令人心懵目迷。如果我们头脑中有注是指注家一家之学之例,就会感到很正常,怡然理顺;反之,就会大惑不解,感到孔颖达这是唱的哪一出啊?是不是“戏不够,歌来凑”呀?

第四条,《礼记正义》有注的生杀予夺一操之于疏之例。

按:《礼记正义》中的注与疏的关系,谁是主?谁是客?长期以来,我们的潜意识中认识郑玄注是主,很厉害,孔疏是客,在郑注面前矮一截。实则恰恰相反,孔疏是主,郑注是客。从注的定位来说,注是疏家考察、使用的对象。郑注在被使用之前,必须经过疏家的两次筛选。第一次筛选是在众多《礼记》注家中选出一家作为《礼记》一书的注家。第一次筛选,与孔颖达无关,只看当时是哪一家《礼记》注在太学中立有博士,就是哪一家。第二次筛选,则是对《礼记》经文逐句作注的注家的筛选。这一次筛选,则由孔颖达全权负责。一般来说,他会优先考虑采取郑注。但是,如果孔颖达认为这句话的郑注有问题,也有权不选郑注而选别的注家,主动权在孔疏手中。

第五条,《礼记正义》有“以一家为主,旁及异闻,广采博搜”之例。

按:具体到《礼记正义》,所谓“一家”,指的就是注家郑玄;所谓“异闻”,指的主要是另一个与郑玄势均力敌的《礼记》注家王肃。这条义例与传统的认识大相径庭。例如,清人惠士奇《礼说》卷九:“唐人《正义》,据一家之说,不旁及异闻。”[2]皮锡瑞《经学历史》说:“案:著书之例,不取异义,专宗一家。”[3]刘师培《国学发微》说:“然自吾观之,则废黜汉注,固为唐人《正义》之大庇,然其所以贻误后世者,则

---

① 姜广辉主编《中国经学思想史》第一卷,中国社会科学出版社,2003年,256页。

② 惠士奇《礼说》,景印文渊阁《四库全书》本,上海古籍出版社,1987年,第101册,558页。

③ 皮锡瑞《经学历史》,中华书局,1959年,201页。

专主一家之故也。”[①]实际上，惠士奇等人的说法，都是不实之词。

据查，在《礼记正义》中，孔疏征引王肃注凡七十三例。在这七十三例中，有二十五例是用来微言破注的。所谓微言破注，也就是委婉破注。具体地说，对《礼记》中的某句话，孔颖达对郑注不很满意，就把王肃的注拿来作比较。比的结果，也不敢肯定王肃的注解就对。在这种情况下，孔疏只好二说并存，这就是委婉破注。所谓“委婉”，是指用词委婉。诸如“与郑义异，未知孰是”是也。尽管孔疏用词委婉，但因此而动摇了郑注一家独尊的地位，形成王肃与郑玄分庭抗礼的局面，却是不争的事实。姑举一例如下：

《礼记・王制》：“冢宰制国用，必于岁之杪。五谷皆入，然后制国用。以三十年之通制国用，量入以为出。”郑玄注：“通三十年之率，当有九年之畜。出，谓所当给为。”孔疏：“王肃以为：‘二十七年有九年之蓄，而言三十者，举全数。’两义皆通，未知孰是也。”[②]

按：郑玄认为：“通三十年之率，当有九年之畜。”而王肃认为：“二十七年有九年之蓄，而言‘三十’者，举全数。”此两家之异也。孔疏云：“两义皆通，未知孰是也。”是微言破注也。

更不要说孔疏还有十九例以王肃注补郑玄注之未备。在上述事实面前，所谓“不取异义，专宗一家”之说，不攻自破。

第六条，《礼记正义》有注可破经之例。

按：皮锡瑞《经学历史》说：“案：著书之例，注不驳经。”[③]按：皮氏此说亦是不实之词。何者？首先，顾炎武《日知录》卷二十七《汉人注经》条早已指出：“郑康成于二礼之经及子夏之传，往往驳正。”(例证从略)[④]其次，据笔者调查，《礼记正义》中之注家破经凡三十四例。其中，注家直言破经者十九例，微言破经者十五例。所谓直言破经，注文直言不讳地说经文有误之谓也。例如：

《礼记・郊特牲》：“尸，陈也。”郑注：“尸，或诂为‘主’。此尸神象，当从‘主’训之。言‘陈’，非也。”[⑤]

按：郑注直言不讳地批评经文“言‘陈’，非也”，是直言破经也。

---

① 刘师培《刘师培全集》第一册《国学发微》，中共中央党校出版社，1997年，492页。

② 《礼记正义》，510页。

③ 皮锡瑞《经学历史》，201页。

④ 顾炎武著、黄汝成集释《日知录集释》，中州古籍出版社，1990年，615—616页。

⑤ 《礼记正义》，1103页。

所谓微言破经，是指郑注对经文的正确性表示质疑。例如：

《礼记·月令·孟夏之月》："立夏之日，天子亲帅三公、九卿、大夫以迎夏于南郊。还反，行赏，封诸侯，庆赐遂行，无不欣说。"郑注"《祭统》曰：'古者于禘也，发爵赐服，顺阳义也。于尝也，出田邑，发秋政，顺阴义也。'今此行赏可也，而封诸侯，则违于古。封诸侯，出土地之事，于时未可，似失之。"①

按：郑注根据《礼记·祭统》所载，孟夏之月，只可行赏，不可封诸侯。而《月令·孟夏之月》载"封诸侯"，郑玄认为与《祭统》所载不合，所以说"似失之"，是微言破经也。

第七条，《礼记正义》有疏可破经之例。

按：据查，《礼记正义》中的疏可破经仅有两例。两例虽少，但意义重大。兹举一例：

《礼记·文王世子》："文王曰：'我百，尔九十，吾与尔三焉。'"郑注："言与尔三者，明传业于女，女受而成之。"孔疏："年寿之数，赋命自然，不可延之寸阴，不可减之晷刻。文王九十七，武王九十三，天定之数。今文王云'吾与女三'者，示其传基业于武王，欲使武王承其所传之业，此乃教戒之义训，非自然之理。"②

按：经文"吾与尔三焉"，意谓文王要把自己的寿限给武王三岁，孔疏认为"非自然之理"，是破经也。卫湜《礼记集说》卷五十引庐陵胡氏（胡氏铨）曰："人之考折，天定其数。今曰'吾与尔三'，是不知命，非文王之言也。"③

第八条，《礼记正义》有疏可破注之例。

按：传统认识则与此例大相径庭，"疏不破注"之说满天飞，而且多是大师级学者。例如孙诒让《周礼正义略例》："唐疏例不破注，而六朝义疏家则不然。"④梁启超《中国近三百年学术史》："孔冲远并疏毛郑，疏家例不破注。"⑤王国维《经学概论》："唐时学者，皆谨守旧注，无敢出入。"⑥范文澜《中国通史简编》："《正义》解释注文，不得有所出入。注文错了，或有比注文更好的说法，一概排斥，总要说注文是对的，这叫做'疏不破注'。"⑦张舜徽《中国古代史籍校读法》："唐初修《礼记正

---

① 《礼记正义》656 页。

② 《礼记正义》，829 页。

③ 卫湜《礼记集说》考证，景印《摛藻堂四库全书荟要》本，第 118 册，52 页。

④ 孙诒让《周礼正义》，中华书局，2015 年，9 页。

⑤ 梁启超《中国近三百年学术史》，中国书店，1985 年，184 页。

⑥ 谢维扬、房鑫亮主编《王国维全集》，浙江教育出版社，2009 年，第六卷，323 页。

⑦ 范文澜《中国通史简编》，人民出版社，1965 年，第三编下册，641 页。

义》，当时宗旨，在于义定一宗。《正义》例不破注，只在旧注的基础上，有引申发明，而没有其他不同的见解，自然失之胶固狭隘。”[1]大师们尚如此，则其他学者之持“疏不破注”说者滔滔皆是，不足怪也。

实际上，“疏不破注”说是不实之词，上诬孔疏，下误读者。据笔者调查统计，《五经正义》中的孔疏的破注数字如下：

一、《五经正义》中的孔疏直言破注凡七十七例，其分布如下：《周易正义》中四例，《尚书正义》中十四例，《毛诗正义》中二十例，《礼记正义》中六例，《春秋左传正义》中三十三例。

二、《五经正义》中的孔疏微言破注凡二百四十八例，其分布如下：《周易正义》中十例，《尚书正义》中九十五例，《毛诗正义》中二十四例，《礼记正义》中五十一例，《春秋左传正义》中六十八例。

无征不信，限于篇幅，兹从《礼记正义》中摘出直言破注、微言破注各一例如下：

《礼记·坊记》：“《易》曰：‘不耕获，不菑畬，凶。’”郑玄注：“田一岁曰菑，二岁曰畬，三岁曰新田。”孔疏：“案《尔雅·释地》云：‘田一岁曰菑，二岁曰新田，三岁曰畬。’《周颂》传亦云：‘三岁曰畬。’此云‘三岁曰新田’者误也。”[2]

按：孔疏直言不讳地说郑注“三岁曰新田”者误也，因为郑注与《尔雅》和《周颂》毛传相违背，是直言破注也。

《礼记·乐记》：“天子夹振之而驷伐，盛威于中国也。”郑注：“夹振之者，王与大将夹舞者，振铎以为节也。”孔疏：“皇氏云：‘武王伐纣之时，王与大将亲自执铎以夹军众。今作《武》乐之时，令二人振铎夹舞者，象武王与大将伐纣之时矣。’皇氏此说，稍近人情理。但注云‘王与大将夹舞者’，则似天子亲夹舞人，则皇氏说不便，未知孰是，故备存焉。”[3]

按：孔疏说“皇氏此说，稍近人情理”，不啻说“郑氏此注，不近人情理”。在这里，郑玄实际上犯了两个错误。一个是断句错了，“天子”二字应属上为句。一个是本句注的不近人情理。怎么不近人情理？纳兰性德《陈氏礼记集说补正》对郑注有鞭辟入里地分析：“窃案郑注云‘王与大将夹舞者，振铎以为节’，愚以为不然。《武》乐在庭，天子至尊，下箧缀酂，与舞人为列，可乎？矧舞有定列，有定人，八佾

① 张舜徽《中国古代史籍校读法》，华中师范大学出版社，2004年，250页。

② 《礼记正义》，1976页。

③ 《礼记正义》，1547页。

六佾之外，固不多庸一人，其人亦不可妄厕一位。果天子与大将夹舞振铎，将舞人六十有四之位，数天子与大将亦在舞位乎？抑不在舞位而参介其旁乎？厕诸舞位则人数浮，参介其旁则为乱行，为离局，无一可者也。”[①]由于郑注如此之“不近人情理”，所以，后世之学者，几乎一边倒地是皇氏而非郑玄。

第九条，《礼记正义》有疏须补注未备之例。

按：首先，为什么《礼记正义》会有“疏须补注未备”的设计？《朱子语类》有云：“汉儒注书，只注难晓处，不全注尽本文，其辞甚简。”[②]按：朱子此言是也。孔安国《尚书序》：“伏牺、神农、黄帝之书，谓之《三坟》，言大道也。少昊、颛顼、高辛、唐、虞之书，谓之《五典》，言常道也。”孔疏：“其《三坟》直云‘言大道也’，《五典》直云‘言常道也’，不训‘坟’、‘典’之名者，以‘坟，大’、‘典，常’，常训可知，故略之也。”[③]但问题在于，对于汉代学者是“常训可知”，数百年后，对于唐代学者来说就不一定是“常训可知”了。这就是孔疏为什么设计了“疏须补注未备”的原因。姑举一例：

《礼记·儒行》：“儒有易衣而出，并日而食，其仕有如此者。”郑注：“言贫穷屈道，仕为小官也。并日而食，二日用一日食也。”孔疏：“‘易衣而出’者，王云：‘更相衣而后可以出。’如王之意，是合家共一衣，故言出更著之也。”[④]

按：经文“易衣而出”，郑注无说，孔疏即以王肃注代之。后世注家，如吴澄《礼记纂言》，陈澔《礼记集说》，《钦定礼记义疏》，孙希旦《礼记集解》，朱彬《礼记训纂》，无不采用王肃此注。

第十条，《礼记正义》有对所选定注家的错误注解也必须疏通之例。

按：《礼记正义》选定的注家是郑玄，郑注说得对，孔颖达自然要予以疏通；郑注即令说错了，孔颖达也有义务予以疏通。非独此也，孔疏在指出选定的注家的错误时，还要语气平和，点到为止。这可以说是一项优待选定住家的条款。试举一例：

《礼记·三年问》：“然则何以至期（音 jī）也？”郑注：“言三年之义如此，则何以有降至于期也？期者，谓为人后者、父在为母也。”孔疏云：“郑意以三年之丧何以

---

① 纳兰性德《陈氏礼记集说补正》，景印文渊阁《四库全书》本，上海古籍出版社，1987 年，第 127 册，195 页。

② 朱熹著、黎靖德编《朱子语类》，3228 页。

③ 《尚书正义》，上海古籍出版社，2007 年，5 页。

④ 《礼记正义》，2224 页。

有降至于期者，故云为人后者为本生之父母及父在为母期，事故抑屈，应降至九月十月，何以必至于期？以其本至亲，不可降期以下，故虽降屈，犹至于期。今检寻经意，父母本应三年，何以至期者？但问其一期应除之义，故答曰'至亲以期断'，是明一期可除之节。故礼，期而练，男子除绖，妇人除带。下文云'加隆'，故至三年。是经意不据为人后及父在为母期。郑之此释，恐未尽经意，但既祖郑学，今因而释之。"①

按："郑之此释，恐未尽经意"，这是孔疏对郑注的直言不讳的批评。在这节孔疏中，孔疏不但根据"礼是郑学"（按：此"学"字是"注解"义）的体例，你郑注虽然错了也要疏通（"今检寻经意"以前，都是疏通郑注之文），而且把正确的解释是什么也告诉了读者（"今检寻经意"以后，是正确的解释）。

第十一条，《礼记正义》有将落选注家的错误注解作为反面教材使用之例。

按：孔颖达何以要设计这样一条看似庸人自扰多此一举的义例？答曰：因为落选注家曾经长期立于国学，其错误注解曾经广有市场，为了避免谬种流传，故有此设计。这条义例的设计，可谓苦心孤诣，值得点赞。姑举一例：

《礼记·檀弓上》："孔子少孤，不知其墓。"郑玄注："孔子之父郰叔梁纥与颜氏之女征在野合而生孔子，征在耻焉，不告。"孔疏："按《史记·孔子世家》云：'叔梁纥与颜氏女野合而生孔子。'郑用《世家》之文，故注言'野合，不备于礼也'。案《家语》（按：谓王肃《孔子家语》）云：'叔梁纥年余七十，无妻。颜父有三女，颜父谓其三女曰："邹大夫身长七尺，武力绝伦，年余七十，谁能与之为妻？"二女莫对。征在进曰："从父所制，将何问焉？"父曰："即尔能矣。"遂以妻之。为妻而生孔子，三岁而叔梁纥卒。'王肃据《家语》之文，以为《礼记》之妄。又《论语纬撰考》云：'叔梁纥与征在祷尼丘山，感黑龙之精以生仲尼。今郑云'叔梁纥与颜氏之女征在野合'，于《家语》文义亦无殊。何者？七十之男，始取征在，灼然不能备礼，亦名野合。又征在幼小之女而嫁七十之夫，是以羞惭，不能告子。又叔梁纥生子三岁而后卒。是'孔子少孤'。又与《撰考》之文'祷尼丘山而生孔子'，于野合之说，亦义理无妨。郑与《家语》、《史记》并悉符同。王肃妄生疑难，于义非也。"②

按：孔子是否"野合"而生，王、郑异解，孔疏批驳"王肃妄生疑难，于义非也"，是把落选注家的错误注解作为反面教材来使用。据王国维《汉魏博士考》和《晋

① 《礼记正义》，2188—2189页。

② 《礼记正义》，236页。

书·荀崧传》，知王肃《礼记注》在三国魏时已立于学官，至东晋初年始罢，是亦尝久立学官也。

第十二条，《礼记正义》在处理谶纬问题上有“各从其家而为之说”之例。

按：孔颖达《五经正义》中，每一经《正义》都有谶纬的内容，而数量之多，以《礼记正义》为最。为什么？因为《礼记》的注家郑玄信纬。按照“各从其家而为之说”这条义例的设计，孔颖达把谶纬处理得十分妥帖，值得大书特书。没想到，由于国人对此例的长期无知，反叫孔颖达背了一个大黑锅！例如，宋仁宗至和二年(1055)欧阳修给朝廷上了一道《论删去〈九(按：当作“五”，下同)经正义〉中谶纬札子》，其略云：“唐太宗时，诏名儒撰定《九经》之疏，号为《正义》，凡数百篇。自尔以来，著为定论。凡不本《正义》者，谓之异端，则学者之宗师，百世之取信也。然其所载既博，所择不精，多引谶纬之书，以相杂乱，怪奇诡僻，所谓非圣之书，异乎《正义》之名也。臣欲乞特诏名儒学官，悉取《九经》之疏，删去谶纬之文，使学者不为怪异之言惑乱，然后经义纯一，无所驳杂，其用功至少，其为益则多。臣愚以为欲使士子学古励行而不本《六经》，欲学《六经》而不去其诡异驳杂，欲望功化之成，不可得也。伏望圣慈下臣之言，付外详议，今取进止。”①就是未经认真调查研究，不知道孔颖达《五经正义》有“各从其家而为之说”之例而胡乱放炮的一个典型。

谓予不信，让我们先来看孔颖达对谶纬的态度。孔颖达在《周易正义》中说：“纬文鄙伪，不可全信。”②孔颖达在《尚书正义》中又说：“其纬文鄙近，不出圣人，前贤共疑，有所不取。”③比较一下顾颉刚《秦汉的方士与儒生·序》所说：“谶纬，我虽敢说它十分之九是妖妄怪诞的东西，但终有它十分之一的宝贵的资料，决不该一笔抹杀。”④一个古人，一个今人，两家之说，何其相似乃尔！一千三百年前的孔颖达能有此种认识，实在难能可贵！

何谓“各从其家而为之说”？就是你这个注家信纬，我孔颖达就用纬书来疏通你；你这个注家不信纬，我孔颖达就不用纬书来疏通你。《五经正义》中，哪个注家信纬，哪个注家不信纬，孔颖达了如指掌。《尚书·舜典》孔疏：“郑玄笃信谶

---

① 欧阳修《文忠集》，景印《文渊阁四库全书》本，上海古籍出版社，1989年，第1103册，147页。

② 《周易正义》，点校《十三经注疏》繁体字版，北京大学出版社，2000年，13页。

③ 《尚书正义》，上海古籍出版社，2007年，3页。

④ 顾颉刚《秦汉的方士与儒生》，上海古籍出版社，2005年，8—9页。

纬。"[①]《毛诗·大雅·生民》孔疏:"郑信谶纬。"[②]《尚书·大禹谟》孔疏:"孔(安国)无谶纬之说。"[③]《毛诗·商颂·玄鸟》孔疏:"毛氏不信谶纬。"[④]《左传·桓公五年》孔疏云:"郑玄注书,多用谶纬。而先儒悉不然,故王肃作《圣证论》引群书以证之。晋武帝,王肃之外孙也。杜君(谓杜预)身处晋朝,共遵王说。"[⑤]简言之,信纬的注家只有郑玄一人。而郑玄恰是《礼记正义》选定的注家。

或曰:《礼记正义》按照"各从其家而为之说"来疏通,岂不是放任郑玄的信纬之说"大肆放毒"了吗?

答曰:最初我也有同样的顾虑,通过实地调查,不但顾虑没有了,还对孔颖达的巧妙手法拍案叫绝。此话怎讲?孔颖达在疏通郑玄的信纬的观点时,总要拉来不信纬的注家王肃的"难郑"之说。这个"难",音 nàn,《王力古汉语字典》的释义是:"诘问,又为'反驳'"。[⑥] 所谓"难郑",就是反驳郑玄。试看下例:

《礼记·祭法》:"有虞氏禘黄帝而郊喾,祖颛顼而宗尧。"郑玄注:"此禘,谓祭昊天于圜丘也。"孔疏:"案:(王肃)《圣证论》以此'禘黄帝'是宗庙五年祭之名。故《小记》云:'王者禘其祖之所自出,以其祖配之。'谓虞氏之祖,出自黄帝,以祖颛顼配黄帝而祭,故云'以其祖配之'。依《五帝本纪》,黄帝为虞氏九世祖,黄帝生昌意,昌意生颛顼,虞氏七世祖。以颛顼配黄帝而祭,是'禘其祖之所自出,以其祖配之'也。肃又以祖、宗为祖有功,宗有德,其庙不毁。肃又以郊与圜丘是一,郊即圜丘。故肃难郑云:'案:《易》:帝出乎《震》。《震》东方。'生万物之初,故王者制之,初以木王天下,非谓木精之所生。五帝皆黄帝之子孙,各改号代变,而以五行为次焉,何太徽之精所生乎?又郊祭,郑玄云祭感生之帝,唯祭一帝耳,《郊特牲》何得云'郊之祭,大报天而主日'?又,天唯一而已,何得有六?又《家语》云:季康子问五帝,孔子曰:'天有五行,木、火、金、水及土,分四时化育,以成万物,其神谓之五帝。'是五帝之佐也,犹三公辅王,三公可得称王辅,不得称天王;五帝可得称天佐,不得称上天。而郑云以五帝为灵威仰之属,非也。玄以圜丘祭昊天,最为首礼。周人立后稷庙,不立喾庙,是周人尊喾不若后稷及文、武,以喾配至重之天,何轻重

---

① 《尚书正义》,79 页。

② 《毛诗注疏》,上海古籍出版社,2013 年,1525 页。

③ 《尚书正义》,134 页。

④ 《毛诗注疏》,2128 页。

⑤ 《春秋左传正义》,点校《十三经注疏》繁体字版,北京大学出版社,2000 年,195 页。

⑥ 《王力古汉语字典》,中华书局,2000 年,1612 页。

颠倒之失所！郊则圜丘，圜丘则郊，犹王城之内与京师，异名而同处。'又王肃、孔晁云：'虞夏出黄帝，殷周出帝喾。《祭法》四代禘此二帝，上下相证之明文也。《诗》云'天命玄鸟'、'履帝武敏歆'，自是正义，非谶纬之妖说。'此皆王肃难，大略如此。"①

按：上述这段涉及谶纬的孔疏中，孔颖达不仅疏通了郑玄信纬之说，还要把他的对立面王肃之"难郑"原原本本地告诉读者。孔颖达这样做的用心何在，岂不昭然若揭了吗！

以上就是《礼记正义》十二条义例的简介。窃以为，如果读者心中有此十二例，用来读此七十卷的《礼记正义》，既得执简驭繁之效，又有条理秩如之感，而不复感觉《礼记正义》之茫无头绪，纷如乱丝也。

或曰：前人谈过孔颖达《礼记正义》的义例吗？

答曰：前人谈过，但不是单独谈《礼记正义》的义例。由于《礼记正义》是孔颖达《五经正义》之一，前人在谈孔颖达《五经正义》义例时就包括了《礼记正义》的义例在内。例如，清皮锡瑞《经学历史》在评论孔颖达《五经正义》义例时就说："案：著书之例，注不驳经，疏不驳注；不取异义，专宗一家。"②我上文所说的"这十二条义例，其中的三条，被国人长期误解了"，就是指的这三条。除此以外的九条，则长期不为国人所知。十二条义例，三条误解，加上九条无知，我们还能说读懂《礼记正义》了吗？需要提醒读者的是，对这三条义例的误解，并非皮锡瑞《经学历史》一家，而是许多"经学史"、"经学教科书"、"国学概论"的通病，包括日本人撰写的《中国经学史》在内。

第四，广览博取，转益多师。

尽管《礼记注疏》是我们通读《礼记》的首选，但为了学好《礼记》，光读它也不行。《礼记》郑注不可能没有错误，《礼记》孔疏也不可能没有错误。这就要求我们必须开阔眼界，广览博取，转益多师。这样做了，我们会受益很多。在这方面，首先，我们要把目光投向清人有关《礼记》的著述。在清人有关《礼记》的著述中，我们往往会产生"众里寻他千百度，蓦然回首，那人却在灯火阑珊处"的喜悦感觉。

例如，《礼记·玉藻》："天子玉藻，十有二旒，前后邃延。"郑玄注："杂采曰藻。天子以五采藻为旒，旒十有二。前后邃延者，言皆出冕前后而垂也。"③这条郑注，

① 《礼记正义》，1784—1785页。

② 皮锡瑞《经学历史》，中华书局，1959年，201页。

③ 《礼记正义》，1175—1176页。

就是天子冕旒，前十二旒，后十二硫，合计二十四旒的最早出处。实际上，天子的冕，只有前旒十二，没有后旒，郑注是错误的。两千年来，人们迷信郑注而不悟。今人的著述，绝大多数还是跟着郑注走。例如，《汉语大词典》“冕”字条所附的冕图就是前后皆有旒。在《礼记》类列的著述中，是清儒江永《礼记训义择言》第一个指出郑注之误，拨乱反正：

> 按：郑氏谓冕前后皆垂旒，非也。东方朔云：“冕而前旒，所以蔽明。”其说在汉儒之先，若后旒，安所取义？《礼器》、《郊特牲》及此文皆云“十有二旒”，不云‘二十四旒’。郑氏盖因此云“前后邃延”而误。前后邃延，但谓前后之延（按：俗语“冕板”），自延端至冕武（按：武，冠圈，在延的中部）皆深邃，不谓前后皆有旒也。且一旒十二玉，十二旒一百四十四玉，已繁重矣。若复加十二旒，有二百八十八玉，其重当数觔，恐首不能胜，夫子何取乎周冕而服之乎？此郑说之不可不辨者。”[①]

按：江永一语道破症结所在：“郑氏盖因此云‘前后邃延’而误。”笔者调查了《四库全书》《四库全书存目丛书》《续修四库全书》和《四库未收书辑刊》中所收录的《礼记》学著作，其中论及冕旒者凡二十七家。其中，二十四家附和郑玄注，[②]批驳郑注的只有三家，他们是清代江永《礼记训义择言》、孙希旦《礼记集解》和朱彬《礼记训纂》。三家之中，一则江永在前，二则孙希旦之说不出江说之范围，而朱彬《训纂》则是直接征引江说为证而已。

再如，《礼记·曲礼上》：“礼不下庶人，刑不上大夫。”这两句话，可以说被学术界主流误解了两千年，迄今仍旧。误解之众，可谓滔滔皆是。姑以一些大师级学者为例。

郭沫若主编《中国史稿》第一册：“周朝的刑律主要是用来镇压奴隶的。……只有奴隶主贵族是例外的，‘礼不下庶人，刑不上大夫’，道破了奴隶制刑罚的阶级实质。”[③]

---

① 江永：《礼记训义择言》，景印《文渊阁四库全书》本，上海古籍出版社，1987年，第128册，347页。

② 附和郑注的二十四家是：孔颖达《礼记正义》、卫湜《礼记集说》、吴澄《礼记纂言》、陈澔《礼记集说》、《日讲礼记解义》、《钦定礼记义疏》、李光坡《礼记述注》（以上七书，见《四库全书》）；明徐师曾《礼记集注》、黄干行《礼记日录》、戈九畴《礼记要旨》、杨梧《礼记说义纂订》、汤道衡《礼记纂注》、杨鼎熙《礼记敬业》、张沐《礼记疏略》（以上七书，见《四库全书存目丛书》）；明郝敬《礼记通解》、清王夫之《礼记章句》、任启运《礼记章句》、吴廷华《礼记疑义》、汪绂《礼记章句》、杭世骏《续礼记集说》、潘相《礼记厘编》、郝懿行《礼记笺》、刘沅《礼记恒解》、郭嵩焘《礼记质疑》（以上十书，见《续修四库全书》）。

③ 郭沫若《中国史稿》，人民出版社，1979年，271页。

范文澜《经学讲演录》:“礼有天子之礼,诸侯之礼,卿大夫之礼,士礼等等。庶人是没有礼的,统治阶级对庶人只用刑,即所谓‘礼不下庶人,刑不上大夫’。”[①]

翦伯赞主编《中国史纲要》第一册:“西周时是‘礼不下庶人,刑不上大夫’。即使是贵族、官吏犯法,他们也完全可以按‘金作赎刑’的规定而交纳金货以免罪。”[②]

鲁迅《现代中国的孔夫子》:“不错,孔夫子曾经计划过出色的治国的方法,但那都是为了治民众者,即权势者设想的方法,为民众本身的,却一点也没有,这就是‘礼不下庶人’。”[③]

杨向奎《裼袭礼与“礼不下庶人”解》:“在封建社会严密的等级制度下,只有四体的庶人,‘礼’对于他们是无用的。在日常生活中,士族处处有‘礼’,而‘礼’对于庶人真是无用武之地了,此所以有‘礼不下庶人’的规定。”[④]

中华书局出版的《清人十三经注疏》有孙希旦《礼记集解》、朱彬《礼记训纂》两种,也是了无新意。

以上诸家之说,可以说都是没有读懂这两句话就大发议论,离题万里。为什么会离题万里?因为从训诂学的角度来说,切入点搞错了。“礼不下庶人,刑不上大夫”,正确的切入点是“礼”字、“刑”字,不是“下”字、“上”字。换言之,这是两句脑筋急转弯。当你的脑筋转过弯后,问题一下子变得非常简单,你会哑然失笑:“原来如此啊!”问题就变成了,是什么样的“礼”不下庶人?什么样的“刑”不上大夫?

清儒姚际恒(1647—1715)《礼记通论》率先揭开了迷雾:

> “礼不下庶人”,此语若鹘突,赖有注疏为之斡旋。郑氏曰“为其遽于事,且不能备物”,孔氏曰“酬酢之礼不及庶人”,皆是也。
>
> “刑不上大夫”,郑氏执《周礼》之说,谓在八议,轻重不在刑书。夫议其轻重,非即刑书乎?又引《周礼·掌囚》:“凡有爵者与王之同族,奉而适甸师氏,以待刑杀。”夫既云“刑杀”,何云“刑不上大夫”乎?愚按:其解莫备于贾谊之说矣,曰:
>
> 古者礼不及庶人,刑不至君子,所以厉宠臣之节也。其在大谴大呵之域者,闻谴呵则白冠牦缨,盘水加剑,造请室而请罪耳。上不使执缚系引而行

① 中国社会科学院近代史研究所编《范文澜历史论文选集》,中国社会科学出版社,1979年,304页。

② 翦伯赞《中国史纲要》,人民出版社,1979年,44页。

③ 鲁迅《且介亭杂文二集》,人民文学出版社,1995年,101页。

④ 载《中国社会科学院研究生院学报》,1998年第6期。

也。其有中罪者，闻命而自弛，上不使人颈盭而加也。其有大辠者，闻命则北面再拜，跪而自裁，上不使人捽抑而刑之也。”此正释刑不上大夫之义，颇为明白正大，何必引《周礼》不经之说，而且与本文仍无交涉者哉！①

按：姚氏之所谓“鹘突”，违背常识之谓也。“礼不下庶人，刑不上大夫”二句，你把切入点放在第三个字上，自然违背常识。庶人阶层是社会的主体，人数最多，如果没有“礼”，岂不乱了套吗？纵观《十三经》，纵观《二十四史》，被杀掉的大夫还少吗？姚氏所谓的“鹘突”，司马光深切地感受到了，他在《进士策问》中这样发问：

《曲礼》曰：“礼不下庶人，刑不上大夫。”按《王制》：“修六礼以节民性；冠、婚、丧、祭、乡、相见。”此庶人之礼也。《舜典》：“五服三就，大夫于朝，士于市。”此大夫之刑也。夫礼与刑，先王所以治群臣万民，不可斯须偏废也。今《曲礼》乃云如是，必有异旨，其可见乎？②

司马光感到了“礼不下庶人，刑不上大夫”这两句话与经典记载相矛盾，他的判断是“必有异旨”，只是还不知道“异旨”是什么，所以公开发声求教。司马光的判断没错，只要一改变切入点，“异旨”就应声而出。

拐回头来说姚际恒，姚际恒已经明白了，这两句话的切入点都是第一个字。你看，什么样的“礼”不下庶人？姚际恒说：“酬酢之礼不及庶人。”何谓“酬酢之礼”？通俗地说，就是家里来了客人，应该备点小酒（不须高档，是酒就行）、备点肉、备一样小菜招待之礼。如此简省的酬酢之礼庶人能负担得起吗？答曰：“不能。”所以郑注说：“为其遽于事，且不能备物。”大意是说，因为庶人一年到头都是忙忙碌碌地做事，而且就是那样简省招待所需的三样东西也制备不齐。你在看，什么样的“刑”不上大夫？从姚际恒征引《汉书·贾谊传》的那一段话可知，贾谊所说的“刑不至大夫”的“刑”，不是五种刑名之刑，而是指使用各种刑讯手段令犯罪者受辱之刑，即所谓“束缚之，系绁之，输之司寇，编之徒官，司寇小吏詈骂而榜笞之”之类是也。为什么此等令犯罪者受辱的“刑”不上大夫呢？因为大夫是读书人，是儒者。《礼记·儒行》：“儒有可杀而不可辱也。”这句话后来变作“士可杀而不可辱”，这就是“刑不上大夫”的精神基础。

现在我们明白了，“刑不上大夫”的“刑”是指绳捆索绑、拳打脚踢等令人受辱之刑，产生“刑不上大夫”的精神基础是“士可杀而不可辱”。“礼不下庶人”的“礼”

---

① 见杭世骏《续礼记集说》，《续修四库全书》本，上海古籍出版社，1987年，第101册，84页。

② 司马光《传家集》卷七十五《进士策问十五首》，景印文渊阁《四库全书》本，上海古籍出版社，2002年，第1094册，685页。

是指简单的请客吃饭之礼，产生“礼不下庶人”的物质基础是庶人贫穷，无力承担。《礼记·坊记》：“礼者，因人之情而为之节文，以为民坊者也。”既然制礼的原则是“因人之情而为之节文”，那么，士大夫不缺钱花，要的是面子；而庶人恰恰相反，面子事小，没钱事大。于是，“礼（请客吃饭之礼）不下庶人，刑（令人受辱之刑）不上大夫”这样的节文就“因人之情”而产生了。这条节文既坚持了原则性（大夫不能免刑，庶人不能无礼），又表现了灵活性（大夫的面子和庶人的贫穷都可以得到照顾），反映了制礼者的大智慧。这是礼的人性化的表现。

其次，我们还要关注当代的出土文献。

上世纪末、本世纪初，由于《郭店楚墓竹简》《上海博物馆藏战国楚竹书》的先后问世，给《礼记》研究提供了许多前所未见甚至前所未闻的资料。这些资料，使研究《礼记》的学者感到耳目一新，感到喜悦和兴奋。这些资料打破了两千年来《礼记》研究的一成不变的停滞格局，使《礼记》研究进入一个可以展望取得重大突破的新阶段。

首先，它为《礼记》成书于战国说提供了实物证据。李学勤先生《先秦儒家著作的重大发现》一文说：“说郭店一号墓是公元前四世纪末的墓葬，是合适的。至于墓中竹简典籍的书写时间，可能还更早一些。”①又说：“郭店一号墓的年代，与孟子活动的后期相当，墓中书籍都为孟子所能见。《孟子》七篇是孟子晚年撰作的，故而郭店竹简典籍均早于《孟子》的成书。”②

郭店简和上博简中都有《缁衣》篇。上博简中的《民之父母》，可以视作《孔子闲居》的一种战国文本。过去，我们说《礼记》中的《记》是战国时期的著作，是依靠论证，依靠从《汉志》往上推溯，这样得出的结论，信者信，疑者疑。现在，我们说今本《礼记》中的《缁衣》《孔子闲居》是战国时期的著作，靠的是实实在在的物证，夫复何疑？

除了以单篇面目出现的《记》文之外，还有许多今本《礼记》中的若干句、两三句、一两句见于简本者，看似不成气候，实则吉光片羽，亦弥足珍贵。例如：

今本《檀弓下》的“人喜则思陶”一节，见之于简本《性自命出》。今本“人喜则思陶”一下只有九句，而简本《性自命出》则有十二句，衡之文义，简本为长。

今本《曲礼上》“礼不下庶人，刑不上大夫”，与简本《尊德义》的“埜不逮于君

---

① 李文见《郭店楚简研究》，辽宁教育出版社，1999 年，13 页。

② 李文见《郭店楚简研究》，15 页。

子，礼不逮于小人”如出一辙。这为我们正确理解这两句话增加了新的内容。

七、“礼是郑学”的“学”字是什么意思？

“礼是郑学”这句话，在孔颖达《礼记正义》中凡三见。[①] 这句并话无深意，说白了，就是“礼是郑注”之义。说得再罗嗦点，就是《礼记》一经立于国学的注家是郑玄的注。[②] 质言之，“礼是郑学”的“学”字，是“注释”之义。一些学者对“礼是郑学”作了错误的解读。究其原因有三：第一，不辨词义。不知此“学”字是“注释”义，而以“学派”、“学问”诸义解之，由此误入歧途。第二，不察语境。综观孔疏使用“礼是郑学”一语的语境，都是在郑注出现失误时的“请求谅解”之辞，是在负面意义上使用的，而学者不察，或以正面意义解之，解读为推崇郑玄之辞。质言之，把批评的话头当作表扬的话头。第三，更深层的原因是头脑中存在着对郑玄的崇拜，甚至迷信。三个原因，导致严重背离孔疏的原义。笔者不揣谫陋，略陈管见，敬希高明指教。

（一）对误解“礼是郑学”的原因的分析

1. 先说不辨词义。

“学”的“注释”义，不大为人们所注意。我翻了翻张舜徽《中国古代史籍校读法》、林尹《训诂学概要》、赵振铎《训诂学纲要》、周大璞《训诂学初稿》，这四部书中都有专节讲述注释的名称。据统计，注释的名称，张舜徽《中国古代史籍校读法》中有十，林尹《训诂学概要》中有十四，赵振铎《训诂学纲要》中有十一，周大璞《训诂学初稿》中有二十一，但没有一部书讲到“学”也是注释的别名。如此看来，人们的脑子里，或者完全没有“学”的“注释”义，或者即令是有也很淡薄，也就不奇怪了。

按“《春秋公羊经传解诂》隐公第一，何休学”，陆德明《经典释文》：“学者，言为此经之学，即注述之意。”[③]徐彦疏：“‘何休学’，今案《博物志》曰：‘何休注《公羊》云“何休学”，有不解者，或答曰：“休谦辞受学于师，乃宣此义，不出于己。”此言为

---

① 分别见于《月令》《明堂位》《杂记上》三篇之孔疏。

② 陆德明《经典释文·叙录》：“今《三礼》俱以郑为主。”《隋书·经籍志》：“今《周官》六篇，《古经》十七篇，《小戴记》四十九篇，凡三种，唯郑注立于国学。”是其证。

③ 陆德明《经典释文》，上海古籍出版社，1985年，下册，1页。

允。'是其义也。"①

《广雅·释诂》:"注、纪、疏、学、志,识也。"王念孙《疏证》:"学者,何休注《公羊传》曰'何休学',《释文》云:'学者,言为此经之学,即注述之意也。'"②

唐成伯玙《毛诗指说》:"诂者,古也,谓古人之言,与今有异。训者,谓别有意义,与《尔雅》一篇略同。传者,注之别名也。传承师说,谓之为传。出自己意,即为注。注起孔安国,传有郑康成。又或不名传、注而别谓之义,皆以解经也。何晏、杜元凯名为集解,蔡邕注《月令》谓之章句,范宁注《谷梁》谓之解,何休注《公羊》谓之学,郑玄谓之笺,亦无义例,述作之体,不欲相因耳。"③

据上述资料,可知"学"有"注释"义。今《汉语大词典》《汉语大字典》《故训汇纂》诸书的"学"字下也都有"注释"这样一个义项。

2. 再说不察语境。

我猜想,由于对"学"的"注释"义的生疏,加上人们对于郑玄在《礼》学造诣上的高山仰止,于是当人们乍一看到"礼是郑学"这一表述时,未暇多想,就对它做出了带有推崇意义的正面解读,实则并非孔疏的本意。这样的解读,始于清代学者陈澧。陈澧《东塾读书记·郑学卷》云:

> 孔冲远云"礼是郑学",《月令》、《明堂位》、《杂记》疏皆有此语,不知出于孔冲远,抑更有所出。考两《汉书·儒林传》,以《易》、《书》、《诗》、《春秋》名家者多,而礼家独少。《释文·序录》,汉儒自郑君外,注《周礼》及《仪礼·丧服》者唯马融,注《礼记》者唯卢植。郑君尽注《三礼》,发挥旁通,遂使《三礼》之书合为一家之学,故直断之曰"礼是郑学"也。④

不难看出,陈澧对"礼是郑学"的解读是:"郑君尽注《三礼》,发挥旁通,遂使《三礼》之书合为一家之学。"质言之,"学"是"学派"之义。其推崇之意,溢于言表。孔疏本意果真是这样吗?姑以《月令》孔疏为例,让我们一齐来看看孔疏的用意何在。

> 按:《月令》孔疏:"分为天地,说有多家,形状之殊,凡有六等:一曰盖天,文见《周髀》,如盖在上。二曰浑天,形如弹丸,地在其中,天包其外,犹如鸡卵白之绕黄。扬雄、桓谭、张衡、蔡邕、陆绩、王肃、郑玄之徒,并所依用。三曰宣

---

① 阮刻《十三经注疏》,中华书局,1980年,2195页上栏。

② 王念孙《广雅疏证》,中华书局,2004年第2版,73页。

③ 成伯玙《毛诗指说》,景印文渊阁《四库全书》本,上海古籍出版社,1987年,第70册,173—174页。

④ 陈澧《东塾读书记》,《续修四库全书》本,上海古籍出版社,2002年,第1160册,624页。

夜，四曰昕天，五曰穹天，六曰安天。郑注《考灵耀》用浑天之法。今《礼记》是郑氏所注，当用郑义，以浑天为说。按郑注《考灵耀》云(中略)然郑四游之极，元出《周髀》之文，但日与星辰四游相反。春分，日在娄，则娄星极西，日体在娄星之东，去娄三万里。以度言之，十二度也。则日没之时，去昏中之星近校十度，旦时日极于东，去旦中之星远校十度。若秋分，日在角，则角星极东，日体在角星之西，去角三万里，则日没之时，去昏中之星远校十度；旦时日极于西，去旦中之星近校十度。此皆与历乖违，于数不合，郑无指解，其事有疑。但《礼》是郑学，故具言之耳，贤者裁焉。"①

细读此节孔疏，我想指出以下六点。

第一，《月令》孔疏中先说"今《礼记》是郑氏所注，当用郑义"，下文又说"但礼是郑学，故具言之耳"，前后呼应，表达的是同一个意思，则"礼是郑学"即"礼是郑注"之义，我们于此又得到一个内证。

第二，"礼是郑学"的"礼"，唯指《礼记》一书而言，并不涉及《周礼》《仪礼》。这本来是不言而喻的事。而陈氏的表述则偷换了概念，将一个较小的概念置换为较大的概念。

第三，从此节孔疏使用"礼是郑学"的具体语境来说，不是用于推崇郑注，而是用于委婉地批评郑注。你看，天体之说有六，郑注持六说之中的浑天说。因为《礼记》是郑注，所以孔疏就依照郑注用浑天说来疏通。但依照郑注的浑天说来疏通的结果，"与历乖违，于数不合，郑无指解，其事有疑"，一句话，问题很多，令人难以相信。而孔疏之所以在明知郑注问题很多的情况下还要破费口舌，将问题很多的郑注予以疏通，此无他，也就是因为"礼是郑注"，按照规矩，不得不敷衍一番。至于郑注究竟对不对，还请高明裁夺。俗话说，听话听音，这哪里有半点推崇郑注的样子？孔疏不过是在例行公事罢了，而陈氏在此处却以"一家之学"云云许之，岂不可笑！其实，"《礼》是郑学(《礼》是郑注)"，无人不知，无人不晓，本来用不着说此废话。如果作为套话来说，一部《礼记》，孔疏就是说上一千遍怕也不够。而整个《礼记》孔疏中"礼是郑学"仅仅出现了三四次，那就表明，这是一种特殊情况。什么特殊情况？郑注出问题了。读者要问孔颖达，郑注出问题了你还疏通它干嘛？答曰：因为"《礼》是郑学(《礼》是郑注)"。说得更明白点，因为郑注是立于国学的注，它说的对，我自然要疏通它，这时候用不着说"礼是郑学"；就是它说错了，

① 《礼记正义》，592—594页。原文很长，这里仅摘录其要点。

我也有责任疏通它，这时候怕读者误会，就要特地交代以下原因，所以来一句“礼是郑学”。如此而已。

第四，或曰：《杂记上》孔疏云：“《礼》是郑学，今申郑义。杜元凯注《左传》，说与王肃同。并与郑违，今所不用也。”这可是推崇郑注的话头吧？答曰：否！“并与郑违”者，皆与郑注不同之谓也，非错误之谓也。“今所不用”四字，不过是孔疏表态的泛泛之语，实际上还是用。如果不用，孔疏干嘛还要连篇累牍地介绍王肃之说？仅仅介绍王肃之说似乎还意犹未足，又拉上王肃的一个同党杜预，岂不更为王肃张目？明眼人还看不出来孔疏的真实用意吗？说到这里，就涉及一个孔疏与注的关系问题。孔疏与注的关系，过去人们习惯用四个字来概括，即“疏不破注”。例如，孙诒让《周礼正义略例》：“唐疏例不破注，而六朝义疏家则不然。”[①]梁启超《中国近三百年学术史》：“孔冲远并疏毛、郑，疏家例不破注。”[②]范文澜《中国通史简编》：“《正义》解释注文，不得有所出入。注文错了，或有比注文更好的说法，一概排斥，总要说注文是对的，这叫做‘疏不破注’。”[③]大师之说尚如此，则普通人可知。笔者以为，持“疏不破注”说者是只知其一，不知其二。其二者何？疏亦可以破注是也。孔疏与注的关系，是理性的，是科学的，不是一味盲从。尽管郑注是立于国学的注，是诸多注家中之胜出者，但它也不可能百分之百地都对，所谓“《武》尽美也，未尽善也”。当然，郑注对的是大多数，不对的是少数。郑注对的，孔疏自然不破；而郑注错的，孔疏则义不容辞地要破。据笔者的观察，孔疏的破注有两种形式，因地制宜。当郑注错误明显时，譬如说，违背了经文，孔疏就直言破注。“直言”者，指名道姓，直言不讳之谓也。而当孔疏审视注文，觉得与他家注文相比，未必就对，甚至还处于相形见绌的情况下，孔疏就微言破注。“微言”者，委婉之谓也。诸如“先儒各以意说，未知孰得其本”、“未知所说，谁得经旨”、“未知孰是，故两存焉”之类是也。上文征引的《月令》孔疏，就属于微言破注。

第五，上述《月令》孔疏中的“礼是郑学”，是用在孔疏微言批评郑注的语境。今更补一例曰“既祖郑学”，用在直言不讳地批评郑注的语境：

> 《礼记·三年问》：“然则何以至期也？”注：“言三年之义如此，则何以有降至于期也？期者，谓为人后者、父在为母也。”孔疏云：“郑意以三年之丧何以

---

① 《周礼正义》，中华书局，1987年，3页。

② 梁启超《中国近三百年学术史》，中国书店，1985年，184页。

③ 范文澜《中国通史简编》第三编下册，1965年，641页。

有降至于期者，故云为人后者为本生之父母及父在为母期，事故抑屈，应降至九月十月，何以必至于期？以其本至亲，不可降期以下，故虽降屈，犹至于期。今检寻经意，父母本应三年，何以至期者？但问其一期应除之义，故答曰‘至亲以期断’，是明一期可除之节。故礼，期而练，男子除绖，妇人除带。下文云‘加隆’，故至三年。是经意不据为人后及父在为母期。郑之此释，恐未尽经意，但既祖郑学，今因而释之。”①

愚按：“郑之此释，恐未尽经意”，这是孔疏对郑注的直言不讳的批评。在这节孔疏中，孔疏碍于“礼是郑学”的前提，不得不循例为郑注疏通（“今检寻经意”以前，都是疏通郑注之文），而且把正确的解释是什么也告诉了读者（“今检寻经意”以后，是正确的解释）。读者要问：郑注错了，为什么还要予以疏通？答曰：“但既祖郑学，今因而释之。”所谓“既祖郑学”，即“既然以郑注为准”之义，与“礼是郑学”是一个意思。不同者，《月令》孔疏是委婉地批评郑注，此例则是直言不讳地批评郑注。总而言之，凡是郑注挨批评的时候，“礼是郑学”一类的话头就出现了。试想，这种语境下的“郑学”，究竟是褒义还是贬义？

话拐回来，笔者认为，“一家之学”的评语，对郑注来说，当之无愧。问题在于当你在证明郑注是一家之学时，举的例证要对路。用挨批评的郑注来证明郑注是“一家之学”，只能让郑玄哭笑不得。《礼记·曲礼下》：“儗人必于其伦。”注：“儗犹比也，伦犹类也。比大夫当于大夫，比士当于士，不以其类则有所亵。”陈澧的错误，就在于“儗人不于其伦”。

第六，以上是笔者对“礼是郑学”在《礼记正义》中的解读。笔者推想，孔颖达撰《五经正义》，既然在破《礼记》郑注时有“礼是郑学”一语，推而广之，在破《周易》《尚书》《毛诗》《左传》四经注家时，还应有“易是王学”、“易是韩学”、“书是孔学”等等。这是笔者大胆的假设，而小心求证的结果，可怜得很，仅得“易是韩学”一例如下：

《周易·繫辞下》：“作结绳而为罔罟，以佃以渔，盖取诸《离》。”韩康伯注：“离，丽也。罔罟之用，必审物之所丽也。鱼丽于水，兽丽于山也。”孔疏：“‘盖取诸离’者，离，丽也。丽谓附着也。言罔罟之用，必审知鸟兽鱼鳖所附着之处。故称离卦之名，为罔罟也。案诸儒象卦制器，皆取卦之爻象之体。今韩氏之意，直取卦名，因以制器。案《上繫》云：‘以制器者，尚其象。’

① 《礼记正义》，2188—2189 页。

则取象不取名也。韩氏乃取名不取象，于义未善矣。今既遵韩氏之学，且依此释之也。”①

请看，这里的“今既遵韩氏之学，且依此释之也”，与《礼记》孔疏的“但礼是郑学，故具言之耳”、“但既祖郑学，今因而释之”，何其相似乃尔！可知孔疏确有这么一条规矩，即当孔疏要对《五经》中的某家立于国学之注进行委婉批评时，就要例行公事地说一句“某经是某家之学（注）”。此处的“韩氏之学”，即“韩氏之注”之义。陈氏读书至此，想来不会再把韩康柏的《易》学成就大大夸奖一番吧。

（二）对“礼是郑学”误读的扩大化

误读始于清代陈澧，而误读的扩大化盖始于当代学者李云光先生。李云光先生撰有题名《〈三礼〉郑氏学发凡》的博士论文，台湾师范大学1964年通过。华东师范大学出版社2012年在大陆出版了该论文，余始得见。该书的第一章第一节的题目就是《论“礼是郑学”》。其文甚长，摘要如下：

《荀子·劝学篇》云：“学不可以已！青，取之于蓝，而青于蓝；冰，水为之，而寒于冰。”然则，学固无止境，亦非可得而垄断者也。而孔颖达之疏《礼记》郑玄注也，辄称“礼是郑学”，辞近曲阿，显有语病。……何则？学无涯涘，人寿几何？前修未密，后出转精。斯治学之常轨，而情势之必然也。……为学诚不当无宗主，亦岂可有偏私乎？且礼之为学，非起于郑氏也，亦非但传于郑氏也，尤非一成不易于郑氏也。郑氏何人，可擅礼学之名耶？盖礼本人情，始诸饮食。自燔黍捭豚，污尊抔饮，以致敬于鬼神以来，历虞、夏、商等世，而至于周公制礼，不过文物数度而已，不可谓‘学’，姑置勿论。迨孔子云：‘不学礼，无以立。’《士丧礼》于是乎书。七十子后学者继起记礼，《中庸》等篇，出于子思；《乐记》出于公孙尼子，而《礼记》自孔氏出。礼之为学，迨于此而成立焉。洎乎荀卿之隆礼乐，礼书之文，又多出于《荀子》。嬴秦氏以立，吕不韦集门客成《十二月纪》。下及汉世，礼书之出尤繁。经则有《士礼》、《礼古经》及《周官》，记则其数无算。言礼之书大备。是礼学非起于郑氏也。至于传礼之士，不遑遍举，榷言其略，西京则有高堂生、孟卿、后仓、戴德、戴圣、庆普等，东京则有杜子春、郑兴、郑众、贾逵、马融、卢植等，莫不薪尽火传，卓然名家，郑氏不过其中之一耳。是礼学非但传于郑氏也。郑氏之后，三国时，王肃亦称

① 阮刻《十三经注疏》，中华书局，1980年，86页中栏。

大师。两晋以还，则有射慈、射贞、蔡谟、徐爰、刘昌宗、雷次宗、贺循、贺玚、庾蔚之、崔灵恩、沉重、皇侃、熊安生等，亦莫不有所发明，卓然名家。是礼学非一成不易于郑氏也。孔氏焉得以礼学之名独归之郑氏哉"！

虽然，不可以辞害意，孔氏之言终不可废也。盖孔氏之意不在于礼学之所起，及其所传，及其是否一成不易也；在于治礼必宗郑氏之学也。陈澧尝申其意云："孔冲远云'礼是郑学'。考两《汉书·儒林传》，以《易》、《书》、《诗》、《春秋》名家者多，而礼家独少。《释文·序录》，汉儒自郑君外，注《周礼》及《仪礼·丧服》者唯马融，注《礼记》者唯卢植。郑君尽注《三礼》，发挥旁通，遂使《三礼》之书，合为一家之学，故直断之曰'礼是郑学'也。"其说是也。夫后人所读三礼之书，是郑氏所校定者也；所赖以解三礼者，亦不能外郑氏之注释也。然则，学礼而不从郑氏，岂非入室而不由户乎！

且郑氏不仅校礼注礼而已，亦尝为国议礼，又能克己复礼也。

不宁唯是，郑氏之长于礼，又可以其著述见之。间尝撰《郑康成遗书考》（载香港《联合书院学报》第一期），考得郑氏生平著作都八十余种，其有关礼学者，除《三礼》注外，尚有十余种，兹列其书目于后（书目从略）。

或云：王肃不好郑氏，议礼必与相反，亦时有胜义。且王氏亦徧注三礼，《隋志》有王氏所著之《周官礼注》十二卷，《礼注》十七卷，《礼记注》三十卷。虽佚不传，盖有幸有不幸耳。岂可以际遇论人乎？愚谓为此说者，未之思尔。综上所论，无论以校礼注礼，以及议礼行礼，以及礼学著述之富，与夫自王肃而下未有能夺其席者论之，但就礼学言，即谓郑氏为至高无上之巨子，百世不祧之儒宗，亮非过誉。然则，孔氏所谓'礼是郑学'之言，虽有语病，终非诐辞也。

不难看出，李氏之论"礼是郑学"，盖在陈澧所论之基础上更扩而充之。陈澧不过是将《三礼》注看作郑玄一家之学而已，而李氏则谓："综上所论，无论以校礼注礼，以及议礼行礼，以及礼学著述之富，与夫自王肃而下未有能夺其席者论之，但就礼学言，即谓郑氏为至高无上之巨子，百世不祧之儒宗，亮非过誉。"其覆盖之广，其赞誉之力，殆无以复加。遗憾的是，用力愈勤，离题愈远，背离孔疏原义愈严重。李氏对"礼是郑学"的解读对学术界影响甚大，例如，杨天宇先生《略论"礼是郑学"》："（李氏）这些说法无疑都是正确的，然犹未尽也。愚以为'礼是郑学'最根本的意思是：后世之礼学皆宗郑学，凡后世治礼学者，皆不可舍郑氏之书。惜李氏未能对此点展开论述，且恰在此点上言之过简，几句话就带过了，故本文于此略加申释。”[1]顾涛《郑玄注〈礼〉未尝更改经字证》:“何谓‘礼是郑学’? 后世学者多所推衍,而尤当以李云光之说最为悉备。”[2]

文章最后,为了帮助说明“礼是郑学”的确切含义,我想打一个比方。笔者在高校中文系承乏讲授《古代汉语》,使用的教材是王力主编的《古代汉语》(校订重排本)。我们知道,王力主编的《古代汉语》是普通高等教育“十一五”国家级规划教材,编者对文选的注释,其地位就相当于古代立于国学的《礼记》郑注。一般情况下,我们在讲解文选时,都是根据王力主编《古代汉语》编者的注释进行讲解。但智者千虑,必有一失,王力主编《古代汉语》的注释也不是百分之百地正确。关于这一点,我想以王力主编《古代汉语》文选《大同》篇的一条注释为例:

“昔者仲尼与于蜡宾”,王力《古代汉语》注云:蜡(zhà),古代国君年终祭祀叫蜡。[3]

愚按:这条注释的疑点有五。第一,蜡祭的主体仅仅是“古代国君”吗?《礼记·郊特牲》:“天子大蜡八。”可知天子也有蜡祭。第二,这个“年终”,是夏历的年终,还是殷历的年终,还是周历的年终? 没有交代。据孔颖达疏,知是周历的年终,换算成夏历是十月。第三、在年终问题解决后,接着的问题是,蜡祭每年都一定举行吗? 据《郊特牲》,答案是否定的,只有丰收的年才举行蜡祭,因为举行蜡祭的花费较大。第四,“祭祀”是一个笼统的概念,注释没有把蜡祭的性质交代明白。祭祀总是有对象的。那么,蜡祭祭祀的是什么神? 注释也没有交代。第五,“古代”这个时间概念太泛泛,按照《汉语大词典》“古代”的释义:“在我国历史分期上泛指十九世纪中叶以前的时代。”而蜡祭存在的实际时间仅仅是先秦的周代,秦汉以后就名存实亡了。(这后两个问题说起来话长,姑且搁置。有意者可参考秦蕙田《五礼通考》卷五十六“蜡”)

当我们讲到王力主编《古代汉语》的注释有错误的地方,我们自然会给学生讲王力的注释是错误的(包括为什么是错误的),并把正确的注释也告诉学生。这样的做法,就和孔疏遇到了不能令人满意的郑注时的做法一样,在委婉地批评郑注的同时,介绍他家之说。假设学生问我们:老师,王力的注释错了,你怎么还讲它呢? 我们回答:因为王力主编的《古代汉语》是我们采用的国家级规划教材(这句话相当于孔疏的“礼是郑学”)。我们不把它的错误指出来,怎么能讲正确的注

① 《齐鲁学刊》2002年第三期,90页。
② 《汉学研究》2007年第25卷第2期,392页。
③ 王力主编《古代汉语》(校订重排本),中华书局,1999年第三版,210—211页。下同。

释呢？

（此文以《“礼是郑学”辨析》为题，原载彭林主编《中国经学》第16辑，广西师范大学出版社，2015年。后收入拙作《读经识小录》。这次发表，有较大的删改）

《礼记》

《曲礼上》第一(节选)

敖不可长[①],欲不可从[②],志不可满,乐不可极[③]。

爱而知其恶[④],憎而知其善。积而能散[⑤],安安而能迁[⑥]。临财毋苟得[⑦],临难毋苟免。

礼闻来学,不闻往教[⑧]。

鹦鹉能言,不离飞鸟;猩猩能言,不离禽兽。今人而无礼,虽能言,不亦禽兽之心乎?夫唯禽兽无礼,故父子聚麀[⑨]。是故圣人作,为礼以教人,使人以有礼,知自别于禽兽。

礼尚往来。往而不来,非礼也;来而不往,亦非礼也。

人生十年曰幼,学[⑩]。二十曰弱,冠[⑪]。三十曰壮,有室[⑫]。四十曰

---

① 敖:郑玄读作“傲”,谓傲慢。王肃读作“遨”,谓遨游。二说皆通,后人从郑者较多。长(zhǎng 涨):滋长。

② 从:通“纵”,放纵。

③ 乐(lè 勒):快乐,高兴。极:达到顶点。按:以上四句皆言物极则反的必然规律,被后人视为格言、座右铭。

④ 恶(è 饿):此处指缺点、毛病。

⑤ 积而能散:郑玄注:“谓己有蓄积,见贫穷者,则当能散以赒救之。”

⑥ 安安而能迁:大意是居安思危,能在安乐之时避开是非之地。

⑦ 苟:苟且,侥幸。

⑧ “礼闻来学”二句:郑玄注:“尊道艺也。”孔颖达疏:“礼闻来学者,凡学之法,当就其师处,北面伏膺。不闻往教者,不可以屈师亲来就已。”

⑨ 父子聚麀(yōu 幽):犹言父子共妻。麀,牝鹿。

⑩ 人生十年曰幼,学:郑玄注:“名曰幼,时始可学也。”后产生“幼学”一词,指代十岁。

⑪ 二十曰弱,冠:大意谓:人到了二十岁,已是成年,应该举行冠礼了。至于为什么叫“弱”,孔颖达说:“体犹未壮,故曰弱。”后产生“弱冠”一词,指代二十岁。

⑫ 有室:娶妻。室,妻的代称。后产生“有室”一词,指代三十岁。

强，而仕[1]。五十曰艾，服官政[2]。六十曰耆，指使[3]。七十曰老，而传[4]。八十、九十曰耄。百年曰期，颐[5]。

凡为人子之礼：冬温而夏凊[6]，昏定而晨省[7]。

夫为人子者：出必告，反必面[8]。年长以倍则父事之，十年以长则兄事之，五年以长则肩随之[9]。

将上堂，声必扬[10]。户外有二屦[11]，言闻则入，言不闻则不入。将入户，视必下[12]。入户奉扃[13]，视瞻毋回[14]；户开亦开，户阖亦阖；有后入者，阖而勿遂[15]。

堂上接武[16]，堂下布武[17]。室中不翔[18]，并坐不横肱[19]。授立不跪[20]，授坐不立。毋剿说[21]，毋雷同。

父母有疾[22]，冠者不栉，行不翔，言不惰[23]，琴瑟不御[24]，食肉不至变

---

① 四十曰强，而仕：四十岁时人的体力、脑力最强，这时候可以出仕了。后产生"强仕"一词，指代四十岁。

② 艾：孔颖达说："年至五十，头发苍白如艾。"服官政：参预国家政事。

③ 六十曰耆，指使：大意是六十岁叫做耆，做事就可以指使别人了。后产生"耆指"一词，指代六十岁。

④ 七十曰老，而传：七十岁叫做老，可以把家事的治理交给子孙了。后产生"老而传"一词，指代七十岁。

⑤ 期（qī 基）：一百岁之称。宋人方悫曰："人生以百年为期，故百年以期名之。"颐：颐养天年之义。后产生"期颐"一词，指代一百岁。

⑥ 冬温而夏凊（qìng 庆）：让父母冬天过得暖和夏天过得凉爽。《二十四孝》中之"扇枕温衾"即由此出。

⑦ 昏定：晚上为父母铺床安枕。晨省（xǐng 醒）：早晨向父母问候。

⑧ 出必告，反必面：这两句是互文，意谓"出必告面，反必面告。"后产生成语"出告反面"。

⑨ 肩随之：虽然并肩走，但略靠后。

⑩ 将上堂，声必扬：这一段讲的是进门之前应注意的礼节。

⑪ 二屦：两双鞋子。即两个人的鞋子。

⑫ "将入户"二句：这是怕冲撞他人的隐私。

⑬ 奉扃（jiōng 炯）：捧着门闩。这里是两手向心作奉扃状，表示神情严肃。

⑭ 回：这里指东张西望，上下扫视。

⑮ 遂：指把门关死。

⑯ 接武：足迹相接。即后脚印紧接着前脚印。武，足迹。因为堂上地方狭窄。

⑰ 布武：前后足迹之间有适当距离。

⑱ 不翔：不可甩开两臂走路。

⑲ 并坐不横肱：两个人并排坐时不可横起胳臂。

⑳ 授立不跪：授东西给立者则自己不须跪。上古的跪与坐，都要两膝着地，但身子挺直，臀部不落在脚后跟上叫做跪，臀部落在脚后跟上则为坐。

㉑ 剿说：郑玄注："谓取人之说以为己说。"后世谓之抄袭、剽窃。

㉒ 父母有疾：这一段讲父母生病时子女应有的礼节。

㉓ 言不惰：不说开玩笑之类的话。郑玄注："惰，不正之言。"

㉔ 御：用，引申为弹奏。

味，饮酒不至变貌[①]，笑不至矧[②]，怒不至詈。疾止复故。

居丧之礼[③]，毁瘠不形[④]，视听不衰。升降不由阼阶[⑤]，出入不当门隧[⑥]。居丧之礼，头有创则沐[⑦]，身有疡则浴，有疾则饮酒食肉，疾止复初。不胜丧[⑧]，乃比于不慈不孝。五十不致毁[⑨]，六十不毁，七十唯衰麻在身[⑩]，饮酒食肉，处于内[⑪]。

礼不下庶人，刑不上大夫[⑫]。

父之雠，弗与共戴天。

入竟而问禁[⑬]，入国而问俗，入门而问讳[⑭]。

〔问题分析〕

一、《礼记》“刑不上大夫”旧解发覆[⑮]

内容提要：“刑不上大夫”，传统解释是以“上”字为切入点，由于切入点选错

---

① “食肉不至变味”二句：因为肉吃得少，所以口味不变。因为酒喝得少，所以脸色不变。

② 矧（shěn 审）：齿龈。

③ 居丧之礼：这一段讲子女居丧之礼。

④ 毁瘠不形：允许由于悲伤而消瘦，但不可至于形销骨立。

⑤ 阼阶：东阶，主人上下之阶。不由阼阶，因为父母刚刚去世，不忍从父阼阶上下。祔祭之后则可。

⑥ 门隧：当门之中道。

⑦ 创：通“疮”。沐：洗头。

⑧ 不胜丧：（悲伤过度坏了身体而）不能承担丧事。

⑨ 五十不致毁：五十岁的人可以由于悲伤而损害身体但不能过分。

⑩ 七十唯衰（cuī 崔）麻在身：七十岁的人只要披麻带孝就行了。衰麻，衰是孝服，麻是头上缠的、腰上束的麻带。

⑪ 处于内：住在屋子里。即不必住在户外的草庐里。

⑫ 礼不下庶人，郑玄注云：“为其遽于事，且不能备物。”孔颖达疏云：“谓庶人贫，无物为礼，又分地是务，不暇燕饮，故此礼不下与庶人行也。《白虎通》云：‘礼，谓酬酢之礼。不及庶人，勉民使至于士也。’”刑不上大夫，郑玄注云：“不与贤者犯法，其犯法则在八议，轻重不在刑书。”郑玄把“刑”字解释为“五刑”之刑，“刑法”之刑，大错特错。实际上这个“刑”字是指滥用刑具给罪人带来的羞辱。西汉的贾谊、司马迁对这个“刑”字解释得很明白。详〔问题分析〕。

⑬ 入竟：即入境，到新的地方。竟，“境”的古字。禁：禁忌。

⑭ 入门：谓入别人家门。问讳：询问该家主人已故父祖的名号，以便言谈中避开。

⑮ 此文曾发表在彭林主编《中国经学》第五辑，广西师范大学出版社，2009 年，191—204 页。此后，先后收入拙作《〈礼记〉研究四题》（中华书局，2014 年）和《读经识小录》（上海古籍出版社，2017 年）。这次发表，有小的删改。

了，所以两千年来一直不得其解。本文则把切入点放在“刑”字上，论证了“刑”是刑辱之义，“刑不上大夫”的本义是大夫犯了罪，该杀就杀，该剐就剐，而由种种刑讯手段给当事人带来的羞辱则不能施之于大夫。论证了“刑不上大夫”产生的精神基础是“士可杀而不可辱”。论证了《郭店楚墓竹简・尊德义》篇的“桂不隶于君子”是“刑不上大夫”的不同表述形式，论证了传统旧解的形成过程，论证了传统旧解引发的法制混乱与学术混乱。通过以上五个方面的论证，这一持续两千年的历史公案庶几有望得以澄清。

（一）必须调整解读的切入点

《礼记・曲礼上》：“礼不下庶人，刑不上大夫。”[①]这两句几乎是家喻户晓的话究竟是什么意思？两千多年来，尽管有不少学者为此问题绞尽脑汁，但结果还是见仁见智，未能一致。例如东汉许慎的《五经异义》说：“《礼戴》说：‘刑不上大夫。’古《周礼》说：‘士尸肆诸市，大夫尸肆诸朝。’是大夫有刑。谨案：《易》曰：‘鼎折足，覆公𫗧，其形渥，凶。’无刑不上大夫之事，从《周礼》之说。”[②]而郑玄《驳五经异义》则说：“凡有爵者，与王同族，大夫以下，适甸师氏，令人不见，是以云刑不上大夫。”[③]一个是五经无双的许叔重认为“无刑不上大夫之事”；一个是遍注群经的郑康成认为有其事。二人就相持不下。二人争论的焦点实际上是在“刑不上大夫”的第三个字“上”字上，许慎认为“上”，郑玄认为“不上”。此后的学者，或质疑，或辨析，也都是以“上”字为切入点。例如司马光，他曾经在进士策问中这样发问：

> 《曲礼》曰：“礼不下庶人，刑不上大夫。”按《王制》：“修六礼以节民性；冠、婚、丧、祭、乡、相见。”此庶人之礼也。《舜典》：“五服三就，大夫于朝，士于市。”此大夫之刑也。夫礼与刑，先王所以治群臣万民，不可斯须偏废也。今《曲礼》乃云如是，必有异旨，其可见乎？[④]

不知当时应举的进士是如何回答的。但从这道策问中可以看出两点：第一，这是一个让北宋学者普遍感到困惑的问题；第二，就“刑不上大夫”来说，提问的切入点

---

① 《礼记正义》，101 页。
② 《礼记正义》，103 页。
③ 《礼记正义》，103 页。
④ 司马光《传家集》卷七十五《进士策问十五首》，第 1094 册，685 页。

仍然是在第三个字“上”字上。当代学者探讨这个问题的论文也不少,[①]而这些论文考虑问题的切入点,就“刑不上大夫”一句来说,也仍旧都是放在第三个字“上”字上。换言之,都是围绕这个“上”字做文章。因为都是围绕“上”字做文章,其结论大体上不外乎两种:一是“刑不上大夫”这句话成立,二是这句话不成立。笔者认为,不管你的结论是什么,只要你是围绕这个“上”字做文章,其结论都是错误的,都是在不同程度上曲解了“刑不上大夫”的本义。

笔者认为,要正确理解“刑不上大夫”这句话,必须调整看问题的切入点。具体地说,就是必须首先围绕“刑不上大夫”这句话的第一个字“刑”字来做文章。说起来实在是卑之无甚高论,但在我们看来,这实在是解决问题的不二法门。“刑”字的问题解决了,其他问题也就迎刃而解。

(二)“刑不上大夫”中的“刑”字是什么意思?

“刑不上大夫”的“刑”字,过去一直是当作“五刑”之刑、“刑名”之刑来理解的。拿先秦来说,当时的五刑是墨刑、劓刑、剕刑、宫刑、大辟。于是问题就来了。质疑者认为,翻看先秦的典籍,大夫受刑的事例史不绝书,司空见惯,怎么能说“刑不上大夫”呢?而赞成者则多方论证以自圆其说。我们认为,千古聚讼不决的原因,首先在于选错了切入点。而切入点的选错,则与对“刑”字的误解密切相关。我们认为,这个“刑”字当作“刑辱”解,即种种刑讯手段给当事人带来的羞辱。所谓种种刑讯手段,例如当众辱骂、绳捆索绑、脚镣手铐、鞭抽棍打、剃光头、着囚服等等。详下。对于习惯于养尊处优的大夫来说,这种羞辱给他们带来的难堪之剧烈可想而知。“刑不上大夫”这句话的意思是,大夫犯了罪,该杀就杀,该剐就剐,而由种种刑讯手段给当事人带来的羞辱不能施之于大夫。用现代的话来说,就是刑事追究是不能豁免的,但在做法上应该给当事人留点面子。我们之所以能有这样的理解,实在是受惠于古人、前贤之所赐。古人、前贤之中对这句话作出正确阐释的近

---

① 据区区所知,有下列这些:1、钟肇鹏:《“礼不下庶人,刑不上大夫”说》,《学术月刊》1963 年第 2 期;2、谢维扬:《“礼不下庶人,刑不上大夫”辨》,《学术月刊》1980 年第 8 期;3、陈一石:《“礼不下庶人,刑不上大夫”辨》,《法学研究》1981 年第 1 期;4、王占通:《奴隶社会法律制度中不存在“礼不下庶人,刑不上大夫”的原则》,《吉林大学学报》1987 年第 5 期;5、李弋飞:《“礼不下庶人,刑不上大夫”质疑》,《法学论丛》1988 年第 3 期;6、宋曦:《浅析“礼不下庶人,刑不上大夫”》,《江汉大学学报》综合版 1988 年第 4 期;7、王志固:《“刑不上大夫”考辨》,《文史知识》1989 年第 4 期;8、叶程义:《“刑不上大夫”说》,《国文天地》1990 年 1 月 5 卷 8 期〔总 56 期〕;9、杨展伦:《“礼不下庶人,刑不上大夫”的含义是什么》,《中国古代法律三百题》,上海古籍出版社,1991 年;10、刘信芳:《“礼不下庶人,刑不上大夫”辨疑》,《中国史研究》2004 年第 1 期。

乎代不乏人，他们的阐释也并不冷僻，但大概是由于人们有了先入之见的缘故，以至于使得我们对这些正确的阐释视而不见，置若罔闻。请看：

1. 西汉初年的贾谊在上政事疏中说："臣闻之，履虽鲜不加于枕，冠虽敝不以苴履。夫尝已在贵宠之位，天子改容而体貌之矣，吏民尝俯伏以敬畏之矣，今而有过，帝令废之可也，退之可也，赐之死可也，灭之可也。若夫束缚之，系绁之，输之司寇，编之徒官，司寇小吏詈骂而榜笞之，殆非所以令众庶见也。夫卑贱者习知尊贵者之一旦吾亦乃可以加此也，非所以习天下也，非尊尊贵贵之化也。夫天子之所尝敬，众庶之所尝宠，死而死耳，贱人安宜得如此而顿辱之哉！……故古者礼不及庶人，刑不至大夫，所以厉宠臣之节也。古者大臣有坐不廉而废者，不谓'不廉'，曰'簠簋不饰'；坐污秽淫乱男女亡别者，不曰'污秽'，曰'帷薄不修'；坐罢软不胜任者，不谓'罢软'，曰'下官不职'。故贵大臣定有其罪矣，犹未斥然正以呼之也，尚迁就而为之讳也。故其在大谴大何之域者，闻谴何则白冠牦缨，盘水加剑，造请室而请罪耳，上不执缚系引而行也。其有中罪者，闻命而自弛，上不使人颈盭而加也。其有大罪者，闻命则北面再拜，跪而自裁，上不使捽抑而刑之也。"[①]细读此节，可知贾谊所说的"刑不至大夫"的"刑"，不是五种刑名之刑，而是指使用各种刑讯手段令罪人受辱，即所谓"束缚之，系绁之，输之司寇，编之徒官，司寇小吏詈骂而榜笞之"之类是也。按：贾谊此疏是有为而上，《汉书·贾谊传》交待背景说："是时，丞相绛侯周勃免就国，人有告勃谋反，逮系长安狱治，卒亡事，复爵邑，故贾谊以此讥上。上深纳其言，养臣下有节。是后大臣有罪，皆自杀不受刑。"[②]证以《汉书·周勃传》之勃被逮下狱后"吏稍侵辱之……勃既出，曰：'吾尝将百万军，安知狱吏之贵也。'"[③]

按：据贾谊此疏，可知所谓"皆自杀不受刑"之"刑"，非"五刑"之刑，乃"刑辱"之刑。

2. 司马迁《报任安书》说："太上不辱先，其次不辱身，其次不辱理色，其次不辱辞令，其次诎体受辱，其次易服受辱，其次关木索被棰楚受辱，其次剃毛发婴金铁受辱，其次毁肌肤断支体受辱，最下腐刑极矣。传曰'刑不上大夫'，此言士节不可不厉也。今交手足，受木索，暴肌肤，受榜棰，幽于圜墙之中。当此之时，见狱吏则头枪地，视徒隶则心惕息。何者？积威约之势也。及以至此，言不辱者，所谓强颜耳，曷足贵乎！且西伯，伯也，拘羑里；李斯，相也，具五刑；淮阴，王也，受械于陈；

① 《汉书》卷四八《贾谊传》，2256—2257页。

② 《汉书》卷四八《贾谊传》，2260页。

③ 《汉书》卷四十《周勃传》，2056页。

彭越、张敖，南面称孤，系狱抵罪；绛侯诛诸吕，权倾五伯，囚于请室；魏其，大将也，衣赭衣，关三木；季布为朱家钳奴；灌夫受辱于居室。此人皆身至王侯将相，声闻邻国，及罪至罔加，不能引决自裁，在尘埃之中，古今一体，安在其不辱也！”①

按：司马迁对“刑不上大夫”的这段阐释与贾谊疏完全一致，都是强调种种刑讯手段给当事人带来的莫大羞辱。司马迁不愧为史学家，在他的笔下，刑辱被描绘得淋漓尽致。这段话的权威性还在于，司马迁不仅“常厕下大夫之列”②，而且身受宫刑，对于牢狱之灾有切身体会。那个“刑”字该当何解，他最有发言权。

3.《资治通鉴》卷二八三后晋天福八年十二月：“闽主曦嫁其女，取班簿阅视之，朝士有不贺者十二人，皆杖之于朝堂。以御史中丞刘赞不举劾，亦将杖之。赞义不受辱，欲自杀。谏议大夫郑元弼谏曰：‘古者刑不上大夫。中丞仪刑百僚，岂宜加之棰楚？’曦正色曰：‘卿欲效魏征邪？’元弼曰：‘臣以陛下为唐太宗，故敢效魏征。’曦怒稍解，乃释赞。”③

按：朝堂棰楚大臣，乃羞辱之也。

4. 宋·张方平《恩贷之罚》说：“《礼》曰：‘刑不上大夫。’盖谓不亏伤其体，皆非谓不入罚科也。故内则有放、夺、杀、刺之典，外则有绌爵、削地、眚伐之制。汉氏之法，则有免罢、谪徙、完舂、输作之令。”

按：张方平所谓“盖谓不亏伤其体，皆非谓不入罚科也”一语，深得“刑不上大夫”之旨。④

5. 宋·苏轼说：“天下之议者曰：‘古者之制，刑不上大夫，大臣不可以法加也。’嗟夫！‘刑不上大夫’者，岂曰大夫以上有罪而不刑欤？古之人君，责其公卿大臣至重，而待其士庶人至轻也。责之至重，故其所以约束之者愈宽；待之至轻，故其所以堤防之者甚密。夫所贵乎大臣者，惟不待约束而后免于罪戾也，是故约束愈宽而大臣益以畏法。何者？其心以为人君之不我疑，而不忍欺也。苟幸不疑而轻犯法，则固已不容于诛矣。故士大夫以上有罪，不从于讯鞫论报如士庶人之法，斯以为刑不上大夫而已矣。”

按：苏轼之“‘刑不上大夫’者，岂曰大夫以上有罪而不刑欤”云云，与上述建议

---

① 《汉书》卷六二《司马迁传》，2732—2733页。

② 《汉书》卷六二《司马迁传》，2727—2728页。

③ 司马光《资治通鉴》卷二八三，中华书局，1956年，9260页。

④ 张方平《乐全集》卷六，景印文渊阁《四库全书》本，上海古籍出版社，1987年，第1104册，60页。

疏是一个路数，所谓智者所见略同也。[①]

6.《宋史·刑法志三》："熙宁二年，比部郎中、知房州张仲宣尝檄巡检体究金州金坑无甚利，土人惮兴作，以金八两求仲宣不差官。及事觉，法官坐仲宣枉法赃，应绞。援前比，贷死杖脊，黥配海岛。知审刑院苏颂言：'仲宣所犯，可比恐喝条。且古者刑不上大夫，仲宣官五品，有罪得乘车，今刑为徒隶，其人虽无足矜，恐污辱衣冠尔。'遂免杖黥，流贺州。自是命官无杖黥法。"[②]

7.《元史·不忽木传》："枢密臣受人玉带，征赃不叙。御史言罚太轻。不忽木曰：'礼，大臣贪墨，惟曰簠簋不饰。若加笞辱，非刑不上大夫之意。'人称其平恕。"[③]

8.《元史·赵孟頫传》："桑哥钟初鸣时即坐省中，六曹官后至者则笞之。孟頫偶后至，断事官遽引孟頫受笞。孟頫入诉于都堂，右丞叶李曰：'古者刑不上大夫，所以养其廉耻，教之节义。且辱士大夫，是辱朝廷也。'桑哥亟慰孟頫使出。自是，所笞唯曹史以下。"[④]

9.《明史·刑法志三》："太祖常与侍臣论待大臣礼。太史令刘基曰：'古者公卿有罪，盘水加剑，诣请室自裁，未尝轻折辱之，所以存大臣之体。'侍读学士詹同因取《小戴礼》及贾谊疏以进，且曰：'古者刑不上大夫，以励廉耻也。必如是，君臣恩礼始两尽。'帝深然之。"[⑤]

10. 明·查继佐《罪惟录》卷十一上《王鏊传》："当是时，瑾权倾中外，然见鏊开诚与言，或亦听用。尚實卿璇等三人忤瑾，瑾拳之。鏊正色言：'古者刑不上大夫，幸勿过折辱。'得免。"[⑥]

11. 今人韩国盘先生说："'刑不上大夫'之说从何而来呢？试读《汉书·贾谊传》，在贾谊的上疏中，有专门谈到不应戮辱大臣的一段。……由于当时戮辱大臣，贾谊才上疏，借古事以讽喻当世。"[⑦]

根据以上 11 例文献所载，我们认为，"刑不上大夫"的本义已经昭然若揭，

---

① 苏轼《苏东坡全集·应诏集》卷二《策别第六》，中国书店，1986 年，734 页。

②《宋史》卷二百一《刑法三》，中华书局，1977 年，5018 页。

③《元史》卷一三〇《不忽木传》，中华书局，1976 年，3172 页。

④《元史》卷一七二《赵孟頫传》，第 4020 页。

⑤《明史》卷九五《刑法志三》，中华书局，1974 年，4020 页。

⑥ 查继佐《罪惟录》卷十一上《王鏊传》，《续修四库全书》本，上海古籍出版社，2002 年，第 322 册，488 页。

⑦ 韩国盘《中国古代法制史研究》，人民出版社，1993 年，214—216 页。

“刑”字的确诂也清晰可见。那末，刑辱不施于大夫是不是一项大夫享受的特权呢？答曰：是。但这与大夫免于任何刑事追究的传统解释相差不可以道里计。

（三）“刑不上大夫”的精神基础是“士可杀而不可辱”

“刑不上大夫”的本义既如上所述，下面我们须要进一步探索的是“刑不上大夫”产生的精神基础是什么。说来也巧，其精神基础也在《礼记》。《礼记·儒行》云：“孔子曰：‘儒有可杀而不可辱也。’”[①]由于这句话是孔子说的，所以其为士大夫所服膺也就非常自然。在古代，士农工商，所谓四民，儒居四民之首。由于儒者的社会地位与士相近，所以“儒”字就变成了“士”字，于是乎就有了“士可杀而不可辱”这句话。请注意，“士可杀而不可辱”这句话中的“士”，不是与大夫相对立的最低级爵位之称，而是“士大夫”的通称，也可以说是“大臣”、“高官”的通称。司马迁在《报任安书》中说：“传曰‘刑不上大夫’，此言士节不可不厉也。”上句言“大夫”，下句变文言“士”；下文的举例中，有三品大员亦称“士”者，均可证。“士可杀而不可辱”这句话，对历代士大夫的品格塑造所产生的影响非常大，以至于成为士大夫的一个挥之不去的心结，从而构成了“刑不上大夫”的精神基础。为了证明这一点，请看：

1.《三国志·魏书·何夔传》：“太祖性严，掾属公事，往往加杖。夔常畜毒药，誓死无辱，是以终不见及。”[②]从中不难看出“士可杀而不可辱”这一信念对何夔的影响。

2.《资治通鉴》卷二一二唐开元十年十一月乙未：“前广州都督裴伷先下狱，上与宰相议其罪。张嘉贞请杖之。张说曰：‘臣闻“刑不上大夫”，为其近于君，且所以养廉耻也。故士可杀不可辱。臣向巡北边，闻杖姜皎于朝堂。皎官登三品，亦有微功，有罪应死则死，应流则流，奈何轻加笞辱，以皂隶待之！姜皎事往，不可复追。伷先据状当流，岂可复蹈前失。’上深然之。”[③]

3. 元·陶宗仪《说郛》卷四一下引宋代高文虎《蓼花洲闲录》云：“神宗时，以陕西用兵失利，内批出令斩一漕官。明日，宰相蔡确奏事。上曰：‘昨日批出斩某人，今已行否？’确曰：‘方欲奏知。’上曰：‘此人何疑？’确曰：‘祖宗以来，未尝杀士人。臣等不欲自陛下始。’上沉吟久之，曰：‘可与刺面配远恶处。’门下侍郎章惇曰：‘如此，即不若杀之。’上曰：‘何故？’曰：‘士可杀，不可辱。’上声色俱厉曰：‘快意事更

---

① 《礼记正义》，2222 页。

② 《三国志·魏书·何夔传》，378 页。

③ 《资治通鉴》卷二一二，第 14 册，6754 页。

做不得一件！’惇曰：‘如此快意，不做得也好。’”①

4. 明·夏原吉《夏忠靖公集·附录·夏忠靖公遗事》：“刑部金尚书以疾在告，蹇忠定公有会，乃赴之。上闻之不乐，曰：‘以疾不朝，而宴于私，可乎？’命系之。公言：‘进退大臣当以礼，可杀而不可辱。金某老矣而系辱之，非刑不上大夫之意。’上即宥之。”②

5. 明·袁帙《世纬》卷上《贵士》：“《记》曰：‘刑不上大夫。’此言士可杀而不可辱也。秦、汉以来，士也日贱。李斯，相也，具五刑；萧何，侯也，缚缧绁；勋如条、绛，材如迁、向，幽囚械繫，宫腐髡钳，辱已甚矣。”

按：“《记》曰：‘刑不上大夫。’此言士可杀而不可辱也”二句，说得何等明快！③

6. 明·刘宗周《刘蕺山集》卷四《敬陈圣学疏》：“至于廷杖一节，原非祖宗故事，辱士尤甚。士可杀，不可辱。仍愿陛下推敬礼大臣之心以及群臣，与厂卫一体并罢，还天下礼义廉耻之坊。”④

7.《世宗宪皇帝上谕内阁》卷八七记载：“李绂、蔡珽著交刑部讯取确供，倘再支吾掩饰，即加刑讯。古人云‘士可杀而不可辱’，若李绂等奸猾之徒，有不得不辱之势，亦其所自取也。”⑤

8. 清·陈立《白虎通疏证》卷九在征引贾谊《新书·阶级》“廉耻礼节，以治君子。故有赐死而无僇辱。是以系缚榜笞，髡刖黥劓之罪，不及士大夫，以其离主上不远也”之后，加按语说：“故《儒行》云：‘士可杀而不可辱。’”⑥

以上八例，尤以第五例、第八例说得最为明白。实际上，司马迁所说的：“传曰‘刑不上大夫’，此言士节不可不厉也。”所谓“士节不可不厉也”，可以视为“士可杀而不可辱也”的另外一种表述。

在封建社会里，一件事情能否行得通，决定的因素是它能不能给最高统治者带来好处。“刑不上大夫”作为一项对犯罪官员有所照顾的措施之所以能够行得通，也

---

① 陶宗仪《说郛》卷四十一，景印文渊阁《四库全书》本，上海古籍出版社，1989年，第878册，273页。

② 夏原吉《夏忠靖公集·附录遗事》，景印文渊阁《四库全书》本，上海古籍出版社，1989年，第1240册，558页。

③ 袁帙《世纬》卷上，景印文渊阁《四库全书》本，上海古籍出版社，1989年，第717册，10页。

④ 刘宗周《刘蕺山集》卷四《敬陈圣学疏》，景印文渊阁《四库全书》本，上海古籍出版社，1989年，第1294册，377页。

⑤《世宗宪皇帝上谕内阁》卷八十七，景印文渊阁《四库全书》本，上海古籍出版社，1989年，第415册，348页。

⑥ 陈立《白虎通疏证》，《清经解·清经解续编》本，上海书店，1988年，第5册，562页上。

必须遵循这一原则。贾谊把这层道理说得很透："其有大罪者，闻命则北面再拜，跪而自裁，上不使捽抑而刑之也，曰：'子大夫自有过耳！吾遇子有礼矣。'遇之有礼，故群臣自憙；婴以廉耻，故人矜节行。上设廉耻礼义以遇其臣，而臣不以节行报其上者，则非人类也。故化成俗定，则为人臣者主耳亡身，国耳亡家，公耳亡私，利不苟就，害不苟去，唯义所在，上之化也。故父兄之臣诚死宗庙，法度之臣诚死社稷，辅翼之臣诚死君上，守圄扞敌之臣诚死城郭封疆。故曰圣人有金城者，比物此志也。彼且为我死，故吾得与之俱生；彼且为我亡，故吾得与之俱存。夫将为我危，故吾得与之皆安。顾行而忘利，守节而仗义，故可以托不御之权，可以寄六尺之孤，此厉廉耻行礼义之所致也，主上何丧焉！"①原来给犯罪官员以适当照顾，留点面子，这还是演给群臣看的一出戏，它可以感化群臣，让他们心存感激，更忠实地为最高统治者卖命出力。这是一个俗话说的"得了便宜还要卖乖"的买卖，对于聪明的统治者来说，何乐而不为！这可以看作是"刑不上大夫"得以实行的一个外部条件。

(四)《郭店楚墓竹简》中的"埶不隶于君子"

《郭店楚墓竹简·尊德义》篇的第31、32简云："埶不隶于君子，礼不隶于小人。"②整理者裘锡圭按："隶，读为'逮'。"按《说文》："逮，及也"。我们认为，《尊德义》这两句话的用词虽然与"刑不上大夫，礼不下庶人"有所不同，但意思并无二致，可以视为不同的表述形式。它的出现为我们认识"刑不上大夫，礼不下庶人"提供了新的资料，很有价值，值得注意。例如，宋代学者黄敏求《九经余义》为了破解这两句话，就在分章上打主意。他认为"礼不下庶人"和"刑不上大夫"并不是同一章的内容，不能相提并论。"礼不下庶人"与上文"国君抚式，大夫下之。大夫抚式，士下之"为一章，"谓乘车之礼不为庶人而下，故曰礼不下庶人者也"③。今人也颇有雷同黄说者，就我们所见的有王占通《奴隶社会法律制度中不存在"礼不下庶人，刑不上大夫"的原则》④、郭建等著《中国法制史》和曾代伟主编《中国法制史》。例如，郭建等著《中国法制史》就说"'礼不下庶人'，讲的是乘车的礼仪"⑤。曾代伟主编《中国法制史》说："可见'礼不下庶人'的原意是指的'相见礼'这一局部，将其

---

① 《汉书》卷四八《贾谊传》，2257—2258页。
② 《郭店楚墓竹简·尊德义》，文物出版社，1998年，57、174页。
③ 卫湜《礼记集说》，卷七引，第117册，155页。
④ 王说见《吉林大学学报》，1987年第5期，4页。
⑤ 郭建等《中国法制史》，上海人民出版社2000年版，16页。

扩大到礼的全部，在逻辑上是不能成立的。”[①]今得竹简本《尊德义》此二句作证，则上述各家所持“分章不同”之说不攻自破。

“坓”字不见于《说文》。按《说文·井部》：“荆，罚罪也。从刀井。《易》曰：‘井者，法也。’井亦声。”段玉裁注：“按此荆罚正字也。今字改用‘刑’。刑者，刭也，见《刀部》，其义其音皆殊异。”[②]又《说文·刀部》：“刑，刭也。从刀，幵声。”段玉裁注：“按荆者，五荆也。凡荆罚、典荆、仪荆皆用之。刑，刭也，横绝之也。此字本义少用，俗字乃用刑为荆罚、典荆、仪荆字，不知造字之旨既殊，井声、幵声各部。”[③]据此可知，《尊德义》之“坓”，与《说文·井部》之“荆”是异体字关系，二者同义，本义皆为“罚罪”。而“刑不上大夫”的“刑”字，据段玉裁说是俗字；据王筠《说文句读》则是“荆”的通假字[④]。“坓不隶于君子”的“坓”，在此使用的同样不是“坓”的本义，而是其远引申义“刑辱”。关于这一点，上文已经论证，此处不烦赘言。

我们认为，“坓不隶于君子”的“君子”，就是“刑不上大夫”的“大夫”，二者是同义词，都是指有一定社会身份地位的人。例如：

《礼记·礼器》：“是故君子大牢而祭谓之礼。”郑玄注：“君子，谓大夫以上。”[⑤]

《礼记·玉藻》：“君子狐青裘。”郑玄注：“君子，大夫士也。”[⑥]

《礼记·乡饮酒义》：“乡人、士、君子尊于房户之间。”郑玄注：“君子，谓卿大夫士。”[⑦]

因此，我们在理解《曲礼上》和《尊德义》的这两句话时，既不应拘泥于一隅，也不必强生区别。

《郭店楚墓竹简》含有儒家著作十四篇（包括《尊德义》在内），这十四篇的目录学归类在学者中尚未取得一致看法。有的认为应该归入子部儒家类，有的认为应该归入经部《礼记》类。我们同意后者。今本《礼记》四十九篇，就是一个《记》的选本。先秦时期，单篇别行的《记》究竟有多少，现在很难说得清。《郭店楚墓竹简》中的这十四篇儒家著作，由于其内容与今本《礼记》往往互有包容，所以我们认为归入经部《礼记》类来认识较好。这就是说，《曲礼上》是一篇《记》，《尊德义》也是一篇《记》，彼此的身份是一样的。由于传闻异词的缘故，《曲礼上》的记者将这两

---

① 曾代伟主编《中国法制史》，法律出版社 2006 年版，32 页。

② 段玉裁《说文解字注》，216 页。

③ 段玉裁《说文解字注》，182 页。

④ 王筠《说文句读》卷八“荆”字下，中华书局，1988 年，153 页上。

⑤《礼记正义》，979 页。

⑥《礼记正义》，1212 页。

⑦《礼记正义》，2287 页。

句话记作“礼不下庶人，刑不上大夫”，《尊德义》篇的记者将这两句话记作“埜不隶于君子，礼不隶于小人”，用词虽有不同，意思却是一样。同样的意思出现在两篇《记》文中，这表明这两句话在先秦时期是一个流传面相当广的常用语。

刘信芳先生《“礼不下庶人，刑不上大夫”辨疑》一文（下称“刘文”）认为：“郭店楚简《尊德义》简31：‘刑不逮于君子，礼不逮于小人。’我们认为，这才是‘礼不下庶人，刑不上大夫’在先秦礼经中的原貌。”[①]我们认为，说哪个是原貌很不容易，要有根据，不能靠一厢情愿地推论。这个根据就是，你首先要证明哪个在前，哪个在后，然后才可以说在前的就是原貌。但刘文完全撇开了这一点，避而不谈，这就缺乏说服力。现在我们就来考查一下这个“原貌”问题。李学勤先生《先秦儒家著作的重大发现》一文说：“说郭店一号墓是公元前四世纪末的墓葬，是合适的。至于墓中竹简典籍的书写时间，可能还更早一些。”[②]又说：“郭店一号墓的年代，与孟子活动的后期相当，墓中书籍都为孟子所能见。《孟子》七篇是孟子晚年撰作的，故而郭店竹简典籍均早于《孟子》的成书。”[③]我们同意李学勤先生的看法。那末，《曲礼上》又是何时成书呢？沈文倬先生《略论礼典的实行和〈仪礼〉书本的撰作》一文对此作过考证。沈先生看到《孟子·公孙丑下》：“《礼》曰：父召无诺。”而“父召无诺”见于《礼记·曲礼上》（涉及《礼记》他篇的考证从略），从而得出结论：“由此可证，小戴辑《礼记》的《曲礼》、《玉藻》、《祭统》、《礼器》是早于《孟子》成书的。”[④]我们也同意沈先生的这个结论。不过，沈先生的例证只有一个，显得单薄。我们狗尾续貂，略作补充。根据我们的考查，《孟子》征引《曲礼上》四次，征引《曲礼下》三次，合计七次。因为“刑不上大夫”是出于《曲礼上》，所以我们只补充《孟子》征引《曲礼上》的另外三例：

1.《公孙丑上》：“孟子曰：‘否，我四十不动心。’”[⑤]

按：赵岐注：“孟子言《礼》‘四十强而仕’，我志气已定，不妄动心有所畏也。”按：“四十曰强，而仕”，《礼记·曲礼上》文。

2.《离娄上》：“男女授受不亲，《礼》也。”[⑥]

---

① 刘文见《中国史研究》，2004年第1期，27页。

② 李文见《郭店楚简研究》，辽宁教育出版社，1999年，13页。

③ 李文见《郭店楚简研究》，15页。

④ 沈文先见《文史》第十六辑，中华书局，1982年；后见《宗周礼乐文明考论》，浙江大学出版社，1999年，44页。

⑤《孟子·公孙丑上》，阮刻《十三经注疏》本，中华书局，1980年，2685页中。

⑥《孟子·公孙丑上》，2722页中。

按:《礼记·曲礼上》:“男女不亲授,嫂叔不通问。”

3.《尽心上》:“放饭流歠,而问无齿决。”[①]

按:《礼记·曲礼上》:“毋放饭,毋流歠。濡肉齿决,干肉不齿决。”

我们相信,经过补充例证,说《曲礼上》“是早于《孟子》成书的”这个结论就更具有说服力了。行文至此可知,《郭店楚墓竹简》的《尊德义》篇是早于《孟子》成书的,今本《礼记》的《曲礼上》也是早于《孟子》成书的,换言之,《尊德义》和《曲礼上》是在同一时代成书的。在这种情况下,我们怎好说哪个是原貌、哪个不是呢?今本《礼记·缁衣》有这么五句:“下之事上也,不从其所令,从其所行。上好是物,下必有甚者矣。”[②]这五句话,在《郭店楚墓竹简》的《缁衣》篇是这样:“下之事上也,不从其所以命,而从其所行。上好此物也,下必有甚焉者矣。”[③]而在《郭店楚墓竹简》的《尊德义》篇又是这样:“下之事上也,不从其所命,而从其所行。上好是物也,下必有甚焉者。”[④]试加比较,同是出自《郭店楚墓竹简》的两篇,就有三处文字不一样,你说哪个是原貌呢?须知传闻异词是先秦典籍中常见的现象。

刘信芳先生,还有之前的韩国盘先生,他们都把《礼记》的成书排在贾谊《新书》之后,是搞错了。须知,四十九篇的《礼记》虽然是戴圣在汉宣帝时编选成的,但那四十九篇原来单篇别行的《记》却基本上都是先秦的作品。二者不可混淆。上文我们已经证明了《曲礼上》的成书早于《孟子》,则早于贾谊《新书》自不待言。

(五)传统的旧解是怎样形成的?

如果我们对“刑不上大夫”的本义以及相关问题的论证无误,反过来,那就表明传统的旧解是错误的。传统的旧解延续了两千年,其影响不可低估。因此,窃不自量,接着想探讨一下我们有哪些拨乱反正的工作要做。我们想到的有,第一,传统的旧解是怎样形成的?第二,传统旧解引发的法制混乱及学术混乱应予厘清。下面依次谈谈我们的看法。

先谈传统的旧解是怎样形成的?我们认为,传统的旧解始于东汉章帝建初四年(79)的白虎观会议,这可谓始作俑者。此后,由于经学家何休、郑玄的推波助澜,“刑不上大夫”的传统旧解遂牢不可破。

---

① 《孟子·公孙丑上》,2771页上。

② 《礼记正义》,2105页。

③ 《郭店楚墓竹简》,文物出版社,1998年,129页。

④ 《郭店楚墓竹简》,174页。

据《后汉书》的《章宗本纪》《班固传》，建初四年的白虎观会议，是模仿汉宣帝甘露三年(前51)石渠会议而举行的“讲议《五经》同异”的一次会议。参加会议的人不少，班固是其中的一个。尽管与会者都可以发表意见，但哪种意见对，哪种意见错，要由汉章帝来作裁决，这叫作“帝亲称制临决”。今传世之《白虎通义》就是这次会议的一个总结、一个决议。《白虎通义》的作者虽然署名是班固，但班固不过是奉命行事而已，书中的内容都是得到皇帝认可的。按照清代的命名习惯，就要叫作《钦定白虎通义》才对。现在我们就来看看《白虎通》是怎么说的。《白虎通》卷下《五刑》：“圣人治天下，必有刑罚何？所以佐德助治，顺天之度也。刑所以五何？法五行也。科条三千者，应天地人情也。五刑之属三千，大辟之属二百，宫辟之属三百，腓辟之属五百，劓、墨辟之属各千。刑不上大夫何？尊大夫。礼不下庶人，欲勉民使至于士。故礼为有知制，刑为无知设也。刑不上大夫者，据礼无大夫刑。或曰：挞笞之刑也。”①“刑不上大夫何”中的“刑”字，既然是放在《五刑》条目下，自然是“五刑”之刑，不是“刑辱”之刑。至于为什么“刑不上大夫”？回答也很干脆：“尊大夫。”至此，《白虎通》已经为流传两千年的传统旧解定下了基调。值得注意是下面三句话：“刑不上大夫者，据礼无大夫刑。或曰：挞笞之刑也。”这一个“或曰”，表明了会议上是有不同意见的。据理推测，多数人主张“据礼无大夫刑”，意思是说五刑中的任何一种刑都不上大夫。少数人主张“挞笞之刑也”，意思是说不上大夫的只有“挞笞之刑”而已，五刑还不能豁免。我们认为，实际上，这个少数人的意见是对的，是得到了“刑不上大夫”的真谛的。何者？从上文可知，“挞笞之刑”不属于五刑，然则此“挞笞之刑”的含义就是用“挞笞”使当事人受到刑辱，这与贾谊、司马迁的看法是一致的。遗憾的是，两千年来，学者们基本上都忽略了这个“或曰”，唯一能够破解此“或曰”本义者，据我们所知只有清代学者陈立一人。陈立《白虎通疏证》卷九在此“或曰”句下说：“《新书·阶级篇》云：‘故古者礼不下庶人，刑不上大夫，所以厉宠臣之节也。(按：中间引文与上文征引《汉书·贾谊传》基本相同。此略)其有大罪者，闻命则北面再拜，跪而自裁，上不使人捽抑而刑之也。’是大夫有罪，得加刑，但不得挞笞以辱之。”②

为什么说何休、郑玄是推波助澜者呢？《公羊传》宣公元年何休注：“古者刑不上大夫，盖以为摘巢毁卵，则凤凰不翔；刳胎焚夭，则麒麟不至。刑之则恐误刑贤

---

① 班固《白虎通义》卷下，景印文渊阁《四库全书》本，上海古籍出版社，1987年，第850册，59页。

② 陈立《白虎通疏证》，第5册，562页。

者，死者不可复生，刑者不可复属。故有罪放之而已，所以尊贤者之类也。”[1]这是把“刑不上大夫”解释作既不受肉刑，又不受死刑，有罪只是流放而已。而流放不属于五刑。郑玄注《曲礼上》“刑不上大夫”云：“不与贤者犯法。其犯法则在八议，轻重不在刑书。”在这里，郑玄首先肯定大夫都是贤者，贤者能够自律，一般不会犯法。万一犯法，他们享有八议的特权，往往可以大罪化小，小罪化了。郑玄注与何休注虽然有所不同，但均认为大夫在五刑的追究上享有特权，在这一点上，他们肯定了“刑不上大夫”。在经学领域，郑玄的影响比何休要大得多。魏晋以后，士人中弥漫着“宁道孔圣误，讳闻郑、服非”[2]的空气，于是“刑不上大夫”的传统旧解就变得牢不可破。

(六) 传统旧解引发的法制混乱及学术混乱

先说传统旧解引发的法制混乱。例如《唐律疏议》卷一《名例》：“八议。《疏议》曰：‘《周礼》云：“八辟丽邦法。”今之八议，周之八辟也。《礼》云“刑不上大夫”，犯法则在八议，轻重不在刑书也。’”[3]我们知道，《唐律》在封建社会的法律体系中具有承前启后的意义，而所谓《疏议》相当于今天的司法解释。看来，《唐律疏议》全盘接受了郑玄的观点。我们认为，“刑不上大夫”也不是不可以写入法典，这要看写入法典的哪一部分。拿《唐律疏议》来说，如果不把它写入《名例》，而写入《断狱》，那就意味着在刑讯时大夫享有优待，则也不违背“刑不上大夫”的本义。再如顾炎武《日知录》卷十三《除贪》：“宣德中，都御史刘观坐受赃数千金，论斩。上曰：‘刑不上大夫。观虽不善，朕终不忍加刑。’命遣戍辽东。正统初，遂多特旨曲宥。”[4]看来，明宣宗在处理贪官刘观的问题上，其做法与何休的《公羊传》注吻合。这样的例子很多。总之，传统旧解给犯罪的官员提供了一把保护伞，在这把保护伞的庇护下，大罪化小，小罪化了。

次说传统旧解引发的学术混乱。例如，《周礼・秋官・条狼氏》：“誓大夫曰：‘敢不关，鞭五百。’”[5]译成现代汉语就是：条狼氏对大夫高声重复说：“该请示的事情不请示，抽五百皮鞭！”这本来很正常，但由于有“刑不上大夫”的旧解作梗，明

---

① 宣公元年何休注《公羊传》，阮刻《十三经注疏》本，中华书局，1980年，2277页中。
② 《旧唐书》卷一〇二《元行冲传》，第10册，3176页。
③ 长孙无忌等《唐律疏议》，中华书局，1983年，16—17页。
④ 黄汝成《日知录集释》卷十三《除贪》，320页。
⑤ 《周礼・秋官・条狼氏》，阮刻《十三经注疏》本，888页上。

明是"誓大夫",王安石偏偏把它解释作"为大夫誓其属也"[①]。之所以这样地牵强附会,就是为了避开那句"刑不上大夫"。王安石的这种牵强解释不为学者所接受。于是清代学者惠士奇说:"《条狼氏》有'誓大夫,鞭五百'之文,与《曲礼》'刑不上大夫'之言相反,于是学者疑《周官》非圣人之书。"[②]问题变得更严重了。

还有,当今高等学校的不少教材还在不同程度地宣扬旧说。例如:

(1) 郭沫若主编《中国史稿》第一册:"周朝的刑律主要是用来镇压奴隶的。……只有奴隶主贵族是例外的,'礼不下庶人,刑不上大夫',道破了奴隶制刑罚的阶级实质。"[③]郭沫若主编《中国史稿》第一册:"周朝的刑律主要是用来镇压奴隶的。……只有奴隶主贵族是例外的,'礼不下庶人,刑不上大夫',道破了奴隶制刑罚的阶级实质。"[④]

(2) 范文澜《经学讲演录》:"礼有天子之礼,诸侯之礼,卿大夫之礼,士礼等等。庶人是没有礼的,统治阶级对庶人只用刑,即所谓'礼不下庶人,刑不上大夫'。"[⑤]

(3) 翦伯赞主编《中国史纲要》第一册:"西周时是'礼不下庶人,刑不上大夫'。即使是贵族、官吏犯法,他们也完全可以按'金作赎刑'的规定而交纳金货以免罪。"[⑥]

(4) 张国华《中国法律思想史新编》:"'礼不下庶人,刑不上大夫'是西周礼治的基本特征。'刑不上大夫'主要指刑罚的锋芒不是针对大夫以上的贵族。"[⑦]

(5) 刘新主编《中国法律思想史》:"'礼不下庶人,刑不上大夫'是从'亲亲'与'尊尊'原则派生出的另一项原则,也是西周礼治的基本特征。所谓"刑不上大夫",是指刑罚主要是用来对付奴隶和平民的。"[⑧]

二、《礼记》"礼不下庶人"旧解发覆

内容提要: "礼不下庶人",传统解读是以"下"字为切入点,由于切入点错了,

---

① 见王志长《周礼注疏删翼》,景印文渊阁《四库全书》本,第97册,770页。
② 惠士奇《礼说》卷十三,景印文渊阁《四库全书》本,第101册,635页。
③ 郭沫若《中国史稿》,271页。
④ 郭沫若《中国史稿》,271页。
⑤ 中国社会科学院近代史研究所编《范文澜历史论文选集》,304页。
⑥ 翦伯赞《中国史纲要》,44页。
⑦ 张国华《中国法律思想史新编》,北京大学出版社,1998年,31页。
⑧ 刘新主编《中国法律思想史》,中国人民大学出版社,2000年,14页。

就不自觉地陷入挖空心思去论证一个伪命题的死胡同，所以两千年来一直不得其解。本文则把切入点放在“礼”字上，论证了这个“礼”字是指“酬酢之礼”，或曰“一献之礼”（通俗地说，就是来了客人时，应该备点小酒、备一点肉、备一样小菜之礼）。“礼不下庶人”的本义是，一般的礼都是下庶人的，唯独“酬酢之礼”不下庶人。原因何在？郑玄说得对：“为其遽（劳也）于事，且不能备物。”简言之，庶人贫穷，无力举行此礼。本文论证了“礼不下庶人”是个伪命题，梳理了东汉以来的学者的解读，论证了这个“礼”字是指“酬酢之礼”，论证了为什么酬酢之礼不下庶人。

本文是《〈礼记〉“刑不上大夫”旧解发覆》的姊妹篇。现在我们明白了，“刑不上大夫”的“刑”是指挞笞之刑，产生“刑不上大夫”的精神基础是“士可杀而不可辱”。“礼不下庶人”的“礼”是指酬酢之礼，产生“礼不下庶人”的物质基础是庶人贫穷，无力承担。《礼记·坊记》：“礼者，因人之情而为之节文，以为民坊者也。”既然制礼的原则是“因人之情而为之节文”，那么，士大夫不缺钱花，要的是面子；而庶人恰恰相反，面子事小，没钱事大。于是，“礼（酬酢之礼）不下庶人，刑（挞笞之刑）不上大夫”这样的节文就“因人之情”而产生了。这条节文既坚持了原则性（大夫不能免刑，庶人不能无礼），又表现了灵活性（大夫的面子和庶人的贫穷都可以得到照顾），反映了制礼者的大智慧。这是礼的人性化的表现。

（一）我的发覆思路

本文是《〈礼记〉“刑不上大夫”旧解发覆》的姊妹篇，我写作此文的思路，一仍旧贯。我认为，要澄清这一持续两千年的历史公案，也不能再纠缠于“下”字，而必须把切入点放在“礼”字上。为什么不能再纠缠于“下”字？因为“礼不下庶人”是个伪命题。一旦纠缠于“下”字，就势必误入歧途，就不得不挖空心思、千方百计去证明这一伪命题。于是乎一些违背常识的解读层出不穷。试想，要想把一个伪命题证明成立，能做得到吗？

（二）“礼不下庶人”是一个伪命题

管见所及，在我之前，已经有三位学者对“礼不下庶人”这个命题提出质疑。在历史长河中，在绝大多数人致力于如何千方百计地证明这一命题时，这三位学者的质疑就显得非常难能可贵。

第一位学者是北宋的李觏（1009～1059），他在《盱江集》卷二《礼论第六》中说：

《王制》曰：“庶人县封，葬不为雨止，不封不树，丧不贰事。”此亦庶人之丧礼也;“庶人春荐韭,夏荐麦,秋荐黍,冬荐稻,韭以卵,麦以鱼,黍以豚,稻以雁。”此亦庶人之祭礼也。既庶人丧、祭皆有其礼,而谓“礼不下庶人”者,抑述《曲礼》者之妄也。①

按:“妄”者,乱说一通也。敢对“礼不下庶人”下一个“妄”字的评语,这是需要胆识的。但把这顶帽子扣到“述《曲礼》者”的头上是不公正的,因为“述者”并不误,误的是解者。是《白虎通义》强作解人,害得后人几乎无不被牵着鼻子走。

第二位学者是司马光(1019～1086),他在《进士策问十五首》中急切地发问道:

《曲礼》曰:“礼不下庶人,刑不上大夫。”按《王制》:“修六礼以节民性;冠、婚、丧、祭、乡、相见。”此庶人之礼也。《舜典》:“五服三就,大夫于朝,士于市。”此大夫之刑也。夫礼与刑,先王所以治群臣万民,不可斯须偏废也。今《曲礼》乃云如是,必有异旨,其可见乎?②

按:所谓“必有异旨”,就是必有不同于旧有解读的解读。这四个字传递出来的信息是,司马光对此前的所有解读,包括《白虎通义》、郑玄等学者的解读在内,都持否定的态度,统统不予认可。而正确的解读是什么,他还在困惑中。于是通过进士策问的形式发出求教的呼吁。

第三位学者是清代的姚际恒,他在《礼记通论》中说:

“礼不下庶人”,此语若鹘突,赖有注疏为之斡旋。郑氏曰“为其遽于事,且不能备物”,孔氏曰“酬酢之礼不及庶人”,皆是也。③

按:“鹘突”者,违背常理之谓也。实际上,“礼不下庶人”一句并不鹘突,说句不好听的俗话,经是好经,只是让歪嘴和尚念歪了。姚氏的卓识在于,他认为郑注、孔疏的弥缝是对的。尽管姚氏的这个表述并非无可挑剔,但我仍然觉得很了不起,可惜的是他只有结论而没有对结论的论证。

以上三位学者,可以说是先知先觉者,他们的共同点在于都是把切入点放在了“礼”字上。我的任务是在他们指出的方向上继续往前走,解决他们尚未解决和尚未完满解决的问题。具体地说,这些问题是:第一,必须充分证明“礼不下庶人”是一个伪命题,为拨乱反正奠定坚实基础;第二,在改变切入点的基础上,揭示“异旨”是什么。具体地说,本文认为“礼不下庶人”的“礼”是指“酬酢之礼”。第三,充分论证“礼(酬酢之礼)不下庶人”的合理性。

---

① 李觏《盱江集》卷二,景印文渊阁《四库全书》本,第1095册,28页。

② 司马光《传家集》卷七十五《进士策问十五首》,景印文渊阁《四库全书》本,第1094册,685页。

③ 杭世骏《续礼记集说》,《续修四库全书》本,第101册,84页。

（三）对“礼不下庶人”这个伪命题的论证

我的论证原则是以经证经。具体地说，分为下列五个方面。1、以《礼记·曲礼》篇的礼下庶人之例为证；2、以《礼记》其余四十八篇的礼下庶人之例为证；3、以他经中的礼下庶人之例为证；4、以郑玄注中的礼下庶人之例为证；5、“礼不下庶人”与儒家对礼的全民适用性的表述不兼容

1. 以《礼记·曲礼》篇的礼下庶人之例为证

“礼不下庶人”一句出自《礼记·曲礼上》。《礼记》一书凡四十九篇，这四十九篇并非成篇于同一个时代。我以《礼记·曲礼》篇的礼下庶人之例为证，实际上是以本篇证本篇。

（1）《礼记·曲礼上》：“凡为人子之礼，冬温而夏凊，昏定而晨省。”①

按：“凡为人子之礼”，一个“凡”字表明，含庶人之子在内。

（2）《曲礼上》：“为天子削瓜者副之，巾以絺。为国君者华之，巾以绤。为大夫累之，士疐之，庶人龁之。”孔疏：“此削瓜等级不同，非谓平常之日，当是公庭大会之时也。”②

（3）《曲礼下》：“天子穆穆，诸侯皇皇，大夫济济，士跄跄，庶人僬僬。”孔疏：“此一节论天子至庶人行容之貌。”③

（4）《曲礼下》：“天子之妃曰后，诸侯曰夫人，大夫曰孺人，士曰妇人，庶人曰妻。”④

（5）《曲礼下》：“问天子之年，对曰：‘闻之：始服衣若干尺矣。’问国君之年，长，曰‘能从宗庙社稷之事矣’；幼，曰‘未能从宗庙社稷之事也’。问大夫之子，长，曰‘能御矣’；幼，曰‘未能御也’。问士之子，长，曰‘能典谒矣’；幼，曰‘未能典谒也’。问庶人之子，长，曰‘能负薪矣’；幼，曰‘未能负薪也’。”⑤

（6）《曲礼下》：“问国君之富，数地以对，山泽之所出。问大夫之富，曰有宰食力，祭器衣服不假。问士之富，以车数对。问庶人之富，数畜以对。”⑥

（7）《曲礼下》：“天子死曰崩，诸侯曰薨，大夫曰卒，士曰不禄，庶人曰死。”⑦

① 《礼记正义》，29页。
② 《礼记正义》，72—73页。
③ 《礼记正义》，194页。
④ 《礼记正义》，195页。
⑤ 《礼记正义》，201页。
⑥ 《礼记正义》，202页。
⑦ 《礼记正义》，209页。

(8)《曲礼下》:"凡挚,天子鬯,诸侯圭,卿羔,大夫雁,士雉,庶人之挚匹。"①

2. 以《礼记》其余四十八篇中的礼下庶人之例为证

(1)《王制》:"天子七日而殡,七月而葬。诸侯五日而殡,五月而葬。大夫、士、庶人,三日而殡,三月而葬。"②

按:是庶人亦有殡葬时日之礼。

(2)《王制》:"三年之丧,自天子达。"郑注云:"下通庶人,于父母同。"③

(3)《王制》:"庶人县封,葬不为雨止,不封不树。"郑注云:"县封,当为'县窆'。县窆者,至卑,不得引绋下棺。虽雨犹葬,以其礼仪少。封,谓聚土为坟。不封之,不树之,又为至卑无饰也。"④

(4)《王制》:"丧不贰事,自天子达于庶人。"孙希旦《礼记集解》:"父母之丧,三年不从政,则大夫士亦不贰事矣,非独庶人也。"⑤

(5)《王制》:"天子七庙,三昭三穆,与太祖之庙而七。诸侯五庙,二昭二穆,与太祖之庙而五。大夫三庙,一昭一穆,与太祖之庙而三。士一庙。庶人祭于寝。"⑥

按:此言庶人亦有其祭祖之礼,异于士已上者,无庙,祭于寝而已。

(6)《王制》:"天子社稷皆大牢,诸侯社稷皆少牢。大夫、士宗庙之祭,有田则祭,无田则荐。庶人春荐韭,夏荐麦,秋荐黍,冬荐稻。韭以卵,麦以鱼,黍以豚,稻以雁。"郑注:"庶人无常牲,取与新物相宜而已。"孔疏:"此一节论天子、诸侯祭用牲牢及庶人所荐之物。"⑦

(7)《王制》:"诸侯无故不杀牛,大夫无故不杀羊,士无故不杀犬豕,庶人无故不食珍。"郑注:"故,谓祭飨。"⑧

按:此谓庶人亦有祭飨食珍之礼。

(8)《王制》:"司徒修六礼以节民性。……六礼:冠、昏、丧、祭、乡、相见。"⑨

按:司马光云:"此庶人之礼也。"⑩

---

① 《礼记正义》,215页。

② 《礼记正义》,512页。

③ 《礼记正义》,512—513页。

④ 《礼记正义》,513页。

⑤ 孙希旦《礼记集解》,342页。

⑥ 《礼记正义》,513页。

⑦ 《礼记正义》,529—530页。

⑧ 《礼记正义》,530页。

⑨ 《礼记正义》,545页、588页。

⑩ 司马光《传家集》卷七十五,景印文渊阁《四库全书》本,第1094册,685页。

(9)《文王世子》:“五庙之孙,祖庙未毁,虽为庶人,冠,取妻,必告;死,必赴;练祥则告。……至于赗赙赠含,皆有正焉。”孔疏:“此论族人虽或至贱,吉凶必须相告,吊赗含赠,皆当有正礼。”①

(10)《内则》:“大夫燕食,有脍无脯,有脯无脍。士不贰羹胾,庶人耆老不徒食。”郑注:“尊卑差也。”孔疏:“此一节接上人君燕食,因明大夫、士、庶人燕食不同。”②

(11)《内则》:“羹食,自诸侯以下至于庶人无等。”③

(12)《祭法》:“王立七庙,诸侯立五庙,大夫立三庙二坛,適士二庙一坛,官师一庙,庶士、庶人无庙。”孔疏:“此一经明天子以下尊卑既异,上祭祖庙多少不同之事。”④

(13)《祭法》:“王为群姓立七祀……诸侯为国立五祀……诸侯自为立五祀。大夫立三祀:曰族厉,曰门,曰行。适士立二祀:曰门,曰行。庶士、庶人立一祀,或立户,或立灶。”

按:七祀之祭,尊卑有差。庶人立一祀,数少而已,非无其礼也。

(14)《祭法》:“王下祭殇五:適子、適孙、適曾孙、適玄孙、適来孙。诸侯下祭三,大夫下祭二,適士及庶人,祭子而止。”孔疏:“此明天子以下祭殇之差也。”⑤

按:是庶人亦有祭殇之礼。

(15)《祭义》:“天子有善,让德于天。诸侯有善,归诸天子。卿、大夫有善,荐于诸侯。士、庶人有善,本诸父母,存(王引之《经义述闻》谓“存,当作荐”是也)诸长老。”⑥

按:是庶人亦有有善让于尊上之礼。

(16)《中庸》:“斯礼也,达乎诸侯、大夫及士、庶人。”郑注云:“斯礼达于诸侯、大夫、士、庶人者,谓葬之从死者之爵,祭之用生者之禄也。”⑦

(17)《中庸》:“父母之丧,无贵贱,一也。”《钦定礼记义疏》卷六十六:“‘父母之丧,无贵贱,一也’,唯父母之丧,无问天子及士庶人,其服并同,故云‘无贵贱,一

---

①《礼记正义》,855页。

②《礼记正义》,1141页。

③《礼记正义》,1146页。

④《礼记正义》,1792—1793页。

⑤《礼记正义》,1802页。

⑥《礼记正义》,1858页。

⑦《礼记正义》,2007页。

也’。”

(18)《大学》:“自天子以至于庶人,壹是皆以修身为本。”孔疏:“‘壹是皆以修身为本’者,言上从天子,下至庶人,贵贱虽异,所行此者,专壹以修身为本。”①

3. 以《礼记》以外他经中的礼下庶人之例为证

(1)《尚书·洪范》:“汝则有大疑,谋及乃心,谋及卿士,谋及庶人,谋及卜筮。汝则从、龟从、筮从、卿士从、庶民从,是之谓大同。”②

按:是亦有“谋及庶人”之礼。

(2)《周礼·春官·大宗伯》:“以禽作六挚,以等诸臣:孤执皮帛,卿执羔,大夫执雁,士执雉,庶人执鹜,工商执鸡。”③

按:是庶人亦有执挚之礼。

(3)《周礼·春官·巾车》:“服车五乘:孤乘夏篆,卿乘夏缦,大夫乘墨车,士乘栈车,庶人乘役车。”④

按:是庶人亦有乘车之礼。

(4)《仪礼·士相见礼》:“庶人见于君,不为容,进退走。”⑤

按:是庶人亦有见君之礼。

(5)《仪礼·士相见礼》:“凡自称于君,士大夫则曰下臣。宅者在邦,则曰市井之臣;在野,则曰草茅之臣,庶人则曰刺草之臣。”⑥

按:是庶人亦有如何自称于君之礼。

(6)《仪礼·丧服》:“疏衰裳,齐,牡麻绖,无受者。庶人为国君。”⑦

按:是庶人亦有为国君服齐衰三月之礼。

(7)《左传》桓公二年:“师服曰:‘吾闻国家之立也,本大而末小,是以能固。故天子建国,诸侯立家,卿置侧室,大夫有贰宗,士有隶子弟,庶人、工商,各有分亲,皆有等衰。”⑧

按:“皆有等衰”,即皆有等差。此“皆”,皆天子至庶人也。是庶人亦有“固本”

---

① 《礼记正义》,2241页。
② 《尚书正义》,467页。
③ 《周礼注疏》,762页。
④ 《周礼注疏》,825页。
⑤ 《仪礼注疏》,977页。
⑥ 《仪礼注疏》,978页。
⑦ 《仪礼注疏》,1110页。
⑧ 《左传注疏》,1744页。

之礼。

(8)《左传》襄公十四年:"是故天子有公,诸侯有卿,卿置侧室,大夫有贰宗,士有朋友,庶人、工商、皂隶、牧圉皆有亲昵,以相辅佐也。"①

按:孔疏:"此言天子以下皆有臣仆以辅佐其上。"

(9)《左传》襄公十四年:"大夫规诲,士传言,庶人谤。"孔疏:"庶人卑贱,不与政教,闻君过失,不得谏争,得在外诽谤之。谤,谓言其过失,使在上闻之而自改,亦是谏之类也。"②

按:是庶人亦有批评国君之礼。

(10)《左传》哀公二年:"克敌者,上大夫受县,下大夫受郡,士田十万,庶人工商遂。"③

按:是庶人亦有克敌受赏之礼。

(11)《孝经》前六章标题:《开宗明义章》第一,《天子章》第二,《诸侯章》第三,《卿大夫章》第四,《士章》第五,《庶人章》第六。④

按:是庶人亦有为孝之礼。

(12)《孝经·庶人章》第六:"用天之道,分地之利,谨身节用,以养父母,此庶人之孝也。故自天子至于庶人,孝无终始而患不及者,未之有也。"⑤

按:是为庶人如何为孝之礼。

(13)《尔雅·释水》:"天子造舟,诸侯维舟,大夫方舟,士特舟,庶人乘泭。"⑥

按:是庶人亦有其渡河所用工具之礼。

(14)《孟子·公孙丑下》:"古者棺椁无度,中古棺七寸,椁称之,自天子达于庶人。"⑦

按:赵岐注:"中古,谓周公制礼以来。"是庶人之棺椁规格亦有礼的规定。

(15)《孟子·滕文公上》:"孟子曰:吾尝闻之矣,三年之丧,斋疏之服,飦粥之食,自天子达于庶人,三代共之。"⑧

---

①《左传注疏》,1958页。

②《左传注疏》,1958页。

③《左传注疏》,2156页。

④ 阮刻《十三经注疏》之《十三经注疏目录》,中华书局,1980年,25页。

⑤《孝经注疏》,2549页。

⑥《尔雅注疏》,2619页。

⑦《孟子注疏》,2697页。

⑧《孟子注疏》,2701页。

按：朱熹《孟子集注》："此古今贵贱通行之礼也。"①

(16)《孟子·万章下》："庶人不传质为臣，不敢见于诸侯，礼也。"②

按：是庶人有传质为臣乃见于诸侯之礼。

(17)《孟子·万章下》：曰："'敢问招虞人何以？'曰：'以皮冠。庶人以旃，士以旂，大夫以旌。'"③

按：是有以旃召唤庶人之礼。

4. 以郑玄注中的礼下庶人之例为证

(1)《诗·郑风·丰》："衣锦褧衣，裳锦褧裳。"毛传："衣锦褧裳，嫁者之服。"郑笺云："褧，禅也。盖以禅縠为之中衣，裳用锦而上加禅縠焉，为其文之大着也。庶人之妻嫁服也，士妻纣衣纁袡。"④

按：据郑注，是有庶人之妻出嫁服装规格之礼。

(2)《毛诗·唐风·蟋蟀》："蟋蟀在堂，役车其休。"郑笺云："庶人乘役车。役车休，农功毕，无事也。"⑤

按：是庶人亦有乘车之礼。《周礼·春官·巾车》："服车五乘：孤乘夏篆，卿乘夏缦，大夫乘墨车，士乘栈车，庶人乘役车。"此郑笺所本也。

(3)《周礼·春官·冢人》："以爵等为丘封之度与其树数。"郑注："别尊卑也。王公曰丘，诸臣曰封。《汉律》曰：列侯坟高四丈，关内侯以下至庶人各有差。"⑥

按：郑以《汉律》比况，是庶人之坟高自有礼之规定也。

(4)《仪礼·丧服》："子嫁，反在父之室，为父三年。"郑注："凡女，行于大夫以上曰嫁，行于士、庶人曰適人。"⑦

(5)《礼记·檀弓下》："天子崩，三日，祝先服。五日，官长服。七日，国中男女服。"郑注："祝佐含敛，先服。官长，大夫、士。国中男女，庶人。"⑧

按：据郑注，是庶人亦有为天子服丧之礼。

(6)《礼记·礼器》："君子之于礼也，有经而等也。"郑注："谓若天子以下至士、

① 朱熹《孟子集注》，《四书章句集注》，中华书局，1983年，252页。

② 《孟子注疏》，阮刻《十三经注疏》本，2745页。

③ 《孟子注疏》，阮刻《十三经注疏》本，2745页。

④ 《毛诗注疏》，阮刻《十三经注疏》本，中华书局，1980年，344页。

⑤ 《毛诗注疏》，阮刻《十三经注疏》本，361页。

⑥ 《周礼注疏》，阮刻《十三经注疏》本，中华书局，1980年，786页。

⑦ 《仪礼注疏》，阮刻《十三经注疏》本，中华书局，1980年，1102页。

⑧ 《礼记正义》，427页。

庶人，为父母三年。”[1]

按：孔疏云：“谓上自天子，下至庶人，虽尊卑有异，而服其父母，则贵贱同等也。”

(7)《礼记·内则》：“子事父母，鸡初鸣，咸盥、漱、栉、縰、笄、总、拂髦、冠、緌、缨、端、韠绅、搢笏。”郑注：“咸，皆也。……端，玄端，士服也。庶人深衣。”[2]

按：据郑注，是庶人亦有早起问安父母之礼。与士不同者，唯着深衣而已。

(8)《礼记·内则》：“凡接子择日，冢子则大牢，庶人特豚，士特豕，大夫少牢，国君世子大牢。其非冢子，则皆降一等。”郑注：“谓冢子之弟及众妾之子生也。天子、诸侯少牢，大夫特豕，士特豚，庶人犹特豚也。”[3]

按：据郑注，是庶人之长子、庶子诞生亦皆有接子之礼。

(9)《礼记·杂记下》：“三年之丧，祥而从政。期之丧，卒哭而从政。九月之丧，既葬而从政。小功、缌之丧，既殡而从政。”郑注：“以《王制》言之，此谓庶人也。从政，从为政者教令，谓给繇役。”孔颖达疏：“案《王制》云：‘父母之丧，三年不从政。齐衰、大功，三月不从政。’此云‘期之丧，卒哭而从政。九月之丧，既葬而从政’，与《王制》不同者，此庶人依士礼，卒哭与既葬同三月，故《王制》省文，总云‘三月’也。”[4]

按：据郑注孔疏，是庶人亦有服丧从政之礼。

(10)《礼记·杂记下》：“晏平仲祀其先人，豚肩不掩豆，贤大夫也，而难为下也。”郑注：“言其逼士、庶人也。”[5]

按：郑注既云“言其逼士、庶人也”，说明庶人祭祀先人亦有用牲之礼。

(11)《礼记·丧大记》：“男女改服，属纩以俟绝气。”郑注：“为宾客来问病，亦朝服也。庶人深衣。”[6]

按：据郑注，是庶人亦有改服之礼。

(12)《礼记·丧大记》：“君大棺八寸，属六寸，椑四寸。上大夫大棺八寸，属六寸。下大夫大棺六寸，属四寸。士棺六寸。”郑注：“上公革棺不被，三重也。诸侯无革棺，再重也。大夫无椑，一重也。士无属，不重也。庶人之棺四寸。”[7]

---

① 《礼记正义》，987 页。
② 《礼记正义》，1115 页。
③ 《礼记正义》，1158 页。
④ 《礼记正义》，1660 页。
⑤ 《礼记正义》，1671 页。
⑥ 《礼记正义》，1696 页。
⑦ 《礼记正义》，1764 页。

按：据郑注，庶人之棺，其厚薄亦自有礼。

(13)《礼记·丧大记》："凡封，用綍去碑负引。君封以衡，大夫、士以缄。"郑注："大夫、士旁牵缄而已。庶人县窆，不引绋也。"①

按：据郑注，"庶人县窆"，即庶人之葬礼。

(14)《礼记·丧大记》："君松椁，大夫柏椁，士杂木椁。"郑注："椁，谓周棺者也。天子柏椁，以端长六尺。夫子制于中都，使庶人之椁五寸。五寸，谓端方也。此谓尊者用大材，卑者小材耳。自天子、诸侯、卿、大夫、士、庶人六等，其椁长自六尺而下，其方自五寸而上，未闻其差所定也。"②

按：据郑注，"庶人之椁五寸"，即庶人葬具之礼。

(15)《礼记·祭法》："大夫以下成群立社，曰置社。"郑注："群，众也。大夫以下，谓下至庶人也。"孔颖达疏："'大夫以下成群立社曰置社'者，大夫以下，谓包士、庶。成群，聚而居，其群众满百家以上得立社。"③

按：据郑注孔疏，是庶人群居满百家以上亦得立社也。

(16)《礼记·三年问》："孔子曰：'子生三年，然后免于父母之怀。夫三年之丧，天下之达丧也。'"郑注："达，谓自天子至于庶人。"④

(17)《礼记·深衣》："(深衣)，善衣之次也。"郑注："善衣，朝、祭之服也。自士以上，深衣为之次。庶人吉服，深衣而已。"⑤

按：据郑注，是庶人亦有着何等吉服之礼。

5. "礼不下庶人"与儒家对礼的全民适用性的表述不兼容

任何一种社会，统治者都是少数，被统治者都是多数。就"礼不下庶人，刑不上大夫"来说，其中的庶人就是被统治者，是人口的大多数。我们很难想象，如果把占人口大多数的庶人排除在礼之外，那将是一种什么样的场面。《礼记·曲礼上》："夫唯禽兽无礼，故父子聚麀。是故圣人作为礼以教人，使人以有礼，知自别于禽兽。"⑥"庶人"也是人，不是禽兽，焉得无礼？

且看孔子对礼的有关论述。

---

① 《礼记正义》，1776 页。
② 《礼记正义》，1778 页。
③ 《礼记正义》，1798 页。
④ 《礼记正义》，2191 页。
⑤ 《礼记正义》，2194 页。
⑥ 《礼记正义》，19 页。

《论语·为政》:“子曰:‘道之以政,齐之以刑,民免而无耻;道之以德,齐之以礼,有耻且格。’”朱熹《论语精义》引程颐曰:“格,至也,至于善。有耻且格,此谓庶民、士则行己有耻,不待上之命而然。”①

按:根据程颐的解释,这个“礼”是包括庶人在内的。

《孝经·广要道章》:“子曰:‘移风易俗,莫善于乐;安上治民,莫善于礼。’”②

按:句中的“民”是“治”的对象,且与“安上”之“上”对文,显然包括庶人在内。

(四)对东汉学者解读“礼不下庶人”的平议

1. 班固(32～92)

按《后汉书·班固传》:“天子会诸儒讲论《五经》,作《白虎通德论》,令固撰集其事。”③“撰集”者,编辑之谓也。就是把“天子会诸儒讲论《五经》”的全部会议资料加以编辑。这部书,按照《四库全书总目》命名的惯例,应该称作《钦定白虎通义》才对。它代表的不是班固的观点,而是皇帝认可的观点。

下面我们就来审视一下《白虎通义》中与“礼不下庶人”有关的资料。

> 《白虎通义》卷下《五刑》:“刑不上大夫何?尊大夫。礼不下庶人何?④欲勉民使至于士。故礼为有知制,刑为无知设也。庶人虽有千金之币,不得弗服刑也。‘刑不上大夫’者,据礼无大夫刑。或曰:挞笞之刑也;‘礼不下庶人’者,谓酬酢之礼也。”⑤

这段文字很重要,因为它不仅是最早的解读,而且是最权威的解读,对后世的影响很大。

这段文字,以“或曰”二字为标志,分为前后两部分。陈立《白虎通疏证》对“或曰”二字这样解释:“《白虎通》杂论经传,多以前一说为主。‘或曰’皆广异闻也。”⑥综观《白虎通》的“或曰”,我基本同意陈立的解释,只是想稍微做一点补充,即“或曰”以上之说是表示与会者中多数人的看法,“或曰”以下之说是表示与会者中少数人的看法。就上面这段文字的“或曰”来说,陈立在“或曰:挞笞之刑也”下

---

① 朱熹《论语精义》,景印文渊阁《四库全书》本,上海古籍出版社,1987年,第198册,34页。

② 《孝经注疏》,阮刻《十三经注疏》本,中华书局,1980年,2556页。

③ 《后汉书》,1373页。

④ 按:“何”字原脱,据《白虎通义》全书文例补。

⑤ 陈立《白虎通疏证》,第5册,562页。

⑥ 陈立《白虎通疏证》,第5册,499页。

加注说:“此古说也。”以某之浅见,不若改作“此又一说也”,以表示这是与会者中少数人之说,因为古人并无“挞笞之刑也”这样的成文表述。这是一个小问题,尚无关大局。问题是陈立没有在“礼不下庶人者,谓酬酢之礼也”下加注,以表明这也是属于“或曰”的内容,这就为解读带来了不便。试想,陈立作为研究《白虎通》的专家尚且识不及此,遑论一般读者。

上面这段文字,以“或曰”为界,反映了两种不同的解读。一种是多数人的解读,他们的解读方法是以“下”、“上”二字为切入点,把“礼”解读为“礼乐”并称的“礼”,把“刑”解读为“五刑”的“刑”,所以才有了这样的表述:“刑不上大夫何？尊大夫。礼不下庶人何？欲勉民使至于士。”一种是少数人的解读,他们的解读方法是以“礼”、“刑”二字为切入点。他们认为,那个“礼”字,指的仅仅是“酬酢之礼”;那个“刑”字,指的仅仅是“挞笞之刑”。我们常说,真理往往在少数人手里。这里就是一个活生生的例子。

写到这里,情不自禁地想说两句赞扬汉章帝的话。以皇帝之尊,称制临决,竟然不搞一言堂,允许保留少数人的不同意见,使得后人能够看到正反两面的意见,可谓无量功德。否则,笔者今日必然尚在懵懂之中,何有于旧解发覆哉!

“或曰:挞笞之刑也”说的成立,在拙作《〈礼记〉“刑不上大夫”旧解发覆》已有论证,兹不复赘。“礼不及庶人者,谓酬酢之礼”说的成立,其论证详后。

说来奇怪,多数人的解读在这里郑重其事地肯定“礼不下庶人”的成立,而在《白虎通义》的其他地方却频频出现礼下庶人的文字,让我们看到一幅在同一书内自相矛盾的景象。试看:

(1)《白虎通・考黜》:“《王度记》曰:天子鬯,诸侯薰,大夫芑兰,士蒹,庶人艾。”①

按:《白虎通义》所载《王度记》文有误字。《广雅・释天》:“天子祭以鬯,诸侯以熏,卿大夫以茝兰,士以萧,庶人以艾。”王念孙《疏证》云:“此逸礼《王度记》文,见《白虎通义》及《周官・郁人》疏。”②当以《广雅》文为正。

(2)《白虎通・蓍龟》:“尚书曰:‘女则有大疑,谋及卿士,谋及庶人,谋及卜筮。’定天下之吉凶,成天下之亹亹者,莫善于蓍。”③

(3)《白虎通・瑞贽》:“《曲礼》曰:‘卿羔,大夫以雁,士以雉为贽,庶人之贽

① 陈立《白虎通疏证》,第5册,542页。

② 王念孙《广雅疏证》,中华书局,2004年,291页。

③ 陈立《白虎通疏证》,第5册,545页。

疋。'疋谓鹜也。"[1]

(4)《白虎通·五经》:"夫孝者,自天子下至庶人,上下通。"[2]

(5)《白虎通·五经》:"妻者何?谓妻者齐也,与夫齐体。自天子下至庶人,其义一也。"[3]

(6)《白虎通·丧服》:"《礼》,庶人为国君服齐衰三月。"[4]

(7)《白虎通·丧服》:"王者崩,臣下服之有先后何?恩有深浅远近,故制有日月。《檀弓》记曰:'天子崩,三日,祝先服。五日,官长服。七日,国中男女服。'"陈立《疏证》:"郑彼注云:'祝佐含敛,先服。官长,大夫、士。国中男女,庶人。'"[5]

(8)《白虎通·崩薨》:"天子曰崩,诸侯曰薨,大夫曰卒,士曰不禄,庶人曰死。"[6]

(9)《白虎通·崩薨》:"《春秋含文嘉》曰:'天子坟高三仞,树以松;诸侯半之,树以柏;大夫八尺,树以栾;士四尺,树以槐;庶人无坟,树以杨柳。'"[7]

上述九例,说的都是礼下庶人。这些实例反证了"礼不下庶人,欲勉民使至于士"说的不能成立。令人不解的是,与会者都是经学专家,何以面对如此严重的自我矛盾现象却视而不见?

2. 郑玄(127~200)

郑玄,《后汉书》有传。今本《十三经注疏》中有四经是郑玄作注,即《毛诗》的郑笺和《三礼》的郑注。就"礼不下庶人"一句的解读来说,既见于《礼记》郑注,又见于《毛诗》郑笺。先看郑注:

> 《礼记·曲礼上》:"礼不下庶人。"郑玄注:"为其遽于事,且不能备物。"孔疏:"礼不下庶人者,谓庶人贫,无物为礼,又分地是务,不暇燕饮,故此礼不下与庶人行也。《白虎通》云:'礼为有知制,刑为无知设。礼谓酬酢之礼,不及庶人,勉民使至于士也。'故《士相见礼》云'庶人见于君,不为容,进退走'是也。张逸云:'非是都不行礼也,但以其遽务,不能备之,故不著于经文三百,

① 陈立《白虎通疏证》,549页。
② 陈立《白虎通疏证》,562页。
③ 陈立《白虎通疏证》,568页。
④ 陈立《白虎通疏证》,571页。
⑤ 陈立《白虎通疏证》,571页。
⑥ 陈立《白虎通疏证》,575页。
⑦ 陈立《白虎通疏证》,578页。

威仪三千耳。其有事,则假士礼行之。'"[①]

按:郑注只是解读"礼不下庶人"的原因何在,而于"礼"字的含义并无一字涉及。我们暂时作为一个悬而未决的问题,稍安勿躁。孔疏如果仅有"礼不下庶人者,谓庶人贫,无物为礼,又分地是务,不暇燕饮,故此礼不下与庶人行也"这几句为止,那将是一个十分精彩的善解人意的解读。遗憾的是他又加上了"《白虎通》"云云以下的申释文字,画蛇添足,成了败笔。这反映了孔颖达的胸无主见。

按:郑注中的"遽"字是"剧"的通假字。知者,《淮南子·诠言训》:"神劳于谋,智遽于事。"俞樾《诸子平议》卷三一《淮南内篇三》:"'遽'读为'剧'。《说文·力部》:'劳,剧也。'然则剧亦劳也。剧于事,谓劳于事也。'遽'、'剧'古通用。《公羊》宣六年传《释文》曰:'剧'本作'遽'。"[②]然则郑注之"为其遽于事",意谓"因为庶人劳于事"。通俗点说,即庶人一年到头都在为生计忙碌。至于"且不能备物"的"物"何所指,还是个谜。要破这个谜,就要先弄清楚"礼不下庶人"的"礼"在郑玄的心目中究竟是什么意思?是"礼乐"并称的"礼"呢,还是某种具体的礼?这个问题解决了,这个"物"字的问题也就迎刃而解。谢天谢地,《毛诗》郑笺为我们提供了我们想要知道的东西:

> 《毛诗·小雅·瓠叶》:"有兔斯首,炮之燔之。君子有酒,酌言献之。"郑笺:"饮酒之礼,既奏酒于宾,乃荐羞。每酌言'言'者,礼不下庶人,庶人依士礼,立宾主为酌名。"[③]

郑笺的最大亮点是,他把"礼不下庶人"之"礼"解释为"饮酒之礼",这表明,郑玄的切入点是放在"礼"字上的,不是放在"下"字上。

如果我的这个理解不误,结合郑玄在注释《礼记·曲礼上》"礼不下庶人"所说的"为其遽于事,且不能备物",可以断言,郑玄所说的"饮酒之礼"与《白虎通义》中少数人的解读"酬酢之礼"是一个意思,只不过表述不同罢了。而令人惋惜的是,郑笺还有"庶人依士礼"一句,纯属画蛇添足。可是仔细想想,这一句又必须得有。为什么?因为郑笺在这里必须同时顾及两头。一头是《毛传》。《毛传》说:"瓠叶,庶人之菜也。"为了顾及《毛传》,郑玄不得不把《瓠叶》诗中"君子有酒"的君子释作"此君子,谓庶人之有贤行者也"[④]。一头是《左传》。《左传》昭公元年:"夏,四月,

---

① 《礼记正义》,101、103页。

② 俞樾《诸子平议》,《续修四库全书》本,上海古籍出版社,2002年,第1162册,234页。

③④ 《毛诗注疏》,阮刻《十三经注疏》本,499页。

赵孟、叔孙豹、曹大夫入于郑，郑伯兼享之。子皮戒赵孟，礼终，赵孟赋《瓠叶》。子皮遂戒穆叔，且告之。穆叔曰：'赵孟欲一献，子其从之。'"杨伯峻《春秋左传注》："《礼记·乐记》郑玄注：'一献，士饮酒之礼。'"[①]这就是说，《瓠叶》诗讲的是士的饮酒之礼，这是文献已经证明了的，郑玄也必须顾及。两头都要顾及，于是就有了"庶人依士礼"这句话。

总而言之，郑玄在"礼不下庶人"的解读上，有功也有过。他认为"礼不下庶人"的"礼"是饮酒之礼，而饮酒之礼之所以不下庶人，是"为其遽于事，且不能备物"。这是功。他认为"礼不下庶人，庶人依士礼"，这是过。功过相较，窃以为，功大于过。郑玄之功，除了姚际恒外，似乎大家都没有注意；而郑玄的过，却为许多说《礼》之家所接受。后人之持"庶人依士礼"说者甚伙，究其从来，皆从郑玄出。

3. 何休(129～182)

何休，《后汉书·儒林传》有传，主要著作是《春秋公羊解诂》。请看：

> 《公羊传》桓公八年："君子之祭也，敬而不黩。疏则怠，怠则忘。士不及兹四者，则冬不裘，夏不葛。"何休注："礼本下为士制。兹，此也。四者，四时祭也。"徐彦疏："言此者，欲道庶人无礼篇，故传家偏举言之。即《曲礼》上篇'礼不下庶人'，郑注云：'为其遽于事，且不能备物。'义亦通于此。"[②]

按：何休注云"礼本下为士制"，实际上就是《白虎通义》所载的多数人的解读的另外一种表述。换言之，何休是赞成"礼不下庶人"这一伪命题的。至于徐彦疏把郑玄的《曲礼》注也拉扯上，说"义亦通于此"，那是没有看懂郑注。

4. 张逸(生卒年不详)

张逸是郑玄的弟子，他的名字频繁地出现在《郑志》中。据《后汉书·郑玄传》，知《郑志》乃模仿《论语》而作，记录了郑玄对诸弟子提出的经学问题的回答，其中也有少量的弟子之间的互相问答。此书散佚，后人有辑本。予所据者，皮锡瑞《郑志疏证》：

> 张逸云："非是都不行礼也，但以其遽务，不能备之，故不著于经文三百，威仪三千耳。其有事，则假士礼行之。"[③]

按：张逸这几句话，显然是从郑玄的《礼》注和《诗》笺那里学来的，但走样了。"礼不下庶人"的"礼"，在郑玄那里是指饮酒之礼，在张逸这里似乎变成了无所不

---

① 杨伯峻《春秋左传注》，中华书局，1981年，1208页。

② 《公羊传注疏》，阮刻《十三经注疏》本，中华书局，1980年，2218页。

③ 皮锡瑞《郑志疏证》，《续修四库全书》本，上海古籍出版社，2002年，第171册，369页。

包的礼了。"经文三百"是指代《周礼》,"威仪三千"是指代《仪礼》。"不著于经文三百,威仪三千",也就是"不著于《周礼》、《仪礼》"。而我在上文已经指出,无论是《周礼》和《仪礼》,都载有庶人之礼。郑玄说的"庶人依士礼",还局限于饮酒之礼。在张逸这里,没有这个限制了。将"庶人依士礼"的含义由局部扩展到整体,张逸是第一人。看来,他并没有真正领会乃师的《礼》注和《诗》笺。

小结:《白虎通》所载多数人的解读是错误的,少数人的解读是正确的。郑玄的解读,既有成功的一面,又有失败的一面。何休的解读与《白虎通》所载多数人的解读同调,不可取。张逸的解读,没有继承乃师成功的一面,反倒继承了乃师失败的一面。总而言之,我对这个调查结果是比较满意的。试想,从最早的、最权威的《白虎通义》中我们就可以得到正确的解读,从礼学权威郑玄那里我们也能够得到有力的启示,这就够了!

至于东汉以后的学者对"礼不下庶人"的解读,无足多者,此略。

(五) 何谓"酬酢之礼"

《白虎通义·五刑》:"或曰:礼不下庶人者,谓酬酢之礼也。"[①]本文认为,"礼不下庶人"的"礼",其正确解读就是"酬酢之礼"。在我之前,明代的杨慎在《丹铅余录》卷九就明确地说:"礼不下庶人,谓酬酢之礼也。《白虎通德论》之说,胜诸家矣。"[②]可谓卓识。

然则何谓"酬酢之礼"?答曰:即郑玄所说的"饮酒之礼"。因为饮酒之礼是用于招待宾客,所以又叫"宾客之礼"。而宾客之礼是分等级的:"宾客之礼,士一献,卿大夫三献,子男五献,侯伯七献,上公九献。"[③]因为士的饮酒之礼级别最低,只有一献,所以士的饮酒之礼又叫"一献之礼"。《礼记·乐记》:"一献之礼,宾主百拜,终日饮酒而不得醉焉。"郑注"一献,士饮酒之礼"是也。[④] 一献之礼之所以叫作"酬酢之礼",是因为一献之礼的完成,必须先一献,次一酢,次一酬,才算礼成。《诗·小雅·彤弓》:"钟鼓既设,一朝酬之。"笺云:"饮酒之礼,主人献宾,宾酢主人,主人

---

① 陈立《白虎通疏证》,第5册,562页。

② 杨慎《丹铅余录》,景印文渊阁《四库全书》本,上海古籍出版社,1987年,第855册,42页。吕按:明焦竑《焦氏笔乘续集》卷五"礼不下庶人"条:"礼不下庶人,谓酬酢之礼也。《白虎通德论》之说,胜诸家矣。"与杨慎的说法一字不差。《四库全书总目》著录焦竑《焦氏笔乘》时,对其剿袭行为广泛举证,严词挞伐。焦氏"礼不下庶人"条,可断为抄袭之作,故正文中不及之。

③ 陈祥道《礼书》,景印文渊阁《四库全书》本,上海古籍出版社,1987年,第130册,538页。

④《礼记正义》,1497页。

又饮而酌宾谓之酬。”[①]凌廷堪《礼经释例》总结说：“凡主人进宾之酒谓之献，凡宾报主人之酒谓之酢，凡主人先饮以劝宾之酒谓之酬。”[②]也就是说，一献之礼是由主人献、客人酢、主人酬三个连续性的动作组成的，故称“酬酢之礼”。

总而言之，“酬酢之礼”，即“宾客之礼”，亦即“一献之礼”，即士的饮酒之礼。相对于三献之礼，五献之礼、七献之礼和九献之礼，一献之礼的级别最低，开销最小。

（六）为什么“酬酢之礼”不下庶人？

对这个问题的回答，郑注的两句话可谓言简意赅：“为其遽于事，且不能备物。”

“遽于事”者，忙于生计也。说的是时间问题。《国语·鲁语》下：“自庶人以下，明而动，晦而休，无日以怠。”[③]天天起早摸黑，终年如此，没有这份闲工夫。西汉的晁错说：“今农夫五口之家，其服役者不下二人。春耕夏耘，秋获冬藏，伐薪樵，治官府，给繇役，春不得避风尘，夏不得避暑热，秋不得避阴雨，冬不得避寒冻，四时之间，亡日休息。”[④]说的虽然是西汉初年的情况，而先秦的情况大体可以推知。

“不能备物”，说的是财力问题。要备哪些物呢？郑玄注《士冠礼》云：“一献之礼，有荐有俎，其牲未闻。”[⑤]可知至少需要置备三样物品：第一是酒，第二是荐，第三是俎。荐，即脯醢；俎，即牲肉。什么牲畜的肉？郑玄说“未闻”，我们此刻也无须深究。因为不管是哪种牲肉，反正是不可或缺。这三样东西容易置备吗？郑玄说“不能”。我认为郑玄说得符合实情。让我们把目光拉回先秦时期，看看那时的庶人（主体是农民）的生活状况是什么样子。

《盐铁论·散不足第二十九》：“古者庶人，春夏耕耘，秋冬收藏，昏晨力作，夜以继日。《诗》云：‘昼尔于茅，宵尔索绹。亟其乘屋，其始播百谷。’非膢腊不休息，非祭祀无酒肉。古者庶人粝食藜藿，非乡饮酒、膢、腊祭祀，无酒肉。”[⑥]这是说的一般情况。其具体的情况，姑以战国时的魏国为例。魏文侯（前 445～前 396 在位）

① 《毛诗注疏》，阮刻《十三经注疏》本，422 页。

② 凌廷堪《礼经释例》，台湾“中央研究院”文哲研究所，2002 年，165 页。

③ 《国语》，上海古籍出版社，1978 年，205 页。

④ 《汉书》，1132 页。

⑤ 《仪礼注疏》，953 页。

⑥ 桓宽《盐铁论》，《诸子集成》本，上海书店，1986 年，33 页。

时，李悝曾经为魏国农民一年的收入支出算过一笔细账：

> 今一夫挟五口，治田百亩，岁收亩一石半，为粟百五十石，除十一之税十五石，余百三十五石。食，人月一石半，五人终岁为粟九十石，余有四十五石。石三十，为钱千三百五十，除社闾尝新，春秋之祠，用钱三百，余千五十。衣，人率用钱三百，五人终岁用千五百，不足四百五十。不幸疾病死丧之费，及上赋敛，又未与此。①

可以看出，算来算去，即令是按照最低的生活标准来算，还是入不敷出。这还没有算上疾病、丧葬等事所须的费用。到了魏文侯的孙子魏惠王（即梁惠王）在位时（前369～前319），情况有没有改善呢？看来没有。请看《孟子·梁惠王上》的记载：

> 是故明君制民之产，必使仰足以事父母，俯足以畜妻子，乐岁终身饱，凶年免于死亡，然后驱而之善，故民之从之也轻。今也制民之产，仰不足以事父母，俯不足以畜妻子，乐岁终身苦，凶年不免于死亡，此惟救死而恐不赡，奚暇治礼义哉？王欲行之，则盍反其本矣。五亩之宅，树之以桑，五十者可以衣帛矣；鸡豚狗彘之畜，无失其时，七十者可以食肉矣。百亩之田，勿夺其时，八口之家可以无饥矣。②

可以看出，魏惠王时的实际情况是，庶人"仰不足以事父母，俯不足以畜妻子，乐岁终身苦，凶年不免于死亡"。试想，在魏文侯、魏惠王统治时期，庶人连自己的生存都成问题，自顾不暇，哪里谈得上有余力置备酒、脯醢和牲肉招待客人呢？

再举几个实例。

《左传》庄公十年："春，齐师伐我。公将战。曹刿请见。其乡人曰：'肉食者谋之，又何间焉？'刿曰：'肉食者鄙，未能远谋。'"杜预注："肉食，在位者。"孔颖达疏："盖位为大夫乃得食肉也。"③

《晋书·陶侃传》："侃早孤贫，为县吏，鄱阳孝廉范逵尝过侃，时仓卒无以待宾，其母乃截发得双髲以易酒肴，乐饮极欢。"④可知到了晋代，宾客之礼亦非贫家所能办。

余生也晚，为上世纪之三十后。先人世居中原，以务农为业，家道尚称殷

---

① 《汉书》，1125页。

② 《孟子注疏》，阮刻《十三经注疏》本，2671页。

③ 《左传注疏》，阮刻《十三经注疏》本，1767页。

④ 《晋书》，1768页。

实。回忆儿时，最盼过年，盖过年始得吃肉也。家中有客来，皆以自家所种蔬菜相飨，未见有肉有酒也。二十世纪上半叶之殷实农家尚如此，遑论先秦之农民也。

现在明白了，“刑不上大夫”的“刑”是指挞笞之刑，产生“刑不上大夫”的精神基础是“士可杀而不可辱”。“礼不下庶人”的“礼”是指酬酢之礼，产生“礼不下庶人”的物质基础是庶人贫穷，无力承担。《礼记·坊记》：“礼者，因人之情而为之节文，以为民坊者也。”[①]《管子·心术上》：“礼者，因人之情，缘义之理，而为之节文者也。”[②]既然制礼的原则是“因人之情而为之节文”，那么，士大夫不缺钱花，要的是面子；而庶人恰恰相反，面子事小，没钱事大。于是，“礼（酬酢之礼）不下庶人，刑（挞笞之刑）不上大夫”这样的节文就“因人之情”而产生了。这条节文既因应了士大夫的特殊需要，又照顾到庶人的贫穷处境；既坚持了原则性（大夫不能免刑，庶人不能无礼），又表现了灵活性（大夫的面子和庶人的贫穷都可以得到照顾），反映了制礼者的大智慧。这是礼的人性化的表现。

〔**由本篇产生的新词、成语**〕

1. **幼学**，指代十岁的年龄。例如：

唐·元稹《元氏长庆集》卷三十三《同州刺史谢上表》：“臣八岁丧父，家贫无业，母兄乞丐，以供资养。衣不布体，食不充肠。幼学之年，不蒙师训。”

宋·赵以夫《易通序》：“臣幼学之年，受《易》于师，涉阅三纪，犹愦如也。”

2. **弱冠**，指代二十岁。例如：

《汉书·叙传下》：“贾生娇娇，弱冠登朝。”

宋·王谠《唐语林》卷二：“骆宾王年方弱冠，时徐敬业据扬州而反，宾王陷于贼庭，其时书檄，皆宾王之词也。”

3. **有室**，指代三十岁。例如：

宋·陈起《江湖后集》卷二十一《洪都宗人则明盛年择宗子之秀名之曰绍弟书来欲求语》：“岁当有室讵为老，意者重闱思弄孙。”

元·谢应芳《龟巢稿》卷八《祖为孙娶请亲家状》：“抱孙欣有室之年，寔为侥幸；送女见宜家之好，共乐团栾。”

---

① 《礼记正义》，1954 页。

② 《管子》，《诸子集成》本，上海书店，1988 年，221 页。

4. **强仕**，指代四十岁。例如：

《后汉书·胡广传》："甘、奇显用，年乖强仕；终、贾扬声，亦在弱冠。"

明·李东阳《怀麓堂集》卷五《和沈地官时旸游城西朝天宫韵》："君今已强仕，我亦非儿童。及时不努力，倏忽成老翁。"

5. **耆指**，指代六十岁。例如：

宋·郑侠《西塘集》卷六《代上徐运使》："今岁未耆指，而鬓斑头童（按：谓秃），不自胜其穷悴。"

金·赵秉文《滏水集》卷五《和渊明饮酒二十首》之一："忆昔告归老，方属耆指时。眼昏头半白，誓将从此辞。"

6. **老而传**，指代七十岁。例如：

宋·宋祁《景文集》卷五十九《文宪章公墓志铭》："既老而传，顿首乞身。天子有命，尔作司空。"

宋·陈师道《后山集》卷十六《法轮院主塔铭》："元佑元年，既老而传，四年十一月晦，寝疾而逝。"

7. **期颐**，指代一百岁。例如：

《晋书·张忠传》："年在期颐，而视听无爽。"

《魏书·高允传》："明年诏允议定律令，虽年渐期颐，而志识无损，犹心存旧职，披考史书。"

8. **乐极生悲**，快乐到极点就会生出悲哀。

宋·陈长方《唯室集》卷四《张释之谏文帝》："乐极生悲倚瑟歌，一言悟主亦何多。"

明·何楷《诗经世本古义》卷十二："《记》曰：'乐不可极'，乐极生悲。大夫忧之而赋《鼓钟》，似有先见。"

9. **出告反面**，谓做子女的外出及返回都要当面禀告父母。例如：

《魏书·房景先传》："景先沉敏方正，事兄恭谨，出告反面，晨昏参省，侧立移时。兄亦危坐相敬，如对宾客。"

《南史·张稷传》："设（其母）刘氏神坐，出告反面，如事生焉。"

10. **不共戴天**，谓不并存于世。喻仇恨极深。例如：

宋·李心传《建炎以来系年要录》卷一百二十："赵鼎因请间密启上曰：'陛下与金人有不共戴天之雠，今乃屈体请和，诚非美事。然陛下不惮为之者，凡以为梓宫及母兄耳。'"

宋·罗大经《鹤林玉露》卷八:“我国家之于金虏,盖百世不共戴天之雠也。”

〔由本篇产生的典故〕

《二十四孝》中的“扇枕温衾”

《东观汉记》卷十九《黄香》:“黄香,字文强,江夏安陆人也。父况,举孝廉,为郡五官掾,贫无奴仆,香躬执勤苦,尽心供养。冬无被袴,而亲极滋味,暑即扇床枕,寒即以身温席。”

〔文化史扩展〕

1. 反对剽窃抄袭的第一声号角

《礼记·曲礼上》:“毋剿说。”郑玄注:“剿犹揽(谓揽为己有)也,谓取人之说以为己说。”宋人吕大临说:“窃人之财犹谓之盗,剿取他人之说以为己有,私也。”剿说,我国《著作权法》谓之“剽窃”。据王锷《礼记成书考》的考证,《曲礼》成篇于春秋末期战国前期。如其言,则是大约 2500 年前我们的先人就已经吹响了反对剽窃抄袭的第一声号角。

剽窃他人之说与剽窃他人财物没有本质区别,同样为人所不齿。但剽窃又是一种顽症,很难根治。从古至今,不幸而患此病者,不知凡几。我作了一个抽样调查。我以《四库全书总目》为调查对象,得到如下的抽查结果:在《四库全书总目》中,“剽窃”一词出现了七十九次,“剿袭”一词出现了四十四次,“剿说”一词出现了十七次,“袭用”一词出现了十次,“不去葛龚”一词出现了五次,“抄袭”一词出现了三次,“攘窃”一词出现了一次。共计一百五十九次。这些词都是“剽窃”的同义词。其中的“不去葛龚”是典故,是说葛龚此人善写文奏,有个人不会写,就请葛龚替写。葛龚写好后,那个人拿去抄录一遍交了上去,但是忘了去掉葛龚的姓名。事情被揭穿后,就留下一个“作奏虽工,不去葛龚”的笑话。事见东汉邯郸淳《笑林》。

实际上,作为引书学术规范的“毋剿说”三字,对于严肃认真的古今学者来说,都恪遵无二。请看:

(1) 东汉许慎《说文解字序》:“今叙篆文,合以古籀。博采通人,至于小大,信而有证。”[①]

---

① 许慎《说文解字》,中华书局,1963 年,316 页。

（2）三国魏何晏《论语集解序》："今集诸家之善，记其姓名，有不安者，颇为改易，名曰《论语集解》。"邢昺疏："此叙《集解》之体例也。今，谓何晏时。诸家，谓孔安国、包咸、周氏、马融、郑玄、陈群、王肃、周生烈也。集此诸家所说善者而存之。示无剿说，故各记其姓名，注言'包曰'、'马曰'之类是也。"①

（3）晋范宁《春秋谷梁传序》："今撰诸子之言，各记其姓名，名曰《春秋谷梁传集解》。"②

（4）南朝宋裴骃《史记集解序》："采经传百家并先儒之说。"张守节《正义》："采，取也。或取传说，采诸子百家，兼取先儒之义。先儒，谓孔安国、郑玄、服虔、贾逵等是也。"③

（5）唐颜师古《汉书叙例》："凡旧注是者，则无间然，具而存之，以示不隐。其有指趣略举，结约未伸，衍而通之，使皆备悉。……诸家注释，虽见名氏，至于爵里，颇或难知。传无所存，具列如左。"④

（6）南宋魏了翁《礼记集说序》："正叔（卫湜字）又自郑注、孔义、陆释以及百家之所尝讲者，会萃成书，凡一百六十卷，如范宁、何晏例，各记其姓名，以听览者之自择。"⑤

（7）清顾炎武《日知录》卷二十《述古》条下说："凡述古人之言，必当引其立言之人。古人又述古人之言，则两引之，不可袭以为己说也。"⑥

（8）清钱大昕《廿二史考异序》说："间与前人暗合者，削而去之；或得于同学启示，亦必标其姓名。郭象、何法盛之事，盖深耻之也。"⑦

（9）清马瑞辰《毛诗传笺通释例言》："说经最戒雷同。凡涉猎诸家，有先我得者，半皆随时删削。间有义归一是，而取证不同，或引据未周，而说可加证，必先著其为何家之说，再以己说附之。又有积疑既久，偶得一说，昭若发蒙，而其书或尚未广布，遂兼取而详载之。亦许叔重'博采通人'之意也。是书先列毛、郑说于前，而唐宋元明诸儒及国初以来各经师之说有较胜汉儒者，亦皆采取，以辟门户

---

① 《论语注疏》，7页。

② 《春秋谷梁传注疏》，北京大学出版社，2000年，14页。

③ 《史记》，4页。

④ 《汉书》，3—4页。

⑤ 卫湜《礼记集说》，第117册，3页。

⑥ 顾炎武《日知录》，景印《文渊阁四库全书》本，上海古籍出版社，1987年，第858册，849页。

⑦ 钱大昕《潜研堂集》，407页。

之见。”[①]

（10）清代学者陈澧为了教育他的学生不蹈剽窃之病，特地写了一篇《引书法》，载《东塾续集》卷一。窃以为这篇《引书法》写得很好，完全可以拿来作为全国硕士研究生、博士研究生的必读之篇。兹摘引其中的一节如下：

> 一、前人之文，当明引不当暗袭，《曲礼》所谓“必则古昔”，又所谓“毋剿说”也。明引而不暗袭，则足见其心术之笃实，又足征其见闻之渊博。若暗袭以为己有，则不足见其渊博，且有伤于笃实之道。明引则有两善，暗袭则两善皆失之也。

（11）晚清学者孙诒让《周礼正义·略例》：“凡录旧说，唐以前皆备举书名。宋元以后，迄于近代，时代未远，篇帙现存，则唯著某云。”[②]又说：“今疏于旧疏（按：谓贾公彦《周礼疏》），甄采精要，皆明揭贾义，不敢攘善。”[③]

（12）梁启超《清代学术概论》也着力称赞清代“正统派之学风”说：“凡采用旧说，必明引之，剿说认为大不德。”[④]

（13）范文澜《文心雕龙注·例言》的第四条说：“凡有征引，必详记著书人姓氏及书名卷数。”[⑤]

（14）高亨《周易大传今注·序例（三）》：“凡采用成说，见于已出版之《周易古经今注》，则不指明见于何人何书；如不见于已出版之《周易古经今注》，则指明见于何人何书。”[⑥]

（15）裴学海《古书虚字集释》之《凡例》七：“凡所采前修及时贤之说，其出自何人或何书，皆见于注语中；唯普通之义，为人所习知者，则间未之及，盖以无掠美之嫌故也。”[⑦]

（16）杨伯峻《春秋左传注·凡例》云：“注释尽量采取前人及今人研究成果。前人解说，论证可信而文字不繁者，则引用原文。若于原文有所删削，便注明‘详’某人某书；若于原文略有增改，则注明‘见’某人某书；若因前人之说启我之心，论证多自己出，则注明‘本’某人某书；若于原说并不全用，则注明‘参’某人某书。至

---

① 马瑞辰《毛诗传笺通释》，中华书局，1989年，2页。

② 孙诒让《周礼正义》，5页。

③ 孙诒让《周礼正义》，2页。

④ 梁启超《清代学术概论》，上海古籍出版社，1998年，47页。

⑤ 范文澜《文心雕龙注》，人民文学出版社，1958年，4页。

⑥ 高亨《周易大传今注》，齐鲁书社，1919年，6页。

⑦ 裴学海《古书虚字集释》，中华书局，1954年，2页。

融合前人之说，其论证为前人所常见，或为著者之心得，概不注明。注明者，示非剽窃；不注明者，示学术为公器。”①

总结上述古今学者之说，合乎学术规范的征引用两个字可以概括：“明引”。而近数年来，我国学术界的剽窃之风日炽。上自院士、博导，下至中小学生，时有发生，言之令人扼腕，言之令人痛心。

2. “敖不可长，欲不可从，志不可满，乐不可极”四句是对后世影响巨大的格言

北齐·颜之推《颜氏家训·止足篇》：“《礼》云‘欲不可纵，志不可满’，宇宙可臻其极，情性不知其穷，唯在少欲知止，为立涯限尔。先祖靖侯戒子侄曰：‘汝家书生门户，世无富贵，自今仕宦，不可过二千石，婚姻勿贪势家。’吾终身服膺，以为名言也。”

《周书·韦夐传》：“传不云乎？俭为德之恭，侈为恶之大；欲不可纵，志不可满，并圣人之训也。”

唐·吴兢《贞观政要》卷八：“勿谓无知，居高听卑。勿谓何害，积小成大。乐不可极，极乐成哀。欲不可纵，纵欲成灾。”

《旧唐书·张蕴古传》：“乐不可极，极乐生哀。欲不可纵，纵欲成灾。”

宋·张方平《乐全集》卷三十四《四箴并序及进状》：“臣猥以谫材，忝职文馆，因睹秘阁曝诸图书，内有太宗皇帝御书一函，臣窃发一轴观之，字为行书，乃《曲礼》首篇四句：‘敖不可长，欲不可纵。志不可满，乐不可极。’深惟太宗皇帝，英睿多材，自天攸纵，万几之暇，秘殿闲燕，移声伎观游之乐于经籍文史之间，下笔习书，意存劝戒。昔汉诸儒，集《礼记》诸善言而于首篇，著兹四事，盖以为人君保邦制理之道所宜深戒者，故太宗思而形于翰墨，先帝缄而置诸秘府，是将以嘉言善训贻为孙谟，又岂惟笔精墨妙之云尔乎。”

宋·吴如愚《准斋杂说》卷下《自警说》：“志不可满，志满者殆将丧身；欲不可纵，纵欲者其如后患何！”

〔集评〕

东汉·郑玄《三礼目录》：“名曰《曲礼》者，以其篇记五礼之事。祭祀之说，吉礼也；丧荒去国之说，凶礼也；致贡朝会之说，宾礼也；兵车、旌鸿之说，军礼也；事长敬老、执贽纳女之说，嘉礼也。此于《别录》属制度。”

---

① 杨伯峻《春秋左传注》，凡例，2页。

宋·朱熹《仪礼经传通解·目录》："此《小戴记》之第一篇，言委曲礼仪之事，所谓"曲礼三千"者也。其可随事而见者，已包在经礼三百篇之内矣。此篇乃其杂碎，首尾出入，诸篇不可随事而见者，故合而记，之自为一篇。而又多为韵语，使受者得以讽于口而存诸心，盖《曲礼》之记也。"

宋·卫湜《礼记集说》卷一："蓝田吕氏大临曰：'《曲礼》，礼之细也。《礼》云"经礼三百，曲礼三千"，其致一也。《中庸》云"礼仪三百，威仪三千，待其人而后行"。然则《曲礼》者，威仪之谓，皆礼之细也。'"

清·孙希旦《礼记集解》卷一："《曲礼》者，古《礼》篇之名。《礼记》多以简端之语名篇，此篇名《曲礼》者，郑氏谓'篇中记五礼之事'，故名《曲礼》，非是。此篇所记，多礼文之细微曲折，而上篇尤致详于言语、饮食、洒扫、应对、进退之法，盖将使学者谨乎其外，以致养乎其内；循乎其外，以渐及乎其本。故朱子谓为'小学之支流余裔'。"

〔思考与讨论〕

1. 《曲礼上》讲的礼，你认为有没有值得借鉴之处？如果有，是哪些？
2. "毋剿说"有何现实意义？

《曲礼下》第二（节选）

侍于君子①，不顾望而对②，非礼也③。

君子已孤不更名④。已孤暴贵⑤，不为父作谥⑥。

---

① 侍：陪从、侍候。君子：一般指尊长、有德者、有学问者。

② 顾望：环视。对：对答，回答。

③ 非礼也：是失礼的。郑玄注："礼尚谦也。不顾望，若子路率尔而对。"孔颖达疏："谓多人侍而君子有问，若指问一人，则一人直对。若问多人，则侍者当先顾望，坐中或有胜己者宜前，而己不得率尔先对。先对，非礼也。"

④ 已孤：已经成了孤儿。换言之，父亲已经去世。不更名：不再更改名字。孔颖达说："所以然者，名是父之所起，父今已死，若其更名，似遗弃其父。"

⑤ 暴贵：突然发迹成为显贵。例如本来是士庶身份，忽然成为诸侯。

⑥ 谥：古代帝王、贵族、大臣、士大夫或其他有地位的人死后，据其生前业迹评定的带有褒贬意义的称号。孔颖达解释说："所以尔者，父贱无谥，子今虽贵，而忽为造之，如似鄙薄父贱，不宜为贵人之父也。"

居丧[1]，未葬[2]，读丧礼[3]；既葬[4]，读祭礼[5]；丧复常[6]，读乐章[7]。居丧不言乐[8]，祭事不言凶[9]，公庭不言妇女[10]。

君子将营宫室，宗庙为先，厩库为次，居室为后[11]。凡家造[12]，祭器为先，牺赋为次[13]，养器为后[14]。无田禄者不设祭器[15]，有田禄者先为祭服[16]。君子虽贫，不粥祭器[17]；虽寒，不衣祭服；为宫室[18]，不斩于丘木[19]。

大夫、士去国[20]，祭器不逾竟[21]。大夫寓祭器于大夫[22]，士寓祭器于士。

大夫见于国君，国君拜其辱[23]。士见于大夫，大夫拜其辱。同国始相

---

① 居丧：此谓居父母三年之丧。

② 未葬：下葬之前。按：下葬之前是把死者当作生人来看待的。

③ 丧礼：孔颖达疏："丧礼，谓朝夕奠下室，朔望奠殡宫及葬等礼也。此礼皆未葬以前。"按：人死以后，下葬之前，诸如小敛、大敛、成服、朝夕奠、卜宅兆和葬日、穿圹、明器等节，皆属于丧礼。详《仪礼》之《士丧礼》《既夕礼》两篇。这期间，他书皆不可读，只可读丧礼。这样做的目的，一则可使孝子心无旁骛，二则避免有失礼数。"

④ 既葬：下葬之后。按：下葬之后是把死者当作鬼神来看待的。

⑤ 祭礼：孔颖达疏："祭礼，虞、卒哭、祔、小祥、大祥之礼也。"换言之，下葬以后，大祥之前，历时二十五月，其间的种种礼数皆属于祭礼。详参《仪礼・士虞礼》。

⑥ 丧复常：谓大祥除服之后。大祥，俗云"三周年"。

⑦ 乐章：谓诗歌。读乐章，表示持丧结束，生活恢复正常。

⑧ 乐(yuè 月)：泛指一切娱乐活动。古代的乐包括乐曲、诗歌、舞蹈。

⑨ 祭事不言凶：祭事，即祭祀之事。祭祀属于吉礼，谈论凶事，不合时宜。

⑩ 公庭：办理公事之处。

⑪ 君子将营宫室四句：郑玄注："重先祖及国之用。"然则此"君子"谓国君。厩库，厩是养马之所，库是存放兵器之处，也泛指储藏财物之处。

⑫ 凡家造：凡大夫有所制造。大夫称家。

⑬ 牺赋：从采地征收供祭祀所用的牺牲。

⑭ 养器：饮食器皿。

⑮ 无田禄者不设祭器：因为祭器可以借用，不一定自备。

⑯ 有田禄者先为祭服：因为祭服不可以借用，必须穿自己的。

⑰ 粥(yù 誉)：通"鬻"，出卖。

⑱ 为：建造。

⑲ 不斩于丘木：不从自家坟头上砍伐树木。

⑳ 去国：离开自己的国家。

㉑ 祭器不逾竟：祭器不能携出国境。"竟"，"境"的古字。郑玄注："此用君禄所作，取以出竟，恐辱亲也。"

㉒ 寓：暂时寄放。

㉓ 大夫见于国君二句：大夫拜见主国国君，主国国君要行拜礼以感谢他的屈驾光临。

见，主人拜其辱[1]。君于士[2]，不答拜也；非其臣[3]，则答拜之。大夫于其臣，虽贱，必答拜之。男女相答拜也[4]。

岁凶[5]，年谷不登，君膳不祭肺[6]，马不食谷[7]，驰道不除[8]，祭事不县[9]。大夫不食粱[10]，士饮酒不乐[11]。

君无故[12]，玉不去身[13]。大夫无故，不彻县[14]。士无故，不彻琴瑟。

为人臣之礼，不显谏[15]。三谏而不听[16]，则逃之[17]。子之事亲也[18]，三谏而不听，则号泣而随之[19]。君有疾，饮药，臣先尝之。亲有疾，饮药，子先尝之。医不三世[20]，不服其药。

天子死曰崩，诸侯曰薨，大夫曰卒，士曰不禄，庶人曰死[21]。在床曰

---

① 同国始相见二句：同国之人初次相见，就不论身份高低，应由主人先拜，感谢客人的光临。

② 君于士：国君对于本国士的拜见。

③ 非其臣：即不是本国的士。

④ 男女相答拜也：郑玄注："嫌远别不相答拜，以明之。"意思是说，尽管男女有别，但是互相答拜之礼也不可少。

⑤ 岁凶：荒年。

⑥ 君膳不祭肺：意谓国君的膳食中没有肉。膳，美食之名。君膳每日必有肉。礼，在进食美食之前必祭。周人看重肺，故食先祭肺。此言"不祭肺"，意谓不杀牲，也就是食无肉。国君以这种降低自己的膳食标准的做法，以表示"自贬损，忧民也"。

⑦ 马不食谷：马食谷则与民争食。

⑧ 驰道不除：驰道，专供国君驰走车马之道。驰道上的野菜不除，以备饥民采食。

⑨ 祭事不县(xuán 悬)：遇到祭祀之事，虽有悬挂的钟磬，但并不演奏。县，"悬"的古字，此谓钟磬等悬挂乐器。

⑩ 粱：此指精细小米。粱在古代属于美食，通常只吃黍稷，以粱为加食。

⑪ 不乐：不奏乐。

⑫ 故：谓灾患丧病。

⑬ 玉不去身：玉不离身。孔颖达疏："君，诸侯也。玉，谓佩也。君子于玉比德，故恒佩玉，明身恒有德也。且以玉为容饰，无故则有容饰，故佩玉也。"

⑭ 不彻县：即不撤掉钟磬。县，见上注。

⑮ 不显谏：郑玄注："显，明也。谓明言其君恶，不几微。"不几微，犹言不隐蔽。

⑯ 三谏：谓多次进谏。

⑰ 则逃之：郑玄注："逃，去也。君臣有义则合，无义则离。"

⑱ 亲：指父亲。

⑲ 则号泣而随之：谓叫着哭着紧跟在父亲身后。注意这和上文的"则逃之"不同，原因在于"至亲无去，志在感动之"。

⑳ 三世：谓父子相传，至于三代。

㉑ 天子死曰崩五句：这五句是讲由于死者的尊卑不同，其死的称谓也不同。据郑玄说："自上颠坏曰崩。薨，颠坏之声。卒，终也。不禄，不终其禄。死之言澌也，精神澌尽也。"

尸[①],在棺曰柩。

凡挚[②],天子鬯[③],诸侯圭[④],卿羔[⑤],大夫雁[⑥],士雉[⑦],庶人之挚匹[⑧],童子委挚而退[⑨]。野外军中无挚,以缨、拾、矢可也[⑩]。妇人之挚,椇、榛、脯、修、枣、栗[⑪]。

〔**问题分析**〕

“男女相答拜”与“男女不相答拜”何者为是?

《礼记·曲礼下》:“男女相答拜也。”郑玄注:“嫌远别不相答拜,以明之。”郑意盖谓:经文之所以有此一句,是由于怀疑人们头脑里装了很多男女有别的说教因而误认为连男女之间的行礼也都不互相答拜,所以作《记》者特地用这一句话加以澄清。事实表明,郑玄倒是不幸而言中了。大概在南北朝时就有人误解郑注,将郑注读作“嫌远别,不相答拜以明之”。其意盖为:男女有嫌,当远别,所以《记》者用“不相答拜”这句话来说明问题。按照这种理解,此句经文就应作“男女不相答拜也”。但经文本无“无”字,误读郑注者为了自圆其说,就加上了一个“不”字。所以陆德明《释文》说:“男女相答拜也,一本作‘不相答拜’。皇侃云:后人加‘不’字耳。”我认为皇侃是对的,可惜他没有说明理由。孔颖达的疏也是深得经注之意的。孔疏云:“男女相答拜也者,男女宜别,或嫌其不相答,故明虽别必宜答也。俗本云‘男女不相答拜’。礼,男女拜,悉相答拜,则有‘不’字为非。故郑云‘嫌远别不相答拜,以明之。’”后来,有的学者并未将孔疏细细玩味,所以纷纷被俗本引入

---

① 在床:谓死者在床。

② 挚:通“贽”,见面礼。

③ 鬯(chàng 唱):古代祭祀使用的香酒,以郁金香和黑黍为原料酿造而成。

④ 圭:亦作“珪”。圭是玉制礼器的一种。据《周礼·大宗伯》,五等诸侯中的公、侯、伯用圭,子、男用璧。

⑤ 羔:羊羔。用羔的含义,《白虎通》说:“取其群而不党。”

⑥ 雁:用雁的含义,《白虎通》说:“取其飞有行列。”

⑦ 雉:野鸡。用雉的含义,郑玄说:“取其守介而死,不失节也。”

⑧ 匹:后写作“鴄”,家鸭。用鸭的含义是取其不飞迁,如庶人但守耕稼而已。

⑨ 童子委挚而退:凡宾所献之见面礼,因为双方都是成年人,所以一般都由主人亲自拜受。童子尚未成人,不敢与成人抗礼,所以把礼品置之于地以后就可以退下了。

⑩ 缨:束于马颈上的皮带。驾车用。拾:谓射鞲。古代射箭时使用的皮制护袖。

⑪ 椇(jǔ 举):即枳椇,又名拐枣。榛(zhēn 真):榛子。脯:干肉。修:加入姜桂制成的干肉。妇人的六种见面礼,用于新妇初见公婆。其象征意义,孔颖达说:“此六物者,椇训法也,榛训至也。脯,始也;修,治也;枣,早也;栗,肃也。妇人有法始至,修身早起肃敬也。”

迷津。例如王梦鸥先生《礼记今注今译》(1970年台湾商务印书馆初版)说:

> “男女相答拜也”,陆德明说此句别本作“男女不相答拜也”,皇侃说“不”字是后人所加。但郑玄注此句云“嫌远别,不相答拜以明之”,则似原本有“不”字。孔颖达解说与郑注未合。更以前文“男女不相知名”,“嫂叔不通问”等语看来,当以有“不”字者为是。

据此注文,王氏遂将此句译作“男女不相知名,故亦无须彼此答拜”。

其次是钱玄等六位先生的《礼记今注今译》(见岳麓书社1994年出版的《十三经今注今译》之六),其书的“今注”云:“相答拜:《释文》云,一本作‘不相答拜’,应有‘不’字为是。”其“今译”云:“男女之间,彼此不下拜答礼。”

窃以为王、钱等先生之说未安,谨献疑如下。首先,对于郑注的标点,据孔疏则“嫌远别不相答拜”七字当作一气读,一个“嫌”字管着其下六字;据《释文》或本和王、钱等先生说,则“嫌远别”三字当作一气读,一个“嫌”字只管着其下二字。(嫌者,疑也。)两种读法必有一是一非。我如果仅从词义、语法上说七字当一气读者为是,反对者未必心服,所以我不准备在这一点上大作文章,而准备从文献中举出若干男女互相答拜的实际例子加以论证。

今按《仪礼》一经,其中言“男女相答拜”的事例极多,今略为拈出若干例以明之。《士冠礼》记冠者见母的礼仪说“冠者取脯,北面见于母。母拜受,子拜送,母又拜”。郑注:“妇人于丈夫(犹言男子),虽其子犹侠拜。”凌廷堪《礼经释例》卷一云:“侠拜者,丈夫拜一次,妇人则拜两次也。”这是母与子互相答拜。《士冠礼》又记冠者见姑、姊云:“冠者入见姑、姊,如见母。”郑注:“如见母者,亦北面,姑与姊亦侠拜也。”这是姑与侄、姊与弟互相答拜。《士昏礼》记新妇见舅姑云:“妇执笲枣、栗,自门入,升自西阶,拜进,奠于席。舅答拜。妇还,又拜。”注云:“还又拜者,还于先拜处拜。妇人与丈夫为礼,则侠拜。”这是新妇与公公互相答拜。《士昏礼》又记赞者代舅姑向新妇行醴礼说:“赞醴妇,妇东面拜受。赞西阶上北面拜送,妇又拜。”郑注:“妇东面拜,赞北面答之。”这是新妇与赞者互相答拜。又《士昏记》记婿见妻之母云:“婿立于门外,东面。主妇(即妻之母)一拜,婿答再拜,主妇又拜。”郑注:“必先一拜者,妇人与丈夫必侠拜。”这是新郎与岳母互相答拜。《少牢馈食记》记主妇亚献云:“主妇酌,献尸。尸拜受,主妇西面拜送爵。”这是主妇与男尸互相答拜。《少牢礼》又记主妇向祝献酒云:“主妇酌献祝,祝拜,主妇答拜。”注:“不侠拜,下尸。”这是主妇与男祝互相答拜。《特牲馈食礼》:“主妇致爵于主人,主人拜受爵,主妇拜送爵。”这是夫妇之间互相答拜。《有司彻》记不傧尸者上宾三献时说："宾酌致爵于主妇，主妇东面拜受爵，宾西面答拜。"这是主妇与宾互相答拜。总而言之，"男女相答拜"之例，在《仪礼》一经中可以说是不胜枚举，在这种情况下，"不"字的不应该增应该说是毫无疑义的了。再说，《曲礼上》说："礼尚往来。往而不来，非礼也；来而不往，亦非礼也。"如果说"男女不相答拜"这句话成立的话，"礼尚往来"也要改作"礼不尚往来"了，岂不荒谬。

〔由本篇产生的新词、成语〕

1. **顾望**，环视。例如：

《论语·公冶长》："子曰：'道不行，乘桴浮于海，从我者其由与！'子路闻之喜。子曰：'由也好勇过我，无所取材！'"《集解》引郑玄注曰："一曰：子路闻孔子欲浮海便喜，不复顾望，故孔子叹其勇曰过我，无所取哉。"

三国魏·曹植《曹子建集》卷五《赠王粲》："顾望但怀愁，悲风鸣我侧。"

2. **暴贵**，突然发迹成为显贵。例如：

《三国志·魏志·文德郭皇后传》："今后宫嬖宠，常亚乘舆。若因爱登后，使贱人暴贵，臣恐后世，下陵上替，开张非度，乱自上起也。"

《三国志·魏志·王凌传》："〔嘉平〕二年，荧惑守南斗，凌谓：'斗中有星，当有暴贵者。'"

3. **显谏**，谓公开谏诤。例如：

《晋书·唐彬传》："彬忠肃公亮，尽规匡救，不显谏以自彰。"

《南齐书·周颙传》："帝所为惨毒之事，颙不敢显谏，輙诵经中因缘罪福事，帝亦为之小止。"

〔文化史扩展〕

漫谈古代"死"的别名

王力先生《汉语史稿》在谈及委婉语（euphemism）时说："'死'的别名为最多。"我们相信这话不错。但究竟有多少，恐怕一时还难以作出准确回答。清人梁章钜首先注意到这个问题，他在《浪迹丛炎》卷九《人死别称》条列举了十九个死的别名。近年，龚延明先生《古代"死"的别名》一文（见《文史知识》1989 年第 4 期）列举了六十七个。龚文虽然大大超越了梁文，但我们认为还很不够。本文在梁文、龚文之外，又补充了一百八十二个。是不是就这么多了呢？肯定不是，希望有心人继续来补充。

为了避开“死”这个该死的字眼儿，我们的祖先真可谓是搜肠刮肚，尽其能事。不过这样倒也好，它无意之中丰富了我国的文化遗产，为词汇学、修辞学增加了不少值得研究的资料。

本文所举“死”的别名，只限于自然死亡者。一个别名，一般只举一个书证。个别需要辨别之处则适当加证。一般不加诠释。个别需要诠释者亦力求简明。梁文、龚文业已指出者，如无必要，不再重复。

“死” 死是通称，不是蔑称。《礼记·曲礼下》：“庶人曰死。”又《檀弓》：“小人曰死。”似乎死是蔑称。其实不然。《尚书·舜典》说舜“陟方乃死”，而舜是五帝之一，显非小人。孔子自己说：“予死于道路乎？”（《论语·子罕》）孔子是“圣人”，又最为知礼，显然不会自居小人之列。《论语》多次提到“颜渊死”，而颜渊是“圣门”的第一贤人。《庄子·养生主》：“老聃死。”老聃是道家的创始人，其后学显然也不会呵佛骂祖。先秦如此，后代更是这样。韩愈《石鼓歌》：“少陵无人谪仙死。”文天祥《正气歌》：“人生自古谁无死。”王安石《祭欧阳文忠公文》：“公生有闻于当时，死有传于后世。”陆游《放翁家训》：“吾幸老且死。”上述例子表明，“死”之为称，上可用于帝王圣贤，下可用于贤士大夫。当然，普通百姓用之更是无碍。由此可见，死是通称，并无贬义。

卒 《礼记·曲礼下》：“大夫曰卒。”实际上，卒的使用范围很大，可以说除了最高封建统治者外，上至将相，下至平民，均可称卒。如《史记·周世家》：“周公卒。”而周公一度代理天子执政。又《齐太公世家》：“太公之卒。”而太公是帝王之师。钱大昕《潜研堂文集·周山人传》：“山人干降一十八年卒。”山人指隐士。

不禄 又作“无禄”。《尔雅·释诂》：“无禄，死也。”郝懿行解释说：“不禄即不善，谓遭凶祸也。”清·卢文弨《抱经堂文集·孔荭谷户部哀辞》：“今年仲春初旬，忽得君不禄之赴，惊噩涕零。”

没了、没有了 《红楼梦》第十三回：“东府蓉大奶奶没了。”又同书第一一三回：“昨日又听说老太太没有了。’

去、去了 《白居易集·与刘苏州书》：“呜呼！微之先我去矣。”《红楼梦》第一一〇回：“听见贾母喉间略一响动，脸变笑容，竟是去了，享年八十三岁。”

不存、不在 唐·王绩《答冯子华处士书》：“所恨姚义不存，薛生已没，以为叹恨耳。”宋范仲淹《范文正公文集·告诸子书》：“今而得厚禄欲以养亲，亲不在矣。”

不幸、不淑、不善 《战国策·韩二》：“前所以不许仲子者，徒以亲在。今亲不幸，仲子所欲报仇者谁？”王安石《王文公文集·亡妻》：“遭会不淑，不终显荣。某言于朝，为尔请命。”《晋书·张茂传》：“茂少时梦得大象，以问占梦万推。推曰：‘君当为大郡而不善也。’问其故，推日：‘象者大兽，兽者守也，故知当为大郡。然象以齿焚，为人所害。’果如其言。”

不痊 犹言“不起”。《白居易集》卷十九《思旧》：“退之服硫黄，一病旋不痊。”

不咸 直译“不终”，意译“不得善终”。《左传》僖二十四年：“昔周公吊二叔之不咸。”沈玉成《左传译文》：“从前周公感伤管叔、蔡叔不得善终。”

不测 《石点头·贪婪汉六院卖风流》：“捕人道：‘他一家男子，三日俱死。若再严追，这妇人倘亦有不测，上司闻知，恐或不便’”。

不在阳世 同上书篇：“王大郎今日已不在阳世了。”

讳、不讳、不可讳 死是人们最忌讳的事，故可以“讳”称死。《宋史》卷一〇一：“不幸太上讳问奄至。”太上讳问，谓徽宗死讯。《汉书·丙吉传》：“君即有不讳，谁可以自代?”《战国策·魏一》：“公叔痤病，惠王往问之，曰：‘公叔病，即不可讳，将奈社稷何?’”

不可言 《汉书·元后传》：“将军病，如有不可言，平阿侯谭次将军矣。”注：“不可言，谓死也。’

去世、过世、谢世、辞世、违世、弃世、绝世、委世 《红楼梦》第二回：“如今代善早已去世，太夫人尚在。”《晋书·苻登载记》：“(姚苌)亦于军中立(苻)坚神主，请曰：‘陛下虽过世为神……忘前时言邪?’”《诗话总龟前集》卷三十三：“李煜乘醉书于牖曰：‘万古到头归一死，醉乡葬地有高原。’醒而见之大悔，不久谢世。”韩愈《昌黎集·祭虞部张员外文》：“倏忽至今，二十余载。存皆衰白，半亦辞世。”司马光《书仪·谢赙襚书》：“伏蒙尊慈以某某亲违世，特赐赙仪，下诚不任哀感之至。”曹植《求自试表》：“臣窃感先帝早崩，威王弃世，臣独何人，以堪长久。”《左传》哀十五年：“大命殒队，绝世于良。”杜注：“绝世，犹言弃世。”颜延年《宋文皇帝元皇后哀策文》：“太和既融，收华委世。”李善注：“委世，弃世也。”

就世、即世 《国语·越语下》：“先人就世，不谷即位。”注：“就世，终世也。”《左传》成十三年：“穆、襄即世，康、灵即位。”

奄去、奄世、奄隔 《陶渊明集·形赠影》：“适见在世中，奄去靡归期。”钱大昕《潜研堂文集·十国宫词序》：“今少山、鹤溪、溉亭先后奄世，遗稿颇多散失。”《苏东坡集·与程正辅提刑书之十二》：“老嫂奄隔，更此徂岁，想加凄断。”

奄然、奄忽 颜之推《颜氏家训·终制》：“死者，人之常分，不可免也。常疑奄然，聊书素怀以诫汝。”《苏东坡集·答钱济明书之二》：“途中闻秦少游奄忽，为天下惜此人物，哀痛至今。”

溘逝、溘谢　清江藩《汉学师承记・纪昀》：“遽闻溘逝，深为轸惜。”《文苑英华》卷八三九《节愍太子哀册文》：“形神溘谢，德音如在。”

毙　《礼记・檀弓上》：“曾子寝疾……曰：‘吾何求哉！吾得正而毙焉斯已矣。”注：“毙，仆也。”其引申义为死。或云“毙含有贬义”，实则不然。如《晋书・孔坦传》：“今中道而毙，岂不惜哉！”杜甫《八哀诗・赠秘书监李公邕》：“终悲洛阳狱，事近小臣毙。”宋・李昌龄《乐善录・刘贡父》：“贡父但怆感而已，自此益惭愧，转加困剧而毙。”由此可见，至少中古以前“毙”无贬义。

澌尽　《戴名世集・与余生书》：“至于老将退卒，故家旧臣，遗民父老，相继澌尽，而文献无征。”

气绝、咽气、断了气　《南史・刘歊传》：“气绝不须复魂，盥漱而敛。”《红楼梦》第一一四回：“那边打发人来说：‘琏二奶奶不好了，还没有咽气，二爷二奶奶且慢些过去吧。’”《儒林外史》第五回：“妈妈慌忙走了出来说道：‘奶奶断了气了。’”

瞑目、闭了眼　《南史・顾宪之传》：“百年之期，迅若驰隙，吾今预为终制，瞑目之后，念并遵行，勿违吾志也。”《红楼梦》第二十九回：“几时我闭了这眼……凭上这两个冤家闹上天去。”

放臂、撒手　《颜氏家训・终制》：“一日放臂，沐浴而已，不劳复魂。”清・赵翼《瓯北诗钞・扬州哭秋园之讣》：“岂期真撒手，遥空驭笙鹤。”

无脉息　《红楼梦》第一一三回：“那大夫用手一摸，已无脉息，贾环听了，然后大哭起来。”

肤已冰而鼻无息　《聊斋志异・祝翁》：“（媪）俨如睡去，众始近视，则肤已冰而鼻无息矣。”

入地　《新唐书・温大雅传》：“改葬其祖，卜人占其地，曰：‘弟则吉，不利于君，若何？’大雅曰：‘如子言，我含笑入地矣。’”

黄泉、黄壤、九泉　《左传》隐元年：“（庄公）遂置姜氏于城颍，而誓之曰：‘不及黄泉，无相见也。’”《白居易集・祭郎中弟文》：“吾今头白眼暗，筋力日衰，黄壤之期，亦应不远。”《隋书・萧岿传》：“臣虽九泉，实无遗恨。”

归穷泉、归重泉、为泉下之鬼　《文选》潘岳《悼亡诗》：“之子归穷泉，重壤永幽隔。”江淹《潘黄门》：“美人归重泉，凄怆无终毕。”《警世通言・俞伯牙摔琴谢知音》：“伯牙道：‘贤弟呵，我昨夜泊舟，还说你爽信，岂知已为泉下之鬼。’”

土馒头　范成大《范石湖集・重九日行营寿藏之地》：“纵有千年铁门限，终须一个土馒头。”土馒头，坟之谑称。

掩夜台　骆宾王《与博昌父老书》：“张学士溘从朝露，辟闾公倏掩夜台。”夜台，谓坟墓。

就窀穸、随灰壤　杜甫《八哀诗·赠司空王公思礼》：“不得见清时，呜呼就窀穸。”窀穸，墓穴。《南史·谢贞传》：“贞曰：‘孤子衅祸所集，将随灰壤。弱儿年甫六岁，敢以为托。’”

归篙里　《陶渊明集·祭从弟敬远文》：“长归篙里，邈无还期。”篙里，古人以为人死后魂魄聚居之处。

泰山颓、梁木坏、哲人萎　按《礼记·檀弓》：“孔子蚤作，负手曳杖，逍遥于门，歌曰：‘泰山其颓乎！梁木其坏乎！哲人其萎乎！’”没过几天，孔子就死了，后世用称有较高身份的士大夫之死。《全唐诗》卷一〇五王湾《哭亡友綦毋学士》：“泣为洹水化，叹作泰山颓。”刘禹锡《刘梦得集·代慰王太尉薨》：“鼎臣云亡，梁木斯坏。”王安石《王文公文集·韩忠献挽词》：“木稼曾闻达官怕，山颓果见哲人萎。”

奠楹　《礼记·檀弓上》：“夫子曰：‘殷人殡于两楹之间，而丘也殷人也。予畴昔之夜，梦坐奠于两楹之间，予殆将死也。’”后人以“奠楹”称有地位者之死。赵翼《瓯北诗钞·五言古·故公相赠郡王傅文忠公》：“公竟染危疾，还朝遽奠楹。”

旻天不吊、不憖　按《左传》哀十六年：“孔丘卒。公诔之曰：‘旻天不吊，不憖遗一老，呜呼哀哉，尼父！’”后人用典，遂以“旻天不吊”、“不憖”称尊辈、重臣之死。颜师古《急就篇序》：“先君常欲注释《急就》，以贻后学。雅志未申，旻天不吊。奉遵遗范，永怀罔极。”《韩昌黎文集·祭薛中丞文》：“圣上轸不憖之悲，具僚兴云亡之叹。”

云亡　按《诗·大雅·瞻印》：“人之云亡，邦国殄瘁。”谓贤臣死则国家遭难。后遂以“云亡”称贤臣之死。例见上引《韩昌黎文集·祭薛中丞文》。

骑箕尾、骑箕天上　按《庄子·大宗师》，商名臣傅说死，“骑箕尾，而比于列星。”后用称大臣之死。《宋史·赵鼎传》：“（鼎）书铭旌曰：‘身骑箕尾归天上，气和山河壮本朝。’清·梁章钜《称谓录序》：“惜文达（按：阮元谥号）早骑箕天上，不获与之商榷。”

星殒　多称名臣之死。庚信《庚子山集·周大将军柳遐墓志铭》：“智士石坼，贤人星殒。”

辍斤　停止挥斧。谓知己死，典出《庄子·徐无鬼》。卢照邻《幽忧子集·南阳公集序》：“辍斤之恸，何独庄周！闻笛而悲，宁唯向秀！”

捐舍 《聊斋志异·梦别》:“使备吊具,曰:‘玉田公捐舍矣!’”按:“捐舍”,义同“捐馆舍”。司马光《书仪》卷九说,给丧亲者写慰问信,如亡者官尊,宜称“奄捐馆舍”。

辞逆旅之馆 《陶渊明集·自祭文》:“岁惟丁卯,律中无射,陶子将辞逆旅之馆,永归于本宅。”

启手启足、启手、启足 《晋书·陶侃传》:“年垂八十,位极人臣,启手启足,当复何恨。”《晋书·王祥传》:“夫生之有死,自然之理。吾年八十有五,启手何恨。”《隋书·李穆传》:“吾荷国恩,年宦已极。启足归泉,无所复恨。”按此组别名,典出《论语·泰伯》“曾子有疾”章。

为鬼、化为鬼 杜甫《赠卫八处士》诗:“少壮能几时,鬓发各已苍。访旧半为鬼,惊呼热中肠。”白居易《感逝寄远》:“昨日闻甲死,今朝闻乙死。知识三分中,二分化为鬼。”

为鬼录、在鬼录 曹丕《与吴质书》:“观其姓名,已为鬼录。追思昔游,犹在心目。”《陶渊明集·拟挽歌辞》:“昨暮同为人,今旦在鬼录。”

填沟壑、转沟壑、填沟渠 《战国策·赵四》:“左师公曰:‘(贱息)十五岁矣,虽少,愿及未填沟壑而托之。’”《聊斋志异·青梅》:“已将转沟壑,谁收亲骨者?”《汉书·诸葛丰传》:“臣又迫年岁衰暮,常恐卒填沟渠。”按此数别名皆谦言自己死。

随物化 《古诗十九首》之十一:“奄忽随物化,荣名以为宝。”李善注:“化,谓变化而死也。不忍斥言其死,故言随物而化也。”

尽 宋刘跂《钱乙传》:“自诊知不可为,召亲戚诀别,易衣待尽,享年八十二。”

物故、异物 《汉书·苏武传》:“单于召会武官属,前以降及物故,凡随武还者九人。”师古注:“物故谓死也,言其同于鬼物而故也。”《聊斋志异·龙飞相公》:“仆已异物,君忘之耶?”异物,谓死而变鬼。

考终命、考终正寝、寿终正寝、获终牖下、正终牖下 宋张耒《明道杂志》:“潞公(按:谓文彦博)以太尉镇洛时,遇生日,僚吏皆献诗,多云‘五福全’者。潞公不悦,曰:‘遽使我考终命耶?’”按“考终命”,语出《尚书·洪范》,善终之意。卢文弨《抱经堂文集·秦封公墓志铭》:“乾隆三十三年正月疾作,以元夕前一日考终正寝,享寿八十有七。”正寝,谓居住之正室。《封神演义》第一〇四回:“纣王立身大呼曰:‘你道朕不能善终,你自夸寿终正寝,非侮君而何?’”《诗话总龟》后集卷三十四:“某(按:韩愈自称)位为侍郎,且获终于牖下,幸不失大节以下见先人,可谓荣矣。”朱熹《朱文公文集·宋庵记》:“吾幸晚得归息故庐,今又以正终牖下,复何憾哉!”

绝命、就命、毕命、尽命 《后汉书·明帝纪》永平十二年诏:“子孙饥寒,绝命于此,岂祖考之意哉!”《文选》向秀《思旧赋》:“(嵇康)临当就命,顾视日影,索琴而弹之。”曹植《七启》八首之六:“田光伏剑于北燕,公叔毕命于西秦。”《北史·彭城王勰传》:“士与布衣,犹为知己尽命,况臣托灵先皇,诚应竭股肱之力。”

永诀、永辞、永违、永归 《聊斋志异·耿十八》:“(耿)谓妻曰:‘永诀之后,嫁守由汝。’”《文选》向秀《思旧赋》:“悼嵇生之永辞兮,顾日影而弹琴。”《韩昌黎文集·祭薛助教文》:“同官太学,日得相因。奈何永违,只隔数晨。”又同上书《祭柳子厚文》:“念子永归,无复来期。”

归阴、一命归阴 《聊斋志异·酆都御史》:“尊官曰:‘定数何可逃也!’遂检一卷示公,上注曰:‘某月日,某以肉身归阴。’”《荡寇志》第九十九回:“兰生一铜人横扫过去,打着穆春腰肋,一命归阴。”

长逝、长往 《白居易集》卷十九有诗题云:“予与故刑部李侍郎早结道友,与故京兆元尹为诗侣,周岁之间,二君长逝。”《聊斋志异·梦别》:“王春李先生之祖与先叔祖玉田公交最好。一夜,梦至其家,黯然相语。问:‘何来?’曰:‘仆将长往,故与君来别耳。’”

长寝、长眠 孔融《孔北海集·临终诗》:“生存多所虑,长寝万事毕。”《太平广记》卷三五四《郑郊》:“(郑郊)过一冢,上有竹二竿,青翠可爱,因驻马吟曰:‘冢上两竿竹,风吹常袅袅。’久不能续。闻冢中言曰:‘何不云:下有百年人,长眠不知晓。’”

大故 指父母去世。《柳宗元集·与杨京兆凭书》:“自遭责逐,继以大故。”

大病、大疾 《礼记·檀弓下》:“成子高寝疾,庆遗入请曰:‘子之病革矣,如至乎大病,则如之何?’”《柳宗元集·亡妻弘农杨氏墓志》:“八月一日甲子,至于大疾,年始二十有三。”

大归 唐顾况《华阳集·祭李员外》:“先生大归,赴哭无由。”

就木 《左传》僖二十三年:“(重耳)将适齐,谓季隗曰:‘待我二十五年不来而后嫁。’对曰:‘我二十五年矣,又如是而嫁,则就木焉。’”杜注:“言将死入木。”此“木”谓棺材。

拱木 《白居易集·六十六诗》:“交游成拱木,婢仆见曾孙。”按“拱木”之典见《左传》僖三十二年。此“木”谓树。

盖棺 《警世通言·拗相公饮恨半山堂》:“古人说:‘日久见人心。’又道:‘盖棺论始定。’”

殒、殒命、殒丧、殒越 潘岳《寡妇赋》：“少丧父母，适人而所天又殒。”《左传》成十三年：“天诱共衷，成王殒命。”明朱权《荆钗记》：“不幸椿庭殒丧，深赖萱堂训诲成人。”曹植《王仲宣诔》：“人命靡常，吉凶异制。此欢之人，孰先殒越？何寤夫子，果乃先逝。”

凋落、凋零、凋殒、零落 陆机《叹逝赋》：“同时亲故，或凋落已尽，或仅有存者。”朱熹《朱文公文集·答李季章书》：“某今岁益衰，加以亲旧凋零，益无生意。”潘岳《怀旧赋》：“不幸短命，父子凋殒。”孔融《论盛孝章书》：“岁月不居，时节如流，海内知识，零落殆尽。”

殄瘁 词书只录其“困病”义，实际上还有“死亡”义。如朱熹《朱文公文集》卷六《挽刘枢密》：“一朝成殄瘁，九牧共沾襟。”又卷十《挽周侍郎》：“一朝成殄瘁，九牧共伤悲。”

游岱宗、归东岳 《文选》刘桢《赠五官中郎将》：“常恐游岱宗，不复见故人。”李善注：“《援神契》曰：‘泰山，天帝孙也，主召人魂。’”《古怨诗》：“人间乐未央，忽然归东岳。”

魂断 江淹《恨赋》：“至如秦帝，一旦魂断，宫车晚出。”

形神离、神游体离 《柳宗元集·志从父弟宗直殡》：“呼之无闻，就视，形神离矣。”《晋书·孔坦传》：“(庾)亮报书曰：‘廷尉孔群，神游体离，呜呼哀哉！’”

呜呼哀哉、一命呜呼 《二刻拍案惊奇》第十八卷：“妇人短见，走到房中，一索吊起，无人防备的，那个来救解。不上一个时辰，早已呜呼哀哉。”《三侠五义》第一回：“谁想乐极生悲。过了六年，刘后所生之子，竟至得病，一命呜呼。”按：这是一种诙谐用法，不可乱用。

偏咎 谓双亲之一去世。《陶渊明集·祭从弟敬远文》：“相及龆齿，并罹偏咎。”

失怙、失恃 《诗·小雅·蓼莪》：“无父何怙，无母何恃。”后因称丧父为失怙，丧母为失恃。清黄景仁《和容甫》诗：“两小皆失怙，哀乐颇相当。”明刘若愚《酌中志·恭纪今上瑞征》：“今上万岁爷诞生后，婴年失恃，奉神庙圣旨，托付李老娘娘。”

陟岵、陟屺 前者指丧父，后者指丧母。典出《诗经·魏风·屺岵》。《宋书·郑鲜之传》：“滕羡但当尽陟岵之哀，拟不仕者之心，何为证喻前人以通乎？”《宋会要辑稿·礼》三五之三：“陛下自缠陟屺之哀，犹抱终天之戚。”

风树之悲　《韩诗外传》卷九："树欲静而风不止，子欲养而亲不待。"后因以"风树之悲"喻父母之死。宋富弼《辞起复表》："享禄未及，遽缠风树之悲；报德永违，徒怀霜雪之叹。"

捐桮桊　谓母死或高年妇女死。明王同轨《耳谈类增》卷五《云杜匡夫人》："及捐桮桊之日，合百里内为哀。"桮桊，也作"杯圈"，一种饮器。《礼记·玉藻》："父没而不能读父之书，手泽存焉尔。母没而杯圈不能饮焉，口泽之气存焉尔。"是其出典。

弃背、见背　称父母去世。《颜氏家训·终制》："先夫人弃背之时，属世饥馑，家途空迫。"李密《陈情表》："生孩六岁，慈父见背。"

不逮养　犹言"弃养"。《续资治通鉴》宋仁宗皇佑二年："帝以章懿太后不逮养，故宠外家逾等。"

悼亡　晋潘岳妻死，赋《悼亡》诗三首，后人因称丧妻为悼亡。清洪亮吉《卷施阁文乙集·汝州同知徐君妻杨安人墓志》："岁乙未、丙申以来，里中之友悼亡者三人，皆乞志铭于余。"

断弦　谓丧妻。《聊斋志异·公孙九娘》："甥断弦未续。"

鼓盆　谓丧妻。唐于义方《黑心符》："万一不幸中道鼓盆，……重婚续娶，定见败身殒家。""鼓盆"，典出《庄子·至乐》。

失偶　多指丧妻。宋梅尧臣《初冬夜坐忆铜城山行》诗："老大官虽暇，失偶泪满睫。"

殇　郑玄说："殇者，男女未冠笄而死可伤者。"(《仪礼·丧服》注)按《仪礼·丧服》："年十九至十六为长殇，十五至十二为中殇，十一至八岁为下殇，不满八岁以下皆为无服之殇。"

殒天年　谓早死。清朱一新《佩弦斋文集·与张朗斋中丞书》："均甫观察，壮志未遂，竟殒天年，良可叹息。"

早世　早死。《韩昌黎文集·与崔群书》："仆家不幸，诸父诸兄皆康强早世，如仆者又可以图于长久哉！"

夭、夭逝、夭枉、夭殁、夭折　统言早死。《韩昌黎文集·祭十二郎文》："孰谓少者殁而长者存，强者夭而病者全乎?"《隶释·幼童胡根碑》："年七岁，建宁二年遭疾夭逝。"谢灵运《卢陵王墓下作》："脆促良可哀，夭枉特兼长。"《诗话总龟》前集卷三十三："崔曙有佳句曰：'夜来双月满，曙后一星孤。'为文士推服。崔既夭殁，有一女名星而无男子，当时异之。"白居易《闻哭者》诗："四邻尚如此，天下多夭折。

乃知浮世人，少得垂白发。”

先朝菌　喻短命而死。骆宾王《乐大夫挽词》：“一旦先朝菌，千秋掩夜台。”朝菌，典出《庄子·逍遥游》。

先朝露　喻短命而死。王安石《王文公文集·乞将荒熟田割入蒋山常住札子》：“臣荣禄既不及于亲养，墩又不幸嗣息未立，奄先朝露。”

天诛地灭　谓不得好死。多用于赌咒。《红楼梦》第二十九回：“林黛玉道：‘我要安心咒你，我也天诛地灭。’”

天夺其魄　谓坏人必受天谴而死。柳宗元《为裴中丞贺破东平表》：“臣闻负恩干纪者，鬼得而诛，犯顺穷凶者，天夺其魄。”

天不假年　指死的较早。清平步清《霞外攟屑·二十四史月日考》：“予以先生（汪谢城）此考，为一生心力所瘁，成以行世，足为读史者一助。惜天不假年，积四十六年之岁月，仅成全史三之一。”

了帐　犹今人戏云：“交购粮本”。《西游记》第十七回：“行者笑道：‘若是老孙有这样咒语，就念上他娘千遍！这回儿就有许多黑熊，都教他了帐！’”

殂、殂落　《说文》：“殂，往死也。《虞书》曰：‘勋乃殂。’”段注：“许所称者，古文《尚书》也。”按今《尚书》作“帝乃殂落”。“殂”与“崩”是同义词，本无高下之别，所以二词可以连用。如诸葛亮《出师表》称刘备“中道崩殂”。后来有些史家强生分别，尊“崩”卑“殂”，于是凡所谓正统之君死则书“崩”，偏闰之君死则书“殂”，《三国志》、《北史》就是如此。

殂谢　《聊斋志异·章阿瑞》：“生曰：‘室人不幸殂谢，感悼不释于怀，卿能为我致之否？’”

百岁、百年、千秋、万岁、千秋万岁、万岁千秋　此类别名，除百岁、百年外，基本上都是用称最高封建统治者之死。《史记·高祖纪》：“吕后问：‘陛下百岁后，萧相国即死，令谁代之？’”宋赵鼎《家训笔录》：“他日吾百年之后，除田产房廊不许分割外，应吾所有资财，依诸子法分给。”《战国策·燕二》：“太后千秋之后，王弃国家，而太子即位。”《史记·高祖纪》：“吾虽在关中，万岁后吾魂魄犹乐思沛。”《史记·梁孝王世家》：“上与梁王燕饮，尝从容言曰：‘千秋万岁后，传于王。’”《战国策·楚一》：“楚王仰天大笑曰：‘寡人万岁千秋后，谁与乐此矣！’”

弃万姓、弃万国　称天子死。柳宗元《故尚书户部侍郎王君先太夫人刘氏志文》：“先帝弃万姓，嗣皇承大位。”苏洵《嘉祐集·上韩昭文论山陵书》：“今者，先帝新弃万国，天子始亲政事。”

登假、登遐 称天子死。《礼记·曲礼下》:“告丧,曰天王登假。”《梁书·元帝纪》:“伏承先帝登遐,五内分裂。”按登假、登遐,犹言“升天”。假,通“遐”。遐,远也。

遏密 《尚书·舜典》:“帝乃殂落,百姓如丧考妣,三载,四海遏密八音。”遏密八音,本指停止娱乐活动以示哀悼。后以“遏密”称天子死。《宋书·明帝纪》:“子业凶嚣自天,忍悖成性,再罹遏密,而无一日之哀。”

弃天下之养 称太上皇、太后死。程颐《代富弼上神宗论永昭陵疏》:“今也不幸,太皇太后奄弃天下之养。”

弃捐宫闱 称太后、皇后死。王安石《王文公文集·正旦奉慰表》:“太皇太后弃捐宫闱,奄历时序。”

玉碎 谓守道而死。《北齐书·元景安传》:“大丈夫宁可玉碎,不能瓦全。”

兰摧玉折、玉折兰摧 清李渔《笠翁文集·和鸣集序》:“即或偶才其夫,亦复散多聚少,不数年而兰摧玉折。”此谓才女早死。王世贞《弇州山人四部稿·哭醉石山人朱察卿》:“岁逢单阏日逢斜,玉折兰摧重可嗟。”此谓才男早死。

亡故、亡化 《警世通言·俞伯牙摔琴谢知音》:“吾儿心力耗废,染成怯疾,数月之间,已亡故了。”《元曲选》王仲文《救孝子》:“家业消乏,拙夫亡化,抛撇下痴小冤家。”

仙逝、仙游、仙去 称尊者去世。《红楼梦》第四十二回回目:“贾夫人仙逝扬州城。”《儒林外史》第八回:“蘧公孙道:‘这便是先君。’王惠惊道:‘原来便是尊翁。却如何这般称呼?难道已仙游了么?’”宋韦居安《梅磵诗话》上卷引李昴英《诗注》:“山谷谪居宜州城楼,得热病。病中以檐溜濯足,连称‘快哉’,未几仙去。”

归休 《陶渊明集·游斜川》:“开岁倏五十,吾生行归休。”

白首同归 谓年俱老而同时命终。白居易《九年十一月二十一日感事而作》:“当君白首同归日,是我青山独往时。”白首同归,语出《世说·仇隙》。

属纩、易箦 谓临终。鲍照《松柏篇》:“属纩生望尽,阖棺世业埋。”章华紱《文史通义序》:“先君子著有《文史通义》一书,易箦时,以全稿付萧山王谷塍先生。”属纩,谓人将断气时,将丝棉放其口鼻上,以观察呼吸是否停止。易箦,调换寝席。典出《礼记·檀弓上》。

佛道二教关于“死”的别名,限于篇幅,暂付阙如。

〔思考与讨论〕

1. 您能够另外举出几个“死”的别名吗?

2. 古人的见面礼往往带有某种象征意义,试举例说明之。

《檀弓上》第三（节选）

孔子既得合葬于防[①]，曰："吾闻之：古也墓而不坟[②]。今丘也，东西南北人也[③]，不可以弗识也[④]。"于是封之[⑤]，崇四尺[⑥]。孔子先反[⑦]，门人后，雨甚；至[⑧]，孔子问焉[⑨]，曰："尔来何迟也？[⑩]"曰："防墓崩[⑪]。"孔子不应[⑫]。三[⑬]，孔子泫然流涕曰："吾闻之：古不修墓。"

曾子曰："朋友之墓，有宿草而不哭焉。[⑭]"

曾子寝疾[⑮]，病[⑯]。乐正子春坐于床下[⑰]，曾元、曾申坐于足[⑱]，童子隅坐而执烛。童子曰："华而睆[⑲]，大夫之箦与[⑳]？"子春曰："止[㉑]！""曾子闻

---

① 孔子既得合葬于防：孔子之父先死，殡于防。防是鲁国地名。其后，孔子母死，乃合葬于防。称"既得"者，据下文"孔子少孤"节，因孔子少孤，不知父殡何处，后经知情者告知，方得父母合葬，故称。

② 古：谓殷代。墓：《方言》卷十三："凡葬而无坟谓之墓。"《说文》："坟，墓也。"段玉裁注："此浑言之也。析言之则墓为平处，坟为高处。"

③ "今丘也"二句：我是个东西南北四方奔波之人。

④ 不可以弗识（zhì 志）也：不可不做个标记。意思是立个坟头。

⑤ 封之：谓聚土。

⑥ 崇四尺：高四尺。据《周礼·冢人》，坟的高度，因死者生前的身份而异。身份越高，坟的高度也越高。孔子的父亲叔梁纥生前是鲁国的大夫，相当于周天子的士，所以坟高四尺。

⑦ 反：通"返"，回家。

⑧ 至：此谓门人后至。

⑨ 焉：之。指代门人。

⑩ 尔：你，你们。

⑪ 防墓崩：防地的墓因大雨而坍塌了。言外之意是说我们在那里修墓了。

⑫ 不应：没有作出回应。原因是修墓不合乎礼的规定。

⑬ 三：谓门人对孔子说了三遍"防墓崩"。

⑭ "曾子曰"二句：意谓朋友的墓上有了来年的草，就不该再哭了。据郑玄注，弟子为师，心丧三年；朋友之间，一年即可。

⑮ 曾子：即曾参，孔子弟子。寝疾：卧病。

⑯ 病：疾甚曰病。

⑰ 乐（yuè 月）正子春：人名。曾子弟子。乐正是复姓。坐：古之坐，相当于今日之跪，但臀部落于后足而已。床：《说文》云："安身之几坐也。"段玉裁注："床之制，略同几而庳于几，可坐。"

⑱ 曾元、曾申：皆曾参之子。

⑲ 华而睆（huǎn 缓）：漂亮而且光滑。

⑳ 箦（zé 责）：床上铺的竹席。童子的意思是说，曾子是士而使用大夫的箦，于礼不合。

㉑ 止：犹言别做声。

之，瞿然曰[①]："呼[②]！"曰[③]："华而睆，大夫之箦与？"曾子曰："然。斯季孙之赐也[④]，我未之能易也。元，起易箦！"曾元曰："夫子之病革矣[⑤]，不可以变。幸而至于旦，请敬易之。"曾子曰："尔之爱我也不如彼。君子之爱人也以德[⑥]，细人之爱人也以姑息[⑦]。吾何求哉？吾得正而毙焉斯已矣[⑧]。"举扶而易之[⑨]，反席未安而没[⑩]。

子夏丧其子而丧其明[⑪]。曾子吊之曰[⑫]："吾闻之也，朋友丧明则哭之。"曾子哭。子夏亦哭，曰："天乎！予之无罪也[⑬]。"曾子怒曰："商！女何无罪也？吾与女事夫子于洙、泗之间[⑭]，退而老于西河之上[⑮]，使西河之民疑女于夫子[⑯]，尔罪一也。丧尔亲，使民未有闻焉，尔罪二也[⑰]。丧尔子，丧尔明，尔罪三也[⑱]。而曰女何无罪与！"子夏投其杖而拜曰[⑲]："吾过矣[⑳]！吾过矣！吾离群而索居[㉑]，亦已久矣。"

---

① 瞿（jù 惧）然：惊视貌。

② 呼：陈澔云："叹而嘘气之声。"

③ 曰："曰"的主语还是童子。

④ 斯：此。指代"箦"。季孙：鲁国的大夫。

⑤ 夫子：郑玄注："言夫子者，曾子亲没之后，齐尝聘以为卿而不为也。"病革（jí 急）：病情危急。

⑥ 君子之爱人也以德：君子的爱人是考虑如何成全对方的美德。

⑦ 细人：小人。姑息：苟且偷安。

⑧ 得正而毙：能够合乎礼仪地死去。斯已矣：也就了却了心愿了。已，完毕。

⑨ 易之：更换箦。

⑩ 反席未安而没：易箦之后，又重新把曾子放回席上，还没有等到放好曾子就断气了。

⑪ 子夏丧其子而丧其明：子夏因儿子死去而哭瞎了眼睛。子夏，姓卜，名商，字子夏，孔子弟子，以文学着称。

⑫ 吊：慰问。

⑬ "天乎"二句：郑玄注："怨天罚无罪。"

⑭ 夫子：谓孔子。洙泗：鲁国二水名，流经曲阜。孔子在洙泗之间聚徒讲学。

⑮ 西河：战国魏地名，郑玄说："西河，龙门至华阴之地。"《史记·仲尼弟子列传》："孔子既没，子夏居西河教授，为魏文侯师。"

⑯ 使西河之民疑女于夫子：使西河的居民把你比作我们的老师孔子。疑，通"拟"，比拟。原因在于子夏在卖弄学问时没有说明这些学问都是得自于孔子。

⑰ "丧尔亲"三句：郑玄注："言居亲丧无异称。"意谓子夏在居亲丧时，没有表现出有什么值得称道之处。

⑱ "丧尔子"三句：郑玄注："言隆于妻子。"意谓丧亲的哀痛还没有丧子的哀痛大。

⑲ 投其杖：丢开手杖。拜：谓拜曾子。

⑳ 过矣：错了。

㉑ 离群而索居：郑玄注："群，谓同门朋友也。索，犹散也。"离群索居，就很难听到朋友的规过之言。

孔子蚤作[①]，负手曳杖[②]，消摇于门[③]，歌曰：“泰山其颓乎[④]？梁木其坏乎[⑤]？哲人其萎乎[⑥]？”既歌而入，当户而坐[⑦]。子贡闻之，曰：“泰山其颓，则吾将安仰？梁木其坏，哲人其萎[⑧]，则吾将安放[⑨]？夫子殆将病也[⑩]。”遂趋而入[⑪]。夫子曰：“赐！尔来何迟也？夏后氏殡于东阶之上，则犹在阼也；殷人殡于两楹之间，则与宾主夹之也；周人殡于西阶之上，则犹宾之也[⑫]。而丘也，殷人也[⑬]。予畴昔之夜[⑭]，梦坐奠于两楹之间[⑮]。夫明王不兴，而天下其孰能宗予？予殆将死也[⑯]。”盖寝疾七日而没。

孔子之丧，门人疑所服[⑰]。子贡曰：“昔者夫子之丧颜渊[⑱]，若丧子而无服[⑲]。丧子路亦然。请丧夫子若丧父而无服[⑳]。”

---

① 蚤作：一早起来。蚤，通“早”。

② 负手曳杖：两手反交于背后，拖着手杖。

③ 消摇：又作“逍遥”，悠闲自得貌。

④ 泰山其颓乎：泰山将要崩塌了吧！泰山，孔子自喻。郑玄注：“泰山，众山所仰。”

⑤ 梁木：房屋的大梁。亦孔子自喻。郑玄注：“梁木，众木所放(仿)。”按：椽子、檩条的位置都要依据大梁而定。

⑥ 哲人：智慧超众者。孔颖达说是指孔子自己。萎：病。

⑦ 当户：面对着门。

⑧ 哲人其萎：王引之考究本节郑玄注，融会上下文，以为此四字乃后人据《孔子家语》增入，非《礼记》原文。其说可从。详《经义述闻》卷十四。

⑨ 放(fǎng 访)：依据，依靠。

⑩ 殆：大概。

⑪ 趋：快步。

⑫ “夏后氏殡于东阶之上”六句：夏人停柩于东阶之上，那是把死者还当作主人看待的；殷人停柩于两楹之间，那是介于宾主之间的位置；周人停柩于西阶之上，那是把死者当作客人看待的。殡，大敛之后，停柩待葬谓之殡。东阶，又叫阼阶，是主人上下之台阶。两楹：堂上的两根柱子，一根靠近东阶，一根靠近西阶。西阶，客人上下的台阶。

⑬ “而丘也”二句：孔子的祖先是宋国人，而宋是殷人之后，故孔子自称殷人。

⑭ 畴(chóu 筹)昔：往日，从前。

⑮ 坐奠：孙希旦说：“犹言安坐也。”据上文“殷人殡于两楹之间”，所以“梦坐奠于两楹之间”是凶象。

⑯ “夫明王不兴”三句：郑玄注：“孰，谁也。宗，尊也。两楹之间，南面乡明，人君听治正坐之处。今无明王，谁能尊我以为人君乎？是我殷家奠殡之象，以此自知将死。”

⑰ “孔子之丧”二句：孔子去世，弟子们不知道该穿何等丧服。据《仪礼·丧服》，按照血缘亲疏，丧服分为五等，即斩衰、齐衰、大功、小功、缌麻。这五等丧服中，都没有谈到老师死了，弟子应不应该穿丧服以及穿何等丧服。

⑱ 丧：犹言哀悼。下同。

⑲ 若丧子而无服：就像哀悼自己的儿子但不穿丧服。

⑳ 请丧夫子若丧父而无服：郑玄注：“无服，不为衰，吊服而加麻，心丧三年。”所谓“不为衰”，即不穿丧服。但要穿上疑衰(即吊服)，头上、腰部缠上绖带(即加麻)，从内心里哀悼三年。

子路曰:"吾闻诸夫子[1]:丧礼,与其哀不足而礼有余也,不若礼不足而哀有余也[2]。祭礼,与其敬不足而礼有余也,不若礼不足而敬有余也[3]。"

幼名[4],冠字[5],五十以伯仲[6],死谥[7],周道也[8]。

《丧服》[9]:兄弟之子犹子也,盖引而进之也[10];嫂叔之无服也,盖推而远之也[11]。

有子问于曾子曰[12]:"闻丧于夫子乎[13]?"曰:"闻之矣:丧欲速贫,死欲速朽[14]。"有子曰:"是非君子之言也[15]。"曾子曰:"参也闻诸夫子也。"有子又曰:"是非君子之言也。"曾子曰:"参也与子游闻之[16]。"有子曰:"然。然则夫子有为言之也[17]。"曾子以斯言告于子游。子游曰:"甚哉!有子之言似夫子也[18]。昔者夫子居于宋,见桓司马自为石椁[19],三年而不成[20]。夫子曰:'若是其靡也,死不如速朽之愈也[21]。'死之欲速朽,为桓司马言之

---

① 诸:"之于"的合音字。

② "丧礼"三句:郑玄注:"丧主哀。"即丧礼强调的是哀痛。礼有余,谓冥器、衣衾之类过多。

③ "祭礼"三句:郑玄注:"祭主敬。"即祭礼强调的是恭敬。

④ 幼名:孔颖达说:"生若无名,不可分别,故始生三月而加名,故云幼名。"

⑤ 冠字:孔颖达说:"人年二十,有为人父之道,朋友等类,不可复呼其名,故冠而加字。"

⑥ 五十以伯仲:孔颖达说:"年至五十,耆艾转尊,又舍其二十之字,直以伯仲别之。"耆艾转尊,按《曲礼上》:"六十曰耆,五十曰艾。"意谓人活到了五十岁、六十岁更受尊敬。直以伯仲别之,谓仅仅以其排行老大、老二称呼之。

⑦ 死谥:死了以后则称以谥号。按:谥号并非人人可得,仅限于贵族。

⑧ 周道也:上述各项都是周代的制度。

⑨《丧服》:《仪礼》篇名,专门记载丧服制度,对后世影响极大。

⑩ "兄弟之子犹子也"二句:据《仪礼·丧服》,父亲为长子以外的儿子,和为其兄弟之子,都是服齐衰不杖期的丧服。换言之,就是把侄子当成儿子一样看待,所以说"兄弟之子犹子也,盖引而进之也"。

⑪ "嫂叔之无服也"二句:嫂子与小叔之间互相不穿丧服,这是为了表示男女有别而有意把关系疏远。

⑫ 有子:孔子弟子有若。按:有子此问是在孔子死后。

⑬ 闻丧(sàng)于夫子乎:你从夫子那儿听说过如何对待丢掉官职吗?丧,丧失。

⑭ "丧欲速贫"二句:丢掉官职,就想快点贫穷;死了,就想快点烂掉。

⑮ 是非君子之言也:这不像是君子所说的话。按:郑玄注:"贫、朽非人所欲。"

⑯ 参也与子游闻之:我和子游一道听到夫子这样讲的。也,助词,无义。

⑰ 有为:有所针对,有所特指。

⑱ "甚矣"二句:真了不得!有子的话太像夫子了。

⑲ 桓司马:宋国大夫。氏尚,名魋(tuí 颓)。桓是谥号,司马是官名。石椁:石制的外棺。

⑳ 三年而不成:言其精雕细刻,费时耗财。

㉑ "若是其靡也"二句:如此之奢侈,死了还不如快点烂掉的好。

也。南宫敬叔反[①]，必载宝而朝。夫子曰：'若是其货也[②]，丧不如速贫之愈也。'丧之欲速贫，为敬叔言之也。"曾子以子游之言告于有子，有子曰："然，吾固曰非夫子之言也。"曾子曰："子何以知之[③]？"有子曰："夫子制于中都[④]，四寸之棺，五寸之椁[⑤]，以斯知不欲速朽也。昔者夫子失鲁司寇[⑥]，将之荆[⑦]，盖先之以子夏，又申之以冉有[⑧]，以斯知不欲速贫也。"

〔问题分析〕

如何理解"朋友之墓，有宿草而不哭焉"？

《仪礼·丧服》："朋友麻。"郑玄注："朋友虽无亲，有同道之恩，相为服缌之绖带。"这就是说，朋友之间无服，但又不能无所表示，于是就"相为服缌之绖带"。缌麻是最轻的丧服，仅仅"服缌之绖带"，那就更轻了，那情形就像今天左臂戴个黑布箍似的。这里说的"墓有宿草"是表示时间的长短是一年，用《丧服》的术语来说就是"期"（音 jī）。这句话的意思是，假如朋友死了，在一年之内可以哭，过了一年就不可以了。请注意，"在一年之内可以哭"，不等于一年之内都要哭。张敷说得很明白："谓于一期之内，如闻朋友之丧，或经过朋友之墓及事故，须哭，如此则哭焉。若一期之外，则不哭也。"（孔颖达疏引）为什么不能超过一年呢？方悫解释说："师犹父，朋友相视犹兄弟。既以丧父之义处丧师，则以丧兄弟之义处丧朋友。墓有宿草，则期年矣，是以兄弟之义丧之也。"这就是说，亲兄弟之间才哭一年，对待朋友像对待亲兄弟那样也就够了，不能过分。

---

① 南宫敬叔反：郑玄注："南宫敬叔，鲁孟僖子之子仲孙阅，盖尝失位，去鲁得反，载其宝来朝于君。"反，通"返"。

② 货：王夫之说："谓以货贿干求禄位。"

③ 子：犹今言"您"，第二人称的尊称。

④ 制：立规矩。中都：鲁国邑名。据《史记·孔子世家》，鲁定公九年（前 501），孔子被任命为中都宰。

⑤ 四寸之棺二句：内棺四寸厚，外棺五寸厚。

⑥ 司寇：官名，主管刑狱。

⑦ 将之荆：将到楚国去。

⑧ "盖先之以子夏"二句：意谓孔子在未去楚国之前，先派弟子子夏去楚国打前站，担心子夏一个人不好办事，就又加派弟子冉有去帮忙。按《史记·孔子世家》："于是使子贡至楚。楚昭王兴师迎孔子。"与此处记载不尽相同。

〔由本篇产生的新词、成语〕

1. **合葬**，古代专指夫妻同葬一个穴。例如：

汉·董仲舒《春秋繁露·三代改制质文》："夫妇同坐而食，丧礼合葬，祭礼先享，妇从夫为昭穆。"

《史记·孔子世家》："孔子母死，乃殡五父之衢，盖其慎也。陬人挽父之母诲孔子父墓，然后往合葬于防焉。"

2. **东西南北人**，喻奔走四方居无定所之人。例如：

唐·高适《高常侍集》卷八《人日寄杜二拾遗》诗："龙钟还忝二千石，愧尔东西南北人。"

宋·释契嵩《镡津集》卷十一《答圆通禅师让院》："老弊东西南北人也，固无定迹，奉见未期，千万留意。"

3. **宿草**，来年的草。喻去世一年的朋友。例如：

唐·陈子昂《陈拾遗集》卷七《祭韦府君文》："天网既开，而宿草成列，言笑无由，梦寐不接。永言感恸，何时可忘。"

宋·司马光《传家集》卷十四《送王待制知陕府》："畴昔诚相契，间关分不渝。绝弦悲宿草，抚首念诸孤。"

4. **易箦**，本义是临终前更换寝席。后用作临终的代称。例如：

《周书·宇文广传》："可斟酌前典，率由旧章。使易箦之言，得申遗志；黜殡之请，无亏令终。"

唐·张说《张燕公集》卷十九《唐故夏州都督太原王公神道碑》："功存西域，身弃南荒。易箦中路，悬棺反藏。"

5. **病革**，病势危急。例如：

《旧唐书·李藩传》："杜兼为濠州刺史带使职，建封病革，兼疾驱到府，阴有冀望。"

宋·余靖《武溪集》卷十九《故尚书虞部郎中致仕李公墓碑》："复谓医工曰：'吾病革矣，无讳二子，俾集吾事。'翊日而捐馆。"

6. **离群索居**，离群散居。例如：

《隋书·经籍志》经部总序："自孔子没而微言绝，七十子丧而大义乖，学者离群索居，各为异说。"

《艺文类聚》卷三十一晋·挚虞《答杜育诗》："老夫灌灌，离群索居。怀恋结好，心焉怅如。"

7. **泰山其颓**，比喻深孚众望者去世。例如：

《艺文类聚》卷四十五晋·潘岳《太宰鲁武公诔》："泰山其颓，寝疾不兴。遐迩曷仰？社稷焉凭？"

宋·胡宿《文恭集》卷四十《李太夫人行状》："洎先君不禄，泰山其颓，泣奉几筵，亲持门户。"

8. **哲人其萎**，谓大智慧者去世。例如：

《后汉书·杨赐传》："哲人其萎，将谁咨度，朕甚惧焉。"

梁·皇侃《论语集解义疏序》："至哀公十六年，哲人其萎。"

9. **犹子**，谓侄子。例如：

北周·庾信《庾开府集》卷二《哀江南赋》："拨乱之主忽焉，中兴之宗不祀。伯兮叔兮，同见戮于犹子。"

《晋书·载记第二十一李雄》："史臣曰：传大统于犹子，托强兵于厥胤。"

〔文化史扩展〕

1. 谈谈"名字相应"

《礼记·檀弓上》："幼名，冠字，周道也。"所谓"幼名"，是说婴儿出生三月，由家长为其取名，以便称呼。所谓"冠字"，是说男子长到二十岁，要举行表示成人的冠礼。在举行冠礼时，由该男子的父兄的朋友为之取字。从此以后，他人就要以字来称呼他，再称之以名就失礼了。

所谓"名字相应"，是说名与字在意义上有一种相互照应的关系。《白虎通·姓名》说："或旁其名为之字者，闻名即知其字，闻字即知其名。若名赐字子贡，名鲤字伯鱼。"按：旁，音 bàng，依附之义，即傍。也就是说，名字相应关系只存在于"旁其名为之字"的情况下。"闻名即知其字，闻字即知其名"，这非常有助于解决训诂学上的难题。例如，《说文解字》："施，旗貌。齐栾施字子旗，知施者旗也。"请看，连许慎也不知道"施"字的本义是什么，幸亏齐国有个栾施字子旗，根据名字相应的规律，推导出"施，旗貌。"又如，《说文解字》："伋，人名。"段玉裁注："以此为解，亦非例也。古人名字相应。孔伋字子思，仲尼弟子燕伋字子思，然则伋字非无义矣。"依照段说，《说文》当作："伋，思也。"又如，丁奇《孙中山的名号释误》："《辞海》和多数人都认为：'孙中山，名文，字逸仙。'懂得名和字的关系的人就会知道，'逸仙'与'文'是格格不入的。他本人的手稿自传（且有墨迹为证）是：'仆姓孙，名文，字载之，号逸仙。''载之'与'文'有关，取'文以载道'之义。"（转引自《文摘周报》1988年12月23日)又如,刘备的儿子阿斗,大名叫刘禅。这个"禅"字,今人多误读作 chán,实则应读 shàn。何以见得呢?可以从名字相应中看出。《三国志·后主传》:"后主讳禅,字公嗣。"禅者,禅让也;公者,就是孔子说的"大道之行也,天下为公"的"公";合起来就是公天下的继承人的意思。这和禅的禅让义正好是相反相成。

王引之的《春秋名字解诂》是研究名字相应的总结性著作。这部书的贡献在于归纳出了名字相应的系统的理论"五体六例"。这里简单介绍一下"五体"。所谓"五体",就是名字相应的五条规律。第一条叫作"同训",意谓名与字是同义词的关系。例如,曹操字孟德,孙权字仲谋,周瑜字公瑾,诸葛亮字孔明,皆是。此类情况最多。第二条叫作"对文",意谓名与字是反义词的关系。例如,韩愈字退之,朱熹字晦庵。第三条叫作"连类",就是名与字是连类而及的关系。例如为《资治通鉴》作注的胡三省,字身之,就是取义于《论语》"吾日三省吾身"。第四条叫作"指实",就是说名与字的关系反映了当时社会的某种实际情况。例如郑国的然丹字子革,因古者用革,多以丹染之,故名丹字革。第五条叫作"辨物",就是名与字都是以实物为名,但其概念有大小之别。例如,孔子的儿子孔鲤字伯鱼,是其例。

2. 从"嫂叔无服"到"嫂叔有服"

《檀弓上》:"《丧服》:嫂叔之无服也,盖推而远之也。"意思是说,《仪礼·丧服》篇之所以没有嫂为叔服和叔为嫂服的规定,是有意识地将二者之间本来存在的密切关系变得疏远。孔颖达把这两句话解释得很明白:"或'推'者,昆弟(即兄弟)相为服期(即穿齐衰不杖期的丧服。期,一年),其妻(这里是说兄之妻为其小叔)应降一等,服大功。今乃使之无服,是推使疏而斥远之也。"那么,为什么要故意这样做呢?答曰:为了贯彻"男女有别"这一伦理原则。《礼记·大传》上说:"亲亲也,尊尊也,长长也,男女有别,此其不可得与民变革者也。"也就是说,"亲亲、尊尊、长长、男女有别"这四条原则是动不得的。《礼记》一书,讲到男女有别的内容很多。试看:

《曲礼上》:"男女不杂坐,不同椸枷,不同巾栉,不亲授。嫂叔不通问,诸母不漱裳。外言不入于梱,内言不出于梱。女子许嫁,缨;非有大故,不入其门。姑姊妹女子子,已嫁而反,兄弟弗与同席而坐,弗与同器而食。"

《郊特牲》:"男女有别,然后父子亲,父子亲然后义生,义生然后礼作,礼作然后万物安。无别无义,禽兽之道也。"

《内则》:"男不言内,女不言外。非祭非丧,不相授器。其相授,则女受以篚,其无篚则皆坐奠之而后取之。外内不共井，不共湢浴，不通寝席，不通乞假，男女不通衣裳。……七年，男女不同席，不共食。”

《丧服小记》：“亲亲、尊尊、长长、男女之有别，人道之大者也。”

《乐记》：“昏姻冠笄，所以别男女也。……男女无辨则乱升。”

《经解》：“昏姻之礼，所以明男女之别也。”

《仲尼燕居》：“昔圣帝明王诸侯，辨贵贱、长幼、远近、男女、外内，莫敢相逾越。”

《坊记》：“男女无媒不交，无币不相见，恐男女之无别也。以此坊民，民犹有自献其身。子云：‘礼，非祭，男女不交爵。’以此坊民，阳侯犹杀缪侯而窃其夫人。……故男女授受不亲。”

《昏义》：“男女有别，而后夫妇有义；夫妇有义，而后父子有亲；父子有亲，而后君臣有正。”

简直是铺天盖地，令人目不暇接。《礼记》之所以如此强调男女有别，《丧服》之所以嫂叔无服，反证了当时社会上确实存在着由于男女无别造成的伦理破坏甚至社会动荡，以至于当时的统治者不得不如此煞费苦心。孔子说：“郑声淫。”（《论语·卫灵公》）朱熹说：“郑、卫之乐，皆为淫声。然以诗考之，卫诗三十有九，而淫奔之诗才四之一。郑诗二十有一，而淫奔之诗已不翅七之五。卫犹为男悦女之词，而郑皆为女惑男之语。卫人犹多刺讥惩创之意，而郑人几于荡然无复羞愧悔悟之萌。是则郑声之淫，有甚于卫矣。”（《诗集传·郑风》卷后）《左传》既记载了当时统治者的上烝下报，也记载了统治者的嫂叔淫乱。这就是当时的时代背景。

事情的转折发生在唐太宗时。据《通典》卷九二记载，贞观十四年，太宗谓侍臣曰：“同爨尚有缌麻之恩，而嫂叔无服，宜集学者详议。”侍中魏征等议曰：“嫂叔之不服，盖推而远之也。礼，继父同居则为之服，未尝同居则不为服。从母之夫，舅之妻，二人不相为服。或曰同爨缌。然则继父之徒，并非骨肉，服重由乎同爨，恩轻在乎异居。故知制服虽继于名，亦缘恩之厚薄也。或有长年之嫂，遇孩童之叔，劬劳鞠养，情若所生，分饥共寒，契阔偕老，譬同居之继父，方他人之同爨，情义之深浅，宁可同日语哉！在其生也，爱之同于骨肉；及其死也，则推而远之。求之本源，深所未谕。若推而远之为是，不可生而共居，死同行路，重其生而轻其死，厚其始而薄其终，称情立文，其义安在？且事嫂见称，载籍非一。郑仲虞则其见必冠，孔伋则哭之于位。此躬践教义，仁深孝友，察其所行，岂非先觉者欤！议小功五月。”唐太宗批准了这项建议。从此以后，无论是嫂叔互为，还是大伯与弟媳互为，皆服小功五月。历朝历代，相沿不改。

〔**集评**〕

东汉·郑玄《三礼目录》云："名曰《檀弓》者，以其记人善于礼，故著姓名以显之。姓檀名弓，今山阳有檀氏。此于《别录》属通论。"

宋·卫湜《礼记集说·统说》引河南程氏曰："《礼记》杂出于汉儒，然其间传圣门绪余，其格言甚多。如《乐记》、《学记》、《大学》之类，无可议者。《檀弓》、《表记》、《坊记》之类，亦甚有至理，惟知言者择之。"

清·王夫之《礼记章句》卷三："是篇杂记夫子以后行礼异同之迹，其出入得失，或因圣言以为之论定，或虚悬其事，而不明著其是非，诚体验而慎思之，将必有不易之理存乎其中，而精义之用显矣，诚学者择善之切图而礼经之断案也。"

清·孙希旦《礼记集解》："愚谓此篇盖七十子之弟子所作，篇首记檀弓事，故以檀弓名篇，非因其善礼而著之也。篇中多言丧事，可以证《士丧礼》之所未备而天子诸侯之礼，亦略有考焉。然其中多传闻失实之言，亦不可以不知。"

清·杭世骏《续礼记集说》卷十一引姚际恒曰："此篇伪言百出，观其文儇便隽利，亦可知是贤者过之一流人。然其中亦有可采者，学者宜分别择焉可也。此篇为子游门人之后人所记疑义，各详文下。"

清·夏炘《檀弓辨诬自序》："《檀弓》一书，专为诋訾孔门而作也。戴次君无识，列诸四十六篇之中，后儒虽有疑其说者，往往震于古书，莫敢攻诘，但以为记礼者之失而已。余素好《檀弓》之文，诵之极熟，久而觉其诬妄，且诬妄非一端。如以为记礼之失，不应所失者尽在孔氏一门及其门下之高贤弟子也。"

当代学者王锷《礼记成书考》说："《檀弓》是《礼记》中记录春秋战国时人物最多的一篇。受前贤之启发，仔细研究这些人物的活动和相关礼制，并参考其他文献，我们认为，《檀弓》是多次编辑而成，编成目前这个文本，大约是在战国晚期。"

〔**思考与讨论**〕

1. 您对"嫂叔无服"有什么看法？

2. 一般来说，"自称以名，称人以字"是合礼的，您能举出实例吗？

《檀弓下》第四（节选）

晋献公之丧，秦穆公使人吊公子重耳[①]，且曰："寡人闻之[②]，亡国恒于斯[③]，得国恒于斯。虽吾子俨然在忧服之中[④]，丧亦不可久也[⑤]，时亦不可失也[⑥]。孺子其图之[⑦]。"以告舅犯[⑧]。舅犯曰："孺子其辞焉[⑨]！丧人无宝[⑩]，仁亲以为宝[⑪]。父死之谓何[⑫]？又因以为利，而天下其孰能说之[⑬]？孺子其辞焉！"公子重耳对客曰[⑭]："君惠吊亡臣重耳[⑮]，身丧父死[⑯]，不得与于哭泣之哀[⑰]，以为君忧[⑱]。父死之谓何？或敢有他志[⑲]，以辱君义[⑳]。"稽颡而不拜[㉑]，

---

① "晋献公之丧"二句：郑玄注："献公杀其世子申生，重耳避难出奔，是时在翟，就吊之。"按：晋献公，名诡诸，春秋时晋国国君。献公杀其世子申生，事见《左传》僖公五年，又见《国语·晋语二》。献公宠骊姬，骊姬生子奚齐，欲立为太子，因设计进谗，谋害太子申生。秦穆公，名任好，嬴姓。春秋五霸之一。公子，除世子以外的国君之子之称。重耳亦献公之子，其母狐姬，与世子申生同父异母。献公死时，重耳正避难在狄国。穆公派使者前往狄国慰问重耳，意在劝其趁机返国为君。

② 寡人：犹言"敝国国君"，使者之辞。

③ 斯：此一时刻。谓旧君死而新君未立之际。

④ 吾子：对对方的敬称。犹言"您"。忧服：谓因父母死而居忧服丧。

⑤ 丧：服丧。

⑥ 时：时机。

⑦ 孺子其图之：请您考虑一下这件事！孺子，本为幼童之称，此处含有以重耳为晋国国君继承人之意。

⑧ 舅犯：犯，即狐偃，字子犯。因为是重耳舅，故曰舅犯。时跟随重耳出亡。重耳将上述情况告诉舅犯，征求意见。

⑨ 辞：谢绝。

⑩ 丧人：流亡在外之人。重耳自称。

⑪ 仁亲：孙希旦说："仁亲，仁爱其亲也。言为人子者当以爱亲为宝。"

⑫ 父死之谓何：父亲死了意味着什么？意思是说，做儿子的遇此剧变，正处在巨大的悲痛之中。

⑬ 而天下其孰能说之：这样做，谁能向天下人解说清楚呢？

⑭ 客：谓秦穆公派来慰问的使者。

⑮ 君惠吊：承蒙贵国国君派足下来慰问。

⑯ 身丧：谓自己流亡国外。

⑰ 不得与于哭泣之哀：不能星夜奔回国内在灵位前哭泣以抒发悲哀。

⑱ 以为君忧：让贵国国君费心担忧。君：指秦穆公。

⑲ 他志：谓利己之心。

⑳ 以辱君义：从而玷辱了贵国国君的高谊呢！

㉑ 稽颡：叩头时额头稍停于地。行稽颡礼，表示孝子丧亲的哀痛。不拜：没有向前来表示慰问的使者行拜礼。按规矩，如果是嫡长子，应该先稽颡，后拜，才算成礼。今不拜者，重耳以此表示自己不是嫡长子，换言之，表示重耳现在根本没有考虑做国君继承人的事。

哭而起，起而不私[①]。子显以致命于穆公[②]。穆公曰："仁夫公子重耳！夫稽颡而不拜，则未为后也[③]，故不成拜[④]；哭而起，则爱父也；起而不私，则远利也[⑤]。"

葬日虞，弗忍一日离也[⑥]。是日也，以虞易奠[⑦]。卒哭曰成事[⑧]。是日也，以吉祭易丧祭。

孔子谓："为明器者[⑨]，知丧道矣[⑩]，备物而不可用也。哀哉！死者而用生者之器也，不殆于用殉乎哉[⑪]！其曰明器，神明之也[⑫]。涂车、刍灵[⑬]，自古有之，明器之道也[⑭]。"孔子谓"为刍灵者善"[⑮]，谓"为俑者不仁[⑯]，不殆于用人乎哉"！

有子与子游立[⑰]，见孺子慕者[⑱]。有子谓子游曰："予壹不知夫丧之踊也[⑲]，予欲去之久矣。情在于斯[⑳]，其是也夫[㉑]？"子游曰："礼有微情

---

① 不私：不再和使者私下交谈。

② 子显：郑玄注："使者，公子絷也。"

③ 后：指国君的继承人。

④ 故不成拜：即故不成礼。因为只有稽颡而没有拜。

⑤ 远利：避开得国之利。

⑥ "葬日虞"二句：孙希旦说："虞以安神，葬日即虞，不忍一日离亲之神也。"虞，葬后祭名。虞是安的意思。下葬后，当天中午迎死者神魄于殡宫而祭之，以安其神魄。《仪礼》有《士虞礼》。

⑦ 以虞易奠：孙希旦说："葬前无尸，奠置于地。至虞，始立尸以行祭礼，故曰'以虞易奠'。"尸，代表死者接受祭享的活人，一般由死者的孙辈充。所谓"奠置于地"，意谓将祭品置于地。

⑧ 卒哭：虞后祭名。从此要停止无时之哭，故名。成事：这是举行卒哭祭时祝词中的话，意思是说丧祭已经完成，吉祭也从而开始。

⑨ 为明器者：使用冥器的人。明器，中看不中用的随葬器物。

⑩ 知丧道：懂得办丧事的道理。

⑪ 殆：接近，近乎。殉：郑玄注："杀人以卫死者曰殉。"

⑫ "其曰明器"二句：之所以把殉葬的器物叫做明器，意思就是把死者当作神明来看待的。

⑬ 涂车：用泥土做成的车。刍灵：用茅草扎成的人马。涂车、刍灵，都是随葬器物。

⑭ 明器之道：(这就是)明器的来历。

⑮ 孔子谓"为刍灵者善"：孔子认为发明刍灵的人心底善良。

⑯ 俑：用以殉葬的木制或陶制的假人。

⑰ 有子：孔子弟子有若。

⑱ 慕：小孩子哭哭啼啼地寻找父母。

⑲ 予壹不知夫丧之踊也：我完全不明白丧礼中的踊为什么还有一套规定。踊，丧礼中的节目。孝子悲痛至极，无法发泄，就要跳跃，这就叫踊。但什么时候踊，什么时候一踊，什么时候三踊，什么时候踊无算，每一踊还要限于三跳，都有礼的规定。有子看到孺子的号慕是那样的纵情而无节制，就觉得丧礼中孝子的踊也应该像孺子号慕那样，纵情而无节制，于是就有了下文"予欲去之久矣"，意谓早就想抛开那些限制性的条文。

⑳ 情在于斯：孝子抒发悲哀思慕的感情就应该和这个小孩子一样。

㉑ 其是也夫：您说是吗？

者[1]，有以故兴物者[2]；有直情而径行者[3]，戎狄之道也。礼道则不然[4]。人喜则斯陶，陶斯咏，咏斯犹，犹斯舞[5]。舞斯愠[6]。愠斯戚，戚斯叹，叹斯辟，辟斯踊矣[7]。品节斯[8]，斯之谓礼。人死，斯恶之矣[9]；无能也[10]，斯倍之矣[11]。是故制绞、衾[12]，设蒌、翣[13]，为使人勿恶也。始死，脯醢之奠[14]；将行，遣而行之[15]；既葬而食之[16]，未有见其飨之者也[17]。自上世以来，未之有舍也[18]，为使人勿倍也[19]。故子之所刺于礼者[20]，亦非礼之訾也[21]。"

---

① 礼：此谓礼的规定。微情：约束感情。像"踊"的限制性条文就属于此类。

② 以故兴物：通过穿着不同的丧服来触物生情。

③ 有：俞樾以为"有"字是衍文。直情而径行：由着自己的性子来，不受任何约束。郑玄举例说："哭踊无节，衣服无制。"

④ 礼道：礼的做法。

⑤ "人喜则斯陶"四句：人们遇到可喜的事就感到开心，感到开心就像唱歌，唱歌还不尽兴就晃动身体，晃动身体还不过瘾就跳舞。犹，通"摇"，摇动身体。

⑥ 舞斯愠：《郭店楚墓竹简·性自命出》此三字作"舞，喜之终也"，是，今从之。"舞，喜之终也"，谓到了跳舞这一步，就达到了高兴的顶点。

⑦ "愠斯戚"四句：有了愠怒之心就会感到悲戚，悲戚则导致感叹，光感叹还觉得发泄得不够，于是就捶胸，捶胸还不够味儿，就要跳跃。按：此四句下，《郭店楚墓竹简·性自命出》还有"踊，愠之终也"，意谓发展到跳跃这一步，就达到了愠怒的顶点。此五字当有。

⑧ 品节斯：按等级、层次对感情加以节制。

⑨ 恶(wù误)：厌恶。下同。敛

⑩ 无能：谓死人没有任何行为能力。

⑪ 倍：通"背"，背弃。

⑫ 绞(xiáo淆)衾：入敛时裹束尸体的束带和衾被。

⑬ 蒌：通"柳"。古人将灵柩载于车上之后，在灵柩的周围设置一个如同尖顶帐棚形的木制框架，叫做柳，又叫墙。柳外用布覆盖，其上部如同帐棚顶的部分叫做荒，下部像墙的部分叫做帷。上面还有其他种种装饰品。上述种种棺饰，也叫柳。翣(shà霎)：一种棺饰。扇形，木框木柄布面，布面上画有种种图案。柩车行进时，人持之随行在柩车的前后左右。

⑭ "始死"二句：人刚死时，用肉脯、肉酱来祭奠他。奠，下葬前的祭。

⑮ "将行"二句：将要出葬，又设送行的遣奠。遣奠，遣者，送也。遣奠等于说是送别的祭奠。

⑯ 食(sì饲)之：为死者举行反虞之祭。虞祭在从墓地返家后举行。

⑰ 未有见其飨之者也：没有见到过死者真正享用上述祭奠的祭品的。

⑱ "自上世以来"二句：意思是尽管没有见到过死者真正享用上述祭奠的祭品，但从老辈子以来，也从未因此就废弃这些祭奠。

⑲ 倍：通"背"，背弃。

⑳ 子：尊称对方。此指有子。刺于礼：挑礼的毛病。

㉑ 礼之訾：礼的毛病。这最后两句照应开头的"予壹不知夫丧之踊也，予欲去之久矣"。

子路曰："伤哉贫也[①]！生无以为养，死无以为礼也[②]。"孔子曰："啜菽饮水尽其欢[③]，斯之谓孝；敛首足形，还葬而无椁，称其财，斯之谓礼[④]。"

虞而立尸，有几筵[⑤]。卒哭而讳[⑥]，生事毕而鬼事始已[⑦]。

二名不偏讳[⑧]。夫子之母名征在，言在不称征，言征不称在。

孔子过泰山侧，有妇人哭于墓者而哀。夫子式而听之[⑨]，使子贡问之曰："子之哭也，壹似重有忧者[⑩]。"而曰[⑪]："然。昔者吾舅死于虎[⑫]，吾夫又死焉[⑬]，今吾子又死焉。"夫子曰："何为不去也？"曰："无苛政[⑭]。"夫子曰："小子识之[⑮]！苛政猛于虎也。"

齐大饥[⑯]，黔敖为食于路[⑰]，以待饿者而食之[⑱]。有饿者蒙袂辑屦[⑲]，

---

① 伤哉贫也：贫穷真叫人伤心呀！

② "生无以为养"二句：这两句是针对双亲而言。

③ 啜(chuò 辍)菽饮水：喝豆粥，饮生水。犹今言粗茶淡饭。古人平日主食是黍稷，穷人才吃菽。尽其欢：总是让父母很开心。这是指父母在世时。

④ "敛首足形"四句：父母死后，尽管家中所有的衣衾仅够遮盖尸体，不到规定的时间就埋葬，有棺而无椁，但只要是根据自己的财力尽力办事，也就可以说是合乎丧礼的要求了。还(xuán 旋)，立即，迅速。按照规矩，大夫、士、庶人三月而葬，诸侯五月而葬，天子七月而葬，所以郑玄注"还葬"云："还，犹疾也，谓不及其日月。"

⑤ "虞而立尸"二句：虞，葬后祭名。详上文注。尸，亦详上文注。几是案子，筵是席子。这两句话反过来说就是，"虞前不立尸，没有几筵"。那末，祭品置于什么地方呢？答曰：置于地。因为置于地，所以葬前的祭不叫祭，而叫奠。奠，置也。

⑥ 卒哭：祭名。详上文注。讳：避讳。避开以名称呼死者。因为这是死者已是神鬼。孔颖达疏："卒哭而讳者，讳谓神名也。古者生不相讳，卒哭之前，犹生事之，故不讳。至卒哭，乃有神讳也。"

⑦ 已：语气词，略同于"也"。

⑧ 二名：由两个字组成的人名。例如，孔子的母亲叫征在。不偏讳：偏，有的学者认为当作"遍"，如段玉裁；有的学者认为"偏"通"遍"，如朱大韶。郑玄注云："偏讳，二名不一一讳也。孔子之母名征在，言在不称征，言征不称在。"按：这里说的也是避死者讳。

⑨ 夫子式而听之：郑玄注："怪其哀甚。"式，通"轼"。轼是古代车前的横木。《礼记·檀弓下》："过墓则式。"这里是俯身凭轼，表示对墓中死者的尊敬。

⑩ 壹似：很像。重(chóng 虫)有忧者：有不止一件伤心事。重，重复。

⑪ 而曰：即乃曰。主语是妇人，省略了。

⑫ 舅：公公，丈夫的父亲。

⑬ 焉：代词兼语气词，犹言"于虎"。下同。

⑭ 苛政：传统的解释是"暴政"。王引之认为"政"通"征"，征指徭役和赋税。

⑮ 小子：老师对弟子的昵称。识(zhì 志)之：记住。

⑯ 齐：齐国。大饥：严重饥荒。

⑰ 黔敖：人名。为食：做饭施粥。

⑱ 食(sì 四)之：给他吃。

⑲ 蒙袂：郑玄注："蒙袂，不欲见人也。"袂：衣袖。辑屦：拖着鞋子。郑玄注："辑，敛也。敛屦，力惫不能屦也。"

贸贸然来[①]。黔敖左奉食[②]，右执饮，曰："嗟！来食[③]。"扬其目而视之[④]，曰："予唯不食嗟来之食，以至于斯也[⑤]。"从而谢焉[⑥]。终不食而死。曾子闻之，曰："微与[⑦]！其嗟也可去，其谢也可食[⑧]。"

晋献文子成室[⑨]，晋大夫发焉[⑩]。张老曰[⑪]："美哉轮焉[⑫]！美哉奂焉[⑬]！歌于斯，哭于斯，聚国族于斯[⑭]。"文子曰："武也得歌于斯，哭于斯，聚国族于斯，是全要领以从先大夫于九京也[⑮]。"北面再拜稽首[⑯]。君子谓之善颂、善祷[⑰]。

〔问题分析〕

1. "丧祭"释义辨析

《汉语大词典》：

【丧祭】古丧礼。葬后之祭称丧祭。《礼记·檀弓下》："是日也，以吉祭易丧祭。"《儿女英雄传》第二十回："从来丧祭趁家之有无，他自己既不能尽心，要你多

---

① 贸贸然：陈澔说："垂头丧气之貌。"

② 左奉食：左手端着饭。

③ 嗟！来食：犹言"喂！来吃吧"。郑玄注："虽悯而呼之，非敬辞。"

④ 扬其目而视之：瞪着眼睛望着黔敖。

⑤ "予唯不食嗟来之食"二句：本人正是由于不吃这种没有好声好气的饭才落到这步田地的。

⑥ 从：谓黔敖走近饿者。谢焉：犹言"谢之"，向饿者道歉。

⑦ 微与：不对吧！微，无也，不也。与，后来写作"欤"，叹词。

⑧ "其嗟也可去"二句：意谓人家没有好声好气地招呼你你可以拒绝，人家既然道了歉也就可以吃了。

⑨ 晋献文子成室：晋国国君祝贺文子新居落成。王夫之则认为"献"是衍文，那就成了晋卿文子的新居落成。文子，即晋卿赵武，"文"是其谥。

⑩ 发焉：携礼往贺。

⑪ 张老：晋大夫名。曰：致贺词。

⑫ 美哉轮焉：好高大啊！郑玄注："轮，轮囷，言高大。"

⑬ 美哉奂焉：好漂亮啊！王肃注："奂，言其文章之貌也。"

⑭ "歌于斯"三句：谓在此新居祭祀奏乐，在此新居居丧哭泣，在此新居燕会国宾和同族。这三句话的言外之意是新居已经够用了，且莫另外再造。

⑮ 全要领：谓不被刑戮而善终。要，古"腰"字。领，颈也。古代的死刑有腰斩和斩首两种。从先大夫：谓追随已经去世的祖先。九京：据郑玄注，当作"九原"。九原是地名，晋国卿大夫的墓地在此。其地在今山西新绛县北。按照古礼，被刑戮者不能入祖坟，故有此语。

⑯ 北面：面向北。再拜稽首：最隆重的拜礼。一般用于臣对君。行此礼时，要先拜，即跪而拱手，头亦俯至于手，与心平，这叫拜手，省称作拜。既拜而拱手下至于地，头亦下至于地。拱手至地，手仍不分散。手在膝前，头在手前。这叫作稽首。再拜稽首，就是行两次拜稽首礼。

⑰ 善颂：善于赞美。此谓张老。善祷：善于祈福。此谓文子。

费，他必不安。”（第3册，410页）

今按：释义错误。“古丧礼”后的句号，要么删去，要么改作逗号，否则不通。这可能是手民之误。关键的是“葬后之祭称丧祭”，错了。一字之差，改作“葬前之祭称丧祭”就对了。陈澔《礼记集说》：“吉祭，卒哭之祭也。丧祭，虞祭也。卒哭在虞之后，故云‘以吉祭易丧祭’也。”吴氏澄《礼记纂言》曰：“是日，卒哭之日。虞祭犹是丧祭，卒哭始是吉祭，故曰‘是日，以吉祭易丧祭’。”虞祭是葬后当天即举行的祭，也是丧祭的最后一祭。丧祭从人始死的脯醢之奠开始，到虞祭为止。虞祭后面是卒哭之祭，卒哭之祭后面是祔祭（将新死者神主附于先祖之祭）。《礼记·檀弓下》是以卒哭为吉祭之始。有时候，学者又以祔祭为吉祭之始。郑玄注《仪礼·士虞礼》云：“是日也，以虞易奠，祔而以吉祭易丧祭。”贾公彦疏：“云‘祔而以吉祭易丧祭’者，案下《记》云：‘三虞、卒哭、他，用刚日，亦如初，曰哀荐成事。’郑注引《檀弓》文：‘葬日中而虞，不忍一日离也。是日也，以虞易奠。卒哭曰成事。是日也，以吉祭易丧祭。’如是，则卒哭即是吉祭，而郑此注云祔为吉祭者，卒哭对虞为吉祭，卒哭比祔为丧祭。”

2. “九原”释义辨析

《汉语大词典》：

【九原】② 九泉，黄泉。《旧唐书·李嗣业传》：“忠诚未遂，空恨于九原。”苏轼《亡妻王氏墓志铭》：“君得从先大人于九原，余不能，呜呼哀哉！”金元好问《赠答刘御史云卿》诗之三：“九原如可作，吾欲起韩、欧。”（第1册，744页）

今按：以“九泉”释“九原”，盖亦望文生义。编者忘记了此处是用典。据《礼记·檀弓下》记载，晋国赵文子（名武）的新居落成，晋国的大夫都前去祝贺，其中一位赞美新居的美轮美奂，赵文子谦虚地回答说：“武也得歌于斯，哭于斯，聚国族于斯，是全要领以从先大夫于九原也。”郑玄注：“全要领者，免于刑诛也。晋卿大夫之墓地在九原。”然则九原是地名，是晋国卿大夫墓地之所在地。后人用典，就把“九原”作为大臣墓地或祖坟的代称。试分析《大词典》所列三个书证。第一个书证，“忠诚未遂，空恨于九原”，是李嗣业牺牲后皇帝诏书中的嘉奖之语。因为李嗣业官至卫尉卿兼怀州刺史，充北庭行营节度使，封虢国公，地位相当于晋国的卿大夫，所以用“九原”之典，说他由于壮志未酬，尽管死后入葬大臣墓地，心中仍存恨事。第二个书证，“君得从先大人于九原”一句，完全脱胎于“全要领以从先大夫于九原”，不言自明。第三个书证，仍然是用“九原”之典，只不过这个典出在《檀弓下》的另一段文字中：“赵文子与叔誉观乎九原。文子曰：‘死者如可作也，吾谁与归?’”

元好问的“九原如可作”,不就是脱胎于“死者如可作”吗? 按:作,起也,引申为复活。所谓“韩、欧”,谓韩愈、欧阳修也。

〔**由本篇产生的新词、成语**〕

1. **明器**,中看不中用的随葬器物。例如:

《三国志·魏书·王观传》:“薨于家,遗令藏足容棺,不设明器,不封不树。”

《后汉书·礼仪下》:“东园武士执事下明器。”

2. **涂车**,泥车。古代送葬用的明器。例如:

《三国志·魏书·文帝纪》:“吾营此丘墟不食之地,欲使易代之后,不知其处。无施苇炭,无藏金银铜铁,一以瓦器,合古涂车、刍灵之义。”

《晋书·成恭杜皇后传》:“今山陵之事,一从节俭。陵中唯洁扫而已,不得施涂车、刍灵。”

3. **刍灵**,用茅草扎成的人马,用作随葬器物。例见上“涂车”。

4. **啜菽饮水**,喝豆粥,饮生水。犹今言粗茶淡饭。例如:

《荀子·天论》:“君子啜菽饮水,非愚也,是节然也。”

《东观汉记》卷十六《闵贡》:“闵贡字仲叔,太原人也。恬静养神,勿役于物,与周党相友党,每过贡,共啜菽饮水,无菜茹。”

5. **苛政猛于虎**,苛捐杂税的害民比老虎还厉害。例如:

唐·柳宗元《柳河东集》卷十六《捕蛇者说》:“孔子曰‘苛政猛于虎’也,吾尝疑乎是。今以蒋氏观之,犹信。呜呼! 孰知赋敛之毒,有甚是蛇者乎!”

宋·苏轼《东坡全集》卷六十一《论积欠六事并乞检会应诏四事一处行下状》:“臣闻之,孔子曰:‘苛政猛于虎。’昔常不信其言,以今观之,殆有甚者。”

6. **嗟来之食**,原指悯人饥饿,呼其来食。后多指侮辱性的施舍。例如:

《后汉书·列女传·乐羊子妻》:“羊子尝行路,得遗金一饼,还以与妻。妻曰:‘妾闻志士不饮盗泉之水,廉者不受嗟来之食,况拾遗求利,以污其行乎!’”

唐·杨炯《盈川集》卷八《唐右将军魏哲神道碑》:“军井未建,如临盗水之源;军灶未炊,似对嗟来之食。”

7. **美轮美奂**,形容建筑物的高大漂亮。例如:

宋·释居简《北磵集》卷三《彰教法堂记》:“噫! 美轮美奂兮,固非余心。”

明·朱善《诗解颐》卷二《斯干》:“此诗言其基址之广厚,结构之周密,垣墙之坚固，堂室之高深，则美轮美奂之类也。”

〔文化史扩展〕

棺木和花圈上为什么要写个“奠”字？

棺木和花圈上为什么要写个“奠”字？答曰：写个“奠”字是表示“祭奠”的意思。那么，问题接着就来了：既然是“祭奠”的意思，为什么不直截了当地写个“祭”字，偏要写个“奠”字呢？这就是今天我们要解决的问题。

先说“奠”字的本义。《说文·丌部》云：“奠，置祭也。《礼》有奠祭。”段玉裁注云：“置祭者，置酒食而祭也。礼，谓《礼经》。《士丧礼》、《既夕礼》祭，皆谓之奠。”按：段注所谓“《礼经》”，就是今天的《仪礼》。而《士丧礼》和《既夕礼》，则是《仪礼》中的两篇，其内容是记载一个人从始死到下葬的全部礼仪的，而其中凡是说到祭，一律称之为“奠”。至此，我们似乎已经可以有所领悟：许慎的意思是说，“奠”是从始死到下葬这段时间内的奠置酒食之祭。我们如果把《说文》的释义与历代学者的注经互相验证，就会发现二者的解释完全一致，合若符契。例如，郑玄在注《周礼·地官·牛人》时说：“丧所荐馈（按：荐谓进献主食，馈谓进献副食）曰奠。”贾公彦进一步解释说：“丧中自未葬以前无尸，饮食直（按：仅仅之意）奠停于神前，故谓之奠。”《礼记·檀弓下》：“奠以素器，以生者有哀素之心也。”孔颖达疏云：“奠，谓始死至葬之时祭名。以其时无尸，奠置于地，故谓之奠也。”李如圭《仪礼集释》云：“自始死至葬之祭曰奠。不立尸，奠置之而已。”朱熹《仪礼经传集解》云：“自葬以前，皆谓之奠。其礼甚简，盖哀不能文，而于新死者亦未忍遽以鬼神之礼事之也。”清儒万斯大《仪礼商》云：“未葬之前，有奠无祭。葬之日，以虞易奠，谓之丧祭。终虞之明日，卒哭有祭，乃谓之吉祭。”胡培翚《仪礼正义·士虞礼》云：“自始死至葬，皆奠而不祭。至虞，始立尸如祭礼。”综上所述，可知，葬前之祭，只能叫奠，不能叫祭。换句话说，下葬是条界线，下葬之前的所有荐馈活动都叫做奠，下葬之后的所有荐馈活动都叫做祭。

那么，下葬之前都有哪些奠呢？根据《仪礼》的《士丧礼》与《既夕礼》两篇的记载，丧奠有十：一是始死之奠（人刚死时向死者进献酒食），二是小敛奠（死后第二天小敛时的进献酒食），三是大殓奠（死后第三天大殓时的进献酒食），四是朝夕奠（死后第五天朝夕哭时所设之奠），五是朔月奠（即每月初一所设的奠。因为按照古礼规定，士、庶人三月而葬，大夫、诸侯、天子的停殡待葬时间更长，所以才会有朔月奠），六是月半奠（每月望日所设之奠），七是荐新奠（进献当令五谷瓜果之奠），八是迁祖奠（为迁柩朝祖所设之奠），九是祖奠（柩车启行以后所设之奠。此“祖”是开始上路之意），十是大遣奠（又叫葬奠，是与灵柩作最后告别之奠）。上述十奠，根据其进献酒食的丰盛程度，分为小奠和殷奠两类。始死之奠与朝夕奠是小奠，其供品只有脯醢醴酒而已；其余八奠是殷奠。殷者，大也。殷奠不仅有脯醢醴酒，而且有牲体。这就是孙诒让在《周礼正义·天官·笾人》中说的：“丧礼之奠有十，唯始卒及朝夕奠为小奠，其小敛、大敛、朔月、月半、荐新、迁祖奠、祖奠、大遣奠，并有牲体，为殷奠。”翻书可知，不仅是《仪礼》中的这两篇，就是《礼记》和《周礼》二书中凡是谈到葬前之祭者，也一律都是用“奠”字来表示，无一例外。

那么，下葬之后都有哪些荐馈活动呢？一是虞祭。虞是安的意思。这是葬毕当天中午，将死者灵魂迎回殡宫而举行的安魂之祭。虞祭，郑玄认为是丧祭，孔颖达则认为是吉祭，今从孔。据《仪礼·士虞礼》，士葬后要举行三次虞祭：初虞、再虞和三虞。葬毕当天中午举行的虞祭是初虞，中间隔一天，举行再虞；再虞的次日，举行三虞。二是卒哭之祭。卒是停止之义。此前，孝子不论什么时候，只要感到心酸悲哀就可以哭。卒哭祭后，由于悲哀有所缓和，就要停止这种什么时候想哭就哭的做法，而改为朝夕各一哭。三是祔祭。这是将死者按昭穆辈分附于祖庙之祭，在卒哭的次日举行。四是小祥之祭。又叫练祭。在死后一年举行，今俗谓之“一周年”。五是大祥之祭，在死后两年举行，今俗谓之“两周年”。六是禫祭，在大祥祭后隔一个月举行。禫是除服之祭，三年之丧，至此结束，孝子从此可以过正常的生活了。总而言之，上述的六项荐馈活动，是祭，不是奠，属于吉祭，不属于丧祭。《礼记·曲礼下》说：“居丧，未葬，读丧礼。既葬，读祭礼。”孔颖达疏云：“丧礼，谓朝夕奠、朔望奠等礼也。祭礼，谓虞、卒哭、祔、小祥、大祥之礼也。”祭礼，也叫吉礼。

至此，我们已经明白，“奠”与“祭”是两个不同的概念，不能随意置换。“奠”与“祭”的区别至少表现在：第一，奠是丧祭中的荐馈活动，而祭则是吉祭中的荐馈活动。前者属于凶礼，后者属于吉礼。二者在五礼中的大类就不一样。凶礼强调的是悲哀，吉礼强调的是恭敬。第二，奠的时候，是把死者当作生人来看待的；而祭的时候，是把死者当作鬼神来看待的。《檀弓下》云：“虞而立尸，有几筵。卒哭而讳，生事毕而鬼事始。”孔颖达疏云：“此一节论葬后当以鬼神事之。礼，未葬，犹生事之，故未有尸；既葬，亲形已藏，故立尸以系孝子之心也。”第三，凡奠，皆无尸；而凡祭，必有尸。尸是代替死者受祭的活人，从死者的孙子辈中选用。有的学者非常强调这一点。秦蕙田在《五礼通考》卷六十二就说：“后世祭不立尸，强名曰祭，实为荐、为厌、为奠而已。”简言之，祭而无尸，就不能叫做祭。第四，奠的时候，死者的儿孙要自称“哀子”“哀孙”；而祭的时候，死者的儿孙要自称“孝子”“孝孙”。这就是《礼记·杂记上》所说的：“祭称‘孝子’‘孝孙’，丧称‘哀子’‘哀孙’。”孔颖达解释这句话说：“祭，吉祭也。谓自卒哭以后之祭也。吉则申孝子心，故祝辞云孝也。丧称哀子哀孙者，凶祭，谓自虞以前祭也。丧则痛慕未申，故称哀也。”第五，奠用朴素无华之器，祭则用有饰之器。《檀弓下》云：“奠以素器。”郑玄注云：“凡物，无饰曰素。”孙希旦《集解》云：“盖奠主哀，故器无饰；祭主敬，故器有饰。”第六，由于奠时无尸，所以其礼仪简单，只要奠置于地或席上即可；而祭时有尸，就涉及饮食之礼，其礼仪就繁缛。我们只要看一下《仪礼》中的《士虞礼》，就会对祭礼的繁文缛节有所领教。而《礼记·礼器》中说到的“季氏祭”，时间拖得很长，“日不足，继之以烛”，参加祭祀的人，一个个累得东倒西歪，左倚右靠，勉强支应（原文是“有司跛倚以临祭”），简直叫人视为畏途了。

至此，我想，我们已经找到了答案。看来，关键在于我们对“奠”的涵义的认识。如果我们认识到“奠”在这里是“葬前之祭”，而葬前之祭只能称作“奠”；如果我们又认识到“奠”与“祭”虽然是同义词，但在某些场合又绝不能随意代换：葬前只能用“奠”，葬后只能用“祭”。那么，我们的问题也就迎刃而解了。因为我们看到的棺木和花圈上的“奠”字，正是在下葬之前（尽管古代没有花圈，这叫做“礼以义起”，不过是新瓶装旧酒罢了）。《现代汉语词典》有“祭奠”一词，这说明今人已经不再区分“祭”与“奠”的不同。但棺木和花圈上的这个“奠”字，不仅保留了“奠”字的古义，更重要的是，它还是古礼的遗存。所谓“礼失而求诸野”，信乎哉！

〔**集评**〕

见《檀弓上》第三

〔**思考与讨论**〕

1. “苛政猛于虎”中的“苛政”，究竟是什么意思？是“暴政”还是“苛征”？

2. “九原”、“九泉”，这两个词都和人的丧葬有关系，但词义有别，试从古书中找一些例子予以辨别。

《王制》第五（节选）

王者之制禄爵[①]，公、侯、伯、子、男，凡五等。诸侯之上大夫卿[②]、下大夫、上士、中士、下士，凡五等。

制[③]：农田百亩[④]。百亩之分[⑤]，上农夫食九人[⑥]，其次食八人，其次食七人，其次食六人，下农夫食五人。庶人在官者[⑦]，其禄以是为差也[⑧]。诸侯之下士视上农夫[⑨]，禄足以代其耕也。中士倍下士[⑩]，上士倍中士，下大夫倍上士。卿，四大夫禄[⑪]；君，十卿禄[⑫]。次国之卿，三大夫禄；君，十卿禄。小国之卿，倍大夫禄；君，十卿禄。

天子、诸侯无事则岁三田[⑬]：一为干豆[⑭]，二为宾客[⑮]，三为充君之庖[⑯]。无事而不田，曰不敬[⑰]；田不以礼[⑱]，曰暴天物。天子不合围[⑲]，诸侯

---

① 制：制定。禄爵：俸禄和爵位。

② 上大夫卿：诸侯的卿均为上大夫，故以上大夫、卿合为一等。

③ 制：俸禄的分配规定。

④ 农田百亩：每户由王者授予农田百亩。

⑤ 分：本或作“粪”，与《孟子·万章下》所载同。分，指土地之肥瘠。

⑥ 上：指第一等的农田百亩。农田的肥瘠分五等：上、其次(第二等)、其次(第三等)、其次(第四等)、下(第五等)。详下。农夫食(sì 饲)九人：一个农夫可以养活九口之家。食，此谓养活。下同。

⑦ 庶人在官者：郑玄注：“庶人在官，谓府、史之属，官长所除，不命于天子、国君者。”按：府是负责保管文书、财物的办事员，史是负责撰写文书的办事员。府和史都未经天子册命，不属于王臣；他们的身份是平民，只是由于接受了某一职能部门的长官的聘请才成为在官府办事的小吏。

⑧ 是：此。指上文的“上农夫食九人”以下五等。

⑨ 视上农夫：(其俸禄)比照受第一等农田的农夫。

⑩ 中士倍下士：诸侯中士的俸禄是下士的两倍。

⑪ 卿，四大夫禄：大国诸侯的卿的俸禄是大夫的四倍。

⑫ 君，十卿禄：大国国君的俸禄是卿的十倍。

⑬ 岁三田：一岁之中，田猎三次。据《周礼》，春田曰搜，夏田曰苗，秋田曰狝，冬田曰狩。夏季停止田猎。

⑭ 一为干豆：一是为了准备提供祭祀用的干肉。将肉风干，置于豆中，叫做干豆。豆是食器，或以木制，或以陶制，形似高脚盘。

⑮ 宾客：此谓招待宾客。

⑯ 充君之庖：丰富天子、诸侯的膳食品种。

⑰ 曰不敬：因为在祭祀、招待宾客上打折扣，故云。

⑱ 田不以礼：下文“天子不合围”以下，都是田猎时应该遵循的礼。所谓“礼”，即规矩。

⑲ 不合围：围其三面，一面不围。这和下句的“不掩群”，都表示在田猎时不能斩尽杀绝。

不掩群。天子杀则下大绥[①]，诸侯杀则下小绥[②]，大夫杀则止佐车[③]。佐车止，则百姓田猎。獭祭鱼[④]，然后虞人入泽梁[⑤]。豺祭兽[⑥]，然后田猎。鸠化为鹰[⑦]，然后设罻罗[⑧]。草木零落[⑨]，然后入山林[⑩]。昆虫未蛰，不以火田[⑪]。不麛，不卵，不杀胎，不殀夭，不覆巢[⑫]。

冢宰制国用[⑬]，必于岁之杪[⑭]。五谷皆入，然后制国用。用地小大，视年之丰耗[⑮]。以三十年之通制国用，量入以为出[⑯]。祭用数之仂[⑰]。丧[⑱]，三年不祭[⑲]，唯祭天地社稷为越绋而行事[⑳]。丧用三年之仂[㉑]。丧

---

① 杀：谓射杀禽兽之后。下大绥：放倒指挥田猎的大旗。

② 小绥：诸侯指挥田猎的旗帜较小，故称小绥。

③ 止：停止。佐车：协助驱赶和堵截禽兽的车。

④ 獭(tǎ塔)祭鱼：指代正月。《礼记·月令》："孟春之月，獭祭鱼。"郑玄注："此时鱼肥美，獭将食之，先以祭也。"

⑤ 虞人：掌管山林川泽之官。见《周礼》。入泽梁：进入泽中设梁捕鱼。梁，为捕鱼而设的河中小坝。

⑥ 豺祭兽：豺将所获野兽杀死之后，四面摆开，像人的祭祀一样，古人称作祭兽。《礼记·月令》："季秋之月，豺乃祭兽。"这也是修辞手法，用发生的事情代替时间。此处指代九月。

⑦ 鸠化为鹰：也是指代时候。《礼记·月令》仲春之月有"鹰化为鸠"的记载，但没有"鸠化为鹰"的记载。孔颖达推测鸠化为鹰应在仲秋之月。

⑧ 罻(wèi味)罗：捕鸟的网。罻、罗二字同义，大约罻小而罗大。

⑨ 草木零落：指代十月。孔颖达疏："案《月令》季秋'草木黄落'，其零落芟折则在十月也。"

⑩ 然后入山林：意谓可以砍伐树木。

⑪ "昆虫未蛰"二句：孔颖达疏："云昆虫未蛰不以火田者，谓未十月之时，十月则得火田。故《罗氏》云'蜡则作罗襦'，注云：'今俗放火张罗。'从十月以后至仲春，皆得火田。"火田，焚烧草木而田猎。

⑫ "不麛"五句：不捕捉小兽，不取鸟卵，不杀怀胎的母兽，不杀刚出生的小兽，不捣毁鸟巢。麛，本义是小鹿，此指小兽。

⑬ 冢宰：又名"太宰"。据《周礼》，冢宰乃百官之长，地位相当于后来的宰相。制国用：编制下一年度国家经费的预算。

⑭ 岁之杪(miǎo秒)：年底。

⑮ "用地小大"二句：郑玄注："小国大国，丰凶之年，各以岁之收入制其用多少。多不过礼，少有所杀。"意谓编制预算时，要考虑到国家的大小，年成的好坏，量入为出。年成好，预算也不能超过礼的规定；年成坏，就要有所减省。杀(shài晒)，减省。

⑯ "以三十年之通制国用"二句：郑玄注："通三十年之率，当有九年之畜。出，谓所当给为。"意谓在编制国家预算时，按连续三十年的收入来算，应该留够九年的储备。出，支出。给，指百官、宾客、百姓的消费。为，指用于建造的花费。

⑰ 祭用数之仂(lè泐)：祭祀的费用占经费总数的十分之一。

⑱ 丧：谓父母之丧。

⑲ 不祭：谓不祭自家宗庙。

⑳ 越绋：谓不受自家丧事的限制。绋，系在輴车上的绳索。在停柩待葬时叫绋，在送葬的路上叫引。这里指代私家丧事。

㉑ 丧用三年之仂：郑玄注："丧，大事，用三岁之什一。"

祭，用不足曰暴[①]，有余曰浩[②]。祭，丰年不奢，凶年不俭。国无九年之蓄曰不足，无六年之蓄曰急，无三年之蓄曰国非其国也。三年耕，必有一年之食[③]；九年耕，必有三年之食。以三十年之通[④]，虽有凶旱水溢[⑤]，民无菜色[⑥]，然后天子食，日举以乐[⑦]。

天子七日而殡，七月而葬。诸侯五日而殡，五月而葬。大夫、士、庶人，三日而殡，三月而葬[⑧]。三年之丧[⑨]，自天子达[⑩]。庶人县封[⑪]，葬不为雨止[⑫]，不封不树[⑬]，丧不贰事[⑭]。自天子达于庶人，丧从死者[⑮]，祭从生者[⑯]。支子不祭[⑰]。

天子七庙，三昭三穆，与大祖之庙而七[⑱]。诸侯五庙，二昭二穆，与大

---

① 用不足曰暴：超过了预算叫做暴。暴，损耗。

② 有余曰浩：预算的钱没有花完叫做浩。浩，有剩余。

③ “三年耕”二句：种地三年打的粮食，一定要有一年的余粮。

④ 通：谓平均数。

⑤ 凶旱水溢：孔颖达疏：“凶旱，谓凶荒遭旱也。水溢，谓水之泛滥。”

⑥ 菜色：指饥民营养不良的脸色。

⑦ 日举以乐：按《周礼·天官·膳夫》：“王日一举，以乐侑食。”郑玄注：“杀牲盛馔曰举。侑，犹劝也。”意谓每天顿顿有肉吃，吃饭时还奏乐助兴。

⑧ “天子七日而殡”六句：郑玄注：“尊者舒，卑者速。”意谓地位越高的人，殡葬的时间越从容。又《左传》隐公元年：“天子七月而葬，同轨（指天下诸侯）毕至；诸侯五月，同盟至；大夫三月，同位（指同僚）至；士踰月，外姻（指女系的亲属）至。”这是从会葬者聚齐所需时间有长有短上说明这条规定的合理性。

⑨ 三年之丧：父母去世，儿子要服丧三年，故称。

⑩ 自天子达：郑玄注：“下通庶人，与父母同。”意谓父母死，上起天子，下至庶人，统统都是服丧三年。

⑪ 县（xuán 悬）封：县，“悬”的古字。封，当作“窆”，将棺木葬入圹穴。悬窆，悬绳下棺入圹。士大夫则可以碑繂下棺。

⑫ 葬不为雨止：郑玄注：“虽雨犹葬，以其礼仪少。”

⑬ 不封不树：既不聚土为坟，也不栽树。郑玄注：“至卑无饰也。”

⑭ 丧不贰事：庶人可以在家专心一意地服丧，不用操心他事。士大夫则可能因为国家的临时需要（如战争），居丧未满也得出来为国家服务。

⑮ 丧从死者：丧礼的规格按照死者的身份办理。

⑯ 祭从生者：祭礼的规格按照生者的身份办理。

⑰ 支子不祭：不是嫡长子就不能主持祭祀。支子，除嫡长子以外的其他诸子。

⑱ “天子七庙”三句：就周代而言，太祖之庙指始祖后稷之庙。后稷庙下是文王庙、武王庙。再往下是四亲庙，即高祖庙、曾祖庙、祖庙、父庙。昭穆，宗庙排列的次序。始祖以下，父庙曰昭，子庙曰穆，孙之庙又曰昭，曾孙之庙又曰穆。余可类推。由此可知，祖与孙永远昭穆相同。七庙是个常数，不得超过，也不得减少。如有新死者，并不另建新庙，而是将高祖的神位迁入大宗庙内，曾祖以下递升，这样就会空出一庙，即为新死者之庙。每有新死者，即如此递迁一次，所以总是保持七庙不变。

祖之庙而五[①]。大夫三庙，一昭一穆，与大祖之庙而三[②]。士一庙[③]。庶人祭于寝[④]。

凡养老[⑤]：有虞氏以燕礼[⑥]，夏后氏以飨礼[⑦]，殷人以食礼[⑧]，周人修而兼用之[⑨]。五十养于乡[⑩]，六十养于国[⑪]，七十养于学[⑫]，达于诸侯[⑬]。八十拜君命，一坐再至[⑭]，瞽亦如之[⑮]。九十使人受[⑯]。五十异粻[⑰]，六十宿肉[⑱]，七十贰膳[⑲]，八十常珍[⑳]，九十饮食不离寝，膳饮从于游可也[㉑]。六十

---

① 大祖：即太祖。诸侯的太祖，指的是始封之君。

② 大祖：大夫的太祖，指的是别子始得封爵者。

③ 士一庙：这个“士”，指的是诸侯的中士、下士。诸侯的上士则二庙。

④ 庶人祭于寝：因为庶人无庙。寝，正屋或正厅。

⑤ 凡养老：孔颖达疏引皇侃云：“人君养老有四种，一是养三老、五更；二是子孙为国难而死，王养死者父祖；三是养致仕之老；四是引户校年，养庶人之老。”引户校年，根据户籍校对年龄。

⑥ 有虞氏：谓虞舜时。燕礼：较低规格的宴会。燕礼所用之牲是狗，有酒有肴而无饭，以饮酒为主，可以微醉。为了表示亲昵，行之于路寝（飨礼、食礼则行之于庙）。

⑦ 飨礼：较高规格的宴会。飨礼所用之牲是太牢，有酒，也有饭，但由于飨礼的意义主要在于教训恭敬节俭，所以虽设有酒，并不喝。

⑧ 食礼：规格在飨礼之下的一种宴会。食礼所用之牲也是太牢，有饭有肴，虽设酒而不饮，其礼以饭为主，故称为食礼。

⑨ 修：当作“循”，隶书形近致误。兼用之：兼用虞、夏、殷三代之养老礼。孔颖达疏：“周人修而兼用之者，谓周人修三代之礼而兼用之以养老。春夏养老之时，用虞氏燕礼、夏后氏飨礼之法；若秋冬养老之时，用殷人食礼之法。以周极文，故兼用三代之法也。”

⑩ 乡：谓乡学。乡是行政单位。周代，天子畿内有六乡。

⑪ 国：郑玄注：“国，国中小学，在王宫之左。”

⑫ 学：郑玄注：“学，大学也，在郊。”

⑬ 达于诸侯：孔颖达疏：“言此养老之事，非唯天子之法，乃通达于诸侯。”

⑭ 一坐再至：跪下去连叩两次头。古代拜君命，按规定当行再拜稽首礼。此因年老，特许简化礼节。

⑮ 瞽亦如之：因为瞽人行动不便。

⑯ 九十使人受：九十岁的老人可以让他人代替拜君命。

⑰ 异粻（zhāng 张）：异粮。不与青壮年人吃同样的粮食，吃较精细的粮食。

⑱ 宿肉：预先置备的有肉。

⑲ 贰膳：副膳。主膳在吃饭时食用，贰膳则作为零食来吃。

⑳ 常珍：平常皆食美味。

㉑ “九十饮食不离寝”二句：九十岁的老人，由于饮食无时，所以所饮所食，不仅住处常有，而且无论走到哪里，都随身带有。

岁制，七十时制，八十月制，九十日修[①]。唯绞、紟、衾、冒[②]，死而后制。五十始衰，六十非肉不饱，七十非帛不暖，八十非人不暖[③]，九十虽得人不暖矣。五十杖于家，六十杖于乡，七十杖于国[④]，八十杖于朝；九十者，天子欲有问焉，则就其室，以珍从。七十不俟朝[⑤]，八十月告存[⑥]，九十日有秩[⑦]。五十不从力政[⑧]，六十不与服戎[⑨]，七十不与宾客之事[⑩]，八十齐丧之事弗及也[⑪]。

凡三王养老皆引年[⑫]。八十者一子不从政[⑬]，九十者其家不从政，废疾非人不养者一人不从政。父母之丧，三年不从政。齐衰、大功之丧，三月不从政。将徙于诸侯，三月不从政[⑭]。自诸侯来徙家，期不从政[⑮]。

少而无父者谓之孤，老而无子者谓之独，老而无妻者谓之矜[⑯]，老而无夫者谓之寡。此四者，天民之穷而无告者也[⑰]，皆有常饩[⑱]。

---

① “六十岁制”四句：六十岁的老人，其子女应该为他准备需用一年时间才能完成的丧葬用品（如棺）；七十岁的老人，其子女应该为他准备需用一个季度才能完成的丧葬用品（如衣物之难得者）；八十岁的老人，其子女应该为他准备需用一个月才能完成的丧葬用品（如衣物之易得者）；九十岁的老人，其子女应该为他准备好的衣物、棺椁日加修理。

② 绞（xiáo 淆）：古代小敛、大敛后用以束紧死者的布带。紟：小大敛时所用之单被。衾：小大敛时所用之夹被。冒：小敛前套在尸体上的布袋。以上四件物品都可以在一两天内做好，所以下文说“死而后制”。

③ 非人不暖：没有人暖被窝就不暖和。

④ 国：谓国都。

⑤ 七十不俟朝：孔颖达疏：“此谓大夫士老年而听致事者，则七十杖于国，朝君之时，入门至朝位，君出，揖之即退，不待朝事毕也。”

⑥ 八十月告存：孔颖达疏：“告，谓问也。君每月使人致膳，告问存否。”

⑦ 九十日有秩：郑玄注：“秩，常也。有常膳。”谓国君每日供给常膳。

⑧ 不从力政：不服劳役。

⑨ 不与服戎：不服兵役。与，及也。

⑩ 不与宾客之事：不参与应酬宾客的活动。

⑪ 齐丧之事：祭祀和丧葬之事。齐，通“斋”，斋戒。祭祀之前必须斋戒，所以这里是以斋来代表祭祀。

⑫ 三王：谓夏、商、周三代。引年：引户校年。即根据户籍，核对年龄。

⑬ 政：通“征”，谓劳役征召。下同。

⑭ “将徙于诸侯”二句：孙希旦说：“将徙于诸侯，谓将徙于他国也。三月不从政，以其当为行计也。”

⑮ “自诸侯来徙家”二句：孙希旦说：“自诸侯来徙家，谓自他国始来，家于此也。期不从政，以其未有业次也。”期（jī 基），谓一年。

⑯ 矜（guān 官）：同“鳏”。

⑰ 天民：天下百姓。孙希旦说：“天民者，民皆天之所生也。”

⑱ 常饩（xì 细）：固定的生活补贴，粮食救济。

瘖、聋、跛躃、断者、侏儒、百工[1],各以其器食之[2]。

道路:男子由右,妇人由左,车从中央。父之齿随行,兄之齿雁行,朋友不相逾[3]。

轻任并,重任分[4],斑白者不提挈[5]。

〔问题分析〕

《礼记·王制》作于《孟子》之前说辨析

《礼记·王制》篇是我国政治思想史上的一篇重要文献。现在的问题是:这是一篇原创性的文献还是一篇前有所承的文献?有的学者看到《王制》的某些记载与《孟子》相同,就认为是《王制》引用了《孟子》。举个眼前的例子。《汉语大词典》的"鳏寡孤独"条:

【鳏寡孤独】语本《孟子·梁惠王下》:"老而无妻曰鳏,老而无夫曰寡,老而无子曰独,幼而无父曰孤;此四者,天下之穷民而无告者。"泛指没有劳动力而独居无依靠的人。

实际上,不是"语本《孟子·梁惠王下》",恰恰相反,是语本《礼记·王制》,是《孟子·梁惠王下》引用了《王制》。因为《礼记·王制》作于《孟子》之前。这是个重要的问题,需要搞清楚。

《王制》作于何时,自来有三说:东汉卢植之"汉孝文皇帝令博士诸生作"说,一也;郑玄之"孟子当赧王之际,《王制》之作,复在其后"说,二也;唐孔颖达之"盖在秦、汉之际"说,三也。三说均见孔颖达《王制正义》。清季今文经学者廖平、康有为诸人又倡为"孔子改制之作"说。此说滕口无据,置之不论可也。

卢植之"汉孝文皇帝令博士诸生作"说,清代学者多从之。王夫之《礼记章

---

[1] 瘖:哑巴。跛躃(bì 避):足不能行。跛,一足瘸者。躃,两足俱废者。断者:肢体残缺者。侏儒:躯体矮小者。百工:各种手艺人。

[2] 各以其器食之:这些人都靠着干点力所能及的工作由国家养活他们。孙希旦说:"百工非疾民而并言之者,因以器食之,其事同也。"

[3] "父之齿随行"三句:在路上,遇到和自己父亲年龄差不多的人,要让人家走在前面;遇到和自己兄长年龄差不多的人,自己可以稍后一点并排而行;和朋友同行,不可争先恐后。雁行:大雁飞行时的排列,即在其旁而稍后。

[4] "轻任并"二句:老少二人都挑着担子而担子皆轻,这时候,少者应把老者的轻担合并到自己肩上;老少二人都挑着担子而担子皆重,这时候,少者应把老者的重担分过来一些,以减轻老者的负担。任:担子。

[5] 斑白者不提挈:不要让头发花白的老人提着东西走路。

句》、孙希旦《礼记集解》、朱彬《礼记训纂》是其例。当代学者中，王梦鸥《礼记今注今译》亦从卢说。李学勤《郭店简与〈礼记〉》："大小戴一部分内容出于汉初，如小戴的《王制》，可能为汉文帝时博士所作。"[①]拙作《礼记全译》微不足道，亦尝从卢说。

郑玄之"孟子当赧王之际，《王制》之作，复在其后"说，任铭善《礼记目录后案》、钱玄《三礼辞典》从之。

孔颖达之"盖在秦、汉之际"说，沈文倬从之。沈文倬《略论典礼的实行和仪礼书本的撰作》："《王制》篇应属秦汉间人论述前代爵禄、学校、选举、养老等制度的作品。"[②]同篇注文又说："《王制》是秦汉间人所作。"[③]

近读王锷《礼记成书考》，惊喜地发现，该书不从流俗，独具只眼，认为："《礼记·王制》成篇于战国中期，《孟子》之前。"[④]不啻空谷足音。王书列举了五个方面的证据，愚以为皆信而有证。美中不足的是，证据还少。窃不自揣，狗尾续貂，愿补充证据而助成之。

先说《孟子》的征引《王制》。在我们这样表述的时候，不能不提起沈文倬先生《略论礼典的实行和〈仪礼〉书本的撰作》（下）一文，因为沈文论证了《礼记》与《孟子》《荀子》相同之文是《孟子》、《荀子》袭用《礼记》，而非相反。应该说这个结论对《礼记》研究来说是一个重要的贡献。但是，如果追本溯源的话，我们就会发现，前人虽不曾有此明确的结论，但已经开其端倪。例如：

吴澄《礼记纂言》卷七："盖孟子当诸侯去籍之时，姑以意言其大略而已，疑《王制》所记为得之也。"[⑤]此盖谓《王制》之作早于《孟子》。

吴澄之后，全面考证《孟子》征引《礼记》之文者，以笔者管见，首推明陈士元《孟子杂记》。陈氏在其《孟子杂记》卷二考查了《孟子》征引《礼》的情况，叫作"揆《礼》"，凡二十四条。在这二十四条当中，有三条涉及《仪礼》，其余的二十一条均涉及今本《礼记》。涉及《礼记》的二十一条当中，有五条是征引《王制》。

陈氏之后，清焦循《孟子正义》亦继有发明。焦氏以为《礼记》成书在《孟子》之前，兹举二证：

---

① 见《中国哲学史》1998年第4期，29页。

② 沈文倬《宗周礼乐文明考论》，浙江大学出版社，1999年，3页。

③ 沈文倬《宗周礼乐文明考论》，50页。

④ 王锷《礼记成书考》，184页。

⑤ 吴澄《礼记纂言》，景印文渊阁《四库全书》本，上海古籍出版社，1987年，第121册，186页。

1.《梁惠王上》:“孟子曰:君子之于禽兽也,见其生不忍见其死,闻其声不忍食其肉,是以君子远庖厨也。”

按:焦循《孟子正义》:“‘君子远庖厨’,本《礼记·玉藻》文,孟子述之,故加有‘是以’二字。”①

2.《离娄上》:“孟子曰:‘事孰为大?事亲为大。守孰为大?守身为大。不失其身而能事其亲者,吾闻之矣;失其身而能事其亲者,吾未之闻也。’”

按:焦氏《正义》曰:“《礼记·哀公问》孔子曰:‘君子无不敬也,敬身为大。身也者,亲之枝也,敢不敬与?不能敬其身,是伤其亲;伤其亲,是伤其本;伤其本,枝从而亡。’又曰:‘君子言不过辞,动不过则,百姓不命而敬恭,如是,则能敬其身;能敬其身,则能成其亲矣。’《孟子》此义,盖本于此。”②

陈氏、焦氏二家之征引《礼记·王制》,合计凡十次,今开列于下(内含与王锷《礼记成书考》重复的两条,已注明):

1.《梁惠王上》:“斧斤以时入山林,材木不可胜用也。”

按:焦氏引《王制》:“草木零落,然后入山林。”③

2.《梁惠王上》:“鸡豚狗彘之畜,无失其时,七十者可以食肉矣。”

按:焦氏引《王制》:“五十始衰,六十非肉不饱,七十非帛不暖。”且曰:“此曰七十不食肉不饱者,六十宿肉,已非肉不饱矣,至七十益可知。”④

3.《梁惠王上》:“颁白者不负戴于道路矣。”

按:焦氏引《王制》:“道路:轻任并,重任分,斑白者不提挈。”《祭义》:“斑白者不以其任行乎道路,而弟达乎道路矣。”⑤

4.《梁惠王下》:“昔者文王之治岐也,耕者九一,仕者世禄,关市讥而不征,泽梁无禁。”

按:焦氏引《王制》:“古者:公田,藉而不税。市,廛而不税。关,讥而不征。林麓川泽,以时入而不禁。夫圭田无征。”⑥

5.《梁惠王下》:“老而无妻曰鳏,老而无夫曰寡,老而无子曰独,幼而无父曰

---

① 焦循《孟子正义》,83 页。
② 焦循《孟子正义》,524 页。
③ 焦循《孟子正义》,55 页。
④ 焦循《孟子正义》,58 页。
⑤ 焦循《孟子正义》,58 页。
⑥ 焦循《孟子正义》,133 页。

孤。此四者，天下之穷民而无告者。”

按：陈氏引《礼记·王制》：“幼而无父者谓之孤，老而无子者谓之独，老而无妻者谓之矜，老而无夫者谓之寡。此四者，天民之穷而无告者也。”①

6.《公孙丑上》：“市廛而不征，关讥而不征。”

按：赵岐注：“《王制》曰：‘市廛而不税，关讥而不征。’”②陈氏《杂记》同。

7.《滕文公下》：“惟士无田，则亦不祭。”

按：陈氏引《王制篇》：“大夫士宗庙之祭，有田则祭，无田则荐。”③焦氏《正义》同。又按：此条王锷《礼记成书考》有。

8.《万章下》：“北宫锜问曰：‘周室班爵禄也如之何？’孟子曰：‘其详不可得闻也。诸侯恶其害己也，而皆去其籍。然而轲也尝闻其略也。’”

按：赵岐注：“轲，孟子名也。略，麄也。言尝闻其大纲如此矣。今考之《礼记·王制》则合也。”④

9.《万章下》：“天子一位云云……其禄以是为差。”

按：陈氏引《礼记·王制》：“王者之制禄爵，公侯伯子男，凡五等。诸侯之上大夫卿、下大夫、上士、中士、下士，凡五等。天子之田方千里，公侯田方百里，伯七十里，子男五十里。不能五十里者，不合于天子，附于诸侯曰附庸。天子之三公之田视公侯，天子之卿视伯，天子之大夫视子男，天子之元士视附庸。制：农田百亩，百亩之分，上农夫食九人，其次食八人，其次食七人，其次食六人，下农夫食五人。庶人在官者，其禄以是为差也。诸侯之下士，视上农夫，禄足以代其耕也；中士倍下士，上士倍中士，下大夫倍上士，卿四大夫禄，君十卿禄。次国之卿三大夫禄，君十卿禄。小国之卿倍大夫禄，君十卿禄。”⑤与《孟子》文互有异同。

又按：此条王锷《礼记成书考》有。

10.《尽心上》：“五十非帛不暖，七十非肉不饱。”

按：陈氏引《礼记·王制篇》：“六十非肉不饱，七十非帛不暖。”⑥《内则篇》同。

---

① 陈士元《孟子杂记》，景印文渊阁《四库全书》本，上海古籍出版社，1987年，第207册，310页。

② 《孟子注疏》，阮刻《十三经注疏》本，2690页。

③ 陈士元《孟子杂记》，第207册，311页。

④ 阮刻《十三经注疏》，2741页中。

⑤⑥ 陈士元《孟子杂记》，第207册，312页。

〔由本篇产生的新词、成语〕

1. **干豆**,放在豆中供祭祀用的干肉。豆是食器,或以木制,或以陶制,形似高脚盘。例如:

汉·扬雄《扬子云集》卷五《长杨赋》:“恐不识者,外之则以为娱乐之游,内之则不以为干豆之事。”

《汉书·礼乐志第二》:“干豆上,奏《登歌》。”师古曰:“干豆,脯羞之属。”

2. **火田**,焚烧草木而田猎。例如:

汉·贾谊《新书》卷六《礼》:“昆虫不蛰,不以火田。”

《春秋》桓公七年:“春二月已亥,焚咸丘。”杜预注:“无传。焚,火田也。咸丘,鲁地。”

3. **量入为出**,根据收入的多少来决定支出的多少。例如:

汉·桓宽《盐铁论·贫富》:“车马衣服之用,妻子仆养之费,量入为出,俭节以居之,奉禄赏赐,一二筹策之,积浸以致富成业。”

《三国志·魏书·卫觊传》:“当今之务,宜君臣上下,并用筹策,计校府库,量入为出,深思句践滋民之术。”

4. **越绋**,谓不受自家丧事的限制。绋,系在輴车上的绳索。在停柩待葬时叫绋,在送葬的路上叫引。这里指代私家丧事。例如:

《后汉书·礼仪志上》:“大丧,唯天郊越绋而斋。”

《宋书·武帝中》:“童耄夺养,老稚服戎,空户从役,或越绋应召。每永怀民瘼,宵分忘寝。”

5. **菜色**,指饥民营养不良的脸色。例如:

《汉书·翼奉传》:“连年饥馑,加之以疾疫,百姓菜色,或至相食。”颜师古注:“人专食菜,故饥肤青黄,为菜色也。”

唐·张九龄《曲江集》卷七《敕处分十道朝集使》:“且如江左,爰及山南,岁小不登,人已菜色。皆由好逐朝夕之利,而无水旱之储。”

6. **贰膳**,副膳。主膳在吃饭时食用,贰膳则作为零食来吃。

《唐律疏义》卷二十四:“诸子孙违犯教令及供养有阙者徒二年。”疏义曰:“《礼》云‘七十贰膳,八十常珍’之类,家道堪供而故有阙者,合徒二年。”

宋·阳枋《字溪集》卷十二《附录纪年录》:“子妇举贰膳常珍之礼以告,竟却不御,因手书训俭数条以示戒云。”

7. **鳏寡孤独**,少而无父者谓之孤,老而无子者谓之独,老而无妻者谓之矜,老而无夫者谓之寡。例如：

《史记·孝文本纪》："赐天下鳏寡孤独穷困及年八十已上、孤儿九岁以下布帛米肉各有数。"

汉·刘向《说苑·政理》："文王问于吕望曰：'为天下若何？'对曰：'王国富民，霸国富士，仅存之国富大夫，亡道之国富仓府。'文王曰：'善。'是日也，发其仓府，以振鳏寡孤独。"

8. **斑白**，头发花白。指老年人。例如：

宋·鲍照《鲍明远集》卷十《河清颂并序》："民阜财盛，斑白行谣，清绮高咏，云表幽和。"

《宋书·乐三·对酒歌》："仓谷满盈，斑白不负戴，雨泽如此，五谷用成。"

〔文化史扩展〕

备荒之政，莫善于此——耕三余一

《礼记·王制》："国无九年之蓄曰不足，无六年之蓄曰急，无三年之蓄曰国非其国也。三年耕，必有一年之食；九年耕，必有三年之食。以三十年之通，虽有凶旱水溢，民无菜色。"这几句话在我国的荒政史上占有很重要的位置，起过非常重要的作用。这几句话的精神，被浓缩成四个字的成语"耕三余一"。

从历史上来说，我国以农业立国。农业的一个特点是靠天吃饭，对自然界的依赖非常大。《史记·货殖列传》说："六岁穰，六岁旱，十二岁一大饥。"可见饥荒之频仍。而死于饥荒者，数千年来，不知凡几。饥荒造成的悲剧惊醒了人们，为了避免饥荒带来的灾难，必须备荒。而备荒，就必须储存粮食。怎样储存？耕三余一。孔颖达对耕三余一的解释相当明晰：

> 通三十年之率(率，粮食产量的平均数)者，每年之率，入物分为四分，一分拟为储积，三分为当年所用。二年又留一分，三年又留一分，是三年总得三分，为一年之蓄。三十年之率，当有十年之蓄，此云当有九年之蓄者，崔氏云："三十年之间，大略有闰月十二，足为一年，故惟有九年之蓄也。"王肃以为："二十七年有九年之蓄，而言三十者，举全数。"两义皆通，未知孰是也。

《王制》提出的这一重要备荒思想，为后代有作为的统治者和政治家所接受。贾谊《新书》卷三《忧民》："王者之法，民三年耕而余一年之食，九年而余三年之食，三十岁而民有十年之蓄。故禹水八年，汤旱七年，甚也，野无青草，而民无饥色，道无乞人。"《册府元龟》卷五百二载唐玄宗开元二年九月诏曰："且以天灾流行，国家代有，若无粮储之备，必致饥馑之忧。县令亲人，风俗所系，随当处丰约，劝课百姓，未办三载之粮，且贮一年之食。每家别为仓窖，非蚕忙农要之时，勿许破用。仍委刺史及按察使，简较觉察，不得容其矫妄。”清・秦蕙田《五礼通考》卷二四六评论此诏云：“耕三余一，载于《礼经》。小民所以乏食者，多缘丰年不知爱惜，任意出粜，无终岁之储，一遇饥馑，束手坐困。民愚无识，良可悯惜。玄宗诏县令劝课百姓，家别为仓窖，贮一年之食，非蚕忙农要之时，勿许破用，其所以为民食计者，至深远矣。此开元初政之所以善也。”

在我国历史上，首先落实《王制》这一重要备荒思想的政治家是战国的李悝。《汉书・食货志》记载李悝为魏文侯作尽地力之教，其中有云：“是故善平籴者，必谨观岁有上中下熟。上熟其收自四，余四百石；中熟自三，余三百石；下熟自倍，余百石。小饥则收百石，中饥七十石，大饥三十石。故大熟则上籴三而舍一，中熟则籴二，下熟则籴一，使民适足，价平则止。小饥则发小熟之所敛，中饥则发中熟之所敛，大饥则发大熟之所敛，而粜之。故虽遇饥馑水旱，籴不贵而人不散，取有余而补不足也。行之魏国，国以富强。”据《汉书・宣帝纪》记载，五凤四年（前54年），宣帝接受大司农中丞耿寿昌的建议，国家设立常平仓。宋・高承《事物纪原・利源调度・常平》：“汉宣帝时数丰稔，耿寿昌奏诸边郡以谷贱时增价籴入，贵则减价粜出，名曰‘常平’，此其始也。”秦蕙田评论说：“常平之名，始于汉，其法则自李悝始之。备荒之政，莫善于此。马贵与所谓‘农人服田力穑之赢余，上之人为制其轻重，时其敛散，使不以甚贵甚贱为患，乃仁者之用心’是也。”

《汉语大词典》收有“耕三余一”条，其释义有云：抗日战争时期，中国共产党领导下的若干边区人民政府在大生产运动中提出“耕三余一”的口号，号召军民积极生产，厉行节约，做到每家一年有四个月的余粮。续范亭《五百字诗》：“耕三须余一，岁岁不恐惶。”马可《夫妻识字》：“努力耕种，积草囤粮，耕三余一，防备灾荒。”

〔**集评**〕

宋・朱熹《二程遗书》卷四引程颢云：“孟子之时，去先王为未远，其学比后世为尤详，又载籍未经秦火，然而班爵禄之制已不闻其详。今之礼书，皆掇拾于煨烬之余，而多出于汉儒一时之傅会，奈何欲尽信而句为之解乎？然则其事固不可一二追复矣。”

元・吴澄《礼记纂言》卷七：“《王制》者，王者治天下之法制也。汉文帝令博士、诸生采集秦以前古书所载而作此篇。然杂取传记，其间与《周官》及《孟子》不能悉同，故郑注或谓之殷制，或谓之夏制，亦意之而已矣。”

清杭世骏《续礼记集说》卷十九引明·汤三才曰：“三代立国，纪纲法度，较若画一，虽有辟王，而维持不坏，享国长久，职此故也。周衰，暴君污吏，慢其经界，而井田之制坏；诸侯去籍，而爵禄之制坏。至秦开阡陌，制郡县，而古法扫地尽矣。然其书犹有存者，故汉文令博士杂采传记，作为此篇。虽与《孟子》《周官》小异，要其法良意美者，固可见也。”

清·王夫之《礼记章句》卷五：“《王制》于虞、夏、商、周宰制天下之大法，亦略具矣。其间参差不齐，异同互出，盖不纯乎一代之制，又不专乎一家之言，则时有出入，亦其所不免也。自今观之，有若驳而未纯。而当文献不足之时，节取以记四代之良法，传先圣之精意，功亦伟焉。至其孰为周制，孰为夏、殷之礼，固有难于缕析者，达其意而阙之，不亦可乎！程子曰‘其事固有不可一一追复’，盖至论也。”

清·皮锡瑞《王制笺自序》：“朱子谓‘《周礼》、《王制》皆制度之书’，以二书说制度最详，举以并论，初无轩轾。说者以《周礼》为周公作，则扬之太高；以《王制》为汉博士作，则抑之太甚。唯何劭公以《周礼》为六国时书，郑康成以《王制》在赧王之后，当得其实。据二君说，则二书时代不甚远。而古今说异，当由各记所闻。”

王锷《礼记成书考》：“我们认为，《礼记·王制》‘古者以周尺八尺为步’以前的经文部分，大概写成于战国中期，与郭店楚简写作的年代相近。‘古者以周尺八尺为步’以后，显然是秦汉人解释前面经文部分的文字。在刘向父子整理图书以前，《王制》原文和解释文字已经抄写在一起，成为目前我们看到的样子。”

〔思考与讨论〕

1. “卿，四大夫禄”，试计算卿的俸禄是下士的多少倍。
2. 本篇选文中，有哪些文字反映了国家对弱势群体的照顾？

《月令》第六（节选）

孟春之月[①]，日在营室[②]，昏参中，旦尾中[③]。其日甲乙[④]。其帝大皞[⑤]，其神句芒[⑥]。其虫鳞[⑦]。其音角[⑧]，律中大蔟[⑨]。其数八[⑩]。其味酸[⑪]，

---

① 孟春：春季的第一个月，即农历正月。郑玄注："孟，长也。"孔颖达疏："此言孟春者，夏正建寅之月也。"

② 日在营室：孙希旦曰："日在营室者，谓是月日之所行，躔于亥宫营室之星也。"营室，二十八宿之一，又叫定星。二十八宿都是恒星，古人用以作为观察天象的坐标。古人为了说明日月星辰的运行和节气变换的对应关系，把黄道附近一周天按照由西向东的方向分为星纪、玄枵、诹訾、降娄、大梁、实沈、鹑首、鹑火、鹑尾、寿星、大火、析木等十二等分，叫做十二次。每一次都有二十八宿中的某一星宿作为标识。例如，孟春之月，日躔于诹訾之次，作为标识的星是营室。

③ "昏参（shēn 身）中"二句：黄昏时，参星位于南天正中。拂晓时，尾星位于南天正中。换言之，黄昏时的中星是参星，拂晓时的中星是尾星。中星，二十八宿分布四方，按一定轨道运转，依次每月行至中天南方的星叫中星。观察中星可确定四时。参星、尾星均是二十八宿之一。

④ 其日甲乙：孟春的吉日是甲乙。五行家将天干十日与五行相配，即甲乙配木，丙丁配火，戊己配土，庚辛配金，壬癸配水。又以五行配东南中西北和四季：东方、春季配木，南方、夏季配火，中央配土，西方、秋季配金，北方、冬季配水。王夫之说："凡春，以甲乙之日为王而吉也。余仿此。"

⑤ 大皞（tài hào 太浩）：即伏牺氏，传说中的古帝名。五行家认为他是以木德王，故将其尊为春季、东方之帝。

⑥ 句（gōu 勾）芒：少皞氏的儿子，名重，死后被尊为木神。孙希旦说："有帝而复有神者，盖四时之气运于天，而五行之质丽乎地，自其气之各有所主则为五帝，自其质之各有所司则为五神，故《周礼》五帝为天神，而五祀为地祇也。"

⑦ 虫：古时对包括人在内的动物的总称。鳞：五虫之一。《大戴礼·易本命》："有羽之虫（即禽类）三百六十，而凤凰为之长；有毛之虫（即兽类）三百六十，而麒麟为之长；有甲之虫（即昆虫类）三百六十，而神龟为之长；有鳞之虫（即鱼类）三百六十，而蛟龙为之长；倮之虫（即人类）三百六十，而圣人为之长。"五行家又以五虫配五行：鳞虫配木，羽虫配火，倮虫配土，毛虫配金，甲虫配水。

⑧ 角（jué 绝）：五声之一。宫、商、角、徵、羽，合称五声。五行家将五声与五行相配：宫配土，商配金、角配木、徵配火、羽配水。

⑨ 律：律管，用以定音的管子（铜制或竹制）。中（zhòng 仲）：相应。大蔟（tài còu 太凑）：古代十二律之一。十二律分为阴阳两类。黄钟、大蔟、姑洗、蕤宾、夷则、无射为阳律，称"六律"；大吕、夹钟、中吕、林钟、南吕、应钟为阴律，称"六吕"。五行家又将十二律与一年的十二个月相配，孟春所配即大蔟。古人将葭莩（芦苇内壁的薄膜）灰分别塞入十二律的管子中，某个月份到了，和它相应的律管里的葭莩灰就飞动起来了，这就是"律中"。

⑩ 其数八：这是五行中与木相配的数字。古人将从一到十这十个数字按奇偶分属天地，即天一，地二，天三，地四，天五，地六，天七，地八，天九，地十。而五行自水始，火次之，木次之，金次之，土最后。木为天三与地八。三是木的生数，八是木的成数。这里只说"其数八"，是言其成数。

⑪ 酸：五味之一。酸、苦、甘、辛、咸，合称五味。五行家将五味配地之四方及中央。酸配东方，苦配南方，甘配中央，辛配西方，咸配北方。

其臭膻[①]。其祀户[②]，祭先脾[③]。

东风解冻，蛰虫始振[④]，鱼上冰[⑤]，獭祭鱼[⑥]，鸿雁来[⑦]。天子居青阳左个[⑧]，乘鸾路[⑨]，驾仓龙[⑩]，载青旗[⑪]，衣青衣[⑫]，服仓玉[⑬]，食麦与羊[⑭]。其器疏以达[⑮]。是月也，以立春。先立春三日，大史谒之天子曰[⑯]："某日立春，盛德在木。"天子乃齐[⑰]。立春之日，天子亲帅三公、九卿、诸侯、大夫以迎春于东郊。还反[⑱]，赏公卿、诸侯、大夫于朝。命相布德和令[⑲]，行庆施惠，下及兆民。庆赐遂行，毋有不当。乃命大史守典奉法[⑳]，司天日月星辰之

---

① 臭(xiù 袖)：气味。膻：五臭之一。膻、焦、香、腥、朽，合称五臭。五行家将五臭配地之四方及中央。膻配东方，焦配南方，香配中央，腥配西方，朽配北方。

② 户：五祀之一。孙希旦曰："春祀户，夏祀灶，中央祀中溜，秋祀门，冬祀行，此所谓五祀也。门、户者，人之所出入也；灶者，人所藉以养也；行者，人之所往来也；中溜者，人所居以安其身也。此五者，皆有神以主之。"

③ 祭先脾：孙希旦曰："祭先脾者，言所祭牲之五脏以脾为先也。"五行家将五脏配五行：脾配木，肺配火，肝配金，肾配水，心配土。孟春之月属木，故五脏以脾脏为先。

④ 蛰虫始振：蛰伏土中的动物开始苏醒。

⑤ 鱼上冰：孔颖达疏："正月，阳气既上，鱼游于水上，近于冰，故云鱼上冰。"

⑥ 獭(tǎ 塔)祭鱼：水獭将捕得的鱼陈列在水边，像祭食似的，故称。

⑦ 鸿雁来：《吕氏春秋》作"候雁北"。

⑧ 青阳左个：即东向明堂的北室。明堂，古代帝王居住及宣布政教之所，其构造依五行：东向的叫青阳，南向的叫明堂，西向的叫总章，北向的叫玄堂，中央的叫太庙。除太庙只有一个太室外，其余东南西北四个正堂的两侧各有一室，叫个。左侧室叫左个，右侧室叫右个。共有四个正堂和八个侧室，帝王按照四时五行的运行，月居一室。

⑨ 鸾路：有銮铃的车子。鸾本是青色凤鸟，取其青色与五行之木相配。路，通"辂"，车。

⑩ 驾仓龙：用仓龙驾车。仓龙，青色的马。"仓"，通"苍"。八尺以上的马称为龙。

⑪ 载青旗：车上插着绘有青龙的旗子。

⑫ 衣青衣：穿着青色的衣服。

⑬ 服仓玉：佩带青色的玉饰。

⑭ 食麦与羊：五行家将五谷(麦、黍、稷、麻、菽)和五畜(鸡、羊、牛、犬、豕)与五行相配。麦属木，是春季宜食之谷。但因为春季还有冬日的余寒，还须要吃羊来御寒。羊属火。

⑮ 其器疏以达：使用的器物纹理粗疏而通达。象征到了春季，万物将破土而出。

⑯ 大史：即太史。官名，掌管典法、礼籍和星历。谒：禀告。

⑰ 齐：通"斋"，斋戒。斋戒是为了下文的"迎春"，迎春是迎祭大皞帝和句芒神。

⑱ 反：《吕氏春秋》作"乃"，孟夏、孟秋、孟冬同。王引之认为当从《吕氏春秋》。

⑲ 相：谓三公，即太师、太傅、太保。因为三公助王理事，故称。和令：宣布禁令。王引之说："和"、"宣"二字古音相近，可通假。

⑳ 守典奉法：遵守六典，奉行八法。六典，谓治典、教典、礼典、政典、刑典、事典。八法，谓官属、官职、官联、官常、官成、官法、官刑、官计。详《周礼·春官·大宰》。

行[1],宿离不贷[2],毋失经纪[3],以初为常[4]。

是月也,天子乃以元日祈谷于上帝[5]。乃择元辰[6],天子亲载耒耜[7],措之于参保介之御间[8],帅三公、九卿、诸侯、大夫,躬耕帝藉[9]。天子三推[10],三公五推,卿、诸侯九推。反[11],执爵于大寝[12],三公、九卿、诸侯、大夫皆御[13],命曰劳酒[14]。

是月也,天气下降,地气上腾[15],天地和同[16],草木萌动。王命布农事[17],命田舍东郊[18],皆修封疆[19],审端径术[20],善相丘陵、阪险、原隰土地所宜[21],五

---

① 司:负责。

② 宿:太阳所在的位置。孙希旦曰:"宿,谓日之所次。"离:孙希旦曰:"谓月之所历。"离,通"丽",依附。贷:通"忒"(tè 特),差错。

③ 经纪:郑玄注:"谓天文进退度数。"

④ 以初为常:遵循旧法,以为常规。

⑤ 元日:此谓上辛日,即孟春之月的第一个辛日。祈谷:祈求五谷丰登。又叫祈年。

⑥ 元辰:吉辰。此指祈谷于上帝之后的第一个亥日。以天干甲、乙、丙、丁、戊、己、庚、辛、壬、癸纪日谓之元日,以地支子、丑、寅、卯、辰、巳、午、未、辛、酉、戌、亥纪日谓之元辰。祭天神用日,祭地祇用辰。

⑦ 耒耜:古代耕地的农具。似犁。犁柄叫耒,犁铧叫耜。

⑧ 措之于参保介之御间:将耒耜放在身穿甲衣的骖乘与驾车者之间。参,通"骖",此谓骖乘,又叫车右,负责保卫工作。第二个"之"字作"与"讲。御,驭者。

⑨ 躬:亲自。帝藉:天子为保证祭祀供给而借民力耕种之田。藉,借助。天子藉田千亩,名曰亲耕,实借民力。

⑩ 推:谓推耒耜入土,翻地。

⑪ 反,通"返"。

⑫ 执爵:犹言举杯,意谓设宴。路寝,天子处理政务之所。

⑬ 御:作陪。

⑭ 劳酒:慰劳之酒。

⑮ "天气下降"二句:天气下降,谓阳气在下;地气上腾,谓阴气在上。按:孟春之月的卦象是《泰卦》,《泰卦》由六爻组成,其上面三爻都是阴爻,是《坤卦》;其下面三爻都是阳爻,是《干卦》。阴爻代表阴气,阳爻代表阳气。所谓"三阳开泰",说的正是这种卦象。但从近期发展趋势来说,阳气逐月增加,阴气逐月减少。

⑯ 天地和同:阴气、阳气,和合混同。从《泰卦》的卦象上来看,阳气、阴气各占一半,正是和同之象。

⑰ 布:布置,规划。

⑱ 命田舍东郊:郑玄注:"田,谓田畯,主农之官也。舍东郊,顺时气而居,以命其事也。"

⑲ 封疆:疆界,土地之经界。

⑳ 审端:审正。径:田间小路。术:郑玄说当作"遂"。遂,田间小沟。

㉑ 善相:认真视察。丘陵:小的土山叫丘,大的土山叫陵。阪险:斜坡叫阪,陡坡叫险。原隰:高而平的土地叫原,低而湿的土地叫隰。

谷所殖，以教道民[①]，必躬亲之。田事既饬[②]，先定准直[③]，农乃不惑。

是月也，命乐正入学习舞[④]。乃修祭典[⑤]，命祀山林川泽，牺牲毋用牝[⑥]。禁止伐木[⑦]。毋覆巢，毋杀孩虫、胎、夭、飞鸟，毋麑，毋卵[⑧]。毋聚大众，毋置城郭[⑨]。掩骼埋胔[⑩]。

是月也，不可以称兵[⑪]，称兵必天殃。兵戎不起，不可从我始。毋变天之道[⑫]，毋绝地之理[⑬]，毋乱人之纪[⑭]。

孟春行夏令[⑮]，则雨水不时[⑯]，草木蚤落[⑰]，国时有恐[⑱]；行秋令，则其民大疫，猋风暴雨总至[⑲]，藜莠蓬蒿并兴[⑳]；行冬令，则水潦为败[㉑]，雪霜大挚[㉒]，首种不入[㉓]。

---

① 道：通“导”。

② 饬：整治。

③ 准直：准绳，标准。此谓上文的封疆径遂均已厘清。

④ 命乐正入学习舞：郑玄注：“为仲春将释菜。”按：释菜，以芹藻等物祭祀先师。乐正，乐官之长。学，指太学。

⑤ 修：整理。祭典：有关祭祀的法典。

⑥ 牺牲毋用牝：孟春之月，阳气发生之时，担心伤及怀孕的雌牲。

⑦ 禁止伐木：因为孟春是木德所在之月。

⑧ “毋覆巢”四句：郑玄注：“为伤萌幼之类。”即不杀害幼小动物。另参《王制》注。

⑨ “毋聚大众”二句：因为孟春是农事活动的开始，要避免一切妨农之事。

⑩ 掩骼埋胔：掩埋枯骨和尸骸。郑玄注：“为死气逆生也。”这是抑阴助阳的措施。

⑪ 称兵：举兵。因为举兵与阳气背道而驰。

⑫ 天之道：举事阴阳顺时即天之道。当阳之时，不行阴政；当阴之时，不行阳政。孟春为阳气上升之时，用兵属阴，故孟春不可用兵。

⑬ 地之理：刚柔得宜即地之理。如春季为柔，用兵为刚，如果春季用兵，则是以刚逆柔，绝地之理。

⑭ 乱人之纪：郑玄注：“仁之时而举义事。”盖谓春季为仁，用兵为义。

⑮ 孟春行夏令：如果孟春实行夏季的政令。

⑯ 雨水：孙希旦说：“据孔疏当为‘风雨’。”

⑰ 蚤落：提前凋零。蚤，通“早”。

⑱ 国时有恐：国都中时有惊恐事件发生。

⑲ 猋(biāo 标)风：暴风，旋风。猋，通“飙”。总(cōng 匆)至：突然来到。总，通“匆”。

⑳ 藜莠蓬蒿并兴：谓杂草茂盛。藜莠蓬蒿，蒺藜、莠草、蓬草和蒿草。

㉑ 水潦(lào 涝)：积水成灾。潦，通“涝”。

㉒ 挚：通“至”。

㉓ 首种不入：谓稷无法下种。郑玄注：“旧说首种谓稷。”孔颖达疏：“百谷之内稷先种，故云首种。首即先也，种在百谷之先也。”

〔问题分析〕

"元日"辨

《月令》:"孟春之月……是月也,天子乃以元日祈谷于上帝。"郑玄注:"谓以上辛郊祭天也。"古人以天干地支记日,所谓"上辛",即当月的第一个辛日。为什么一定要用辛日?据孔颖达疏,《礼记·郊特牲》云:"郊之用辛。"郑注:"凡为人君,当斋戒自新。"辛与新,上古同音。就是这么一点道理。清代学者孙希旦不信郑说,在其《礼记集解》中说:"郊之用辛,当时必有其义,但今无可考耳。郑氏'斋戒自新'之说,未免于凿也。"实际上,古人对"元日"一类词的解释,歧互之处甚多,使后之学者不知所从。清代学者秦蕙田在《五礼通考》卷一二四写了一段按语,窃以为见解独到,解开了这团乱麻。他说:

> 《月令》:"孟春之月,天子乃以元日祈谷于上帝。乃择元辰,躬耕帝籍。仲春之月,择元日,命民社。"郑注以元日祈谷为上辛郊天,元辰为郊后吉辰,元日命民社为祀社日用甲。《王制》:"耆老皆朝于庠,元日习射上功。"孔疏以元日为择善日。《虞书·舜典》:"正月上日,受终于文祖。月正元日,舜格于文祖。"孔传:"上日,朔日也。月正,正月也。元日,上日也。"孔疏:"上日,日之最上。元日,日之最长。元日还是上日。如礼云令月吉日,又变文言吉月令辰也。"或问:均一元日,于《舜典》以为朔日,于《王制》以为善日,于《月令》,或为辛日,或为甲日。又谓元辰为吉辰,则亦是善日。其说不一,似不若俱以善日释之。曰:训元为善,元日谓之善日,则元年亦谓之善年乎?《月令》既有元日,又有元辰,日与辰自有别,康成因祈谷与命社之文,故引《郊特牲》郊用辛、社用甲以释之,非元日正训也。然郊用辛,社用甲,虽出于秦汉诸儒之傅会,而社日用甲,正与"择元日,命民社"有合。盖尝考之,元者,始也。元日者,日之始。元辰者,辰之始。《春官·冯相氏》:"掌十有二月、十有二辰、十日。"故子者,十二辰之始;甲者,十日之始。而每月朔日,亦为一月之日之始。元辰惟一,而元日有二。非子不可称元辰,而朔日与甲日俱可称元日也。《舜典》、《王制》及《月令》祈谷之元日,皆朔日也。祈谷直用朔日,故言"天子以元日",而不言择;耕籍用子日,故谓之元辰,而言择;命民社用甲日,故亦谓之元日而言择也。曰:如此,则祈谷之郊,于元旦行之,可乎?曰:以周制言,乃三月之朔耳,非元旦也。于殷为二月朔,于夏乃为元旦。夏殷之礼,不可考矣。然万物本于天,而民之大事在农,则以元旦祈谷于上帝,固无不可也。

〔**由本篇产生的新词、成语**〕

1. **帝藉**，天子为保证祭祀供给而借民力耕种之田。藉，借助。例如：

《淮南子·时则训》："举五谷之要，藏帝藉之收于神仓。"

《晋书·礼志上》："古之圣王，躬耕帝耤，以供郊庙之粢盛，且以训化天下。"

2. **劳酒**，籍田礼毕，天子设宴慰劳预事群臣之酒。例如：

《南齐书·武帝下》："永明四年春正月甲寅，以籍田礼毕，车驾幸阅武堂，劳酒小会，诏赐王公以下在位者帛有差。"

《南史·梁本纪中第七》："普通四年二月乙亥，耕藉田，孝弟力田赐爵一级，预耕之司，克日劳酒。"

3. **天殃**，天降的祸殃。例如：

汉·董仲舒《春秋繁露·郊语》："由是观之，天殃与上罚所以别者，闇与显耳。"

《汉书·贾山传》："秦以熊罴之力，虎狼之心，蚕食诸侯，并吞海内，而不笃礼义，故天殃已加矣。"

4. **首种**，谓稷。百谷之内稷先种，故名。例如：

唐·萧颖士《萧茂挺文集·为从叔鸿胪少卿论旱请掩骼埋胔表》："顷春之季，恒阳小愆，宿麦未登，首种不入。"

宋·宋祁《景文集》卷四十八《谢雪文》："维皇佑五年，岁次癸巳，正月壬寅朔，越四日乙巳，具官宋祁，敢告于里社龙神，向以寒气不效，雪不时降，民病壅塞，首种燋然。"

〔**文化史扩展**〕

祈谷之礼与北京天坛祈年殿

《礼记·月令》孟春之月："是月也，天子乃以元日祈谷于上帝。"后世的祈谷礼，就是由这句话引发的。《月令》的这句话没错，问题在于郑玄的注。郑玄注云："谓以上辛郊祭天也。上帝，太微之帝。""元日"，元者，始也，解释作正月初一不好吗？为什么要解释作正月的"上辛日"？孔颖达对此解释说："按《郊特牲》云：'郊之用辛。'郑注：'凡为人君，当斋戒自新。'"这个解释实在牵强，有的学者表示怀疑。但是由于郑玄的名气大，历代统治者出于对郑玄的迷信，也就采用了。后世凡是举行祈谷礼，都用上辛日（特殊情况下，也有用中辛日的）。还有，"上帝"指的是哪位尊神？郑玄注说是"太微之帝"？何谓"太微之帝"？请看孔颖达疏的解释：

"云'上帝,大微之帝'者,《春秋纬》文。大微为天庭,中有五帝座,是即灵威仰、赤熛怒、白招拒、汁光纪、含枢纽。祈谷郊天之时,各祭所感之帝。殷人则祭汁光纪,周人则祭灵威仰,以其不定,故总云大微之帝。"原来太微之帝是个集合名词,不是一个,而是五个。这五帝,五行家又把它和东西南北中和金木水火土搭配,成了东方木帝曰灵威仰,西方金帝曰白招拒,北方水帝曰叶光纪,南方火帝曰赤熛怒,中央土帝曰含枢纽。这五帝,还有个名字叫感生帝。所谓感生,也是五行家的思想。据说,一个王朝的勃然兴起,一定是感动了五帝中的某一帝。故以木德受命有天下者则祭灵威仰,以金德受命有天下者则祭白招拒,以水德受命有天下者则祭叶光纪,以火德受命有天下者则祭赤熛怒,以土德受命有天下者则祭含枢纽。这就是感生帝。感生帝之说,出自纬书,学者啧有烦言,到了唐高宗时才得以纠正。《新唐书・礼乐志二》:"高宗显庆二年,礼部尚书许敬宗与礼官等议曰:'六天出于纬书,而南郊、圜丘一也,玄以为二物。郊及明堂,本以祭天,而玄皆以为祭太微五帝。皆谬论也。'由是尽黜玄说,而南郊、祈谷皆祭昊天上帝。"

郑玄注还有一个更大的错误,就是把《月令》的祈谷之祭与《郊特牲》的圜丘之祭合二为一,导致了历史上长期的祭典混乱。二祭的相同之处在于都是祭天,祭昊天上帝。不同之处有二:第一,时间不同。祈谷之祭是在孟春之月,而圜丘之祭是在冬至之日。第二,从性质上来说,祈谷之祭是祈祭,而圜丘之祭是正祭。清人秦蕙田说:"自郑氏合日至、用辛为一,而郊祭之礼及祈谷之礼俱晦。故自汉以后,郊必用辛,而二祭不分矣。梁祈谷祭先农,是以人鬼为天帝;唐祈谷祀感帝,是以谶纬惑正经。惟《显庆礼》与《政和礼》圜丘、祈谷,皆祭上帝,始不失古义。明祈谷礼,自世宗始,后间行之。洪惟圣朝,孟春上辛祈谷于南郊,每岁天子亲行,敬勤之义,斯为至矣。"(《五礼通考》卷二十一)

今北京天坛公园有圜丘坛和祈年殿。圜丘坛是皇帝冬至祭天的地方,祈年殿是皇帝正月上辛日祈谷的地方。据《钦定日下旧闻考》卷五十八,祈年殿,始建于明代永乐十八年,初名大祀殿,因为要在这里合祭天地,故名。到了嘉靖九年,改合祭天地为分祭,冬至祭天于南郊,夏至祭地于北郊,大祀殿搁置不用。到了嘉靖十七年,商议在大祀殿举行明堂秋享,于是改大祀殿为大享殿。到了清代,冬至祭天即于圜丘,孟春之月祈谷即于大享殿。大享殿之名,沿用未改。但大享殿之名与祈谷之事,名实不副。于是在乾隆十六年奏准皇帝,奉旨改为祈年殿。按《说文・禾部》:"年,谷熟也。从禾,千声。"可知祈年殿者,祈谷殿也。祈年殿的覆檐用瓦也很有讲究。据《钦定大清会典则例》卷一二六记载:"乾隆十七年奏准,祈年殿旧制三覆檐成造，上层青瓦（象征天神），中层黄瓦（象征地祇），下层绿瓦（象征人鬼）。考明初合祀天神、地祇、前代帝王，是以瓦片分用三色。嗣举季秋飨帝之礼，易为大享殿，瓦色仍用初制。国朝改为祈谷于上帝之所，瓦片仍用三色。今改为祈年殿，所有殿及大门两庑，均请改用青色琉璃（因为是祈谷于上帝）。"

〔**集评**〕

东汉·郑玄《三礼目录》云："名曰《月令》者，以其纪十二月政之所行也。本《吕氏春秋》十二月纪之首章也，以礼家好事，抄合之，后人因题之名曰《礼记》，言周公所作。其中官名、时、事多不合周法，此于《别录》属《明堂阴阳记》。"

南朝陈·陆德明《经典释文》："此是《吕氏春秋》十二纪之首，后人删合为此记。蔡伯喈、王肃云周公所作。"

唐·柳宗元《柳河东集》卷三《时令论上》："《吕氏春秋》十二纪，汉儒论以为《月令》，措诸礼，以为大法焉。其言十有二月、七十有二候，迎日步气，以追寒暑之序，类其物宜而逆为之备，圣人之作也。然而圣人之道，不穷异以为神，不引天以为高，利于人，备于事，如斯而已矣。观《月令》之说，苟以合五事，配五行，而施其政令，离圣人之道，不亦远乎！"

宋·朱熹《二程外书》卷五："《月令》尽是一部好书，未易破他。柳子厚破得他不是。"

宋·卫湜《礼记集说》卷三十七引横渠张氏曰："《月令》大率秦法也。然采三代之文而为之，不无古意。……《月令》尽有美意，未易可破。柳子厚《论》，亦未安。"

宋·卫湜《礼记集说》卷三十七引高氏曰："《月令》所以著入六经者，其深旨犹未闻也。尝读《洪范》之书而后得其说。盖《月令》一篇，大体与《洪范》相通为一，特先儒未之讲明尔。……然则合而论之，则谓之《洪范》；散而举之，则谓之《月令》，故《月令》所以著入六经，垂训万世者，其在兹乎！"

宋·黄震《黄氏日抄》卷十六："《月令》，秦相吕不韦集儒士使著所闻，为十二月纪，名《吕氏春秋》。每篇首皆有月令，此书即其文也。其衣服、器皿、官名，虽多杂秦制，然能仰观日月星辰霜露之变，俯察虫鱼草木鸟兽之化，以修人事，以授民时，庶几《虞书》历象之遗意，故君子有取焉。至其以五行分配五帝，盖本邹衍五运相生之说，从而推衍，一一分配。天子南向所居，自有定位，乃每月而各异其处。天子五辂，所用自有异宜，乃每月而各拘其色。牺牲一也，时各变其所先；器服一也，时各变其所尚；五穀六畜，日用饮食之常也，亦随时而变。翦翦焉若不可以相通，则未免于拘矣。”

清·杭世骏《续礼记集说》卷二五引明人汤三才曰：“明王奉若天道，莫先于敬授民时。故舜齐七政，周协五纪，自尧以来，莫之有改也。不韦去古未远，传闻有在。其书虽成于诸子，而实摭列代之遗文，虽纪于巨奸，而实具帝王之善制。”

清·杭世骏《续礼记集说》卷二五引清初芮城曰：“《月令》与先王辅相燮调之旨虽未必尽当，质诸《洪范》庶征之休咎，亦无可厚非。乃或喜其精并护其失，摘其短并掩其长。如王肃、蔡邕谓非周公不能作，柳宗元又贬为近于瞽史，皆过也。”

王锷《礼记成书考》：“关于《月令》的成篇年代，自汉代以来，便众说纷纭。杨宽早在二十世纪四十年代撰《月令考》一文，即详加辩论。杨宽的结论可总结为：《礼记·月令》上承《七月》、《夏小正》，是战国末期阴阳五行家之作，作者是晋国人之后裔。《吕氏春秋·十二纪》之首章及《吕氏春秋·音律篇》是吕不韦宾客根据与《月令》相同的底本改变而成，《淮南子·时则训》也据《月令》而来。我们同意他的看法。”

〔**思考与讨论**〕

1. 根据《月令》孟春之月的原文及注释，试绘出五行与四时、四方、五帝、五虫、五声、五味、五臭及五脏的相配表。

2. 《月令》“躬耕帝藉”，又叫“帝籍”、“籍田”、“亲耕”，试从《二十四史》中找出实际例证。

《曾子问》第七（节选）

曾子问曰：“并有丧①，如之何？何先何后？”孔子曰：“葬，先轻而后重；其奠也，先重而后轻；礼也②。自启及葬，不奠③，行葬不哀次④；反葬

① 并有丧：指父母或其他亲人同月而死。

② “葬，先轻而后重”至“礼也”：因为葬是夺情，故先轻而后重；奠是供养，故先重而后轻。以父母为例，父重而母轻。余可类推。

③ 启：启殡。古时死者大殓入棺后，棺柩用柴草泥封，临葬前数日，除泥封，叫启殡。不奠，指不为重者（未葬者）设朝夕奠。因为这段时间内孝子主要忙于葬轻者。

④ 不哀次：次是大门外的倚庐，孝子居丧时的临时住宿之处。灵柩至此，孝子当哭踊发泄悲哀。今先葬母，父柩尚在殡宫，故孝子不在此处哭踊致哀。

奠，而后辞于殡[①]，遂修葬事。其虞也[②]，先重而后轻，礼也。”

贱不诔贵[③]，幼不诔长，礼也。唯天子称天以诔之[④]。

〔**文化史扩展**〕

古代帝王的谥号，不是朝廷给的

——纠正王力《古代汉语》与众多词书的一处失误

王力《古代汉语·古代文化常识三》：“古代帝王、诸侯、卿大夫、高官大臣等死后，朝廷根据他们的生平行为给予一种称号以褒贬善恶，称为谥或谥号。据说谥号是死者生前事迹和品德的概括。”[⑤]

又，王力主编《王力古汉语字典》：“谥，古代帝王、诸贵族、大臣死后，依其生前事迹所给予的带有褒贬意义的称号。”[⑥]

《汉语大词典》“谥”字的第一义项：“古代帝王、贵族、大臣、士大夫或其他有地位的人死后，据其生前业迹评定的带有褒贬意义的称号。”[⑦]

《汉语大词典》“谥号”的释义：“古人死后依其生前行迹而为之所立的称号。帝王的谥号一般由礼官议上；臣下的谥号由朝廷赐予。”[⑧]

《汉语大字典》(第二版)“谥”字读 shì 音的第一义项：“古代帝王、贵族、大臣等死后，依其一生所行事迹给予的称号。”[⑨]

《辞源》(第三版)“谥”字的第一义项：“帝王、后妃、贵族、大臣死后，依其生前事迹给予的称号。”[⑩]

中国社会科学院语言研究所词典编辑室编《现代汉语词典》(第七版)“谥”字的第一义项：“君主时代帝王、贵族、大臣等死后，依其生前事迹所给予的称号。”[⑪]

---

① 殡：当作“宾”。辞于宾，谓告诉宾客重丧的启殡日期。

② 虞：葬后之祭，有安神之意。

③ 郑玄注：“诔，累也。累列生时行迹，诔之以作谥。谥当由尊者成。”

④ 孔颖达疏云：“‘唯天子称天以诔之’者，诸侯及大夫，其上犹有尊者为之作谥。其天子，则更无尊于天子者，故唯为天子作谥之时，于南郊告天，示若有天命然，不敢自专也。”

⑤ 王力《古代汉语》(校订重排本)，975 页。

⑥ 王力主编《王力古汉语字典》，中华书局，2000 年，1291 页。

⑦《汉语大词典》，汉语大词典出版社，1993 年，第 11 卷，386 页。

⑧《汉语大词典》，第 11 卷，387 页。

⑨《汉语大字典》(第二版)，四川辞书出版社，2010 年，4272 页。

⑩《辞源》(第三版)，商务印书馆，2015 年，3833 页。

⑪《现代汉语词典》(第七版)，商务印书馆，2016 年，1199 页。

问题出在帝王(或者说天子)的谥号是谁给的?王力《古代汉语》说是"朝廷"给的。《汉语大词典》则说"帝王的谥号一般由礼官议上",试问,"礼官议上",上给谁呢?其他几种词书则含糊其词,讳言是谁给的。

愚按:说古代诸侯、卿大夫、高官大臣死后的谥号是朝廷给的,没有错。唯有帝王(天子)死后的谥号,不能这样说。那么是谁给的?答曰:是天给的。准确地说,是假借天的名义给的。根据何在呢?

《礼记·曾子问》曰:"贱不诔贵,幼不诔长,礼也。"郑玄注:"诔,累也,累列生时行迹,诔之以作谥。谥当由尊者成。"《曾子问》又曰:"唯天子称天以诔之。"郑玄注:"以其无尊焉。《春秋公羊》说以为读诔制谥于南郊,若云受之于天然。"孔颖达疏:"'唯天子称天以诔之'者,诸侯及大夫,其上犹有尊者为之作谥。其天子,则更无尊于天子者,故唯为天子作谥之时,于南郊告天,示若有天命然,不敢自专也。"[①]这就是"唯天子称天以诔之"的理论根据。《论语》上说"天何言哉"!天是不会说话的,不难看出,这实际上是一场君权神授的表演而已。

《春秋》桓公十八年:"冬,十有二月己丑,葬我君桓公。"《公羊传》:"桓者,谥。礼,生有爵,死有谥,所以劝善惩恶也。礼,诸侯薨,天子谥之;卿大夫受谥于君。唯天子称天以谥之。"[②]

《白虎通义·谥》:"天子崩,臣下至南郊谥之者何?以为人臣之义,莫不欲褒大其君,掩恶扬善者也,故之南郊,明不得欺天也。故《曾子问》:'孔子曰:天子崩,臣下之南郊告谥之。'"[③]按《后汉书·儒林传序》:"建初中,大会诸儒于白虎观,考详同异,连月乃罢。肃宗亲临称制,如石渠故事,顾命史臣,著为《通义》。"李贤注:"即《白虎通义》是。"[④]白虎观会议,是由汉章帝亲自主持并对讨论问题作出最后决断的一次经学会议。这就是说,《白虎通义》是皇帝钦定之书。具体地说,以"天子崩,臣下至南郊谥之"这一条来说,已经从经书的条文,变成了皇帝认可的成例。

南朝梁刘勰《文心雕龙·诔碑》:"周世盛德,有铭诔之文。诔者,累也,累其德行,旌之不朽也。夏商已前,其详靡闻。周虽有诔,未被于士。又贱不诔贵,幼不诔长。在万乘,则称天以诔之。"[⑤]这说明,天子诔文(即谥议)如何写,已经是一种

① 《礼记正义》,796页。

② 《公羊传注疏》,点校《十三经注疏》繁体字版,2000年,129页。

③ 陈立《白虎通义疏证》,中华书局,1994年,72页。

④ 《后汉书》,第9册,2546页。

⑤ 刘勰著、范文澜注《文心雕龙注》,人民文学出版社,1978年,212页。

独立的文体。

下面，我们以宋代为例，看看宋代皇帝死后的谥号是怎样“称天以诔之”的。

李焘《长编》卷一九八仁宗嘉祐八年五月庚申：“翰林学士王珪奏：谨按《曾子问》曰：‘贱不诔贵，幼不诔长，礼也。惟天子称天以诔之。’《春秋公羊》说：‘读诔制谥于南郊，若云受之于天然。’干兴元年夏，既定真宗皇帝谥。其秋，始告天于圜丘。史臣以为，天子之谥，当集中书、门下、御史台五品以上，尚书省四品以上，诸司三品以上于南郊，告天议定，然后连奏以闻。近制，唯词臣撰议，即降诏命，庶僚不得参闻，颇违称天之义。臣奉命撰上先帝尊谥，欲望明诏有司，稽详旧典，先之南郊，而后下臣僚之议，庶先帝之茂德休烈，可信万世之传。”①

这条史料表明，在宋代前期的太祖、太宗、真宗朝，在“天子称天以诔之”问题上，曾经在做法上不够严肃，不遵守正当程序。本当先到南郊告天，然后再定帝谥。而实际上却是，先议定了帝谥，而后才去南郊告天。南郊请谥，本来就是走一个过场，但也不能做得太离谱，形同儿戏。现在仁宗死了，王珪又奉敕撰写仁宗谥号议，就上奏英宗皇帝，建议改正旧的做法。陈均《九朝编年备要》说，对于王珪的建议，“诏从之，遂为定制”。②

下面让我们见识一下王珪写的《仁宗谥号议》。

王珪《仁宗谥号议》：臣伏奉敕命，以七月二十九日集官于南郊坛告天，请到大行皇帝谥曰“神文圣武明孝皇帝”。差臣撰谥及庙号文者，臣谨上议曰：

臣闻元精磅礴，济万物而不昭其迹者，荐名曰天；至德汪洋，泽万方而不有其功者，建谥于帝。伏思在昔帝王，生膺大名，终纪大行，使金声而玉振之，以昭乎无穷之闻者，帝莫盛于尧舜，王莫隆于禹汤也。盖易名之典，下不得诔上。古者将为至尊之谥，必质于郊，然后定之。兹所以推天下之至美，明天下之至公，虽天子不得以自专也。

洪惟大行皇帝，躬上主之姿，承累圣之序，流至德之恺悌，履放勳之钦明。苞富有之业而能守以约，揽泰定之势而弗恃以安。固尝邈然究视所未形，俛然积思所不及。谓天命之匪易，乃严恭戒惧，庶以答灵心之顾。谓民怀之靡常，乃涵容煦沫，庶以陶善类之归。知括万物而不可测，恩渗四垠而不可形。如两仪之无不帱载，如三辰之无不临烛。于时修废官，继绝世，礼高年，劝力穑，减常赋，抑末游。

---

① 李焘《续资治通鉴长编》，中华书局，4808 页。

② 陈均《九朝编年备要》卷十六，景印《文渊阁四库全书》本，第 328 册，424 页。

虚己以遇豪俊之才，降志以从忠直之谏。振立赏罚而权衡之，章明典礼而黼黻之，宥恕刑狱而荡涤之，惠哀困穷而衣食之。人情莫不欲逸，爱其力而不劳；人情莫不欲寿，辅其生而不伤。群公庶尹，罔弗夷正，相与谋王之朝；殊邻绝区，罔弗亿宁，相与慕王之境。父父子子，兄兄弟弟，罔弗顺祇，相与立王之涂。盖仁政之施，沛然其若是，莫之能御也。矧夫耕籍于千亩之田，祫祭于先王之庙，报天之诚笃，则八奠于圆丘；严父之志尽，则再侑于明堂。宗室既蕃，则广诸分玉之爱；邦统未昭，则豫有主器之属。下议乐之诏，以考钟石之和；置写书之官，以缉经坟之学。迩英敷席，图讲艺也；凝机校字，资味道也。藻思粹发，穷圣作也。飞毫洒落，肆天纵也。知声色之靡伐于德义，于是乎屏燕饮之娱；知雉兔之获殚于精神，于是乎绝盘游之欲。念组织之勤，则却服御之华；念土木之费，则损宫室之丽。西羌阻命，不欲久戍劳师，而遂纳玉关之誓；南蛮肆奸，不欲深入薄冠，而自致藁街之戮。时则有隃沙轶漠，卓荦之贡委，应图合牒，沕潏之瑞蕠。四十二年于兹，可谓海内大治矣。窃迹羲皇之前，敻乎莫索其详。自《诗》《书》之载，揆厥所元，终都幽冀，未有如此之盛者也。

方将勒鸿休，受永祜，岂图神机欻厌，邦衅上延。仙鼎已成，不返荆山之御；玉衣虽在，空陈渭水之游。嘉原既新，同轨毕至。下华盖于北极，引龙輴之西巡。此万国所以摧心，三灵为之变色。有司由是饬旧典册，丕称皇哉邈乎，几有以绥王灵而炳帝烈也。谨按《谥法》：'治民无为曰神，经纬天地曰文，通达先知曰圣，保大定功曰武，照临四方曰明，慈惠爱亲曰孝。'若乃群生嘻嘻，鼓之舞之，不知至化之所自然，非至神乎！制作礼乐，际天接地，焕然大备，非至文乎！永惟宗庙之奉，实发先识，以建大本，非至圣乎！戴白之老，不识兵革之警，非至武乎！遐末荒昧之情，格于聪明，而无所遗，非至明乎！惇序九族，以述夫先祖之志，非至孝乎！

粤庙号之建尚矣，惟其歷古，圣贤之君，莫不极其所以尊明令显之称。又或至于代相袭之。夫仁者，圣人之盛德，岂独未有以当之耶！抑当时鸿儒巨学，反略于稽求，将天之所启，期以克配大行之庙乎！《诗》云：'维天之命，于穆不已！'此之谓欤！唯功以创业为祖，德以守成为宗，皆尊尊之大谊也。大行皇帝尊谥，宜天锡之曰'神文圣武明孝皇帝'，庙曰'仁宗'。谨议。"[①]

---

① 王珪《仁宗谥号议》，既见于曾枣庄、刘琳主编《全宋文》，上海辞书出版社，2006 年，第 53 册，153—155 页，又见于王珪《华阳集》卷四十五，景印《文渊阁四库全书》本，上海古籍出版社，1987 年，第 1093 册，326—328 页。

愚按：愚以为，王珪《仁宗谥号议》，首先写为什么天子的谥号“必质于郊，然后定之”，其次写仁宗在位四十二年，治道之隆，功德之盛，其次写为什么为仁宗所请谥号是“神文圣武明孝”六字，所请庙号是“仁宗”二字。文章层次井然。最后以“谨议”二字结尾，显然是上报天帝期待审批的口吻。在天子谥议此类文体中，王珪此《议》，可谓上乘之作。徐乾学《读礼通考》一百二十卷，天子谥议之作仅录一篇，即王珪此篇。

下面是一些宋代皇帝死后南郊请谥的记载。《宋史》卷一二二：“嘉祐八年三月晦日，仁宗崩，英宗立。七月，宰臣以下宿尚书省，宗室团练使以上宿都亭驿，请谥于南郊。治平四年正月八日，英宗崩，神宗即位。四月三日，请谥（按：据上下文，此处疑脱“于南郊”三字）。元丰八年三月五日，神宗崩。七月五日，请谥于南郊。绍兴五年四月甲子，徽宗崩于五国城。七年正月，问安使何藓等还以闻。六月，张浚请谥于南郊。绍兴三十一年五月，金国使至，以钦宗讣闻。七月，宰臣陈康伯等率百官诣南郊请谥，庙号钦宗。”[①]《宋史·理宗纪》：“嘉定十七年闰月丁酉，宁宗崩于福宁殿。十二月辛酉，请大行皇帝谥号于南郊，谥曰‘仁文哲武恭孝皇帝’，庙号曰宁宗。”[②]

〔思考与讨论〕

1.《史记·秦始皇本纪》：“二十六年，制曰：朕闻太古，有号毋谥。中古有号，死而以行为谥。如此则子议父，臣议君也，甚无谓，朕弗取焉。自今已来，除谥法，朕为始皇帝，后世以计数，二世三世，至千万世，传之无穷。”请试论之。

2. 刘向《古列女传·柳下惠妻》：“柳下惠既死，门人将诔之。妻曰：‘将诔夫子之德耶，则二三子不如妾知之也。’乃诔曰：‘夫子之不伐兮，夫子之不竭兮，夫子之信诚而与人无害兮；屈柔从俗，不强察兮；蒙耻救民，德弥大兮；虽遇三黜，终不蔽兮；恺悌君子，永能厉兮；嗟呼惜哉！乃下世兮！庶几遐年，今遂逝兮。呜呼哀哉，魂神泄兮。夫子之谥，宜为惠兮。’门人从之。”请思考，这是什么样的谥？

---

① 以上诸帝请谥南郊的记载，分别见于中华书局1985年点校本《宋史》2853页、2854页、2854页、2857—2859页、2860页。

② 《宋史》，中华书局，1985年，784页。

《礼运》第九（节选）

昔者仲尼与于蜡宾[①]，事毕，出游于观之上[②]，喟然而叹[③]。仲尼之叹，盖叹鲁也。言偃在侧[④]，曰："君子何叹？[⑤]"孔子曰："大道之行也，与三代之英，丘未之逮也，而有志焉[⑥]。大道之行也，天下为公[⑦]。选贤与能[⑧]，讲信修睦，故人不独亲其亲[⑨]，不独子其子[⑩]，使老有所终[⑪]，壮有所用[⑫]，幼有所长[⑬]，矜、寡、孤、独、废疾者皆有所养[⑭]。男有分[⑮]，女有归[⑯]。货[⑰]，恶其弃于地也[⑱]，不必藏于己；力，恶其不出于身也[⑲]，不必为己。是故谋闭而不兴，

---

① 与于蜡宾：以助祭者的身份参与蜡祭。蜡（zhà 乍）：祭名。按：《礼记·郊特牲》："蜡也者，索也。岁十二月，合聚万物而索飨之也。"周历之十二月，夏历则为十月。蜡，就是搜索的意思。周历的十二月，农事活动结束，把一切和农作物生长有关的神（甚至包括猫、虎）都找来祭祀一番，表示报答。同时彻底地放松热闹一番。据《礼记》的《郊特牲》和《杂记》两篇记载，蜡祭非常热闹，近乎是全民的狂欢节。

② 观（guàn 冠）：天子、诸侯宫门前的较高建筑，可以悬挂法令，让人观看。关于它的形制和得名由来，孙诒让《周礼正义》说："天子、诸侯宫门皆筑台，台上起屋，谓之台门。天子台门之两旁，特为屋，高出于门屋之上者，谓之双阙，亦谓之两观。诸侯不得为两观，则即于门台之上正中，特高其屋，出于它门台之上，是谓一观。观即因门台为之，故亦称观台。无论一观两观，皆巍然而高，即通谓之魏阙；无论为台为观，皆可以悬法，即通谓之象魏。象魏之名，起于悬法象。"

③ 喟然而叹：郑玄注："孔子见鲁君于祭礼有不备，于此又睹象魏旧章之处，感而叹之。"

④ 言偃：孔子弟子。姓言名偃，字子游，在孔门七十二贤人之中以文学著称。

⑤ 君子何叹：孔颖达疏云："不云'孔子'而云'君子'者，以《论语》云'君子坦荡荡'，不应有叹也，故云君子何叹。"

⑥ "大道之行也"四句："大道之行"，谓下文的大同社会；"三代之英"，谓夏、商、周三代的杰出君主。此处喻指下文的小康社会。'丘未之逮'，谓以上两种社会我都没有赶上，"而有志焉"，谓古书上有记载。"志"，《孔子家语·礼运》作"记"。

⑦ 天下为公：把天下传给贤者而不是传给儿子，即禅让。这是大同社会的本质特点。

⑧ 与：通"举"。

⑨ 亲其亲：以自己的亲人为亲。

⑩ 子其子：以自己的儿子为子，

⑪ 有所终：有安度晚年的去处。

⑫ 有所用：有可以出力干活的去处。

⑬ 有所长：有可以成长的去处。

⑭ 矜、寡、孤、独：解详《王制》。废疾：废指伤残，疾指疾病。

⑮ 男有分（fèn 份）：男子都能找到活干。分：职责，职分。

⑯ 女有归：女子都能找到婆家。归：女子出嫁。此谓夫家。

⑰ 货：财物。

⑱ 恶（wù 误）：讨厌。

⑲ 身：自身。

盗窃乱贼而不作[1]，故外户而不闭[2]。是谓大同[3]。今大道既隐[4]，天下为家[5]，各亲其亲，各子其子，

货力为己，大人世及以为礼[6]，城郭沟池以为固[7]，礼义以为纪[8]，以正君臣[9]，以笃父子[10]，以睦兄弟，以和夫妇，以设制度，以立田里[11]，以贤勇知[12]，以功为己[13]。故谋用是作[14]，而兵由此起[15]。禹、汤、文、武、成王、周公，由此其选也[16]。此六君子者，未有不谨于礼者也[17]，以著其义[18]，以考其信，著有过，刑仁，讲让[19]，示民有常[20]。如有不由此者[21]，在势者去[22]，

---

① "是故谋闭而不兴"二句：郑玄注："尚辞让之故也。"谋：谓奸诈之心。闭而不兴：闭塞而不起。盗窃：谓盗窃财物。乱贼：谓犯上作乱。

② 外户而不闭：意谓门的作用只是为了阻挡风尘进入室内，不是为了防备坏人。外户：从外面把门掩上。不闭：不用上锁。

③ 是谓大同：孔颖达疏："率土皆然，故曰大同。"

④ 隐：消逝不见。

⑤ 天下为家：把天下传给儿子而不是传给贤者，这是小康社会的本质特点。

⑥ 大人世及以为礼：大人：指天子和诸侯。世及：父子相传叫世，兄弟相传叫及。"世及"是介词"以"的前置宾语。以下数句结构同此。

⑦ 沟池：护城河。以为固：以为防御设施，

⑧ 纪：纲纪，引申为根本大法。

⑨ 以：介词，后面省掉了宾语"礼"。以下七句同。正：用如动词，使动用法。正君臣：使君臣关系得到规范。以下七句同。

⑩ 以笃父子：用礼来使夫子关系亲密。笃：笃厚。

⑪ 以立田里：用礼来确立有关田里的制度。田里：田地和宅地。

⑫ 以贤勇知：用礼来使勇者、智者受到尊崇。其原因，孔颖达说："既盗贼并作，故须勇也；更相欺妄，故须知也。"知，古"智"字。

⑬ 以功为己：用力只是为了自己。以，用也。功，力也。

⑭ 用是：由此。

⑮ 兵：指战乱。

⑯ 禹、汤、文、武、成王、周公二句：夏禹、商汤、周文王、周武王、周成王、周公，就是在这种情况下产生的佼佼者。

⑰ 谨：看重，关注。

⑱ 以著其义：这句话省掉了前置宾语"礼"。意谓用礼来让人们看清楚什么是义。以下五句结构同此。

⑲ "刑仁"二句：刑仁，以合乎仁的行为为法则。刑，法则。讲让：提倡谦让。

⑳ 常：据孔颖达说，这个"常"就是上文的仁、义、礼、智、信五德。孔疏云："示民有常者，以礼行上五德，是示见民下为常法也。然此五德，即仁、义、礼、知、信也。能明有罪，是知也。能讲推讓，即是礼也。"

㉑ 由此：谓用礼。

㉒ 在势者去：在位者（当权者）即被罢免。

众以为殃[①]。是谓小康[②]。

何谓人情？喜、怒、哀、惧、爱、恶、欲，七者弗学而能。何谓人义[③]？父慈、子孝、兄良、弟弟、夫义、妇听、长惠、幼顺、君仁、臣忠[④]，十者谓之人义。讲信修睦，谓之人利[⑤]。争夺相杀，谓之人患[⑥]。故圣人所以治人七情，修十义，讲信修睦，尚辞让[⑦]，去争夺[⑧]，舍礼何以治之？饮食男女[⑨]，人之大欲存焉[⑩]；死亡贫苦，人之大恶存焉[⑪]。故欲恶者，心之大端也[⑫]。人藏其心，不可测度也。美恶皆在其心，不见其色也[⑬]，欲一以穷之，舍礼何以哉[⑭]？

〔**问题分析**〕

一、两个"小康"有天壤之别，不可相提并论

自从国人把建设小康社会作为奋斗目标以来，"小康"一词成了一个使用频率很高的常用词。"小康"一词，溯其原始，最早出现在《礼记·礼运》篇中。尽管"小康"的具体含义，古今不尽相同。但笔者也注意到平面媒体上有不同的看法，以为"小康一词最早出于《诗经·大雅·民劳》：'民亦劳止，汔可小康。'"对此看法，笔者期期以为不可。笔者认为，《礼运》中的"小康"与《民劳》中的"小康"，其含义有

---

① 众以为殃：结合上句，谓民众以不用礼来规范社会秩序的在势者为祸殃。

② 小康：郑玄注："康，安也。言小安者，失之则贼乱将作矣。"

③ 人义：人际关系的准则。

④ 兄良：即《左传》昭公二十六年之"兄爱"。弟弟（tì 悌）：即《左传》之"弟敬"。下弟，通"悌"。夫义：丈夫守义。妇听：妻子顺从。长惠：长辈惠幼。幼顺：幼者顺长。

⑤ 人利：人际关系的改善。

⑥ 人患：人际关系的破坏。

⑦ 尚：崇尚。

⑧ 去：避免。

⑨ 饮食男女：吃喝和求偶。

⑩ 大欲：普遍的欲望。

⑪ 大恶：普遍的畏惧。

⑫ "故欲恶者"二句：所以大欲和大恶，是心所考虑的两件大事。

⑬ "美恶皆在其心"二句：美好的念头和丑恶的念头都深藏在心，从外表来看谁也看不出来。

⑭ "欲一以穷之"二句：想要彻底地搞清楚，除了礼之外恐怕也没有别的办法。

天壤之别，不可相提并论。让我们从四个方面来分析一下。

第一，让我们看看《民劳》这首诗的创作宗旨何在。这首诗的小序说："《民劳》，召穆公刺厉王也。"召穆公是周厉王时的大臣，他为什么要作诗讽刺厉王呢？汉代的郑玄解释说："厉王时，赋敛重数，徭役繁多，人民劳苦，轻为奸宄，强陵弱，众暴寡，故穆公以刺之。"试想，这样的社会，老百姓生活在水深火热之中，怎么好与我们今天所说的"小康"相提并论呢？

第二，让我们看看"民亦劳止，汔可小康"这两句诗是什么意思。汉代郑玄解释说："今周民罢（疲）劳矣，王几可以小安之乎！"宋人李樗在《毛诗集解》中说："言告于王曰：当时之民亦劳苦矣，庶几厉王可以少安之乎！"清人说《诗》者基本上也是采取郑玄之说。现代学者高亨《诗经今注》解释说："此二句言：人民已经很疲劳了，应尽可能让他们稍稍喘一口气。"人们常说"诗无达诂"，但对于"民亦劳止，汔可小康"这两句话，从汉代到今天，学者们的理解却是那样出奇的一致，从来没有别解。试想，一个"人民已经很疲劳了，应尽可能让他们稍稍喘一口气"的社会，怎么能够拿来与我们要"全面建设小康社会"的"小康"相提并论呢？

第三，再让我们来看看古人是在什么情况下引用《诗经》这两句诗的。例如，《汉书・元帝纪》："诏曰'顷者有司缘臣子之义，奏徙郡国民以奉园陵，令百姓远弃先祖坟墓，破产失业。是以东垂被虚耗之害，关中有无聊之民，非久长之策也。《诗》不云乎？'民亦劳止，汔可小康。'今所为初陵者，勿置县邑，使天下咸安土乐业，亡有动摇之心。"又如，《三国志・辛毗传》："（魏明）帝方修殿舍，百姓劳役，毗上疏曰：'今者宫室大兴，加连年谷麦不收。《诗》云："民亦劳止，汔可小康。"唯陛下为社稷计。'"又如，《周书・黎景熙传》："保定三年，盛营宫室。季明（黎景熙字）上书曰：'今若息民省役，以答天谴，庶灵泽时降，嘉谷有成，则年登可觊，子来非晚。《诗》云：民亦劳止，汔可小康。'"从以上三例来看，凡是征引"《诗》云：民亦劳止，汔可小康"的时候，都是社会处于民不堪命，急需让百姓喘口气之时。

第四，再让我们看一下这两句诗在现代学者笔下是什么意思。"五四"运动爆发后，北大校长蔡元培迫于北洋军阀政府的压力，递交了辞职书，并在校内发表"辞职声明"。"声明"中有这样的话："我倦矣！'民亦劳止，汽可小休'。我欲小休矣。"（引自陈军《北大之父》）鲁迅先生在《祝〈涛声〉》一文中说："十一月二十五日的《涛声》上果然发出《休刊辞》来，开首道：'十一月二十日下午，本刊奉令缴还登记证，"民亦劳止，汔可小康"，我们准备休息一些时了。'"（见《南腔北调集》，人民文学出版社，1980 年 7 月第 1 版，第 152 页）一位是北大校长，一位是文学泰斗，在他们的笔下,“小康”、“小休”,都是稍稍休息之义,也就是喘口气之意,这和我们所说的“小康”也毫无关系。

从以上四个方面的分析来看,可知《诗经·民劳》中的“小康”,与我们今天“建设小康社会”的“小康”,不但没有丝毫相同之处,而且有天壤之别。硬要把二者联系起来,相提并论,其结论是荒谬的,其后果是有害的。

二、“天地君亲师”溯源考——兼论《礼记》的成书时代

摘要:“天地君亲师”是旧社会家家供奉的香位牌上的五个字。张舜徽先生说:“真正彻底了解‘天地君亲师’五个大字的来源和作用,对整个中国封建社会的内幕,可算是了解了一大半。”而这五个字源出何书?目前学术界的主流看法是源出《荀子·礼论》。本文则认为源出《礼记·礼运》,主要理由有二:一是《荀子》中的五字缺少“亲”字,而《礼记》则不缺;二是《礼记》成书早于《荀子》,这在郭店简、上博简出土问世以后已经成为学界共识。

“天地君亲师”这五个字在中国历史上有很高的知名度。鲁迅《我的第一个师父》:“我家的正屋的中央,供着一块牌位,用金字写着必须绝对尊敬和服从的五位:‘天地君亲师。’”[①]郭沫若《洪波曲》第十一章四:“中国社会是尊师重道的,每家的祖先堂上都供有‘天地君亲师’的香位牌。”[②]张舜徽《讱庵学术讲论集》:“真正彻底了解‘天地君亲师’五个大字的来源和作用,对整个中国封建社会的内幕,可算是了解了一大半。”[③]

现在的问题是,被国人如此看重的“天地君亲师”五字究竟源出何书?目前学术界的主流看法是源出《荀子·礼论》:“礼有三本:天地者,生之本也;先祖者,类之本也;君师者,治之本也。无天地恶生?无先祖恶出?无君师恶治?三者偏亡焉,无安人。故礼上事天,下事地,尊先祖而隆君师,是礼之三本也。”[④]持此看法者甚多,例如,吴虞《读荀子书后》:“其《礼论篇》曰:‘礼有三本:天地者,生之本也;先祖者,类之本也;君师者,治之本也……’此实吾国‘天地君亲师’五字牌之所由

---

① 鲁迅《且介亭杂文末编》,人民文学出版社,1973年,89页。

② 《郭沫若全集》文学编第十四卷,人民文学出版社,1992年,169页。

③ 张舜徽《讱庵学术讲论集》,岳麓书社,1992年,587页。

④ 王先谦《荀子集解》,349页。

立。”[①]钱穆说:“‘天地君亲师’五字,始见《荀子》书中。此下两千年,五字深入人心,常挂口头。其在中国文化、中国人生中之意义价值之重大,自可想象。”[②]李泽厚说:“‘天地君亲师’从内容和文字上可一直追溯到荀子。”[③]徐梓《“天地君亲师”源流考》:“我们认为,‘天地君亲师’的思想形成于《荀子》。”[④]

对上述主流看法,笔者不敢苟同。笔者认为,说“天地君亲师”五字始见于《荀子》,有一个关键字被忽略了。“天地君亲师”中的“亲”字指的是父亲,而《荀子》中说的是“先祖”。“父亲”与“先祖”是两个完全不同的概念。按照儒家的“亲亲”原则,二者的档次差别很大。《礼记·丧服小记》:“亲亲以三为五,以五为九,上杀下杀旁杀,而亲毕矣。”郑玄注:“己,上亲父,下亲子,三也。以父亲祖,以子亲孙,五也。以祖亲高祖,以孙亲玄孙,九也。杀,谓亲益疏者服之则轻。”[⑤]这意味着什么呢?晋陶潜《陶渊明集》卷一《赠长沙公》:“余于长沙公为族祖,同出大司马,昭穆既远,已为路人。”[⑥]宋苏洵《嘉祐集》卷十四《苏氏族谱》:“无服则亲尽,亲尽则情尽,情尽则喜不庆忧不吊,喜不庆忧不吊则途人也。”[⑦]明代学者陈基说:“凡人,五世而亲尽,亲尽则途人而已。”[⑧]换言之,一个人,如果出了五服,就与原来的家族不再亲了;不再亲了,彼此的关系就像是路人那样。试想,五世尚且如此,何况遥远的先祖呢?如此说来,五字之中有一个对不上号,怎么能说始见于《荀子》呢?笔者认为,“天地君亲师”五字始见于《礼记·礼运》:“故天生时而地生财,人,其父生而师教之,四者君以正用之,故君者立于无过之地也。”[⑨]在这里,“天地君亲师”五字具备。应该说,持主流看法的学者也并非不知道《礼记·礼运》的这几句话,但他们都认为《荀子》成书在前,《礼记》成书在后。职此之故,他们就把“天地君亲师”五字的最早出处归之于《荀子》。认为《荀子》成书在前、《礼记》成书在后的学者很多,除了上文提到的学者外,还可以举出一些,例如冯友兰《中国哲学史》,该

① 《吴虞文录》,亚东图书馆,1921年,卷下,11—12页。

② 钱穆《晚学盲言》,广西师范大学出版社,2004年,242页。

③ 李泽厚《论语今读》,安徽文艺出版社,1998年,9页。

④ 载《北京师范大学学报(社会科学版)》2006年第2期。

⑤ 孔颖达《礼记正义》,1296页。

⑥ 陶渊明著、逯钦立校注,《陶渊明集》,中华书局,1979年,18页。

⑦ 《嘉祐集》,景印摛藻堂《四库全书荟要》本,台湾世界书局,1988年,第374册,113页。

⑧ 钱谷《吴都文粹续集》卷十八陈基《小丹丘记》,景印文渊阁《四库全书》本,上海古籍出版社,1987年,第1385册,467页。

⑨ 孔颖达《礼记正义》,911页。

书将《礼记》视为“秦汉之际的儒家”，置于《荀子》之后；[1]再例如《中国大百科全书·哲学卷》2009年修订版，该书“礼”字条的释义说“《礼记》发挥了《荀子》的思想”。[2] 鉴于持此看法者不仅人数多，而且多是泰斗级学者，则《礼记》成书时代的问题不得不辨。

我们认为，《礼记》原是丛书性质，由四十九篇《记》文构成，其编者是西汉的戴圣。而四十九篇中绝大部分《记》文成书于战国。其中某些篇的成书早于《孟子》，遑论《荀子》。我们之所以这样说，理由有三。

第一，宋金履祥《孟子集注考证》、元吴澄《礼记纂言》、明陈士元《孟子杂记》和清焦循《孟子正义》已经在不同程度上指出了《孟子》中有征引《礼记》的事实。试看下例：

《孟子·滕文公上》：“吾尝闻之矣：三年之丧，齐疏之服，飦粥之食，自天子达于庶人，三代共之。”[3]

吕按：金履祥《孟子集注考证》卷三说：“按上文曰‘吾尝闻之矣’，则此三句亦古语：‘昔鲁缪公之卒，使人问于曾子。对曰：申也闻诸申之父曰：哭泣之哀，齐斩之情，飦粥之食，自天子达。’此数句与此正同，《孟子》引之尔。”按：金氏所谓“此三句亦古语，《孟子》引之尔”，而金氏所引“昔鲁缪公之卒”以下八句，正是《礼记·檀弓上》文。

吴澄《礼记纂言》卷七：“盖孟子当诸侯去籍之时，姑以意言其大略而已，疑《王制》所记为得之也。”

吕按：此盖谓《礼记·王制》之作早于《孟子》。

金氏、吴氏在《礼记》与《孟子》成书先后问题上只是偶一为之。比较全面地认为《孟子》《礼记》二书相同之文是《孟子》征引《礼记》者，以管见所及，有明陈士元《孟子杂记》和清焦循《孟子正义》。

陈氏在其《孟子杂记》卷二考查了《孟子》征引《礼》的情况，凡二十四条。在二十四条之中，有三条涉及《仪礼》，其余的二十一条均涉及今本《礼记》。根据陈氏的考证，《孟子》征引了《礼记》中的十二篇，即《曲礼上》《曲礼下》《檀弓上》《檀弓下》《王制》《曾子问》《礼器》《玉藻》《乐记》《祭义》《祭统》《缁衣》。这就意味着以上

---

① 冯友兰《中国哲学史》，华东师范大学出版社，2000年，250页。

② 《中国大百科全书》（第二版），中国大百科全书出版社，2009年，第13册，478页。

③ 焦循《孟子正义》，323页。

十二篇《记》，是早于《孟子》成书的。

焦氏《孟子正义》共指出《孟子》征引《礼记》三十七次，涉及《曲礼上》《曲礼下》《檀弓上》《檀弓下》《王制》《曾子问》《礼器》《玉藻》《乐记》《祭义》《祭统》《哀公问》《坊记》《中庸》《缁衣》《射义》凡十六篇。限于篇幅，摘要说明如下：

（1）《梁惠王上》："孟子曰：君子之于禽兽也，见其生不忍见其死，闻其声不忍食其肉，是以君子远庖厨也。"①

按：焦循《孟子正义》："'君子远庖厨'，本《礼记·玉藻》文，孟子述之，故加有'是以'二字。"

（2）《公孙丑下》："不得不可以为悦，无财不可以为悦，得之为有财，古之人皆用之，吾何为独不然？"②

按：焦氏《正义》引翟灏《四书考异》："《檀弓上》子思与柳若论丧礼曰：'吾闻之：有其礼，无其财，君子弗行也；有其礼，有其财，无其时，君子弗行也。吾何慎哉！'孟子此言，乃即受之于子思者。"

（3）《滕文公下》："《礼》曰：诸侯耕助，以供粢盛；夫人蚕缫，以为衣服。"③

按：焦氏《正义》曰："《祭统》：'天子亲耕于南郊，以共齐盛；王后蚕于北郊，以共纯服。诸侯耕于东郊，亦以共齐盛；夫人蚕于北郊，以共冕服。'孟子所引之《礼》，盖如是也。"

（4）《离娄上》："故曰为高必因丘陵，为下必因川泽。"④

按：焦氏《正义》："《礼器》曰：'为高必因丘陵，为下必因川泽。'孟子引此二句，以起为政必因先王之道。"

（5）《离娄上》："孟子曰：'事孰为大？事亲为大。守孰为大？守身为大。不失其身而能事其亲者，吾闻之矣；失其身而能事其亲者，吾未之闻也。'"⑤

按：焦氏《正义》曰："《礼记·哀公问》孔子曰：'君子无不敬也，敬身为大。身也者，亲之枝也，敢不敬与？不能敬其身，是伤其亲；伤其亲，是伤其本；伤其本，枝从而亡。'又曰：'君子言不过辞，动不过则，百姓不命而敬恭，如是，则能敬其身；能敬其身，则能成其亲矣。'孟子此义，盖本于此。"

---

① 焦循《孟子正义》，83页。

② 焦循《孟子正义》，283页。

③ 焦循《孟子正义》，421页。

④ 焦循《孟子正义》，486页。

⑤ 焦循《孟子正义》，524页。

(6)《离娄下》:"王曰:'礼,为旧君有服。何如斯可为服矣?'曰:'谏行言听,膏泽下于民,有故而去,则君使人导之出疆,又先于其所往,去三年不反,然后收其田里,此之谓三有礼焉,如此则为之服矣。今也为臣,谏则不行,言则不听,膏泽不下于民,有故而去,则君搏执之,又极之于其所往,去之日,遂收其田里,此之谓寇雠。寇雠何服之有?'"①

按:焦氏《正义》曰:"《礼记·檀弓下》:'穆公问于子思曰:"为旧君反服,古与?"子思曰:"古之君子,进人以礼,退人以礼,故有旧君反服之礼也;今之君子,进人若将加诸膝,退人若将队诸渊,毋为戎首,不亦善乎!又何反服之礼之有?"'孟子此章,正申明子思之义。"

(7)《离娄下》:"是故君子有终身之忧,无一朝之患也。"②

按:焦氏《正义》曰:"盖'君子有终身之忧,无一朝之患',此二语当古有之,子思引以说人子之念亲,孟子引之说君子之待横逆。"

第二,当代学者沈从文、杨伯峻、沈文倬、王锷也分别从各自专业的角度论证了《礼记》早于《孟子》或《荀子》。《顾颉刚学术文化随笔》第一编史学篇《新出土文物与文献之结合》:"沈从文同志在历史博物馆工作有年,深慨文献与文物之未能结合,并谓所发墓葬,其中制度,凡汉代者,以《礼记》证之皆不合;凡春秋、战国者,以《礼记》证之皆合。足证《礼记》一书必成于战国,不当属之汉人也。"③《孟子·万章上》:"万章曰:'父母爱之,喜而不忘;父母恶之,劳而不怨,然则舜怨乎?'"杨伯峻《孟子译注》:"《礼记·祭义》云:'曾子曰:父母爱之,喜而弗忘。父母恶之,惧而无怨。'可见万章这话系引用自曾子。"④沈文倬《略论礼典的实行和〈仪礼〉书本的撰作》:"根据以上的辨析,断定二《礼记》与《荀子》相同之文是荀况抄袭二《礼记》,二《礼记》礼类诸篇成书在《荀子》之前。"⑤又说:"《孟子》、《荀子》书中都援引二《礼记》原文,他们手中都有单篇传抄的《记》文书本。"⑥王锷《〈礼记〉成书考》:"我们认为,《礼运》篇主体部分应该是子游记录的,大概写成于战国初期。"⑦

第三,上世纪末、本世纪初,由于《郭店楚墓竹简》(简称"郭店简")、《上海博物

---

① 焦循《孟子正义》,547页。

② 焦循《孟子正义》,596页。

③《顾颉刚学术文化随笔》,中国青年出版社,1998年,176页。

④ 杨伯峻《孟子译注》,中华书局,1960年,208页。

⑤ 沈文倬《宗周礼乐文明考论》,50页。

⑥ 沈文倬《宗周礼乐文明考论》,51页。

⑦ 王锷《〈礼记〉成书考》,241页。

馆藏战国楚竹书》(简称“上博简”)的先后问世,在学术界引起强烈反响,也为《礼记》的成书时代提供了可信的证据。杜维明《郭店楚简与先秦儒道思想的重新定位》:“郭店楚墓竹简出土以后,整个中国哲学史、中国学术史都需要重写。……在孟子的时代,已经有了上千年的文化的积累。如果以经书为代表,不管是《诗经》所代表的人是感情的动物,《书经》所代表的人是政治的动物,《礼记》所代表的人是社会的动物,《春秋》所代表的人是历史的动物,还是《易经》所代表的人是具有终极关怀的动物等等。”[①]李学勤《先秦儒家著作的重大发现》:“孔子是公元前六世纪后半到五世纪初年的人,其门人即所谓七十子,下延到五世纪前半;其再传即七十子弟子,是在五世纪中晚。到孟子,距离七十子弟子又隔一世,是在四世纪中晚。郭店一号墓的年代,与孟子的活动后期相当,墓中书籍都为孟子所能见。《孟子》七篇是孟子晚年撰作的,故而郭店竹简典籍均早于《孟子》的成书。”[②]李学勤《郭店楚简与儒家典籍》:“郭店简又影响到对《礼记》的看法。《缁衣》收入《礼记》,竹简中还有不少地方与《礼记》若干篇章有关,说明《礼记》要比现代好多人所想的年代更早。……现在由郭店简印证了《礼记》若干篇章的真实性,就为研究早期儒家开辟了更广阔的境界。”[③]彭林《郭店简与〈礼记〉的年代》:“《礼记》通论诸篇当作于战国。”(按:《礼运》篇即属于通论)[④]

以上三点理由,从论证方法来说,就是通过传世文献与出土文献互相印证,可以说,已经成功地论证了《礼记》的成书早于《荀子》。既然《礼记》的成书早于《荀子》,则“天地君亲师”五字的最早出处自当是《礼记》。

实际上,宋元学者在谈到“君亲师”时,也往往与《礼记》挂上钩。南宋学者俞文豹《吹剑三录》云:“韩文公作《师说》,盖以师道自任,然其说不过曰‘师者所以传道、授业、解惑也’。愚以为未也。《记》曰:‘天生时,地生财,人其父生而师教之,君以正而用之。’是师者固与天、地、君、亲并立而为五。夫与天、地、君、亲并立而为五,则其为职必非止于传道、授业、解惑也。”[⑤]俞文豹《吹剑录外集》又云:“‘民生于三,而事之一’,谓君、亲、师也。《记》曰:‘师岂当于五服,五服不得不亲。’[⑥]又

---

① 载《郭店楚简研究》,《中国哲学》第二十辑,辽宁教育出版社,1999年,4页。

② 载《郭店楚简研究》,《中国哲学》第二十辑,15页。

③ 载《郭店楚简研究》,《中国哲学》第二十辑,21页。

④ 载《郭店简与儒学研究》,《中国哲学》第二十一辑,辽宁教育出版社,2000年,47页。

⑤ 俞文豹著、张宗祥校订《吹剑录全编》,古典文学出版社,1958年,69—70页。

⑥ 此二句见《礼记·学记》。

曰：'事师无犯无隐，左右就养无方，服勤至死，心丧三年。孔子卒，门人若丧父而无服。'[①]"[②]元陈栎《定宇集》卷十三《历试卷》："人生于三，事之如一，君、父、师是也。'天生时而地生材，人其父生而师教之，四者君以正用之'，是师也者，上参乎君父之尊，而下为朋友之伦中之最尊者也。"[③]元王义山《稼村类稿》卷十六《讲义》："《记》曰：'天生时，地生财，人其父生而师教之。'夫言天地而与师并言，以此见天地与师道并，一日无师道，虽天地不能立也。"[④]

最后说明一点。《荀子·礼论》中的那几句话，实际上是抄自《大戴礼记·礼三本》："礼有三本：天地者，性之本也。先祖者，类之本也。君师者，治之本也。无天地焉生？无先祖焉出？无君师焉治？三者偏亡，无安之人。故礼，上事天，下事地，宗事先祖而宠君师，是礼之三本也。"[⑤]现在我们已经知道，《大戴礼记》与《礼记》一样，都是早于《荀子》成书。过去人们囿于《荀子》成书早于二《礼记》的认识，所以把"天地君亲师"五字的出处归之于《荀子》。而我们之所以把"天地君亲师"五字的最早出处不归之于《大戴礼记》而归之于小戴《礼记》，如前所述，是因为《大戴礼记》中有"先祖"而无"亲"，五字之中有一个对不上号。

〔由本篇产生的新词、成语〕

1. **蜡宾**，蜡祭的助祭者。例如：

宋·王应麟《困学纪闻》卷五："吕成公谓蜡宾之叹，前辈疑之，以为非孔子语。"

《宋史·罗处约传》："余谓六经之教化而不已则臻于大同，大道之行则蜡宾息叹，黄老之与六经，孰为先而孰为后乎？"

2. **喟然**，感叹貌。例如：

汉·韩婴《韩诗外传》卷二："哀公喟然太息，为之辟寝三月。"

《史记·高祖本纪》："高祖常繇咸阳，纵观，观秦皇帝，喟然太息曰：'嗟乎！大丈夫当如此也！'"

3. **天下为公**，把天下传给贤者而不传给儿子。例如：

---

① 此四句见《礼记·檀弓上》。
② 俞文豹《吹剑录外集》，景印文渊阁《四库全书》本，上海古籍出版社，1987年，第865册，501页。
③ 陈栎《定宇集》，景印文渊阁《四库全书》本，上海古籍出版社，1987年，第1205册，201页。
④ 王义山《稼村类藁》，景印文渊阁《四库全书》本，上海古籍出版社，1987年，第1193册，101页。
⑤ 王聘珍《大戴礼记解诂》，17页。

《三国志·魏志》卷四："评曰：古者以天下为公，唯贤是与。后代世位，立子以适。"

《宋书·武帝纪下》："夫树君宰世，天下为公，德充帝王，乐推攸集。"

4. **天下为家**，把天下传给儿子而不传给贤者。例如：

《汉书·龚舍传》："舍曰：'王者以天下为家，何必县官，遂于家受诏，便道之官。'"

《春秋》僖公二十四年："冬，天王出居于郑。"晋杜预注："襄王也。天子以天下为家，故所在称居。"

5. **小康**，在家天下的社会中，人们普遍可以过上一种差强人意的生活的社会局面。例如：

汉·贾谊《新书》卷三《忧民》："五岁小康，十岁一凶，三十岁而一大康，盖曰大数也。"

《晋书·孙楚传》："山陵既固，中夏小康。"

6. **饮食男女**，指吃喝和求偶的生理需要。例如：

《梁书·敬帝纪》："夫人之大欲在乎饮食男女至于轩冕殿堂非有切身之急。"

《旧唐书·许敬宗传》："昔晋司空何曾薨，太常博士秦秀谥为缪丑公。何曾既忠且孝，徒以日食万钱，所以贬为缪丑。况敬宗忠孝不逮于曾，饮食男女之累，有逾于何氏，而谥之为缪，无负于许氏矣。"

7. **大欲**，人们生理上的最大需要。例如：

《宋书·后妃传》："史臣曰：饮食男女，民之大欲存焉，故圣人顺民情而为之度。"

唐·白行简《李娃传》："姥笑曰：'男女之际，大欲存焉。情苟相得，虽父母之命，不能制也。'"

〔文化史扩展〕

蜡祭——中国古代的狂欢节

过去，只知道西方国家有狂欢节，不知道我们国家也有狂欢节。感谢《礼记》这部书，它为我们保存了有关古代狂欢节的基本资料（主要在《郊特牲》和《杂记下》两篇），使我们得以知道这个节日的大体情况。现在，我们可以自豪地说，狂欢节我们也有；不但有，而且早于西方就有。但是，令人遗憾的是，这个狂欢节仅仅存在于先秦。秦汉以后，由于阴差阳错的原因，就名存实亡了。

《说文·虫部》:“蜡,蝇胆(按:俗作“蛆”)也。《周礼·蜡氏》:‘掌除骴。’”是虽有“蜡”字,而其音其义均与“蜡祭”无涉。段玉裁注云:“蜡字,《礼记·郊特牲》借为‘八蜡’字。寻八蜡本当作‘昔’。昔,老也,息老物也。故《字林》作‘䄍’。”按:段氏“八蜡本当作‘昔’”之说,似不可从。

《郊特牲》:“蜡也者,索也。岁十二月,合聚万物而索飨之也。”按:“蜡”,上古音铎部崇纽;“索”,上古音铎部心纽。二字为叠韵准旁纽,读音相近。所以蜡祭的得名即得之于“索”。索字的含义,郑玄说是“求索也”是对的。求索什么呢?详下。蜡祭的时间是“岁十二月”,即每年的十二月。需要注意的是,这里说的是周历,周历的十二月,折合夏历为十月。这就是郑注所谓“岁十二月,周之正数,谓建亥之月也”。蜡祭是祭哪些神灵呢?回答是:“合聚万物而索飨之也。”郑玄注云:“飨者,祭其神也。万物有功加于民者,神使为之也,祭之以报焉。”夏历十月,农事已毕。朴实的先人们在紧张忙碌一年之后首先想到的是报答。一年到头,风调雨顺,收成也好,多亏了神灵的保佑啊!可是要感谢报答的神灵太多了,多到数不清,甚至不知道该怎么称呼。这就是“合聚万物”的由来。还要注意那个“索”字,它既反映了先民的无奈,也反映了先民的淳朴。这些神灵不是请来的,是“吾将上下而求索”、“上穷碧落下黄泉”,四面八方地搜索来的,生怕漏掉了哪一位尊神啊!

《郊特牲》:“天子大蜡八。”郑玄注:“所祭有八神也。”上文不是说“合聚万物而索飨之”吗(这个“万”字是极言其多,不可拘泥于“万”字本义)?怎么忽然所祭之神只有八位呢?郑注无说,孔疏也无说。据我的推测,这八位算是万物众神的代表吧。这八位尊神,据郑玄注:“先啬一,司啬二,农三,邮表畷(zhuì 缀)四,猫、虎五,坊六,水庸七,昆虫八。”所谓先啬,就是首先发明稼穑的人,郑玄说可能是神农氏。司啬,主管稼穑之神,郑玄说是周代的始祖后稷。农,谓负责督促约束百姓农事活动的田官之神。邮表畷,谓田官在田间的办公房舍。孔颖达解释说:“邮表畷是田畯(按:即田官)于井间所舍之处。邮,若邮亭屋宇处所。表,田畔。畷者,谓井畔相连畷。于此田畔相连畷之所造此邮舍,田畯处焉。”坊,指堤防。水庸,谓田间水沟,既可灌溉,又可排水。上述八位神灵,祭先啬,祭司啬,比较容易理解。祭其余六位,不大好理解。对此,《郊特牲》经文如此回答:“飨农及邮表畷,禽兽,仁之至、义之尽也。古之君子,使之必报之。迎猫,为其食田鼠也;迎虎,为其食田豕也,迎而祭之也。祭坊与水庸,事也。”因为蜡祭属于报恩之祭,万物之中,不管它是多么微小,多么不起眼,只要它是为农事活动出过力的,先民们都要以“飨之”来报答。譬如猫,因为它吃田鼠;再如虎,因为它吃田猪。它们都对获得好收成尽了力,知恩必报,所以"飨之"。再如堤防和田间水沟,因为它们是水利工程,对农事做了有益之事,所以"飨之"。文中说到"禽兽",孔颖达解释说:"禽兽者,即下文云猫、虎之属。言禽兽者,猫、虎之外,但有助田除害者皆悉包之。下特云猫、虎,举其除害甚者。仁之至,义之尽也者,不忘恩而报之,是仁;有功必报之,是义也。"

蜡祭的祝词很朴实。《郊特牲》保存了下面的四句祝词:"土反其宅,水归其壑,昆虫毋作,草木归其泽。"第一句的"土",谓堤防。孔疏云:"反,归也。宅,安也。土归其宅,则得不崩。"堤防不崩,就是堤防的功劳,所以要报答。第二句的"水",谓田间水沟。水归其壑,则不泛滥。水不泛滥,就是水沟的功劳,所以要报答。第三句的"昆虫",指螟虫、蝗虫之类。螟虫、蝗虫等不为灾,就是昆虫的功劳,所以要报答。第四句的"草木",指的是各种莠草和灌木。这些草木都回归到适宜它们生长的泽薮中,没有生于田间侵害禾苗,这就是草木的功劳,所以要报答。

蜡祭并不是每年一定举行,也不是普天之下东西南北四方一起举行。当年举行与否,当方举行与否,决定于当年、当方是否"顺成"。所谓"顺成",郑玄未注,孔颖达解释作"和顺成熟",总觉未安。《汉语大词典》解释作"谓风调雨顺,五谷丰收",对"顺"字的解释有望文生义之嫌(因为"顺成"的主语是"年",义为谷熟)。愚以为,顺成者,盖当时成语,犹今言"丰收"也。丰收了,就举行蜡祭;没有丰收,就不举行。这很容易理解,如果年成不好,何言报答?退一步说,即欲报答,也是有心无力。因为举行蜡祭是需要不小的花费的。这层意思,《郊特牲》是这样记载的:"四方年不顺成,八蜡不通(按:通者,举行也),以谨(按:谨者,守护也)民财也。顺成之方,其蜡乃通,以移民也。""移民"的"移"字,我采取陈澔《礼记集说》的解释:"移者,宽纵之义。盖岁丰则民财稍可宽舒用之也。党正属民饮酒,始虽用礼,及其饮食醉饱,则亦纵其酣畅为乐,夫子所谓'一日之泽'是也。农民终岁勤动,而于此时得一日之乐,是上之人劳农之美意也。"依照陈氏之解,此"移"乃"侈"字的通假字。

狂欢活动在飨神之后举行。《杂记下》记载了狂欢的场面:"子贡观于蜡。孔子曰:'赐也,乐乎?'对曰:'一国之人皆若狂,赐未知其乐也。'子曰:'百日之蜡,一日之泽,非尔所知也。张而不弛,文、武弗能也;弛而不张,文、武弗为也。一张一弛,文、武之道也。"再来看郑玄的注释:"国索鬼神而祭祀,则党正以礼属民而饮酒于序,以正齿位(按:意谓每到年终举行蜡祭的时候,党正要举行乡饮酒礼,召集民众在党学里面饮酒,根据年龄的大小安排座次,藉以教育人们尊重年长者)。于是时,民无不醉者如狂矣。曰'未知其乐',怪之也。蜡之祭,主先啬,大饮烝(按:意谓大碗喝酒，大块吃肉)，劳农以休息之。言民皆勤稼穑，有百日之劳，喻久也，今一日使之饮酒燕乐，是君之恩泽。非汝所知，言其义大也。张弛，以弓弩喻人也。弓弩久张之则绝其力，久弛之则失其体。"孔子不愧是圣人，能够揭示蜡祭狂欢的深层意义：这里面隐含着周文王、周武王的治国之道，即使用民力，必须"一张一弛"，张弛结合。不能让老百姓总是辛劳紧张，也要让他们有彻底放松的一天。

吃饱了，喝足了，还要玩个痛快。这是构成狂欢节的三要素。关于这一点，苏轼可谓独具只眼：:"八蜡，三代之戏礼也。岁终聚戏，此人情之所不免也，因附以礼义，亦曰不徒戏而已矣。祭必有尸，无尸曰奠，始死之奠与释奠是也。今蜡谓之祭，盖有尸也。猫虎之尸，谁当为之？置鹿与女，谁当为之？非倡优而谁！葛带榛杖，以丧老物；黄冠草笠，以尊野服，皆戏之道也。子贡观蜡而不悦，孔子譬之曰：'一弛一张，文武之道。'盖为是也。"(《东坡志林》卷三)还有化妆表演。正如《乐记》所说："说(悦)之，故言之；言之不足，故长言之；长言之不足，故嗟叹之；嗟叹之不足，故不知手之舞之，足之蹈之也。"

狂欢节始于何时呢？郊特牲说："伊耆氏始为蜡。"郑玄注："伊耆氏，古天子号也。"究竟是哪位古天子，没有交待。陆德明《经典释文》："或云即帝尧。""或云"者，有此一说而已，未必确实。姑且抛开伊耆氏的问题不说，我们就从孔子亲眼目睹的时候算起，迄今也有二千五百多年了。

狂欢节后来怎么中断了呢？这首先和腊祭有关系。周历的十月，除了蜡祭之外，还要举行腊祭。这是两种不同的祭祀。蜡祭在前，腊祭在后。孔颖达疏《郊特牲》云："但不知腊与蜡祭相去几日，准隋礼及今礼(按：谓唐《贞观礼》)，皆蜡之后日。"也就是中间只隔一天。《月令》："孟冬之月，腊先祖、五祀。"五祀，即祭祀五种家门内外和人们生活息息相关的神，它们是门神、户神、中溜神、灶神、行神。遗憾的是，郑玄注在这里犯了一个错误，他把"腊先祖、五祀"也当作蜡祭的内容了。郑玄的误注，很有可能是受汉代社会实际生活的影响。因为汉代已经将蜡祭改为腊祭了。一部《汉书》，找不到一个"蜡"字，而腊祭的记载倒有。例如《汉书·武帝纪》太初二年三月："令天下大酺五日，祠门户，比腊"。师古曰："腊者，冬至后腊祭百神也。"祭的神很多，已经不限于先祖、五祀了。再如《汉书·严延年传》："初，延年母从东海来，欲从延年腊。"师古曰："建丑之月为腊祭，因会饮，若今之蜡节也。"所谓"建丑之月"，即夏历十二月。请注意，腊祭的时间也不是孟冬之月了。清代学者秦蕙田在考查了历史上的蜡祭、腊祭之后，得出结论说："以经传考之，蜡之祭，自先啬至水庸、猫、虎，腊则止先祖、五祀而已。蜡之祭广，故顺成之方乃行之；

腊之祭专，虽年不顺成，不能废先祖、五祀之礼。此蜡与腊所以不同，而举蜡者仍复举腊也。自汉改蜡为腊，而蜡礼始不举矣。”(《五礼通考》卷五六)这个结论是符合历史实际的。唐代的《开元礼》、宋代的《政和五礼新仪》，其中虽然也有蜡祭的条文，但不过是有司的例行公事而已，那种举国上下全民狂欢的场面已经成为历史了。

〔**集评**〕

汉·郑玄《三礼目录》云：“名曰《礼运》者，以其记五帝、三王相变易，阴阳旋转之道。此于《别录》属通论。”

宋·卫湜《礼记集说》卷五四引长乐陈氏曰：“形而上者谓之道，形而下者谓之器。道则运而无所积，器则滞而有所拘。《礼器》言礼之器，则《礼运》言礼之道也。”

宋·朱熹《晦庵集》卷三三《答吕伯恭》：“《礼运》以五帝之世为大道之行，三代以下为小康之世，亦略有些意思。此必粗有来历，而传者附益，失其正意耳。”

宋·黄震《黄氏日抄》卷十八曰：“《礼运》记五帝三王相变易，阴阳转移之道，故以‘运’名。虽思太古而悲后世，其主意微近于《老子》，然终篇混混为一，极多精语。如论造化，谓‘天秉阳，垂日星；地秉阴，窍于山川’；论治，谓‘圣人能以天下为一家，中国为一人’；论人，谓‘天地之心’，又谓‘天地之德，阴阳之交，鬼神之会，五行之秀气’；论礼，谓‘固人肌肤之会，筋骸之束’：皆千古名言。”

元·陈皓《礼记集说》：“此篇记帝王礼乐之因革及阴阳造化流通之理，疑出于子游门人之所记。间有格言，而篇首大同、小康之说，则非夫子之言也。”

《钦定礼记义疏》卷三十：“案通篇极言礼之重，独篇首小康之说，乃老氏礼起于忠信之衰、道德之薄之意，与通篇殊不相应。考之《家语》皆无之。惟有‘礼之所兴，与天地并，不由礼而在位，则以为殃’句，与下言偃‘如此乎礼之急’紧相接，则此为小戴所搀入，窃《老》、《庄》之说以为高而不知其缪也。辨此一節之缪，则通篇粹然无疵。”

清·杭世骏《续礼记集说》卷三九引姚际恒曰：“此周秦间子书，老、庄之徒所撰，《礼运》其书中之篇名也。后儒寡识，第以篇名言礼，故采之。后来二氏，多窃其旨，而号为吾儒者亦与焉。诚恐惑世乱道之书也。”

王锷《礼记成书考》：“我们认为，《礼运》是经多人多次记录整理而成。全篇是孔子与子游(前506—前445年)讨论礼制的文字，主体部分应该是子游记录的，大概写成于战国初期。在流传过程中，大约于战国晚期搀入了阴阳五行家之言，又经后人整理而成为目前我们看到的样子。”

〔思考与讨论〕

1. 蜡祭与腊祭有何不同?

2. 中国古代有狂欢节吗?

《内则》第十二(节选)

子事父母①,鸡初鸣②,咸盥漱③,栉縰笄总④,拂髦冠緌缨⑤,端韠绅⑥,搢笏⑦。左右佩用:左佩纷帨、刀、砺、小觿、金燧⑧,右佩玦、捍、管、遰、大觿、木燧⑨。偪屦⑩,着綦⑪。

---

① 子:据江永说,此"子"谓下文有"命士以上"爵位之子。因为有爵位,所以才"服玄端而着韠,搢笏,若庶人则深衣而已"。事:侍奉。

② 鸡初鸣:鸡叫头遍的时候(起床)。江永曰:"鸡初鸣,甚言其早。其实,适父母舅姑之所,亦在昧爽之后。朱文端公疑其有妨老人之安寝,而终岁行之,亦恐以烦劳致疾,读者不可以辞害意,此亦当知之。先儒虽采此文入《小学》,而不能使士庶之家皆通行。礼过烦劳者,难行也。如《曲礼》所云'冬温而夏凊,昏定而晨省',言简而该,此则家庭可常行者矣。"

③ 咸盥漱:皆洗手漱口。

④ 栉:梳子。此谓梳头。縰(xǐ 洗):包扎头发用的缁帛,宽二尺二寸,长六尺。此谓用縰包扎头发作髻。笄:簪子。作髻之后,以笄插之,以固定之。总:孔颖达说:"总者,裂练缯为之,束发之本,垂余于笄后,以为饰也。"

⑤ 拂髦:郑玄注:"拂髦,振去尘着之。髦用发为之,象幼时鬌,其制未闻也。"按《诗·墉风·柏舟》"髧彼两髦"毛传:"髦者,发至眉,子事父母之饰。"综合毛、郑之说,髦盖以假发所制之刘海。冠緌(ruí 蕤)缨:谓戴好帽子,整理好帽带。冠,帽子。緌,帽带系好后的下垂部分。缨,系冠的带子。

⑥ 端韠(bì 毕)绅:谓穿上玄端礼服,系上蔽膝,系上大带。端,玄端,一种礼服,衣是缁色,裳有三色,可玄,可黄,可杂。韠:蔽膝,皮制。陈澔《礼记集说》:"古者席地而坐,以临俎豆,故设蔽膝以备濡渍。韠之言蔽也。"绅:本义是大带之下垂部分。此谓大带。大带宽四寸,用以束腰。

⑦ 搢笏:把笏插到大带上。古代上至天子,下至士,朝见皆执笏。笏的作用,同于汉魏以后的手版,有事则书于其上,以备遗忘。

⑧ 纷帨(shuì 税):纷与帨都是拭物之佩巾。有似今日之手帕。纷,通"帉",佩巾。刀:小刀。砺:磨石。小觿(xī 昔):觿是古代解结的用具。形如锥,用象骨制成。小觿解小结,大觿解大结。金燧:在阳光下可以取火的铜镜。有似今日之凸透镜。孔疏引皇氏云:"左旁用力不便,故佩小物。"

⑨ 玦:古代射箭时套在大拇指上的骨质套子,以便钩弦。俗称扳指。捍:射箭时套在左臂上的皮制护袖,用以防止发矢时左臂内衣袖碍事。管:郑玄注:"管,笔彄也。"说者谓笔套。遰(shì 逝):刀鞘。木燧:钻木取火的工具。孔疏引皇氏云:"以右厢用力为便,故佩大物。"

⑩ 偪(bī 逼):打好绑腿。用布帛裹束膝下足上部位,以便腾跳。先秦又叫"邪幅",汉代叫"行縢"。屦:谓穿好鞋子。

⑪ 着綦(qí 其):系好鞋带。

妇事舅姑[①]，如事父母。鸡初鸣，咸盥漱，栉縰笄总，衣绅[②]。左佩纷帨、刀、砺、小觿、金燧，右佩箴、管、线、纩[③]，施縏袠[④]，大觿、木燧。衿缨[⑤]，綦屦。以适父母、舅姑之所[⑥]。及所，下气怡声[⑦]，问衣燠寒[⑧]，疾痛苛痒[⑨]，而敬抑搔之[⑩]。出入，则或先或后，而敬扶持之[⑪]。进盥，少者奉盘，长者奉水，请沃盥[⑫]。盥卒[⑬]，授巾。问所欲而敬进之[⑭]，柔色以温之[⑮]，饘、酏、酒、醴、芼羹、菽、麦、蕡、稻、黍、粱、秫[⑯]，唯所欲。枣、栗、饴、蜜以甘之[⑰]，堇、荁、枌、榆[⑱]，免薧滫瀡以滑之[⑲]，脂膏以膏之[⑳]。父母舅姑必尝之而后退。

---

① 舅姑：公婆。

② 衣绅：谓穿上绡(xiāo 萧)衣，系上大带。士大夫以玄端为正服，士大夫之妻则以绡衣为正服。段玉裁《说文解字注》："未练之丝曰绡，以生丝之缯为衣曰绡衣。"按：对比上节，可知起床以后男女之梳妆打扮有同有异。

③ 箴：同"针"。缝纫所用。纩(kuàng 况)：丝绵。

④ 施縏袠(pán zhì 盘制)：(将以上四物)装在针线袋内。縏与袠均有"小囊"义。

⑤ 衿缨：郑玄注："衿犹结也。妇人有缨，示系属也。"孔疏云："案郑注《昏礼》云：'妇人十五许嫁，笄而礼之，因着缨，明有系。盖以五采为之，其制未闻。'""示系属"，谓表示已经许配与人。

⑥ 适：去，往。

⑦ 下气怡声：态度恭顺，声音甜蜜。

⑧ 燠(yù 玉)寒：暖寒。

⑨ 苛：通"疴"，疥癣。

⑩ 抑搔之：为父母舅姑作按摩。

⑪ "出入"三句：父母舅姑进进出出时，做儿子和媳妇的有时要走在他们前面，有时要走在他们后面，并且或拉住手，或搀住胳膊。

⑫ "进盥"四句：请他们洗手时，年龄小点的捧着盘子在下面接水，年龄大点的则手捧匜(yí 仪)器从上方往他们手上浇水。盘：木盘。奉水：谓捧匜。匜是古人洗手时用以盛水之具。沃盥：浇水洗手。古人洗手，须要一人持匜，浇水于盥者之手上，下有盘，用以接盥讫之弃水。

⑬ 盥卒：洗手完毕。

⑭ 问所欲：问想吃什么东西。

⑮ 柔色以温之：和颜悦色地应承他们。郑玄注："温，藉也。"藉有应承义。

⑯ 饘(zhān 沾)：稠粥。酏(yí 夷)：薄粥。醴：甜酒。芼羹：以菜杂肉做成之羹。菽：豆类。蕡(fèi 肺)：大麻子。郑玄注："蕡，熬枲实。"孔颖达疏："此中菽豆以下，供尊者所食，悉皆须熟，或煮或熬，故云熬枲实。"黍：稻之粘者。今称糯米。粱：即粟。通称谷子。去皮后称小米。秫(shú 术)：孙希旦说："《尔雅》：'秫，黏粟也。'然则凡黍稻之黏者，皆谓之秫，不独粟也。"

⑰ 枣、栗、饴、蜜以甘之：在烹调时还要加上枣子、栗子、糖稀、蜂蜜使其甘甜。

⑱ 堇：草名。《说文》云："根如荠，叶如细柳，蒸食之甘。"荁(huán 环)：堇类。郑玄注："冬用堇，夏用荁。"枌(fén 分)：白榆。榆树之一种。榆：孙希旦说是刺榆。

⑲ 免薧(wèn kǎo 问烤)：新鲜的和干的(堇、荁、枌、榆)。滫瀡(xiǔ suǐ 朽髓)：用粉芡调成的浓汁。有使食品柔滑的作用。

⑳ 脂膏：油脂。孔颖达疏："凝者为脂，释者为膏。"以膏之：谓使其香美。

男女未冠笄者[①]，鸡初鸣，咸盥漱，栉縰，拂髦总角[②]，衿缨[③]，皆佩容臭[④]。昧爽而朝[⑤]，问'何食饮矣'[⑥]？若已食则退，若未食则佐长者视具[⑦]。

凡内外[⑧]，鸡初鸣，咸盥漱，衣服[⑨]，敛枕簟[⑩]，洒扫室堂及庭，布席[⑪]，各从其事[⑫]。孺子蚤寝晏起，唯所欲，食无时[⑬]。

由命士以上[⑭]，父子皆异宫[⑮]。昧爽而朝，慈以旨甘[⑯]。日出而退，各从其事。日入而夕[⑰]，慈以旨甘。

父母舅姑将坐[⑱]，奉席请何乡[⑲]；将衽[⑳]，长者奉席请何趾[㉑]，少者执床与坐[㉒]，御者举几，敛席与簟，县衾箧枕，敛簟而襡之[㉓]。

---

① 男女未冠笄者：指未成年子女。男子二十岁行冠礼，女子十五岁行笄礼。行过冠礼、笄礼之后才算成年人。

② 总角：把头发束为两大撮，状如两角，故称。这是童子的发式。

③ 衿缨：此"衿缨"与上文的"衿缨"不同，孔颖达疏云："男女未冠笄亦云'衿缨'者，彼未冠笄之缨，用之以佩容臭，故下注云：'容臭，香物，以缨佩之。'故童子男女皆有之。与此妇人既笄之缨别也。"

④ 容臭（xiù 秀）：即香囊。孙希旦云："容臭，谓为小囊以容受香物也。"

⑤ 昧爽而朝：天色微明时去向父母请安。晚于成年人。

⑥ 问'何食饮矣'：询问他们早点都吃了点什么，喝了点什么。

⑦ 佐长者视具：谓帮助哥嫂张罗安排。

⑧ 凡内外：谓全家上下人等，不论尊卑，不分男女老幼，包括男仆女仆在内。

⑨ 衣服：作动词用。谓穿戴整齐。

⑩ 敛枕簟（diàn 店）：将枕头和贴身的竹席收起来。郑玄注："敛枕簟，不欲人见已亵者。"

⑪ 布席：铺设坐席。

⑫ 各从其事：各人该干啥就做啥。

⑬ "孺子蚤寝晏起"三句：小孩子早睡晚起，想什么时候睡就什么时候睡，想什么时候起就什么时候起，吃饭也不定时。蚤，通"早"。晏：晚。

⑭ 命士：受有爵命的士。王夫之说："命士，谓子为命士也。侯伯之上士，天子之中士，始受命。"

⑮ 父子皆异宫：据孙希旦说，谓父子之寝各有正寝、燕寝及侧室，但不在同一正寝门之内，而在同一大门之内。换言之，大门之内，父子各有自己独立的小院子。

⑯ 慈以旨甘：以美味孝敬父母。慈，孝敬。

⑰ 夕：指晚上的请安。

⑱ 将坐：此谓早晨起床以后。

⑲ 奉席请何乡：儿子和媳妇捧着席子请示朝哪边铺。

⑳ 将衽：指更换卧处。衽，卧席。

㉑ 长者：子辈中之年长者。请何趾：请示脚朝哪头。

㉒ 床：坐榻。形制甚小，不是后世睡眠之床。

㉓ "御者举几"四句：侍者搬来几案（让父母舅姑凭依），然后将他们所卧之大席与贴身的竹席收起来，被子悬挂起来，枕头收进箱子，担心贴身的竹席有污秽，所以要收藏起来。县：悬的本字。襡（dú 独）：收藏。

父母舅姑之衣、衾、簟、席、枕、几，不传[①]；杖、屦，祗敬之，勿敢近[②]。敦、牟、卮、匜[③]，非馂莫敢用[④]。与恒食饮，非馂莫之敢饮食[⑤]。

父母在，朝夕恒食，子妇佐馂，既食恒馂[⑥]。父没母存，冢子御食，群子妇佐馂如初[⑦]。旨甘柔滑，孺子馂[⑧]。

在父母舅姑之所，有命之[⑨]，应"唯"[⑩]，敬对。进退周旋慎齐[⑪]，升降出入揖游[⑫]，不敢哕噫、嚏咳、欠伸、跛倚、睇视[⑬]，不敢唾洟[⑭]。寒不敢袭[⑮]，痒不敢搔。不有敬事，不敢袒裼[⑯]。不涉不撅[⑰]。亵衣衾不见里[⑱]。父母唾洟不见[⑲]。冠带垢，和灰请漱；衣裳垢，和灰请浣[⑳]；衣裳绽裂，纫箴请补缀。五日[㉑]，则燂汤请浴[㉒]，三日具沐[㉓]；其间面垢[㉔]，燂潘请

---

① 不传：谓以上诸物皆放在固定之处，子妇不得随便移动。

② "杖、屦"三句：对于父母舅姑使用的手杖、穿的鞋子，要毕恭毕敬，不敢靠近。祗（zhī 之）敬：恭敬。

③ 敦（duì 对）牟（móu 谋）：两种盛放黍稷之食器。牟，通"堥"，土釜。卮（zhī 支）匜（yí 宜）：两种盛放酒浆之器。

④ 非馂（jùn 俊）莫敢用：不是吃他们剩下的饭就不敢用。馂，吃别人剩下的食物。

⑤ "与恒食饮"二句：就是他们平常吃的喝的，如果不是吃他们剩下的，没有人敢碰。与，及也。

⑥ "父母在"四句：父母健在时，早晚两顿常吃的东西，由长子、众子及其妇帮助吃他们剩下的饭。既吃就要吃干净，不能再剩。

⑦ "父没母存"三句：如果是父亲不在，只有母亲，就由长子服侍母亲吃饭，而由长子妇、众子及其妇来吃母亲的剩饭。也要像父母健在时那样，既吃就要吃干净，不能再剩。冢子：长子。

⑧ 旨甘柔滑：如果剩下的饭是美味可口、质地柔滑的，就由小孩子来吃。

⑨ 有命之：有事召唤。

⑩ 应唯：用"唯"来答应。《玉藻》："父命呼，唯而不诺。"唯、诺都是答应之声，但唯恭于诺。

⑪ 周旋：拐弯。慎齐：庄重。齐，通"斋"，端庄。

⑫ 升降出入揖游：孙希旦曰："升降于堂阶，出入于门户。揖，俯身也。游，行也。"然则，揖游，俯身而行，自敛束之貌也。

⑬ 哕（yuě）噫：打嗝儿。欠伸：打哈欠，伸懒腰。跛倚：东倒西歪，左靠右倚。睇（dì 第）视：斜视。

⑭ 唾洟（yí 夷）：吐吐沫，擤鼻涕。

⑮ 袭：加衣。

⑯ "不有敬事"二句：如果不是为尊长干力气活儿，不敢露出胳臂。袒裼，露臂。

⑰ 不涉不撅：不是涉水，不敢撩起衣服。

⑱ 亵衣衾不见里：郑玄注："为其可秽。""不见里"，谓不让人看到亵衣衾的里（表里之里）。见，古"现"字。

⑲ 父母唾洟不见：看到父母脸上有口水和鼻涕要及时擦掉。

⑳ "冠带垢"四句：冠带尊，尽管脏了，要用手洗；衣裳卑，尽管脏了，要用脚洗。和灰：加入有洗涤作用的草木灰汁。在这里，漱是手洗，浣是脚洗，这是散言则别，而浑言则同。

㉑ 五日：此谓每隔五日。

㉒ 燂（xún 旬）汤：把水烧热。

㉓ 具沐：谓置备洗头用水。

㉔ 其间：蒙上文，谓三日之间。

醴[1];足垢,燂汤请洗。少事长,贱事贵,共帅时[2]。

男不言内,女不言外。非祭非丧,不相授器[3]。其相授,则女受以篚;其无篚,则皆坐奠之而后取之[4]。外内不共井,不共湢浴[5],不通寝席,不通乞假[6]。男女不通衣裳。内言不出,外言不入。男子入内[7],不啸不指[8],夜行以烛[9],无烛则止。女子出门,必拥蔽其面,夜行以烛,无烛则止。道路,男子由右,女子由左。

子妇孝者敬者[10],父母舅姑之命,勿逆勿怠。若饮食之,虽不耆,必尝而待[11]。加之衣服[12],虽不欲,必服而待。加之事,人代之,己虽弗欲,姑与之而姑使之,而后复之[13]。子妇有勤劳之事,虽甚爱之,姑纵之,而宁数休之[14]。子妇未孝未敬,勿庸疾怨,姑教之;若不可教,而后怒之。不可怒,子放妇出,而不表礼焉[15]。

---

① 燂潘请醴(huì 汇):烧热淘米水请父母舅姑洗脸。潘:《说文》云:"淅米汁也。"醴:洗脸。字亦作"沬"。

② 共帅时:帅是遵循之义。时是"是"的通假字,此也。连上二句,意谓年少者侍奉年长者,卑者侍奉尊者,也都要按照儿子媳妇侍奉父母舅姑的礼数去做。

③ "非祭非丧"二句:郑玄注:"祭严丧遽,不嫌也。"意谓祭事严肃,丧事紧迫,男女可以相授器。

④ 则皆坐奠之而后取之:由授器者坐下把所授之器放在地上,然后由接受器者坐下把所授之器从地上拿走。

⑤ 不共湢(bì 毕)浴:不用同一间浴室洗澡。湢,浴室。

⑥ 不通乞假:不互相借用东西。

⑦ 内:内宅。

⑧ 啸:孙希旦说:"啸,蹙口出声也。"近乎吹口哨。指:指手画脚。

⑨ 烛:火把。

⑩ 子妇:儿子和媳妇。

⑪ "若饮食之"三句:父母舅姑如果让子妇吃东西,虽然子妇不喜欢吃,也一定要少尝一些,等到父母舅姑察觉以后说声"不喜欢吃就别吃了",这才住口。

⑫ 加之衣服:父母舅姑赐予子妇衣服。

⑬ "加之事"五句:父母舅姑交待子妇要办的事,办到中途,父母舅姑让他人来代替自己办,自己虽然不想让他人代替,但也要姑且交给代替者来做,等到代替者做不下去时,然后自己再接着来做。

⑭ "子妇有勤劳之事"四句:子妇有辛勤劳累之事,做父母舅姑的虽然心疼他们,也只能让他们缓着点干,而且宁可让他们多休息几次。按:这几句话背后的意思是,不能因为心疼此一子妇,而让另一子妇来干。

⑮ "子妇未孝未敬"八句:子妇如果不孝敬,做父母舅姑的也不用怨恨,可以先教育他们;如果教育也不管用,那就可以谴责他们;如果谴责也不管用,那就把儿子赶出家门,把媳妇休回娘家。即令闹到这一步,也不对人明言其过,以免家丑外扬。表礼:郑玄注:"表犹明也。犹为之隐,不明其犯礼之过也。"

父母有过，下气怡色[①]，柔声以谏。谏若不入，起敬起孝[②]，说则复谏[③]；不说，与其得罪于乡党州闾，宁孰谏[④]。父母怒、不说，而挞之流血，不敢疾怨，起敬起孝。

父母有婢子若庶子、庶孙[⑤]，甚爱之，虽父母没，没身敬之不衰。子有二妾，父母爱一人焉，子爱一人焉，由衣服饮食[⑥]，由执事，毋敢视父母所爱[⑦]，虽父母没，不衰。子甚宜其妻[⑧]，父母不说[⑨]，出[⑩]。子不宜其妻，父母曰："是善事我[⑪]。"子行夫妇之礼焉，没身不衰。

父母虽没，将为善，思贻父母令名，必果[⑫]；将为不善，思贻父母羞辱，必不果。

舅没则姑老[⑬]，冢妇所祭祀、宾客[⑭]，每事必请于姑[⑮]，介妇请于冢妇[⑯]。舅姑使冢妇，毋怠、不友、无礼于介妇[⑰]。舅姑若使介妇，毋敢敌耦

---

① 下气怡色：即下气怡声。见上注。

② 起：郑玄注："起，犹更也。"

③ 说："悦"的古字。下同。

④ "与其得罪于乡党州闾"二句：与其让父母得罪于乡党州闾，宁可自己再三再四地苦谏。乡党州闾：周代的行政区划。据《周礼》，二十五家为闾，四闾为族，五族为党，五党为州，五州为乡。此谓当地乡亲。孰谏：吴澄曰："孰谏者，至三至四而犹未已，如火之孰物，必期变化。"孰，通"熟"。

⑤ 婢子：即婢。"子"是词尾。若：及，和。庶子庶孙：吴澄说："庶子，谓父妾之子。庶孙，谓父妾子之子也。"

⑥ 由：自，从。

⑦ 视：比。

⑧ 宜：动词。此为"以其妻为宜"之义。换言之，儿子对自己的媳妇甚为满意。

⑨ 不说：即不悦。谓不悦儿子的媳妇。

⑩ 出：休回娘家。

⑪ 是善事我：这个媳妇很会侍候我们。

⑫ "思贻父母令名"二句：想到这会给父母带来美名，就会果敢地去做。贻：遗留。

⑬ 舅没则姑老：谓公公去世，婆婆就要把家政的管理传给冢妇（嫡长子之妻）。礼，男子七十岁，将家政传于冢子。其妻则将分管之家政传于冢子之妇。若男子未及七十而没，其妻亦传家政于冢子之妇。这是因为祭祀时必须夫妻同时主持。

⑭ 宾客：此谓接待宾客。

⑮ 每事必请于姑：郑玄注："妇虽受传，犹不敢专行也。"请：请示。

⑯ 介妇请于冢妇：众妇向冢妇请示。因为冢妇代姑管理家政。介妇：嫡长子以外的众子之妇。

⑰ "舅姑使冢妇"三句：宋项安世《项氏家说》卷六："言舅姑若任使冢妇，冢妇毋得以尊自怠而凌辱众妇，令其代己也。不友，谓烦虐之。无礼，谓麾叱之。"

于冢妇[1]，不敢并行，不敢并命，不敢并坐[2]。凡妇，不命适私室，不敢退[3]。妇将有事，大小必请于舅姑。子妇无私货，无私畜，无私器，不敢私假，不敢私与[4]。妇或赐之饮食、衣服、布帛、佩帨、茝兰[5]，则受而献诸舅姑。舅姑受之则喜，如新受赐[6]；若反赐之，则辞；不得命，如更受赐，藏以待乏[7]。妇若有私亲兄弟[8]，将与之[9]，则必复请其故，赐而后与之[10]。

适子庶子[11]，祗事宗子宗妇[12]，虽贵富，不敢以贵富入宗子之家[13]；虽众车徒，舍于外，以寡约入[14]。子弟犹归器、衣服、裘衾、车马，则必献其上，而后敢服用其次也[15]。若非所献[16]，则不敢以入于宗子之门，不敢以贵富加于父兄宗族[17]。若富，则具二牲，献其贤者于宗子，夫妇皆齐而宗敬焉，终事而后敢私祭[18]。

---

① 敌耦：攀比。

② “不敢并行”三句：不敢与冢妇并肩而行，不敢像冢妇那样发号施令，不敢与冢妇并肩而坐。

③ “凡妇”三句：郑玄注：“妇，侍舅姑者也。”凡妇：谓冢妇及众妇。私室：孙希旦说：“私室，妇所居室也。”

④ “子妇无私货”五句：子妇不能有属于自己的财物，不能有属于自己的积蓄，不能有属于自己的器物，不敢私自借出东西，不敢私自给人东西。

⑤ “妇或赐之”句：这是指妇的娘家亲人赐给妇的东西。茝（zhǐ 只）兰：两种香草，可以制作容臭。

⑥ 如新受赐：如同自己刚刚接受了亲友的馈赠一样。

⑦ “若反赐之”五句：如果舅姑把东西又转赐给自己，那就要推辞；实在推辞不掉，就要像重新得到舅姑赏赐那样地接受下来，收藏起来，以备舅姑缺乏时再献。

⑧ 私亲兄弟：谓娘家兄弟。

⑨ 将与之：即“将以物与之”。

⑩ “则必复请其故”二句：就必须重新请求要回娘家亲人前日赐给的东西，舅姑答应赐予，然后再送给他们。

⑪ 适子：即嫡子。适，通“嫡”。此指一家一户的嫡长子，宗法上叫做小宗。庶子：嫡子之弟。

⑫ 祗（zhī 支）事：敬事。如何敬事，详下。宗子：指全族人的嫡系长子。换言之，也就是全族之人的始祖的嫡长子系统，宗法上叫做大宗。宗妇：宗子之妻。

⑬ “不敢”句：因为那样做有炫耀之嫌。

⑭ “虽众车徒”三句：即令是车辆随从众多，也必须把他们留在宗子家的大门外，自己只带少量的随从进入。

⑮ “子弟犹归（kuì 溃）器”三句：小宗之家的子弟如果得到他人馈赠的器物、衣服、裘衾和车马，要从中挑出上等的献给宗子，然后自己才敢享用次等的。犹：若。归：通“馈”，馈赠。裘衾：皮衣和被子。

⑯ 若非所献：如果所献之物不是宗子之爵位所当享用（超过了宗子的爵位级别）。

⑰ 加于：凌驾于。父兄宗族：谓宗子。

⑱ “若富”五句：小宗之家如果富裕，可以准备两头牺牲，其中比较好的一头献给宗子，（在宗子祭祖时），小宗夫妇都斋戒助祭于宗子之家。祭毕之后，小宗才敢祭祀自己的祖宗。贤者：指比较好的。宗敬：敬事大宗。

子能食食[1]，教以右手。能言，男"唯"女"俞"[2]。男鞶革[3]，女鞶丝。六年[4]，教之数与方名[5]。七年，男女不同席，不共食[6]。八年，出入门户及即席饮食，必后长者，始教之让。九年，教之数日[7]。十年，出就外傅[8]，居宿于外，学书计[9]。衣不帛襦袴[10]。礼帅初[11]，朝夕学幼仪[12]，请肄简谅[13]。十有三年，学乐，诵诗，舞《勺》[14]。成童[15]，舞《象》[16]，学射御[17]。二十而冠，始学礼[18]，可以衣裘帛[19]，舞《大夏》[20]，惇行孝弟[21]，博学不教[22]，内而不出[23]。三十而有室[24]，始理男事[25]，博学无方[26]，孙友视志[27]。四十始仕，方物

---

① 子：谓幼儿。能食食：会自己吃饭了。

② 男"唯"女"俞"：教男孩儿回答"是"用"唯"，教女孩儿回答"是"用"俞"。

③ 男鞶(pán 盘)革：男孩的大带用革做的。鞶，束腰之大带。

④ 六年：六岁。

⑤ 数：识数。数谓一十百千万。方名：东南西北、上下前后的名称。

⑥ "七年"三句：这是为了从小培养他们知道男女有别。

⑦ 数日：计算日子。郑玄注："数日，朔望与六甲也。"六甲，古人用天干地支相配计算时日，从"甲子"起，到"癸亥"止，叫做六十甲子。六十甲子中有甲子、甲戌、甲申、甲午、甲辰、甲寅，故称。假如初一为甲子，初二则为乙丑，依此类推。

⑧ 出就外傅：离开家门到外傅那里去学习。外傅：郑玄注："教学之师也。"

⑨ 书计：识字和算书。书，谓六书，即象形。指事、会意、形声、转注、假借，古人认为是造字之法。计，谓九数，即九种计算方法：方田、粟米、差分、少广、商功、均输、方程、赢不足、旁要。详《周礼·地官·保氏》注。

⑩ 衣不帛襦袴：孙希旦说："襦，内衣。袴，下衣。二者皆不以帛为之，防奢侈也。"袴，今作"裤"。

⑪ 礼帅初：孙希旦说："谓初所教长幼之礼，帅(遵循)而行之，而不敢忘也。"

⑫ 幼仪：盖幼儿行为准则之类。

⑬ 请肄简谅：孙希旦说："肄，习也。谅，信也。请肄简谅，谓所请肄习者，贵乎简要而诚实也。"

⑭ "十有三年"四句：乐，谓琴瑟之乐。诗，谓乐章。勺(zhuó 卓)：一种文舞之名。舞者执钥而舞。

⑮ 成童：郑玄注："十五以上。"

⑯ 象：一种武舞之名。舞者执干戈而舞。

⑰ 射御：射箭和驾车。

⑱ 礼：谓吉、凶、宾、军、嘉五礼。

⑲ 衣裘帛：穿皮衣和帛制之衣。

⑳ 大夏：夏禹乐名。孙希旦说："《大夏》，禹乐，文舞之大者也。《大司乐》：'以乐舞教国子，舞《云门》、《大卷》、《大咸》、《大韶》、《大夏》、《大濩》、《大武》。'此言'舞《大夏》'，则六舞皆学可知。"

㉑ 惇行孝弟：笃行孝悌。弟，通"悌"。

㉒ 博学不教：广泛地学习各种知识，但尚不足以教育他人。

㉓ 内而不出：陈澔云："蕴蓄德美于中，而不自出以见其能。"

㉔ 有室：谓娶妻。江永说："按三十而有室，二十而嫁，言其极，不是过耳。早嫁娶者，礼固不禁。"

㉕ 男事：谓接受国家分给的田地，供给征役。

㉖ 博学无方：谓学无常师。郑玄注："方，犹常也。"

㉗ 孙友视志：江永说："孙友者，谦孙不敢自矜。然已有志尚，视之于友，则友可与切磋，或有失，则救正之。"孙，通"逊"。视，通"示"。

出谋发虑[①]，道合则服从，不可则去。五十命为大夫，服官政。七十致事[②]。凡男拜，尚左手[③]。

女子十年不出[④]，姆教婉娩听从[⑤]，执麻枲[⑥]，治丝茧，织纴、组、紃[⑦]，学女事[⑧]，以共衣服[⑨]。观于祭祀，纳酒、浆、笾、豆、菹、醢[⑩]，礼相助奠[⑪]。十有五年而笄，二十而嫁；有故[⑫]，二十三年而嫁。聘则为妻[⑬]，奔则为妾[⑭]。凡女拜，尚右手[⑮]。

〔问题分析〕

“衿缨”一词都有哪些意思？

“衿缨”一词在《内则》篇出现了两次，意思不一样。我们如果再查《汉语大词典》的“衿缨”条，又有另外的意思。现在我们把“衿缨”的三个意思辨析一下。

“衿缨”之衿，是系上、结住之义；缨，《说文》说是“冠系也”，即系冠的带子。这是缨的本义。引申开来，凡是长条形的带子都可以叫做缨，其用途也不限于系冠。

“衿缨”一词，共有三个意思。

第一个意思是已笄、已婚女妇的衿缨。这个衿缨的含义是，表示该女已经许配与人或者已婚。郑玄注《仪礼・士昏礼》云：“妇人十五许嫁，笄而礼之，因著缨，明有系。盖以五采为之，其制未闻。”郑玄只说这个缨是“五采为之”，但究竟什么

---

① 方物：犹言根据具体情况。出谋发虑：出谋划策。

② 致事：郑玄注：“致其事于君而告老。”

③ 尚左手：尚者，上也。左手在上，右手在下。换言之，拜时，左手抱住右手。

④ 不出：郑玄注：“恒居内也。”

⑤ 姆：古代以妇道教女子的女师。婉：说话柔婉。即所谓“妇言”。娩（wǎn 宛）：谓容貌贞静。即所谓“妇容”。“妇言”、“妇容”，详《昏义》注。

⑥ 枲（xǐ 喜）：大麻的雄株。

⑦ 纴组紃（xún 巡）：纴是缯帛。组是带子。紃是绦子，用以镶边。

⑧ 女事：妇女之事，女工。

⑨ 共：通“供”，供给。

⑩ “观于祭祀”二句：孔颖达疏：“谓于祭祀之时观看，须于庙外纳此酒、浆、笾、豆、菹、醢之等，置于神坐。一‘纳’之文，包此六事言之也。”

⑪ 礼相助奠：孙希旦说：“谓以礼相（辅助）长者，而助其奠置祭馔也。”祭馔，即祭品。

⑫ 故：谓父母之丧。

⑬ 聘：通过媒人沟通。

⑭ 奔：私奔。女子不通过媒人而私自投奔所爱之人。

⑮ 尚右手：行拜礼时，右手在上，左手在下。

样子,“其制未闻”。而《钦定礼记义疏》卷三九则说:“盖缨者,以五采联贝,上繫于项,下当心胸,明有系属,故许嫁即繫之。”不知何据。这个缨,宋人陈祥道《礼书》认为,结婚当天的晚上,丈夫为新娘“脱缨”,此后就不再戴了。而清代学者如秦蕙田、孙希旦等皆不以陈祥道说为然。例如,孙希旦就说:“《士昏礼》‘脱缨’,盖昏夕暂脱之耳,非一脱不复著也。”看来清人之说是对的,所以《内则》在“妇事舅姑”下面谈到妇的打扮时还有“衿缨”。这种用法,试举二例:

宋·张方平《乐全集》卷三十九《秦国太夫人相里氏墓志铭》:“铭曰:衿缨佩帨,恪恭妇事。礼相助奠,祇严时祀。”

宋·程俱《北山集》卷一《有美一人》:“何当还之翡翠屏,为君把镜整衿缨。”

第二个意思是未冠笄者的衿缨。这个衿缨,是为了系上容臭(即香囊)这种佩饰。这个缨,很可能是一条细细的采绳。这种用法,亦试举二例:

清·姜宸英《湛园集》卷二《徐母李孺人寿序》:“时孺人纔数岁,然已能盥栉衿缨,随母定省。”

宋·林岊《毛诗讲义》卷三《甫田》:“未冠弁者,总角衿缨,幼稚如此,与别未几,经时而更见之,突然已加冠弁为成人。”

第三个意思是士大夫的衿缨。这个缨,是冠带的意思。所谓衿缨,就是系好帽带,也就是戴好帽子。因为士大夫外表上总是衣帽整齐,所以“衿缨”就成了士大夫或有教养的代名词。这种用法,亦试举二例:

宋·徐鹿卿《清正存稿》卷六《林判府和前韵见示且约暇日论茗次韵为谢》:“平生山水性,不著尘俗萦。佳处辄留憩,竟日陪衿缨。”

明·王世贞《弇州四部稿》卷一百七《乞恩表扬勋德旧臣以示激劝疏》:“使烽磷攘矫之场,进为耕桑化居之土;矛矜戛札之俗,变为衿缨礼让之风。国家享辟土之名,而黎庶知有生之乐者,固(原)杰之功也。”

〔由本篇产生的新词、成语〕

1. **滫瀡**,用粉芡调成的浓汁。有使食品柔滑的作用。例如:

《隋书·音乐上》:“荆包海物必来陈,滑甘滫瀡味和神。”

唐·柳宗元《柳河东集》卷三三《贺进士王参元失火书》:“而脂膏滫瀡之具或以不给,吾是以始而骇也。”

2. **盥漱**,洗手和漱口。例如:

《管子·弟子职》:“少者之事,夜寐蚤作。既拚盥漱,执事有恪。”

《三国志・吴志・诸葛恪传》:"明,将盥漱,闻水腥臭。侍者授衣,衣服亦臭恪,怪其故。"

3. **拂髦**,弹掉髦上的尘土然后戴到头上。髦之形状,盖似以假发所制之刘海。古代已仕男子之饰。例如:

元・敖继公《仪礼集说》卷十三:"子事父母,必著拂髦,亲已死,至殡乃脱之者,未殡之前,孝子犹冀其复生,既殡则绝望矣,乃脱之也。"

明・娄坚《学古绪言》卷八《顾母周太宜人七十寿序》:"今子孙满前,兰茁其芽,拂髦总角而朝者相踵也,此人之为太宜人庆者也。"

4. **纷帨**,拭物的佩巾,抹布。纷,通"帉"。例如:

《周礼・天官・内司服》:"后之丧,共其衣服,凡内具之物。"郑玄注:"内具,纷帨、线、纩、鞶袠之属。"

《陈书・周宏直传》:"既应侍养,宜备纷帨。"

5. **木燧**,钻木取火的工具。例如:

汉・班固《白虎通・号》谓之燧人何钻木燧取火教民熟食养人利性避臭去毒谓之燧人也。

宋・黄庭坚《山谷外集》卷三《对酒次前韵寄怀元翁》:"花光渐寒食,木燧催国火。"

6. **鞶袠**,装针线等物的囊袋。例如:

明・倪元璐《倪文贞集》卷二《祖母》:"当其笄髦未字,已贞匪石之心;及夫鞶袠致虔,独竭和灰之孝。"

清・钱谦益《先太淑人述》:"入其室,椸枷必整,枕簟必敛,箴管鞶袠,井井然也。"

7. **下气怡声**,态度恭顺,声音甜蜜。例如:

周・庾信《庾子山集》卷十六《周安昌公夫人郑氏墓志铭》:"及乎作配君子,言事舅姑,下气怡声。"

宋・宋敏求《唐大诏令集》卷四十一载薛廷珪《册益昌公主文》:"夙兴夜寐,无忘女史之箴;下气怡声,勉习家人之礼。"

8. **容臭**,即香囊。有掩蔽秽气的作用。例如:

宋・黎靖德编《朱子语类》卷八十一:"如何谓之容臭?曰:如今香囊是也。"

明・宋濂《文宪集》卷八《送东阳马生序》:"左佩刀,右备容臭,煜然若神人。"

9. **哕噫**，打嗝儿。例如：

《素问・三部九候论》："若有七诊之病，其脉候亦败者，死矣，必发哕噫。"

宋・晁迥《法藏碎金录》卷九："哕噫嚏咳，随其气之有常；行住坐卧，随其意之有常。"

10. **袒裼**，露出胳臂，光肩膀。例如：

《孟子・公孙丑上》："尔为尔，我为我，虽袒裼裸裎于我侧，尔焉能浼我哉！"朱熹《集注》："袒裼，露臂也。裸裎，露身也。"

《汉书・鼂错传》："甲不坚密，与袒裼同。弩不可以及远，与短兵同。"应劭曰："袒裼，肉袒也。"

11. **介妇**，古代宗法称嫡长子之妻为冢妇，非嫡长子之妻为介妇。例如：

唐・杜甫《唐故万年县君京兆杜氏墓志》："于姊姒则有锺琰洽介妇之德。"

唐・柳宗元《柳河东集》卷十三《亡姊前京兆府参军裴君夫人墓志》："又移其孝于裴氏之门，而以睦于冢妇介妇，必敬必亲。"

12. **成童**，男子年十五以上，二十以下。例如：

《后汉书・李固传》："年始成童，游学洛阳。"注："成童，年十五也。"

《宋书・范泰传》："古人成童入学，易子而教，寻师无远，负粮忘艰，安亲光国，莫不由此。"

〔文化史扩展〕

1. 从《礼记》中可以辑出一篇别样风格的《孝经》

清人杭世骏《续礼记集说》卷五一引姚际恒《礼记通论》曰："此'内'字兼男女而言。昔源子读《内则》至'父母唾洟不见。冠带垢，和灰请漱；衣裳垢，和灰请澣；衣裳绽裂，纫箴请补缀。五日则燂汤请浴，三日具沐。其间面垢，燂潘请靧；足垢；燂汤请洗"。而又曰：'若饮食之，虽不耆，必尝而待；加之衣服，虽不欲，必服而待；加之事，人代之，已虽弗欲，姑与之而姑使之，而后复之'。曰：'嗟乎，此真《孝经》也！世有为人子者，能竭其力如此哉！能视听于无形与声如此哉！世传《孝经》，率肤语耳。世人贵耳贱目，循名忘实，类如此。'

不孝壮失父母，亦非幼矣。回念，实愚无知也。及稍有知，而父母已不逮事。读《内则》一篇，不觉其泪之淫淫也。亦愿世之读《内则》者，及父母之存，毋忽焉。凡《内则》所言事父母之事，皆人情之所最难而不肯为者。夫为人所难能，斯所以为孝也。余尝欲摘取《内则》，去其非事亲之文，以为《孝书》，俾人人习读。是固皆切实可行，非同肤词泛说，虽不能尽法，然必有以感发其天良而不能自已者。此其为益，良非浅矣。第世无从予，如何如何！即是以为《孝经》，亦奚不可者！宋人于《礼记》摘取《大学》，予摘取《内则》，未知孰为优劣也。”①

按：《内则》一篇，确实如姚氏所说，其中讲孝道的文字很多，可以辑出一部《孝书》。但《礼记》的其他篇中也颇有讲孝道的文字，如果将《礼记》全书中讲孝道的文字辑出，确实可以辑出一部新的《孝经》。这部新辑出的《孝经》，相比于《十三经》中的《孝经》，都讲得比较具体，更具有可操作性。谨摘录于下，幸读者观览焉。当然，这部新辑出的《孝经》，其价值主要在于认识古代；至于身体力行，还是要取其精华，去其糟粕的。

从《礼记》中辑出的一篇别样风格的《孝经》

（《内则》中的有关文字已见上，此略）

《曲礼上》第一：

凡为人子之礼：冬温而夏清，昏定而晨省，在丑夷不争。

夫为人子者，见父之执，不谓之进不敢进，不谓之退不敢退，不问不敢对。此孝子之行也。

夫为人子者：出必告，反必面，所游必有常，所习必有业。恒言不称老。为人子者，居不主奥，坐不中席，行不中道，立不中门。食飨不为概，祭祀不为尸。听于无声，视于无形。不登高，不临深。不苟訾，不苟笑。

孝子不服暗，不登危，惧辱亲也。父母存，不许友以死。不有私财。

为人子者：父母存，冠衣不纯素。

父母有疾，冠者不栉，行不翔，言不惰，琴瑟不御，食肉不至变味，饮酒不至变貌，笑不至矧，怒不至詈。疾止复故。

居丧之礼，头有创则沐，身有疡则浴，有疾则饮酒食肉，疾止复初。不胜丧，乃比于不慈不孝。

《曲礼下》第二：

子之事亲也：三谏而不听，则号泣而随之。亲有疾，饮药，子先尝之。

《檀弓下》第四：

子路曰：“伤哉贫也！生无以为养，死无以为礼也。”孔子曰：“啜菽饮水尽其欢，斯之谓孝；敛首足形，还葬而无椁，称其财，斯之谓礼。”

---

① 见清杭世骏《续礼记集说》卷五十一征引，第102册，1—2页。

《文王世子》第八：

文王之为世子，朝于王季，日三。鸡初鸣而衣服，至于寝门外，问内竖之御者曰："今日安否何如？"内竖曰："安。"文王乃喜。及日中，又至，亦如之。及莫（暮），又至，亦如之。其有不安节，则内竖以告文王，文王色忧，行不能正履。王季复膳，然后亦复初。

《玉藻》第十三：

亲老，出不易方，复不过时。

《丧大记》第二二：

父母之丧，居倚庐，不涂，寝苫枕块，非丧事不言。

《祭义》第二四：

君子生则敬养，死则敬享，思终身弗辱也。君子有终身之丧，忌日之谓也。是故至孝近乎王，至弟近乎霸。至孝近乎王，虽天子，必有父；至弟近乎霸，虽诸侯，必有兄。

曾子曰："孝有三：大孝尊亲，其次弗辱，其下能养。"

公明仪问于曾子曰："夫子可以为孝乎？"曾子曰："是何言与！是何言与！君子之所为孝者：先意承志，谕父母于道。参，直养者也，安能为孝乎？"

曾子曰："身也者，父母之遗体也。行父母之遗体，敢不敬乎？居处不庄，非孝也；事君不忠，非孝也；莅官不敬，非孝也；朋友不信，非孝也；战陈无勇，非孝也；五者不遂，灾及于亲，敢不敬乎？亨孰膻芗，尝而荐之，非孝也，养也。君子之所谓孝也者，国人称愿然曰：'幸哉有子如此！'所谓孝也已。"

曾子曰："夫孝，置之而塞乎天地，溥之而横乎四海，施诸后世而无朝夕，推而放诸东海而准，推而放诸西海而准，推而放诸南海而准，推而放诸北海而准。《诗》云：'自西自东，自南自北，无思不服。'此之谓也。"

乐正子春下堂而伤其足，数月不出，犹有忧色。门弟子曰："夫子之足瘳矣，数月不出，犹有忧色，何也？"乐正子春曰："善如尔之问也！善如尔之问也！吾闻诸曾子，曾子闻诸夫子曰：'天之所生，地之所养，无人为大。'父母全而生之，子全而归之，可谓孝矣。不亏其体，不辱其身，可谓全矣。故君子顷步而弗敢忘孝也。今予忘孝之道，予是以有忧色也。壹举足而不敢忘父母，壹出言而不敢忘父母。壹举足而不敢忘父母，是故道而不径，舟而不游，不敢以先父母之遗体行殆。壹出言而不敢忘父母，是故恶言不出于口，忿言不反于身。不辱其身，不羞其亲，可谓孝矣。"

《祭统》第二五：

孝子之事亲也，有三道焉：生则养，没则丧，丧毕则祭。养则观其顺也，丧则观其哀也，祭则观其敬而时也。尽此三道者，孝子之行也。

《坊记》第三十：

子云："善则称亲，过则称己，则民作孝。"

子云："父母在，不称老，言孝不言慈；闺门之内，戏而不叹。君子以此坊民，民犹薄于孝而厚于慈。"

《中庸》第三一：

子曰："武王、周公，其达孝矣乎！夫孝者：善继人之志，善述人之事者也。"

2. 古人每天洗脸吗？

如果不是读《礼记・内则》，就不会提出这个问题。在现代人看来，这个问题问得有点荒谬。每天早晨洗脸是我们日常生活不可或缺的内容。特殊情况下，甚至一天当中要不止一次地洗脸。以今例古，推想我们的古人也一定是每天洗脸。实际上未必。

洗脸是现代汉语的说法，古人则谓之沬。《说文・水部》："沬，洒面也。从水，未声。湏，古文沬，从廾水从页。"按：沬，今音 huì。段玉裁注云："《说文》作'湏'，从两手掬水而洒其面。《内则》作靧，从面，贵声。盖汉人多用靧字。"这就是说，表示洗脸这个概念，《内则》使用的是"靧"字，而"沬"、"湏"则是"靧"的异体字。用汉代人的话来说叫洒面。

据我所知，古今有四位学者认为古人并不是每天洗脸。他们的根据，都是《礼记・内则》。兹摘录四位学者的言论如下：

清代学者王懋竑(1668—1741)《白田杂著》卷三《盘铭考》："《内则》：'鸡鸣咸盥漱。'不言湏；子事父母，'面垢，燂潘请靧'，(靧、湏古同字)与三日具沐、五日具浴同，似非日日湏面者。或者对言之，洗手曰盥，洗面曰湏；散言之，则通曰盥。若然，则《内则》不应有"面垢请靧"之一条也。古今之变不同，有不可详考者。

清代学者江永(1681—1762)《礼记训义择言》卷五《内则》："晨起之事皆详，独不言靧。后云：'五日则燂汤请浴，三日具沐。其间，面垢燂潘请靧。'是古人不于盥时洗面，又必煮淅米汁而靧之。此古今人情之不同者。"

《说文・皿部》："盥，澡手也。"清代学者段玉裁(1735—1815)注云："《水部》曰：'澡，洒手也。'《礼经》多言'盥'。《内则》：'每日进盥，五日请浴，三日具沐。其间，面垢请靧，足垢请洗。'是则古人每旦必洒手，而洒面则不必旦旦为之也。"

以上所说的古人，指上古而言。古人究竟什么时候开始每天洗脸，是个有待进一步探讨的问题。从目前掌握的资料来看，每天洗脸，至迟宋代已经开始。例如：宋·卫湜《礼记集说》卷一五一引新安邵氏曰："日日盥颒，人所同也。日日沐浴，恐未必然。"宋·陆游《渭南文集》卷二十《严州钓台买田记》："治事少休，则宴坐别室，自夜至旦，盥靧而出，终岁如一日。"

3. 讲究个人卫生的用字古今不同

今人讲究个人卫生，曰洗手，曰洗脸，曰洗头，曰洗脚，曰洗澡，曰洗衣裳。以"洗"字为动词，组成了若干个动宾结构。古人不这样说。首先说说这个"洗"字。在古代，"洗"并没有"洗涤"义。《说文》："洗，洒足也。从水，先声。"段玉裁注云："《内则》曰：'面垢，燂潘请靧；足垢，燂汤请洗。'此洒面曰靧，洒足曰洗之证也。"张舜徽《说文解字约注》云："洒足谓之洗，足亲地谓之跣，语源一也，故其读音亦同。后世借洗为洒涤字，改读先礼切，而本音本义废矣。"这就是说，不仅"洗"的古义不是洗涤，而是洒足（即洗脚），而且读音是苏典切，即读 xiǎn，不读 xǐ。古人要表达今人"洗"的概念，如果是洗身体的某一部位，就用"洒"。请注意，这个"洒"，读作 xǐ，不能读作 sǎ。例如，《说文》："沬（靧），洒面也。""浴，洒身也。""澡，洒手也。""洗，洒足也。"洗头发用"濯"。《说文》："沐，濯发也。"如果是洗衣服穿戴，就用"漱"和"浣"这两个字。《内则》："冠带垢，和灰请漱；衣裳垢，和灰请浣。"郑玄注："手曰漱，足曰浣。"意思是说，冠带脏得不厉害，泡到灰汁里，用手搓搓就行了。这叫作漱。而衣裳脏得比较厉害，泡到灰汁里，要用脚踩，因为用脚的力气大，才能洗干净。这叫作浣。需要说明的是，这个"漱"字是个通假字，它的本字是"涑"（音 sù）。《说文》："涑，浣也。"段玉裁注云："涑亦假'漱'为之。"而"漱"的本义是"荡口"，即今天所说的漱口。下面，我们找一些上述概念在古书中的实际用例：

今人曰洗手，古人曰盥曰澡。例如，《内则》："子事父母，鸡初鸣，咸盥漱。"孔颖达疏："盥，谓洗手。"唐·释道世《法苑珠林》卷五七："师谓我言，且先澡手，已（澡手完毕）乃当饭。"

今人曰洗脸，古人曰靧（颒）。例如，《内则》："其间面垢，燂潘请靧。"陆德明《释文》："靧音悔，洗面。"《尚书·顾命》："甲子，乃洮颒水。"陆德明《释文》："颒，音悔，《说文》作沬。马融云：'颒，颒面也。'"

今人曰洗头，古人曰沐。例如，《史记·鲁周公世家》："鲁周公戒伯禽曰：'我，文王之子，武王之弟，成王之叔父，我于天下亦不贱矣。然我一沐三握发，一饭三吐哺，起以待士，犹恐失天下之贤人。”

今人曰洗脚，古人曰洗。例如，《史记·郦食其传》：“使者入通，沛公方洗。”方洗，谓正在洗脚。

今人曰洗澡，古人曰浴。宋·释普济《五灯会元》卷二《金陵牛头山威禅师法嗣》：“命侍者净发浴身，至夜，有瑞云覆其精舍，空中复闻天乐之声，诘旦，怡然坐化。”

今人曰洗衣裳，古人曰漱曰浣。例如，《礼记·曲礼上》：“诸母不漱裳。”郑玄注：“诸母，庶母也。漱，澣也。庶母贱，可使漱衣，不可使漱裳。”

〔**集评**〕

汉·郑玄《三礼目录》云：“名曰《内则》者，以其记男女居室、事父母舅姑之法。此于《别录》属子法。”

唐·孔颖达《礼记正义·内则》疏云：“以闺门之内，轨仪可则，故曰《内则》。”

宋·朱熹《仪礼经传通解·目录》：“《内则》第五，此《小戴》第十二篇，盖古经也。今按此必古者学校教民之书。”

宋·朱熹《晦庵集》卷五九《答赵恭父》曰：“《内则》一篇，文理密察，法度精详，见古先圣王所以厚人伦，美教化者，无所不用其全。某疑中间似有难看处，如‘饭黍、稷、稻、粱’止‘大夫于阁三，士于坫一’二节，与上下文似不相蒙，岂特载此因以著夫贵贱品节之差邪？又‘凡养老’止‘玄衣而养老’一节，疑《王制》之重出。不然，亦岂先王之成法，因子事父母而达之天下，以及人之老耶？又‘曾子曰’一节，虽承上章‘养老’之文而云，然此篇既曰‘后王命冢宰降德于众兆民’，则是古昔盛时朝廷所下教命，恐不应引到曾子之言，疑是他简脱误在此。又‘凡养老，五帝宪’至‘皆有惇史’一节，疑错简，恐或当在上文‘玄衣而养老’之下。又‘淳熬’止‘以与稻米为酏’一节，亦疑错简，恐或当属上文‘冬宜鲜羽，膳膏膻’及‘雉兔皆有芼’之下。自此外数节，上下井井有条，独此未易晓畅。”

清·孙希旦《礼记集解·内则》：“愚谓自‘养老，有虞氏以燕礼’至‘皆有惇史’，与通篇所言不相比附，而文体亦异，疑系他篇脱简。若以‘淳熬’接上‘士于坫一’之下，则通篇条理秩然矣。”

王锷《礼记成书考》：“《内则》文字与《仪礼·公食大夫礼》、《礼记·曲礼》、《少仪》相近，又征引曾子言论和养老礼的文字，论述孝道；《周礼·天官·食医》、《庖人》、《内饔》等篇之撰写，曾参考《内则》。则《内则》之成篇年代，当以战国中期为宜。”

〔**思考与讨论**〕

1.《内则》的基本内容，在宋代，曾先后被司马光《书仪》、朱熹《家礼》所吸收，这说明了什么？

2.《内则》云：“子甚宜其妻，父母不说[①]，出。”这句话反映了什么？古代文学作品中有这样的悲剧吗？

《大传》第十六

礼，不王不禘[②]。王者禘其祖之所自出，以其祖配之[③]。诸侯及其大祖[④]。大夫、士有大事省于其君，干祫及其高祖[⑤]。

牧之野[⑥]，武王之大事也。既事而退[⑦]，柴于上帝，祈于社，设奠于牧室[⑧]。遂率天下诸侯，执豆笾，逡奔走，追王大王亶父、王季历、文王昌，不

---

① 不说：即不悦。谓不悦儿子的媳妇。

② 不王不禘（dì 第）：不是天子不能举行禘祭。禘，天子宗庙之大祭，用以祭祀其始祖所自出之帝。详下注。

③ “王者禘其祖之所自出”二句：以周代为例。周代的始祖是后稷，稷之母姜嫄，为帝喾元妃。姜嫄出郊，见巨人迹，践之而生稷。帝喾者，始祖稷之所自出，故周人在始祖后稷之庙禘喾，而以稷配之也。二句中的“祖”，皆谓始祖。祖之所自出，实际上就是始祖的父亲。陆淳曰：“禘者，帝王立始祖之庙，犹谓未尽其追远尊先之义，故又推寻始祖所出之帝而追祀之。以其祖配之者，谓于始祖庙祭之，而便以始祖配祭也。此祭不兼群庙之主，为其疏远，不敢亵狎故也。”禘祭的时间，据秦蕙田《五礼通考》卷九七的考证，每年孟夏举行。

④ 诸侯及其大祖：诸侯最多只能祭祀其始祖。大祖，即太祖，也就是始祖。本句的动词用个“及”字，不用“禘”字，因为诸侯没有资格举行禘祭。

⑤ “大夫、士有大事省于其君”二句：叶梦得曰：“古者诸侯有祫而无禘，大夫有时祭而无祫。禘，天子之事也。祫，诸侯之事也。大夫既不得祫，然有大功见察于天子，则视（按：比照也）诸侯，上达而祫其毁主。”祫，一种宗庙之祭。祫有时祫，有大祫。时祫，仅仅未毁庙之主合食于太祖庙。大祫，则合毁庙、未毁庙之主，皆合食于太祖庙。举行祫祭的时间是每岁孟冬。此亦秦蕙田说。

⑥ 牧之野：谓武王伐周时的牧野之战。牧野，地名，在商都朝歌南七十里，今河南卫辉市北。

⑦ 既事：谓战胜之后。

⑧ “柴于上帝”三句：柴：焚柴祭告上天。祈于社：祭告土神。设奠于牧室：在牧野的馆舍内祭告祖先的行主。

以卑临尊也①。

上治祖祢，尊尊也②；下治子孙，亲亲也③；旁治昆弟，合族以食，序以昭缪④；别之以礼义⑤：人道竭矣⑥。

圣人南面而听天下⑦，所且先者五⑧，民不与焉⑨。一曰治亲⑩，二曰报功⑪，三曰举贤⑫，四曰使能⑬，五曰存爱⑭。五者一得于天下⑮，民无不足、无不赡者。五者一物纰缪⑯，民莫得其死⑰。圣人南面而治天下，必自人道始矣⑱。立权度量，考文章，改正朔，易服色，殊徽号，异器械，别衣

---

① "遂率天下诸侯"七句：据《尚书·武成》，此句以下之事乃行之于丰（西周国都，在今陕西户县）之祖庙。所谓凯旋而归，敬告祖庙也。逡奔走：郑玄注："逡，疾也。疾奔走，言劝事也。"所谓劝事，犹言自觉地干活也。追王：给死者追加王号。大王亶父：周的祖先，被看作是周代王业的奠基人。王季历：大王亶父之子，文王之父，被看作是对周代王业卓有建树的人。文王昌：武王之父，被看作是周代王业的实际完成者。参看《史记·周本纪》。以卑临尊：武王是天子，大王亶父等若不追王，则是诸侯，这就是以卑临尊。

② "上治祖祢（nǐ 你）"二句：孙希旦说："治，谓立为法制以别其亲疏厚薄之宜也。尊尊自上而杀，所以上治也。"按：此所谓"上"，以及下文之"下"、"旁"，都是以"己"为出发点而言。祖祢：祖与父。此谓高祖、曾祖、祖、父，己对他们都尊，但尊的程度，自近而远（自父至高祖），呈递衰之势。尊尊：以其应有之尊而尊之。

③ "下治子孙"二句："治"字之解同上。子孙：此谓子、孙、曾孙、玄孙。亲亲：以其应有之亲而亲之。己对于上述子孙虽然都亲，但亲的程度，自近而远（自子至玄孙），亦呈递衰之势，所谓"亲亲由下而杀"也。

④ "旁治昆弟"三句："治"字之解同上。昆弟，即兄弟。按照血缘关系的远近，兄弟有亲兄弟、从兄弟、再从兄弟、三从兄弟之分。己对上述兄弟也有亲疏厚薄之分。合族以食：谓聚合族人共餐以联络感情。序以昭缪：按照血缘关系的远近排好顺序。昭缪，即昭穆，"缪"通"穆"。

⑤ 别之以礼义：孙希旦说："谓以礼义治男女，而使之有别也。"按：此节之"旁治昆弟"即下文之"长长"，此节之"别之以礼义"即下文之"男女有别"。

⑥ 人道竭矣：谓人际关系也就是上面四个方面。

⑦ 听：治理。

⑧ 且先者：孙希旦说：言未暇顾及其他，而且以此为先也。

⑨ 民不与焉：治民之事还不包括在内。与：在其中。

⑩ 治亲：处理好亲属关系。这个"亲"包括上一节的祖祢、子孙、昆弟、男女四个方面。尊祖祢，亲子孙，序兄弟，别男女，都属于治亲之事。此孙希旦说。

⑪ 报功：报答有功之臣。对功臣论功行赏。

⑫ 举贤：选拔贤者。贤者，德高望重者。

⑬ 使能：启用能者。能者，才能出众者。

⑭ 存爱：方苞曰："凡古先圣王及其辅佐有功德于民者，皆建置后裔，兴灭继绝，所以存其遗爱也。"

⑮ 一得：尽得。句意谓以上五件事全部做到。

⑯ 一物纰缪：一件事做错。纰缪，即纰谬。

⑰ 莫得其死：不得寿终。极言造成损害之大。

⑱ 人道：人际关系。

服[①]，此其所得与民变革者也。其不可得变革者则有矣：亲亲也，尊尊也，长长也，男女有别[②]，此其不可得与民变革者也。

同姓从宗，合族属[③]；异姓主名，治际会[④]。名著，而男女有别。其夫属乎父道者，妻皆母道也；其夫属乎子道者，妻皆妇道也。谓弟之妻“妇”者，是嫂亦可谓之“母”乎？名者，人治之大者也，可无慎乎[⑤]！

四世而缌，服之穷也[⑥]。五世袒免，杀同姓也[⑦]。六世，亲属竭矣[⑧]。其庶姓别于上，而戚单于下，昏姻可以通乎[⑨]？系之以姓而弗别，缀之以食而弗殊，虽百世而昏姻不通者，周道然也[⑩]。

---

① “立权度量”七句：这是讲有七个方面是随着朝代的更换而变革的。立权度量：统一度量衡。郑玄注：“权，称也。度，丈尺也。量，斗斛也。”考文章：考校礼乐制度。改正朔：改变前朝的历法。正是岁首，朔是月初。例如夏以建寅之月（正月）为岁首，殷以建丑之月（十二月）为岁首，周以建子之月（十一月）为岁首。易服色：谓改变车马所崇尚的颜色。《礼记·檀弓上》所谓“夏后氏尚黑。戎事乘骊。殷人尚白，戎事乘翰。周人尚赤，戎事乘騵”是也。徽号：郑玄注：“旌旗之名也。”按：夏代的旌旗叫大麾，殷代的旌旗叫大白，周代的旌旗叫大赤，见《明堂位》。器械：谓礼乐之器和兵甲。例如，祭祀盛放黍稷的器具，夏代叫琏，殷代叫瑚，周代叫簋。见《明堂位》。别衣服：孙希旦说：“若冠则夏毋追，殷章甫，周委貌；养老之衣，则虞深衣，夏燕衣，殷缟衣，周玄衣之类是也。”详《王制》。

② “亲亲也”四句：此四句即上文“上治祖祢”至“人道竭矣”一节所谈的四个方面的人际关系。

③ “同姓从宗”二句：孙希旦曰：“同姓从宗，合族属者，若‘宗子祭则族人皆侍（都来帮忙）’是也。”

④ “异姓主名”二句：孙希旦曰：“异姓主名，治际会者，异姓之女，于己本无亲属，故系其夫而定母、妇之名，以治际会之事也。际会，谓于吉凶之事相交际而会合也。”

⑤ “其夫属乎父道者”九句：这九句话出自《仪礼·丧服》“大功”章。意谓异姓女子嫁到己族，其名分完全取决于其丈夫。其丈夫属于父辈，她就属于母辈；其丈夫属于子辈，她就属于妇（媳妇）辈。如果把弟弟的妻子称作“妇”，（等于说把弟弟看作儿子），这岂不意味着嫂子也可以称作“母”了吗？所以说，名分，这是人伦中的重大问题，可以不慎重吗？

⑥ “四世而缌”二句：四世，谓同一高祖的第四代，《丧服》称作“族昆弟”。族昆弟之间的丧服是缌麻。服之穷也：丧服的最后一等了。

⑦ “五世袒免（wèn 问）”二句：五世，谓同一高祖之父的第五代，已经出了五服。袒免：出了五服者的吊丧打扮。袒是袒露左臂。免是一条宽一寸的布带，在去冠以后用以缠头。杀（shài 晒）同姓也：谓虽然同姓也要降低丧服规格。

⑧ 六世亲属竭矣：谓同一高祖之祖的第六代，已经没有任何亲属关系了，连袒免也不需要。

⑨ “其庶姓别于上”三句：陈澔曰：“上，指高祖以上。姓为正姓，氏为庶姓，故鲁姬姓，而三家各自为氏。是庶姓别异于上世也。戚，亲也。单（通“殚”），尽也。四从兄弟，恩亲已尽，各自为宗，是戚单于下也。殷人五世以后则相与通昏，故记者设问云：今虽周世，昏姻可以通乎？”

⑩ “系（jì 祭）之以姓而弗别”四句：陈澔曰：“周礼，大宗百世不迁。庶姓虽别，而有本姓世系以联系之，不可分别也。又连缀族人以饮食之礼，不殊异也。虽百世之远，无通昏之事。此周道所以为至，而人始异于禽兽者也。此是答上文设问之辞。”

服术有六[①]：一曰亲亲[②]，二曰尊尊[③]，三曰名[④]，四曰出入[⑤]，五曰长幼[⑥]，六曰从服[⑦]。

从服有六：有属从[⑧]，有徒从[⑨]，有从有服而无服[⑩]，有从无服而有服[⑪]，有从重而轻[⑫]，有从轻而重[⑬]。

自仁率亲，等而上之至于祖，名曰轻[⑭]。自义率祖，顺而下之至于祢，名曰重[⑮]。一轻一重，其义然也[⑯]。君有合族之道[⑰]，族人不得以其戚戚君[⑱]，位也[⑲]。

---

① 服术：丧服制定的依据。

② 亲亲：谓血缘关系的远近。郑玄注："父母为首。"

③ 尊尊：谓社会地位的尊卑。郑玄注："君为首。"

④ 名：异姓女子嫁来以后所取得的名分。例如，《丧服》规定，为伯父、叔父服齐衰期，为伯母、叔母亦服齐衰期。对此，《丧服传》解释说："世母、叔母何以亦期也？以名服也。"就因为她们嫁给了伯父、叔父而取得了母之名。

⑤ 出入：这一条是对本族的女子而言。女子出嫁叫做出，女子未嫁或者虽然已嫁而被休回娘家叫做入，这两种情况的丧服有差别。

⑥ 长幼：长，成年人之丧。幼，未成年之丧，术语叫殇。这两种情况的丧服也有差别。

⑦ 从服：本人与死者没有任何关系，用不着服丧。但由于自己的亲属与死者有亲属关系，自己才跟随着服丧。例如，夫为妻之父母、妻为夫之父母。

⑧ 属从：属，谓亲属。由于亲属与死者有关系而跟着服丧。例如，妻为夫之亲属，夫为妻之亲属。

⑨ 徒从：徒，空也。与死者无亲属关系而空为之服丧。例如，臣为国君的亲属，妾子为嫡母之亲属。

⑩ 有从有服而无服：对于死者本应服从服，但由于厌降的原因而不得服从服。郑玄举例说："公子为其妻之母。"公子，即国君之庶子。孔颖达疏云："公子为其妻之父母，其妻为本生父母期，而公子为君所厌（yā压，公子为国君之尊所压抑），不得服从，是妻有服而公子无服，是从有服而无服。"

⑪ 有从无服而有服：对于死者本来没有从服而变为有从服。郑玄举例说："公子之妻为公子之外兄弟。"外兄弟，指远房兄弟。公子厌于国君之尊，于远房兄弟无服，而公子之妻要为远房兄弟服从服。

⑫ 有从重而轻：本应跟着服重服而实际上却服轻服。例如，妻为其娘家父母服齐衰期，为重；而丈夫为其岳父母仅服缌麻，是轻。

⑬ 有从轻而重：本应跟着服轻服而实际上却服重服。例如，国君之庶子为其生母仅仅头戴练冠，葬后即除，是轻；而庶子之妻却要为庶子之生母服齐衰期，是重。按：孙希旦说："'从服有六'，实不外乎属从、徒从而已。其下四者，皆属从之别者也。"

⑭ "自仁率亲"三句：从恩情的角度来说，沿着父亲逐代往上推，以至于高祖，丧服越来越轻。仁：谓仁爱、亲情。率：循。亲：指父亲。名曰轻：为父斩衰三年，为祖齐衰一年，为曾祖小功五月，为高祖缌麻三月，是距离自己越远丧服越轻。

⑮ "自义率祖"三句：从道义的角度上来说，沿着高祖逐代往下推，以至于父，丧服越来越重。

⑯ 其义然也：就应该是这样。义者，宜也。

⑰ 君：国君。合族：设宴招待族人，以联络情谊。道：此作"义务"解。国君之所以有此义务，是因为国君身兼宗子。

⑱ 戚君：第一个"戚"谓血缘关系。第二个"戚"是动词，指带来麻烦。

⑲ 位也：这是国君所处的地位决定的。

庶子不祭[①],明其宗也[②]。庶子不得为长子三年,不继祖也[③]。别子为祖[④],继别为宗[⑤],继祢者为小宗[⑥]。有百世不迁之宗[⑦],有五世则迁之宗[⑧]。百世不迁者,别子之后也[⑨]。宗其继别子之所自出者[⑩],百世不迁者也。宗其继高祖者[⑪],五世则迁者也[⑫]。尊祖故敬宗,敬宗,尊祖之义也[⑬]。

有小宗而无大宗者,有大宗而无小宗者,有无宗亦莫之宗者[⑭],公子是也[⑮]。

---

① 庶子不祭:谓庶子不祭祖祢(祖庙、父庙)。祭祖祢是嫡长子之事。

② 明其宗:尊重其嫡长子。

③ "庶子不得为长子三年"二句:此二句出自《仪礼·丧服》"斩衰"章。按照《丧服》的规定,父亲为长子服丧三年,但有个条件,父亲必须是嫡长子才可。本句的"庶子",是指父为庶子。父既为庶子,就不是继承先祖的正体,其长子自然也不是继承先祖的正体,所以,父为庶子不得为其长子服三年之丧。

④ 别子为祖:何谓别子?晋杜预《宗谱》曰:"别子者,君之嫡妻之子,长子之母弟也。君命为祖,其子则为大宗,常有一主,审昭穆之序,辨亲疏之别,是故百代不迁。别子之弟,子孙无贵贱,皆宜宗别子之子孙。"因为别子不是嫡长子,不能继承君位。但别子亦自有其后裔,其后裔即尊别子为祖。例如,周公是周武王的弟弟,是别子,被封于鲁,即为鲁之始祖。

⑤ 继别为宗:孔颖达云:"继别为宗者,谓别子之世世(即世世代代)长子,恒继别子,与族人为百世不迁之大宗。"

⑥ 继祢者为小宗:每一代的大宗之家,除了嫡长子世袭大宗外,还有庶子(嫡长子之弟弟)。这个庶子,对于庶子的继承人来说,就是祢。祢的继承人也是嫡长子,对其后裔来说就是小宗。之所以谓之小宗,是因为相对于百世不迁的大宗来说,五世则迁。

⑦ 有百世不迁之宗:谓大宗。迁:变更。

⑧ 有五世则迁之宗:谓小宗。

⑨ 别子之后:即别子之嫡长子。

⑩ 宗其继别子之所自出者:朱熹认为"之所自出"四字是衍字,是。然则"宗其继别子者",即以别子之嫡长子为宗也。

⑪ 宗其继高祖者:即以继高祖者为宗。小宗有四:一、继祢之宗,亲兄弟宗之;二、继祖之宗,同堂兄弟宗之;三、继曾祖之宗,再从兄弟宗之;四、继高祖之宗,三从兄弟宗之。《大传》曰:"继祢者为小宗。"又曰:"宗其继高祖者,五世则迁者也。"'继祢'言其初,'继高祖'言其终,举初、终而四宗备。自此而上,则亲尽服绝而宗迁矣。

⑫ 五世则迁:从己身算起,由己而父,由父而祖,由祖而曾祖,由曾祖而高祖,凡四世。在往上追溯,则五世亲尽服绝,宗亦迁移。

⑬ "尊祖故敬宗"三句:为了尊祖,所以敬宗。敬宗的意义,也正在于尊祖。祖:谓始祖。宗:谓大宗。大宗是始祖的正体。

⑭ "有小宗而无大宗者"三句:朱熹曰:"谓如人君有三子,一嫡而二庶,则庶宗其嫡,是谓'有大宗而无小宗';皆庶,则宗其庶长,是谓'有小宗而无大宗';止有一人,则无人宗之,己亦无人宗焉,是谓'无宗亦莫之宗'也。"(《朱子语类》卷八七)

⑮ 公子是也:谓公子才有以上三种情况。公子:郑玄注:"谓先君之子,今君昆弟。"

公子有宗道[①]：公子之公，为其士大夫之庶者，宗其士大夫之适者[②]，公子之宗道也。

绝族无移服，亲者属也[③]。

自仁率亲，等而上之至于祖；自义率祖，顺而下之至于祢[④]。是故人道亲亲也[⑤]。亲亲故尊祖[⑥]，尊祖故敬宗[⑦]，敬宗故收族[⑧]，收族故宗庙严[⑨]，宗庙严故重社稷[⑩]，重社稷故爱百姓[⑪]，爱百姓故刑罚中[⑫]，刑罚中故庶民安[⑬]，庶民安故财用足，财用足故百志成[⑭]，百志成故礼俗刑[⑮]，礼俗刑然后乐[⑯]。《诗》云："不显不承，无斁于人斯。[⑰]"此之谓也。

〔问题分析〕

"禘"究竟是什么样的祭祀？

"禘"究竟是什么样的祭祀？这是个千古聚讼，莫衷一是的问题。笔者不揣谫

---

① 公子有宗道：公子有这样的宗法。

② "公子之公"三句：意谓由国君为其为其异母兄弟之为士大夫者立一个宗子，这个宗子就是国君的同母弟。公子之公：即公子之国君。其士大夫之庶者：即国君的异母兄弟之为士大夫者。其士大夫之适者：即国君的同母弟之为士大夫者。这实际上是在进一步解释上一节的"有大宗而无小宗者"一句。

③ "绝族无移服"二句：出自《仪礼·丧服传》，但意思变了。在《丧服传》中，是出妻（即被休回娘家的妻）之子可以为母服齐衰期，但为外祖母就无服了。原因就是和外祖母家的恩义已经断绝，而和母亲的天生的联系却是无法分离的。这里的意思是，本族之内，出了五服的族人，恩义已绝，就不再互相为服了。至于没有出五服的族人（即亲者），则按照其所属亲疏等级，该穿什么丧服就穿什么丧服。移：延及。

④ "自仁率亲"四句：注见上文。

⑤ 是故人道亲亲也：所以人际关系以亲亲为出发点。亲亲，热爱自己的亲属。

⑥ 祖：谓始祖。亲亲故尊祖，有饮水思源之义。

⑦ 宗：谓大宗。因为大宗是始祖的正体。

⑧ 收族：谓以上下尊卑、亲疏远近之序团结族人。《仪礼·丧服》："大宗者，收族者也。"郑玄注："收族者，谓别亲疏，序昭穆。"

⑨ 宗庙严：宗庙让人感到尊严。此"宗庙"，谓大宗之宗庙。

⑩ 重：重视。社祭：此谓国家。

⑪ 百姓：百官。

⑫ 中（zhòng 重）：公正。

⑬ 庶民：黎民，万民。

⑭ 百志成：万事如意。

⑮ 刑：通"型"，典范，楷模。引申为美好之义。

⑯ 乐：谓举国同乐。

⑰ "《诗》云"二句：见《诗经·周颂·清庙》，小序说是"祀文王"之诗。不：通"丕"，大也。承：王引之《经义述闻》："承者，美大之辞，当读为'武王烝哉'之烝。"斁（yì 亦）：厌烦。斯：句尾助词。二句大意谓，文王的功德，光耀天下，令人赞美，人们永远怀念他。

陋,愿略述管见。

《礼记·大传》和《丧服小记》两篇都有这样的话:“礼,不王不禘。王者禘其祖之所自出,以其祖配之。”实际上,这几句经文本身就是给“禘”下的一个准确的定义。即令我们还不完全清楚“禘”的含义,但从其从示帝声的字形构造上也可推知“禘”是一种祭祀。然则,上述几句话的基本意思可知,即:按照礼的规定,不是天子就没有资格举行禘祭。在举行禘祭时,天子要禘祭其始祖之所自出(说白了,就是始祖的父亲),用其始祖作为配祭。这就是“禘”,意思并非那么难懂。

有句俗话说:“你不说我还明白,你一说我更糊涂。”我们用这句俗话来说郑玄,实在是太不恭敬。说到郑玄在中国经学史上的建树,可以说是数一数二的人物。但受时代的限制,郑玄也有失误的时候。具体到《大传》《小记》的这几句话,郑玄就解释错了。郑玄这样解释:“凡大祭曰禘。自,由也。大祭其先祖所由生,谓郊祀天也。王者之先祖,皆感大微五帝之精以生,苍则灵威仰,赤则赤熛怒,黄则含枢纽,白则白招拒,黑则汁光纪。皆用正岁之正月郊祭之,盖特尊焉。”郑玄注解的错误,具体来说有两点。第一,禘是一种宗庙之祭,郑玄说成是“谓郊祀天也”,这就错了。第二,郑玄所处的时代,是谶纬盛行的时代。谶,是一种迷信的预言,与我们讨论的问题无关,就不说了。纬是纬书,是与经书号称相对的纬书。纬书的内容,不能说百分之百的都不好,但总的来说,还是以怪诞不经者为多。譬如说这里的“感大微五帝之精”云云,读之拗口,思之费解,就是出自纬书。周的始祖是后稷,后稷的父亲是谁?据《诗经·大雅·生民》,仅知后稷的母亲是姜嫄,而姜嫄如何怀孕的呢?《生民》说是“履帝武敏歆”,据毛传,是姜嫄踩上了帝高辛氏脚的大脚趾印而怀的孕。这个说法已经神乎其神了,而郑玄又搬出了“感大微五帝之精”之说,意思是后稷是感苍帝灵威仰而生,这样一来,就把问题复杂化了。但是,因为郑玄是经学的重量级权威,所以信服的人很多,信服的时代也很长。如果我们试翻几种权威的工具书,譬如段玉裁的《说文解字注》,郝懿行的《尔雅义疏》,还有《汉语大词典》,它们的解释基本上是以郑玄的注为依据的。

当然,不同意郑玄之说的学者也有,且呈连绵不绝之势。第一个为我们指点迷津的是唐代的赵匡。他说:“禘者,帝王立始祖之庙,犹谓未尽其追远尊先之义,故又推尊始祖所出之帝而追祀之。以其祖配之者,谓于始祖庙祭之,而便以始祖配祭也。此祭不兼群庙之主,为其疏远,不敢亵狎故也。其年数,或每年,或数年,未可知也(吕按:‘其年数’四句非是,张载、秦蕙田纠正了这个问题)。郑玄注《祭法》云‘禘,谓配祭昊天上帝于圜丘也’。盖见《祭法》所说,文在‘郊’上,谓为郊之最大者,故为此说耳。禘之所及最远,故先言之尔,何关圜丘哉?若实圜丘,礼记之中,何得无一字说处?又云‘祖之所自出,谓感生帝灵威仰也’,此何妖妄之甚!此文出自谶纬,始于汉哀、平间伪书也。桓谭、贾逵、蔡邕、王肃之徒,疾之如雠,而郑玄通之于礼记,其为诬蠹甚矣!郑玄不能寻本讨原,但随文求义,解此禘礼,輙有四种。其注《祭法》及《小记》则云禘是祭天;注《毛诗颂》则云禘是宗庙之祭,小于祫;注《郊特牲》则云禘当为礿;注《祭统》、《王制》则云禘是夏殷之时祭名,殊可怪也。”(见陆淳《春秋集传纂例》卷二)

《朱子语录》卷二五:“禘是祭之甚大甚远者,若他祭与祫祭,止于太祖,禘又祭祖之所自出。如祭后稷,又推稷上一代祭之,周人禘喾是也。……禘之意最深长,如祖考与己身未相辽绝,祭礼亦自易理会。至如郊天祀地,犹有天地之显然者,不敢不尽其心。至祭其始祖,已自大段阔远,难尽感格之道矣。今又推始祖所自出而祀之,苟非察理之精微,尽诚之极致,安能与于此?”

清秦蕙田说:“禘祭之礼,当以《大传》之文为定。曰:‘礼,不王不禘。王者禘其祖之所自出,以其祖配之。’赵伯循(赵匡之字)谓:‘禘,王者之大祭。王者既立始祖之庙,又推始祖所自出之帝祀之于始祖之庙,而以始祖配之也。’朱子谓‘禘止祭始祖所自出之帝及始祖二位,不及群庙之主’是也。故字从示从帝。禘者,天子享帝之祭也。诸侯不敢祖天子,惟王者可以追始祖所自出之帝而祭之,所祭者帝,故曰禘,乃天子之礼也。”(《五礼通考》卷九七)

关于举行其禘祭的时间,秦蕙田考证说:“禘祫之期,亦当以《周礼·司尊彝》之文为定。其文曰:‘四时之间祀。’间祀者,间于四祭之中。四祭岁岁有之,则间祀亦岁岁有之也。横渠张子曰:‘禘也,祫也,郊也,必岁有之,岂容有三年五年之说。’夫天子每岁必郊,每岁必禘祫,可知张子之说为是。乃郑康成从《礼纬》之说,云:‘三年一祫,五年一禘。’夫以三年五年禘祫合计之,则第一祫在三年,第一禘在五年,第二祫在六年,第三祫在九年,第二禘在十年,第四祫在十二年,第五祫第三禘俱在十五年。此唐太常议所谓‘或比年频合,或同岁再序;或一禘之后,并为再祫;或五年之内,骤有三殷。求于礼经,颇为乖失’。禘祫之紊,其由是也。”(《五礼通考》卷九七)

赵匡、朱熹诸人之说,直接求之于经文,从训诂方法上来说,更具有说服力。笔者信奉此说,特为诸君介绍之。关于“禘”的考证之作,据笔者初步调查,《清经解》中有以下四种：卷四八万斯大《学礼质疑·禘祫一事（上、下）》、卷三二九沈彤《果堂集·礼禘祫年月说》、卷七七四孙星衍《问字堂集·三禘释》、卷七一八钱塘《溉亭述古录·鲁礼禘祫考》。《清经解续编》中有以下五种：卷二二毛奇龄《郊社禘祫问》、卷一五六惠栋《禘说》二卷、卷五二九徐养原《顽石庐经说·禘祫辨》、卷六六九金鹗《求古录礼说·禘祭考》、卷七三八胡培翚《禘祫答问》。另外，秦蕙田《五礼通考》之卷九七至卷一百，凡四卷，是考证“禘祫”的集大成之作，最值得一读。

〔由本篇产生的新词、成语〕

1. **治亲**，处理好亲属之间的关系。例如：

汉·陆贾《新语》卷上《道基》：“仁者以治亲，义者以利尊，万世不乱，仁义之所治也。”

《汉书·梁怀王刘揖传》：“诏廷尉选上德通理之吏，更审考清问，著不然之效，定失误之法，而反命于下吏，以广公族附疏之德，为宗室刷污乱之耻，甚得治亲之谊。”

2. **纰缪**，错误。例如：

南朝宋·裴松之《上三国志注表》：“若乃纰缪显然，言不附理，则随违矫正，以惩其妄。”

南朝宋·裴骃《史记集解序》：“虽时有纰缪，实勒成一家，总其大较，信命世之宏才也。”

3. **正朔**，谓历法。正是岁首，朔是月初。古代帝王易姓受命，必改正朔。例如夏以建寅之月（正月）为岁首，殷以建丑之月（十二月）为岁首，周以建子之月（十一月）为岁首，秦以建亥之月（十月）为岁首。例如：

《史记·历书》：“王者易姓受命，必慎始初，改正朔，易服色，推本天元，顺承厥意。”

《汉书·贾谊传》：“谊以为汉兴二十余年，天下和洽，宜当改正朔，易服色，制法度，定官名，兴礼乐。乃草具其仪。”

4. **服色**，车马所崇尚的颜色。服，谓车马。古代帝王易姓受命，必改服色。孔颖达疏：“谓夏尚黑，殷尚白，周尚赤，车之与马，各用从所尚之正色也。”例见“正朔”。

5. **徽号**，旌旗的名称。例如，夏代的旌旗叫大麾，殷代的旌旗叫大白，周代的旌旗叫大赤，见《明堂位》。古代帝王易姓受命，必改徽号。例如：

《后汉书·鲁恭传》："其变者，唯正朔、服色、牺牲、徽号、器械而已。"

《三国志·魏志·高堂隆传》："隆又以为改正朔，易服色，殊徽号，异器械，自古帝王所以神明其政，变民耳目。"

6. **属从**，丧服从服之一。由于亲属与死者有关系而跟着服丧。例如，妻为夫之亲属，夫为妻之亲属。属，谓亲属。例如：

《魏书·张普惠传》："《记》曰：'从服者，所从亡则已。'今所从既亡，不以亲服服其所生，则属从之服，于何所施？"

《通典》卷九五："妻为夫党，既为属从，至于夫卒，服之无亏。"

7. **徒从**，丧服从服之一。与死者无亲属关系而空为之服丧。例如，臣为国君的亲属，妾子为嫡母之亲属。例如：

《通典》卷九五："礼，嫡母为徒从，嫡母亡，则不服其党。"

宋·卫湜《礼记集说》卷八二引严陵方氏曰："从服即《大传》所谓徒从也，属从即《大传》所谓属从者也。然徒从不若属从之为重也，故于徒从则所从亡则已，于属从则所从虽没而犹服焉。"

8. **合族**，集合族人。例如：

《通典》卷七三："若宗子时祭，则告于同宗，祭毕，合族于宗子之家。"

宋·陈祥道《礼书》卷六三："古者合族之礼，方其平居无事，则有燕以申好；及其有大疑谋，则有饫以图事。"

〔文化史扩展〕

宗法制度的核心——亲亲

在儒家经典《十三经》中，讲到宗法制度的，以《礼记》为最多。而在《礼记》四十九篇中，讲到宗法制度的，又以《大传》为最多，最集中。宗法制度的核心是亲亲。在《礼记》四十九篇中，"亲亲"一词一共出现了十四次，而《大传》一篇，就出现了五次："上治祖祢，尊尊也；下治子孙，亲亲也；旁治昆弟，合族以食，序以昭缪，别之以礼义，人道竭矣。……亲亲也，尊尊也，长长也，男女有别，此其不可得与民变革者也。……服术有六：一曰亲亲，二曰尊尊，三曰名，四曰出入，五曰长幼，六曰从服。……是故，人道亲亲也。亲亲故尊祖，尊祖故敬宗。"

亲亲怎么讲？《汉语大词典》的释义是"爱自己的亲属"。这个释义不够准确。须知亲属有亲疏，你的爱也就有厚薄。这个道理很好懂，你爱你的儿子和爱你的远房侄子一样吗？答案显然是否定的。以某之见，释义不如改作“以其应有之亲而亲之”。也就是说，在对亲属施亲的时候是要掂斤抹两的。怎样掂斤抹两？这好办，古人根据亲属血缘关系的远近已经设计好了一套丧服制度，即斩衰、齐衰、大功、小功、缌麻，习称“五服”。这个“五服”，打个比方，就像是秤杆上的秤星。人们在亲亲时，一定要拿捏准了，多了不行，少了也不行。多了少了，亲的人和被亲的人都会觉得别扭，别人还会看笑话。如果出了五服，那就是《大传》说的“六世亲属竭矣”，郑玄注：“六世以外，亲尽，无属名。”出了五服，亲情已尽，彼此就形同路人了。

亲亲又是怎么个亲法呢？《孟子·万章上》有段记载很典型：“万章曰：‘舜流共工于幽州，放驩兜于崇山，杀三苗于三危，殛鲧于羽山，四罪而天下咸服，诛不仁也。象至不仁，封之有庳，有庳之人奚罪焉？仁人固如是乎？在他人则诛之，在弟则封之。’曰：‘仁人之于弟也，不藏怒焉，不宿怨焉，亲爱之而已矣。亲之欲其贵也，爱之欲其富也。封之有庳，富贵之也。身为天子，弟为匹夫，可谓亲爱之乎？’”象是舜的异母弟，曾不止一次地要害死舜。当舜做了天子以后，处理他人毫不手软，对自己的坏弟弟却封为有庳之君。这就是舜的具体亲法。提高到原则上，就是“亲之欲其贵也，爱之欲其富也”这两句话。

纵观中国数千年的历史，就最高统治者皇帝来说，几乎无一不是这两句话的奉行者。司马迁看透了这一点，他在《史记·三王世家》中说：“太史公曰：古人有言曰：‘爱之欲其富，亲之欲其贵。’故王者疆土建国，封立子弟，所以褒亲亲，序骨肉，尊先祖，贵支体，广同姓于天下也。是以形势强而王室安，自古至今，所由来久矣，非有异也。”舜封象于有庳，还带有传说性质，难称信史。据典籍记载，真正的分封制始于周。《诗·大雅·板》：“价人维藩，大师维垣。大邦维屏，大宗维翰。”笺云：“价，甲也。被甲之人，谓卿士掌军事者。大师，三公也。大邦，成国诸侯也。大宗，王之同姓世嫡子也。王当用公卿诸侯及宗室之贵者为藩屏垣干，为辅弼，无疏远之。”《左传》昭公二十八年：“昔武王克商，光有天下，其兄弟之国者十有五人，姬姓之国者四十人，皆举亲也。”讲的都是周代的分封制。从周代开始，到清代结束，中间除了短命的秦朝以外，都实行分封制。《清史稿·皇子世表一》：“自周室众建同姓，穆属维城。炎汉以降，帝王之子，靡不锡以王爵。”这几句话就是对数千年分封制的总结。秦代没有实行分封制，成了另类，遭到了史家的奚落。《汉书·诸侯王表》：“秦始皇窃自号为皇帝，而子弟为匹夫，内亡骨肉本根之辅，外亡尺土藩翼之卫，陈、吴奋其白梃，刘、项随而毙之。故曰周过其历，秦不及期，国势然也。”字里行间，多少带有幸灾乐祸的口吻。这些受封者，并非都是世袭罔替，他们也逃脱不了“六世亲属竭矣”的规律。《新唐书·宗室世系上》说：“唐有天下三百年，子孙蕃衍，可谓盛矣。其初皆有封爵，至其世远亲尽，则各随其人贤愚，遂与异姓之臣杂而仕宦，至或流落于民间，甚可叹也。”

〔**集评**〕

唐·孔颖达《礼记正义》：“案郑《目录》云：‘名曰《大传》者，以其记祖宗人亲之大义。此于《别录》属通论。’”

宋·卫湜《礼记集说》卷八四引长乐陈氏（陈祥道）曰：“禘者，祭之大者也。追王者，孝之大者也。名者，人治之大者也。人道者，礼义之大者也。是篇言人道者三，则其所谓祭祀、追王、服术、宗族之类，莫非人道而已，岂非所谓传之大者哉？故命曰大。”

元·吴澄《礼记纂言》曰：“《仪礼》经十七篇，惟《丧服》一篇之经有传。此篇通用《丧服传》之文而推广之。《丧服传》逐章释经，如《易》之《彖》、《象》传。此篇不释经而泛说，则如《易》之《系辞传》，不释经而统论。大，凡也。人以《系辞传》为《易大传》，故此篇亦名《大传》云。”

王锷《礼记成书考》：“我们认为，《大传》成篇于战国中期。”主要理由有两点：一是“对《大传》与《丧服传》孰先孰后的问题，沈文倬在《汉简服传考》一文中，列表对照，认为是《丧服传》袭用《大传》，而非《大传》袭用《丧服传》。《大传》是《丧服经》的传记”。二是“大传是记载宗法制度最详细的先秦文献。丧服之总原则本于宗法制度，《大传》从宗法制度方面进一步阐述了丧服制度的重要意义，说明《大传》写成于《丧服经》之后”。

〔**思考与讨论**〕

1.《孟子·万章上》说：“亲之欲其贵也，爱之欲其富也。”请谈谈您对于这种“亲亲”观的认识。

2.《孟子·离娄下》：“孟子曰：‘君子之泽，五世而斩。小人之泽，五世而斩。’”《大传》上的哪两句话可以为之作注脚？

3.《史记·汉兴以来诸侯年表》：“太史公曰：周封五等，公、侯、伯、子、男。然封伯禽、康叔于鲁、卫，地各四百里，亲亲之义，褒有德也。太公于齐，兼五侯地，尊勤劳也。”请在《大传》中找出这样做的理论根据。

《学记》第十八

发虑宪[①]，求善良[②]，足以謏闻[③]，不足以动众[④]；就贤体远[⑤]，足以动众，未足以化民。君子如欲化民成俗，其必由学乎[⑥]！

玉不琢，不成器；人不学，不知道。是故古之王者，建国君民，教学为先。《兑命》曰："念终始典于学。[⑦]"其此之谓乎！

虽有嘉肴，弗食，不知其旨也[⑧]；虽有至道[⑨]，弗学，不知其善也。故学然后知不足，教然后知困。知不足，然后能自反也[⑩]；知困，然后能自强也，故曰：教学相长也[⑪]。《兑命》曰："学学半。[⑫]"其此之谓乎！

古之教者，家有塾[⑬]，党有庠[⑭]，术有序[⑮]，国有学[⑯]。比年入学[⑰]，中年考校[⑱]。一年，视离经辨志[⑲]。三年，视敬业乐群[⑳]。五年，视博习亲师[㉑]。

---

① 发虑宪：犹言开动脑筋。俞樾《古书疑义举例》认为"虑"与"宪"是同义词，都是思虑之义。虑之思义易知，而宪之思义难晓。孔子弟子原宪，字子思，其名与字相应，可证宪亦思也。

② 求善良：招致善良之士。

③ 足以謏(xiǎo 小)闻：足以使自己小有声誉。

④ 动众：动员大众。

⑤ 就贤体远：礼贤下士，体恤远人。

⑥ 学：此谓学校。

⑦ 兑(yuè 悦)命：即《说命》，《尚书》篇名。念终始典于学：意谓人君应自始至终经常地考虑学校问题。

⑧ 旨：味美。

⑨ 至道：最好的道理。

⑩ 自反：郑玄注："求诸己也。"谓努力上进。

⑪ 教学相长：教与学是互相促进的。

⑫ 学学半：今《尚书·说命下》作"斅(xiào 效)学半"，意谓教别人，其中有一半等于是自己学习。斅，教也。

⑬ 塾：最基层学校名。孔颖达说："《周礼》百里之内，二十五家为闾，同共一巷，巷首有门，门边有塾。"同闾之民，就学于塾。

⑭ 庠：党的学校名。《周礼》，五百家为一党。

⑮ 术(suì 遂)：通"遂"。《周礼》，一万二千五百家为一遂。遂的学校叫作序。

⑯ 国：国都。

⑰ 比年入学：每年都有新生入学。

⑱ 中年：间岁，每隔一年。考校(jiào 较)：考核。

⑲ 一年视离经辨志：一年，谓第一学年结束时。视，考查。离经，把经文句子断开的能力。辨志，辨别其志向所趋。

⑳ 敬业乐群：专心于学业和向优秀的同学学习。

㉑ 博习亲师：广博学习，亲近师长。

七年，视论学取友[1]，谓之小成[2]。九年，知类通达[3]，强立而不反[4]，谓之大成。夫然后足以化民易俗，近者说服[5]，而远者怀之，此大学之道也[6]。《记》曰："蛾子时术之。[7]"其此之谓乎！

大学始教[8]，皮弁祭菜[9]，示敬道也[10]；《宵雅》肄三[11]，官其始也；入学鼓箧[12]，孙其业也[13]；夏、楚二物[14]，收其威也；未卜禘不视学[15]，游其志也[16]；时观而弗语[17]，存其心也[18]；幼者听而弗问[19]，学不躐等也[20]。此七者，教之大伦也[21]。《记》曰："凡学，官先事，士先志。[22]"其此之谓乎！

大学之教也，时[23]。教必有正业[24]，退息必有居[25]。学，不学操缦[26]，不

---

① 论学：在学习上有没有自己的见解。取友：和什么样的人交友。

② 小成：通过七年考核的名称。

③ 知类通达：触类旁通。

④ 强立而不反：临事不惑，不违背师训。

⑤ 说：古"悦"字。

⑥ 大学之道：此谓大学施教的步骤。

⑦ 记曰：这是《学记》作者所引的旧记。蛾(yǐ 蚁)子时术之：小蚂蚁时时向大蚂蚁学习衔泥，时间长了，也能积土成堆。蛾，古"蚁"字。术，学习。

⑧ 大学始教：大学开学时。

⑨ 皮弁祭菜：(学生们)穿上皮弁服，用芹藻等物祭祀先圣先师。皮弁，冠名，用白鹿皮制成。这里是指配合皮弁穿的整套礼服，即上身素衣、下身素积，外加缁带、素韠。

⑩ 示敬道也：表示对先圣先师的崇敬。

⑪ 《宵雅》肄三：让学生习唱《诗经·小雅》中的《鹿鸣》《四牡》《皇皇者华》三篇。宵，通"小"。肄，练习。孙希旦说："此三篇皆君之所以燕乐其臣，而臣之所以服事其君者，故以入官之道示之于入学之始，使知学之当为用于国家也。"

⑫ 入学鼓箧：入学时，首先击鼓警众，然后再让学生从书箧中取出要讲的书。

⑬ 孙其业也：这是为了让学生恭顺地对待学业。孙，通"逊"，恭顺。

⑭ 夏(jiǎ 甲)：通"榎"，木名，即楸树，可制教鞭，用以体罚学生。楚：荆条，亦用以体罚学生。

⑮ 未卜禘不视学：没有按照占卜的吉日举行大祭之前，领导人不到学校视察考校。

⑯ 游其志也：孔颖达说："欲优游纵闲学者之志。"大意是让学生在宽松的气氛中随意读书。

⑰ 时观而弗语：教师要经常观察学生，但不要动辄就叮咛告语。

⑱ 存其心也：郑玄注："使之悱悱愤愤，然后启发也。"换言之，让学生自己发现问题来问，然后予以启发。

⑲ 幼者听而弗问：学生有问题，应该推选年龄大的来问，年龄小的不要来问，只管听老师的解答就行了。

⑳ 学(xiào 效)不躐等：教育学生要循序而进，不可逾越等级。郑玄注："学，教也。"

㉑ 大伦：重要的道理。

㉒ "凡学"三句：凡是教学，对于当官的先教以事，对于学子先教以志。

㉓ 时：指按照时序来安排课程。《王制》："春秋教以《礼》《乐》，冬夏教以《诗》《书》。"

㉔ 教必有正业：教的课程都是先王留下的经典。言外之意，诸子百家就不够格。

㉕ 有居：有固定的居处。

㉖ 操缦：郑玄注："杂弄"。盖谓先用一些小调来作指法练习。

能安弦①；不学博依②，不能安《诗》；不学杂服③，不能安礼；不兴其艺④，不能乐学。故君子之于学也，藏焉，修焉，息焉，游焉⑤。夫然，故安其学而亲其师，乐其友而信其道，是以虽离师辅而不反也⑥。《兑命》曰："敬孙务时敏，厥修乃来。⑦"其此之谓乎！

今之教者，呻其占毕⑧，多其讯言⑨，及于数进而不顾其安⑩，使人不由其诚，教人不尽其材⑪。其施之也悖，其求之也佛⑫。夫然，故隐其学而疾其师⑬，苦其难而不知其益也，虽终其业，其去之必速⑭。教之不刑⑮，其此之由乎！

大学之法，禁于未发之谓豫⑯，当其可之谓时⑰，不陵节而施之谓孙⑱，

---

① 安弦：善于琴弦。引申为弹奏得好。安，善于。

② 博依：郑玄注："博依，广譬喻也。"《诗》有六义：风、雅、颂、赋、比、兴。其中的比、兴两种创作手法，都和譬喻有关。

③ 杂服：郑玄注："冕服、皮弁之属。"盖谓各种场合所穿的服装。

④ 不兴其艺：不高兴这门课程。

⑤ 藏焉，修焉，息焉，游焉：孔颖达说："为学之法，恒使业不离身。藏，谓心常怀抱学业也。修，谓修习不废也。息，谓作事倦息之时而亦存学也。游，谓闲暇无事游行之时亦在于学。言君子于学无时暂替也。"

⑥ 师辅：老师和朋友。不反：不违背正道。

⑦ "《兑命》曰"二句：见今《尚书·说命下》，文字小异。大意谓：学者不仅恭敬谦逊，而且务及时而敏疾，他所修的学业就会成功。

⑧ 呻其占(shān 笘)毕：犹言照本宣科。呻，呻吟，拉长声调地读。王引之《经义述闻》云：占，通"笘"，竹简。毕，也是竹简。

⑨ 多其讯言：王引之说："讯，通'谇'，告知。多其讯言，犹云多其告语，谓不待学者之自悟而强语之。"然则犹今日所谓填鸭式教学也。

⑩ 及于数进而不顾其安：汲汲于追求快速的进度而不顾学生是否能够接受。及，通"汲"，汲汲也。数，通"速"，快速。此王引之说。

⑪ "使人不由其诚"二句：教学生是信不由衷，也不是把全部知识都传授。

⑫ "其施之也悖"二句：做教师的施教方法违背科学，做学生的求知也难于达到目的。佛(fú 弗)：通"拂"，违背。

⑬ 隐其学：厌恶其学习。此王引之说。

⑭ "虽终其业"二句：虽然勉强把学业学到了头，但所学的东西很快就忘掉了。

⑮ 刑：成功。

⑯ 禁于未发之谓豫：在错误思想尚未露头时就予以禁止叫作防患于未然。

⑰ 当其可之谓时：在学生适当其可告之时予以教育叫作正当其时。朱熹说："当其可，谓适当其可告之时。"

⑱ 不陵节而施之谓孙(xùn 逊)：对年长的学生和对年幼的学生施以不同的教育叫作因材施教。郑玄注："不陵节，谓不教长者才者以小，教幼者钝者以大也。施犹教也。"孙，同"逊"，顺也。

相观而善之谓摩[1]。此四者，教之所由兴也。发然后禁，则扞格而不胜[2]；时过然后学，则勤苦而难成；杂施而不孙，则坏乱而不修[3]；独学而无友，则孤陋而寡闻；燕朋逆其师[4]；燕辟废其学[5]。此六者，教之所由废也。

君子既知教之所由兴，又知教之所由废，然后可以为人师也。故君子之教喻也[6]，道而弗牵[7]，强而弗抑[8]，开而弗达[9]。道而弗牵则和[10]，强而弗抑则易[11]，开而弗达则思[12]；和易以思，可谓善喻矣[13]。

学者有四失，教者必知之。人之学也，或失则多[14]，或失则寡[15]，或失则易[16]，或失则止[17]。此四者，心之莫同也[18]。知其心，然后能救其失也。教也者，长善而救其失者也[19]。

善歌者使人继其声，善教者使人继其志。其言也约而达[20]，微而臧[21]，罕譬而喻[22]，可谓继志矣。

---

① 相观而善之谓摩：让学生互相观摩取长补短叫作切磋琢磨。用朱熹说。

② 扞(hàn 汉)格而不胜：遇到抵触而不起作用。

③ “杂施而不孙”二句：把对年长学生的教育施于年幼者，或把对年幼学生的教育施于年长者，就会导致混乱的效果而不可收拾。

④ 燕朋逆其师：学生结交匪类就会蔑弃师训。朱熹说：“此燕朋是私亵之友，所谓‘损者三友’之类。”

⑤ 燕辟：闲逛漫游，染上不良习气。陈澔集说：“燕游邪僻，必惑外诱，得不废其业乎？”

⑥ 教喻：教育诱导。

⑦ 道而弗牵：引导而不强迫。道，通“导”。

⑧ 强而弗抑：鼓励而不压抑。

⑨ 开而弗达：启发而不说透。

⑩ 和：谓师生关系和谐。

⑪ 易：谓学习起来容易。

⑫ 思：谓学生用心思考。

⑬ 善喻：善于诱导。

⑭ 或失在多：有的失于才具浅薄而一味贪多。

⑮ 寡：才具宏大而浅尝辄止。

⑯ 易：孔颖达说：“此是‘学而不思则罔’。”

⑰ 止：孔颖达说：“此是‘思而不学则殆’。”

⑱ “此四者”二句：之所以有此四种过失，是由于人的个性不同的缘故。心，个性。

⑲ 长(zhǎng 掌)善：使学生的优点增加。长，动词的使动用法

⑳ 其言也约而达：教师的语言辞简而意明。

㉑ 微而臧：道理深奥而解说精妙。臧，善。

㉒ 罕譬而喻：少用比喻而能使人明白。

君子知至学之难易[1]，而知其美恶[2]，然后能博喻[3]；能博喻然后能为师；能为师然后能为长[4]；能为长然后能为君。故师也者，所以学为君也。是故择师不可不慎也。《记》曰："三王、四代唯其师[5]。"此之谓乎！

凡学之道，严师为难[6]。师严然后道尊，道尊然后民知敬学。是故君之所不臣于其臣者二[7]：当其为尸则弗臣也[8]，当其为师则弗臣也。大学之礼，虽诏于天子[9]，无北面[10]，所以尊师也。

善学者，师逸而功倍，又从而庸之[11]；不善学者，师勤而功半，又从而怨之。善问者如攻坚木[12]，先其易者，后其节目[13]，及其久也，相说以解[14]；不善问者反此[15]。善待问者如撞钟[16]，叩之以小者则小鸣，叩之以大者则大鸣，待其从容，然后尽其声[17]；不善答问者反此。此皆进学之道也[18]。

记问之学[19]，不足以为人师，必也其听语乎[20]！力不能问，然后语

---

① 君子：此谓教师。至学之难易：孙希旦说："谓学者入道之深浅次第。"

② 知其美恶：知道学生资质的高低。

③ 博喻：多方设法使人晓谕。

④ 为长：做官。

⑤ 三王四代唯其师：三王四代无不以择师为重。孔颖达说："三王，谓夏、商、周；四代，则加虞也。"

⑥ 严：郑玄注："尊敬也。"

⑦ 不臣于其臣：不以其臣为臣。

⑧ 尸：古代祭祖时，代替已故先人接受祭祀的人。

⑨ 诏：告也。谓给天子讲课时。

⑩ 北面：面向北。古代臣子见君，臣北面，君南面。此处"无北面"，意味着不行臣子之礼。

⑪ 庸之：谓归功于师。庸，功劳。

⑫ 攻坚木：治理（劈砍）坚硬的木料。

⑬ 后其节目：然后劈砍那些疙里疙瘩的部分。节目：此处比喻难懂的问题。

⑭ 相说（tuō 脱）以解：孙希旦说："谓彼此相离脱而解也。"意谓那些疙里疙瘩的部分也被劈掉了。

⑮ 反此：与此相反。

⑯ 善待问者：善于等待学生发问的教师。如撞钟：好比撞钟。这是隐喻。老师是钟，学生是撞者。

⑰ "叩之以小者则小鸣"四句：意谓你轻轻地撞，我就小声地鸣；你用力地撞，我就大声地鸣；等到你从容不迫地撞，我就一五一十原原本本地予以回答就像余韵悠扬的钟声。

⑱ 进学：增进学问。

⑲ 记问之学：郑玄说："记问，谓豫诵杂难杂说，至讲时为学者论之。此或时师不心解，或学者所未能问也。"意谓先东拼西凑地读一些连自己也并非真懂、学生也无法发问的杂学。

⑳ 必也其听语乎：配当老师的一定是那些对学生提出的各种疑问能够随宜作出回答的人。孙希旦说："听语，谓听学者之问，而因而语之，所谓'小叩小鸣，大叩大鸣'是也。"

之[①];语之而不知,虽舍之可也[②]。

良冶之子,必学为裘[③];良弓之子,必学为箕[④]。始驾马者反之,车在马前[⑤]。君子察于此三者[⑥],可以有志于学矣。

古之学者,比物丑类[⑦]。鼓无当于五声,五声弗得不和[⑧]。水无当于五色,五色弗得不章[⑨]。学无当于五官,五官弗得不治[⑩]。师无当于五服,五服弗得不亲[⑪]。

君子曰:"大德不官[⑫],大道不器[⑬],大信不约[⑭],大时不齐[⑮]。"察于此四者,可以有志于学矣[⑯]。三王之祭川也,皆先河而后海,或源也,或委也,此之谓务本[⑰]。

---

① "力不能问"二句:如果学生的水平还提不出疑问,老师就应该讲给他听。

② "语之而不知"二句:如果讲给他听他还不懂,那就暂时把他丢开,以后再说。郑玄注:"舍之,须后。"

③ "良冶之子"二句:世世代代以铁匠为业之家,其子弟一定会学好制裘的本领。为什么:孔颖达解释说:"冶,谓铸冶。积习善冶之家,其子弟见其父兄世业陶铸金铁,使之柔合,以补治破器,皆令全好,故此子弟仍能学为袍裘,补续兽皮,片片相合,以至完全也。"

④ "良弓之子"二句:世世代代制弓之家,其子弟一定会学好编织畚箕的本领。箕,柳条。制弓须要将弓身弯曲,编织畚箕须要将柳条弯曲,二者也有相似之处。

⑤ "始驾马者反之"二句:刚开始学习驾车的小马,一定要把它系在车后,让它跟在驾车的老马后面观察学习一段时间。

⑥ 此三者:指上文的三个比喻。孔颖达说:"三事皆须积习,非一日所成。君子察此三事之由,则可有志于学矣。"

⑦ 比物丑类:谓连系同类事物,进行排比归纳。郑玄注:"丑犹比也。"朱熹说:"今详大意,此句合属上章,仍有阙文。"

⑧ "鼓无当于五声"二句:鼓声不属于五声中的任何一声,但五声里面没有鼓声的调解就不会和谐。五声:宫、商、角、征、羽。

⑨ "水无当于五色"二句:水不属于五种颜色中的任何一种,但五色没有水的调和就不会鲜明。五色:青、赤、黄、白、黑。

⑩ "学无当于五官"二句:学问不属于五官中的任何一官,但五官没有学问就不会把事办好。五官:《礼记·曲礼下》:"天子之五官:曰司徒、司马、司空、司士、司寇。"

⑪ "师无当于五服"二句:老师不属于五服亲属中的任何一服,但没有老师的教导,五服中的人们就不会知道谁与谁亲。五服:斩衰、齐衰、大功、小功、缌麻。是按照血缘关系远近制定的五种丧服。

⑫ 大德不官:具有最高道德的人,不局限于只胜任某一具体官职。

⑬ 大道不器:放之四海而皆准的真理不局限于只说明某一具体问题。

⑭ 大信不约:最大的诚信,不须要用任何发誓赌咒来约束。

⑮ 大时不齐:孙希旦说:"谓天之四时,寒暑错行,未尝齐一,而卒未尝有所违也。"

⑯ "察于此四者"二句:孔颖达疏云:"若能察此四者,谓不官为群官之本,不器为群器之本,不约为群约之本,不齐为群齐之本。言四者莫不有本,人亦以学为本也。"

⑰ "三王之祭川也"五句:夏商周三代的天子在祭川的时候,都是先祭河,后祭海,因为河是海之源,海是河之委,这就叫作务本。

〔问题分析〕

1. “师道尊严”辨

“师道尊严”是个成语，使用频率相当高。我用“师道尊严”作为关键词，在电子版《四库全书》中搜索，得到五十八个匹配；在互联网上搜索，得到五十万六千个查询结果。《汉语大词典》收了“师道尊严”一词，但并没有与《礼记・学记》挂钩，恐怕是个溯源上的失误。我认为，“师道尊严”一词的来源就是《学记》的“凡学之道，严师为难。师严然后道尊，道尊然后民知敬学”。此处的“严”字怎么讲呢？郑玄注释得很明白：“严，尊敬也。”孤证不能立说。请看：《毛诗・商颂・殷武》：“下民有严。”毛传：“严，敬也。”《孝经》上有句话：“孝莫大于严父。”孔安国注：“严，尊也。言为孝之道，无大于尊严其父。”《孟子・公孙丑上》：“无严诸侯。”赵岐注：“严，尊也。”可知在古代汉语中，“尊敬”是“严”字的一个常用义。明白了这一点，可知所谓“严师为难”，也就是“尊敬老师为难”；所谓“师严然后道尊”，也就是“师得到尊敬然后道尊”。同理，“师道尊严”，如果把“师”和“道”合起来说就是“师道尊敬”，分开来说就是“师敬道尊”。如果进一步发问：师为什么值得尊？答曰：因为师传授的是先王之道，是圣贤之道。何以见得？君不见郑玄在下文注释说，周武王向师尚父请教先王之道，先自己南面而立，意思是想让师尚父北面立。而师尚父说：“先王之道不北面。”听了此语，周武王就顺从地改为东面而立，而让师尚父西面而立，这实际上成了宾主之礼。试想，周武王是天子中的佼佼者，是圣王，周武王尚且尊师如此，遑论其他！由此可见，尊师是外表，敬道是实质。尊师是手段，敬道是目的。话拐回来说，如果教师传授的不是先王之道，那就失去了被尊的前提，也就谈不上尊师了。这正如《学记》所说：“记问之学，不足以为人师。”今人往往有把此“严”字误解为“严厉”。例如，一篇题为“师道尊严必须强调平等”的文章这样说：“中国历来是一个非常强调师道尊严的国家。但长期以来，人们对这一传统主要是从老师在学生面前要严厉、学生对老师要绝对服从的角度来理解的，以为这样就可以保持老师的尊贵与庄严，进而使学生产生敬畏之心。”这实在是一种误解。《元史・刘因传》：“家居教授，师道尊严，弟子造其门者，随材器教之，皆有成就。”明・王立道《具茨遗稿》：“伊川（北宋学者程颐）气质刚方，文理密察，此其有得于道者也。而门外尺雪，师道尊严，座上春风，意象浑厚。”我们看到的是弟子由衷地尊师，看不到什么严厉可畏。

2.《学记》篇中之“学”字辨析

《学记》篇中的“学”字是个多义词。第一，或作动词“学习”解，例如，“玉不琢，不成器；人不学，不知道”，“良冶之子，必学为裘”。第二，或作动词“教育”解，例如，“幼者听而弗问，学不躐等也”，郑玄注：“学，教也。”“《记》曰：‘凡学，官先事，士先志’”。第三，或作“学校”解，例如，“君子如欲化民成俗，其必由学乎”，“古之教者，家有塾，党有庠，术有序，国有学”。第四，或作“学问”解，例如，“记问之学，不足以为人师”，“学无当于五官，五官弗得不治”。还有一点需要注意的是，在本篇的记叙文字中，有些排比句，并没有明确指出是指教师还是学生，这时候就要根据文义，参考注解，把它搞清楚。例如，“大学之法，禁于未发之谓豫，当其可之谓时，不陵节而施之谓孙，相观而善之谓摩。此四者，教之所由兴也。发然后禁，则扞格而不胜；时过然后学，则勤苦而难成；杂施而不孙，则坏乱而不修；独学而无友，则孤陋而寡闻；燕朋逆其师；燕辟废其学。此六者，教之所由废也”一大段，《礼记集说》卷八十九引用陈祥道《礼记讲义》曰：“前四者教之所由兴，在师者三，在学者一；后六者教之所由废，在师者三，在学者三。”

〔由本篇产生的新词、成语〕

1. **教学相长**，指教和学的相互促进。例如：

宋·朱熹《晦庵集》卷六十《答周南仲》：“承喻教学相长之意，尤副所望。但为学之序，必先成己，然后可以成物。反复来示，似于自己分上未免犹有所阙，恐不若且更向里用工也。”

邓小平《在全国教育工作会议上的讲话》：“尊师爱生，教学相长，这是师生之间革命的同志式的关系。”

2. **离经辨志**，离经，把经文句子断开。辨志，辨别其志向所趋。例如：

周·庾信《庾子山集》卷十三《陕州弘农郡五张寺经藏碑》：“元高五子，负荷遗训，离经辨志，并是成名，入室生光，咸能显德。”

宋·魏了翁《鹤山集》卷六十一《跋崔次和勉斋铭》：“自‘离经辨志’而推，以至‘强立不反’，此古人铢积寸累功夫。今则曰是不难知也，或曰是不必学也。”

3. **敬业乐群**，谓专心学业，乐与朋友相切磋。例如：

《晋书·虞溥传》：“夫圣人之道，淡而寡味，故始学者不好也。及至期月，所观弥博，所习弥多，日闻所不闻，日见所不见，然后心开意朗，敬业乐群，忽然不觉大化之陶己，至道之入神也。”

清·李光地《榕村集》卷六："始视离经辨志，观其志之如何也。继视敬业乐群，察其能敬与否也。"

4. **占毕**，谓经师不解经义，但视简上文字诵读以教人。常用作士人谦称。例如：

宋·宋祁《景文集》卷四十一《代谢进五箴奖谕表》："早缘占毕之伎，久侍拥经之游。"

宋·文天祥《文山集》卷十九《保州道中》："江南占毕生，往来刁羊肠。"

5. **观摩**，谓互相观察，取长补短。例如：

宋·郑刚中《北山集》卷十二《和赵晦之司户》："方作斗升计，敢惮簿书役。相观摩善道，正赖朋友力。"

宋·魏了翁《鹤山集》卷三十六《答赵全州》："某囚山三载，粗不废学。山间所难得者，书与友耳。旧友眉山士李肩吾相随在此，有朝夕观摩之益。"

6. **扞格**，谓抵触，格格不入。例如：

宋·宋祁《景文集》卷四十《代张屯田兖州谢上表》："窃念臣门素地寒，器楛识褊，陶师儒而有渐，苦扞格以无成。"

宋·苏轼《东坡全集》卷四十六《策略五》："器久不用而置诸箧笥，则器与人不相习，是以扞格而难操。"

7. **孤陋寡闻**，谓学识浅陋，见闻不广。例如：

晋·葛洪《抱朴子·祛惑》："孤陋寡闻之人，彼所知素狭，源短流促。"

《弘明集》卷十一宋·释法明《答李交州书》："贫道少惰学业，迄于白首，孤陋寡闻，彰于已诫，直言朴辞，未必可采。"

8. **先河后海**，谓分清本末。例如：

宋·时澜《增修东莱书说》卷二十六《君奭》："舍说而举盘者，盖盘，源也；说，委也：先河后海之意也。"

元·吴澄《吴文正集》卷八《姜河道原字说》："故天下有原之水，河为第一。古人祭川先河后海，重其原也。"

9. **化民成俗**，谓教化百姓，使形成良好的风尚。例如：

《旧唐书·经籍志序》："《礼》曰：'君子如欲化民成俗，其必由学乎！'学者非他，方策之谓也。"

《宋史·选举一》："诏曰：'化民成俗，必自庠序。进贤兴能，抑繇贡举。'"

10. **琢玉成器**,喻培养人材。

《艺文类聚》卷五十《太守》:"可推择明经,式寄儒职,使琢玉成器,无爽昔谈。"

《旧唐书·经籍志序》:"《礼》曰:'君子如欲化民成俗,其必由学乎!'学者非他,方策之谓也。琢玉成器,观古知今,历代哲王,莫不崇尚。"

本篇其他名言:

建国君民,教学为先。

学然后知不足,教然后知困。

凡学之道,严师为难。

记问之学,不足以为人师。

善歌者使人继其声,善教者使人继其志。

教也者,长善而救其失者也。

大德不官,大道不器,大信不约。

〔文化史扩展〕

1. 西汉董仲舒征引《学记》

董仲舒征引《学记》两次,皆暗引。一则见于《春秋繁露·仁义法》第二十九:"虽有天下之至味,弗嚼,弗知其旨也;虽有圣人之至道,弗论,不知其义也。"按:此盖引用《学记》之"虽有嘉肴,弗食,不知其旨也;虽有至道,弗学,不知其善也"而略变其文。一则见于《汉书·董仲舒传》所载仲舒对策:"古之王者明于此,是故南面而治天下,莫不以教化为大务,立太学以教于国,设庠序以化于邑。"按此盖引用《学记》之"是故古之王者,建国君民,教学为先"和"古之教者,家有塾,党有庠,术有序,国有学",也是略变其文。

2.《三字经》征引《学记》

《三字经》:"玉不琢,不成器;人不学,不知道。"

3. 清代干嘉学者王鸣盛的名著《蛾术编》取名于《学记》

王鸣盛《蛾术编》八十二卷,是作者呕心沥血之作。清·梁章钜《蛾术编序》云:"光禄之以'蛾术'名其书者,亦自志其绩学之勤而已,朝习暮益,真积力久,迄晚岁目盲,其功粗竟。"清·陶澍《蛾术编序》云:"《蛾术》者,先生自谓积三十年之功始克就。又《戴记》'时术之',喻其功乃复成大垤者也。缀学之士,尚观此而知所积以求其博且精矣!"

4.《四库全书》中有下列六种书全文收录《学记》

这些书是：宋·朱熹《仪礼经传通解》卷十六、宋·胡宏《皇王大纪》卷二十一、宋·黄震《黄氏日抄》卷二十一、清·马骕《绎史》卷二十四之六、清·江永《礼书纲目》卷六十七、清·秦蕙田《五礼通考》卷一百七十《学礼》。

〔**集评**〕

宋·卫湜《礼记集说·统说》："河南程氏曰：《礼记》杂出于汉儒，然其间传圣门绪余，其格言甚多，如《乐记》、《学记》、《大学》之类，无可议者。'"

宋·朱熹《仪礼经传通解·目录》："《学记》，《小戴》第十八篇，言古者学校教人、传道、授业之次序与其得失兴废之所由，盖兼大小学而言之。旧注多失其指，今考横渠张氏之说，并附己意，以补其注云。"

清《钦定国子监志》卷五十五元·博果密《论建学校疏》："臣等闻之《学记》曰：'君子如欲化民成俗，其必由学乎！玉不琢，不成器。人不学，不知道。故古之王者，建国君民，教学为先。'盖自尧、舜、禹、汤、文、武之世，莫不有学，故其治隆于上，俗美于下，而为后世所法。"

清《钦定国子监志》卷五十九明·张业《国子监题名记》："又如《学记》所谓'知教之所由兴废'、'道而弗牵，强而弗抑，开而弗达'、'长善而救其失'，以是乐育天下之英才，坐春风，化时雨，成德达材，相与熏陶于语言文字之外，鼓舞于鸢飞鱼跃之真，则贤才之盛为何如也！"

清·王夫之《礼记章句》卷十八："《周礼》师氏、保氏隶于司徒，大司乐之属隶于宗伯，皆教官也。而大学之职，略无概见，故先儒疑《周礼》之多残缺。盖州乡庠序以及大学，必专有官师，而今亡矣。先王以礼齐民，学之为首，则系学于礼，道莫重焉。故此篇与《经解》、《中庸》、《儒行》、《大学》，戴氏汇记之，以为礼经，亦犹《大戴记》之有《劝学》诸篇也。此篇之义，与《大学》相为表里。《大学》以发明其所学之道，推之大，析之密，自宋以来为学者之所服习。而此篇所论亲师、敬业为入学之事，故或以为末而未及其本。然玩其旨趣，一皆格物致知之实功，为大学始教之切务，则抑未可以为末而忽之也。"

清·杭世骏《续礼记集说》卷六十七引姜氏兆锡曰："石梁王氏曰：此篇不详先王学制与教者、学者之法，多是泛论，不如《大学》篇。愚按此篇义似浅，但如塾庠序学。自一年至九年之教，又如始教七条及时教退息之属，正是言学制与教学之法。盖《大学》篇是此篇归宿处，此是《大学》篇从入处，义有浅深，而事无同异，未可以朱子独表章《大学》而遂轻议此篇也。”

〔**思考与讨论**〕

1. 教育的目的是什么？朱熹在《白鹿洞书院揭示》中说：“熹窃观古昔圣贤所以教人为学之意，莫非使之讲明义理以修其身，然后推以及人，非徒欲其务记览，为词章，以钩声名取利禄而已也。今人之为学者既反是矣。”朱熹这段话和本篇所讲的教育的目的有共通之处吗？

2. “道”字在《学记》篇中出现了十一次，试一一找出并归纳其词义。

《乐记》第十九（节选）

凡音之起[①]，由人心生也[②]。人心之动，物使之然也[③]。感于物而动，故形于声[④]。声相应，故生变[⑤]。变成方，谓之音[⑥]。比音而乐之，及干戚、羽旄，谓之乐[⑦]。

乐者，音之所由生也[⑧]，其本在人心之感于物也[⑨]。是故其哀心感者，其声噍以杀[⑩]；其乐心感者，其声啴以缓[⑪]；其喜心感者，其声发以

---

① 起：产生。

② 心：思想感情。古人以为心是思考的器官。

③ 物：外物。

④ 故形于声：郑玄注：“宫、商、角、征、羽，杂比曰音，单出曰声。形犹见也。”按：宫、商、角、征、羽，古称五声，略等于现代音乐简谱上的1(do)2(re)3(mi)5(sol)6(la)。所谓“杂比”，即将宫、商、角、征、羽混杂排列。“形犹见也”之“见”，是古“现”字，表现。

⑤ “声相应”二句：郑玄注：“乐之器，弹其宫则众宫应，然不足乐，是以变之使杂也。”然则句意盖谓仅仅同声相应还不足以构成音乐，所以要产生变化。这个“变”，就是杂比。

⑥ “变成方”二句：杂比的结果，成了动听的曲子，就叫作音。孔颖达疏：“音则今之歌曲也。”

⑦ “比音而乐之”三句：郑玄注：“干，盾也；戚，斧也：武舞所执也。羽，翟羽也；旄，旄牛尾也：文舞所执。《周礼》舞师、乐师掌教舞，有兵舞，有干舞，有羽舞，有旄舞。”此三句意谓将这些歌曲排比起来，配以乐器的演奏，再加上手执干戚、羽旄的舞蹈动作，这就叫作乐。

⑧ “乐者”句：孔颖达疏：“合音乃成乐，是乐由此音而生，故云‘乐者，音之所由生也’。”

⑨ 本：本源。物：外物。

⑩ “是故其哀心感者”二句：所以人的悲哀之心受到了外物的感动，发出的声就急促而衰减。其声：谓人口发出之声。噍(jiāo交)：急促。以：而。杀(shài晒)：衰减。以下五句句型同此。

⑪ 啴(chǎn产)以缓：宽裕而舒缓。

散[1]；其怒心感者，其声粗以厉[2]；其敬心感者，其声直以廉[3]；其爱心感者，其声和以柔[4]。六者，非性也[5]，感于物而后动。是故先王慎所以感之者[6]。故礼以道其志[7]，乐以和其声[8]，政以一其行[9]，刑以防其奸。礼、乐、刑、政，其极一也[10]，所以同民心而出治道也[11]。凡音者[12]，生人心者也。情动于中，故形于声[13]。声成文[14]，谓之音。是故治世之音安以乐[15]，其政和[16]；乱世之音怨以怒[17]，其政乖[18]；亡国之音哀以思[19]，其民困。声音之道，与政通矣[20]。

宫为君，商为臣，角为民，征为事，羽为物[21]。五者不乱，则无怗懘之

---

① 发以散（sǎn 伞）：开朗而轻快。

② 粗以厉：粗犷而严厉。

③ 直以廉：正直而端方。

④ 和以柔：温和而婉柔。

⑤ “六者”二句：以上六种声的发生，并非人心所固有。

⑥ 是故先王慎所以感之者：所以先王十分注意能够影响人心的外物。

⑦ 道：引导。

⑧ 乐以和其声：“声”，《说苑·修文》作“性”，是。和其性，调和人的性情。

⑨ 一其行：统一人的行动。

⑩ 极：所要达到的目的。

⑪ 出治道：产生治平之道。或曰实现天下大治。

⑫ 凡音者：本节此以下诸“音”字，孙希旦说：“所谓音，谓民俗歌谣之类，而犹未及乎乐也。”

⑬ “情动于中”二句：按《毛诗·大序》：“情动于中，而形于言。”彼言诗，故形于言；此言乐，故形于声。“情动于中”之“中”，谓心。

⑭ 文：谓动听的曲子。

⑮ 治世：太平盛世。安以乐：安详而快乐。

⑯ 政和：政治和谐，政通人和。

⑰ 怨以怒：怨恨而愤怒。

⑱ 政乖：政治紊乱。

⑲ 哀以思：悲伤而哀思。

⑳ “声音之道”二句：有什么样的政治，就有什么样的声音，故云。

㉑ “宫为君”五句：陈澔《礼记集说》引刘氏曰：“五声之本，生于黄锺之律，其长九寸，每寸九分，九九八十一，是为宫声之数。三分损一以下生征，则去二十七，得五十四也。征三分益一以上生商，则加十八，得七十二也。商三分损一以下生羽，则去二十四，得四十八也。羽三分益一以上生角，则加十六，得六十四也。角声之数，三分之不尽一算，其数不行，故声止于五。此其相生之次也。宫属土，弦用八十一丝，为最多，而声至浊，于五声独尊，故为君象。商属金，弦用七十二丝，声次浊，故次于君而为臣象。角属木，弦用六十四丝，声半清半浊，居五声之中，故次于臣，而为民象。征属火，弦用五十四丝，其声清，有民而后有事，故为事象。羽属水，弦用四十八丝，为最少，而声至清，有事而后用物，故为物象。此其大小之次也。”

音矣[①]。宫乱则荒，其君骄。商乱则陂，其官坏。角乱则忧，其民怨。征乱则哀，其事勤。羽乱则危，其财匮[②]。五者皆乱，迭相陵，谓之慢[③]。如此，则国之灭亡无日矣。

郑、卫之音，乱世之音也，比于慢矣[④]。桑间濮上之音[⑤]，亡国之音也，其政散[⑥]，其民流[⑦]，诬上行私而不可止也[⑧]。

凡音者，生于人心者也。乐者，通伦理者也。是故知声而不知音者，禽兽是也；知音而不知乐者，众庶是也。唯君子为能知乐[⑨]。是故审声以知音，审音以知乐，审乐以知政，而治道备矣。是故不知声者不可与言音，不知音者不可与言乐。知乐则几于礼矣[⑩]。礼乐皆得，谓之有德[⑪]。

---

① "五者不乱"二句：所谓"不乱"，谓其相生之次序和大小之次序不乱。怗懘（zhān zhì 詹制）：败坏，不和谐。

② "宫乱则荒"十句：孔颖达疏云："五音之敝败，则政乱，各有所由也。若宫音乱，则其声放散，由其君骄溢故也。若商音乱，则其声欹斜而不正，由其臣不治于官，官坏故也。若角音乱，则其声忧愁，由政虐，其民怨故也。若征音乱，则其声哀苦，由繇役不休，其事勤劳故也。若羽音乱，则其声倾危，由君赋重，其民贫乏故也。"荒：放散。陂（bì 璧）：倾斜。

③ "五者皆乱"三句：如果宫、商、角、征、羽五者都乱了套，彼此互相凌驾，这时候的音就叫作慢。慢，乱到无以复加之音。

④ "郑卫之音"三句：郑、卫之音是春秋时期郑、卫两国的民间音乐，由于其曲调及表演不同于正统的雅乐，所以被斥为乱世之音，被斥为等同于乱到无以复加之音。比，等同于。

⑤ 桑间濮上之音：据郑注孔疏，桑间是地名，在濮水之旁。传说殷纣王命师延制作了一套靡靡之乐，不久国亡，师延也在桑间的濮水上投河自杀。后来，卫灵公和师涓去晋国，途经桑间。夜半之时，听到濮水上漂着鼓琴之声，师涓就将其曲谱默记于心。到了晋国，师涓为晋平公演奏这一曲子，师旷不等他奏完，就说："这是亡国之音呀！你一定是从桑间濮上听来的吧！"后世多用为靡靡之音的代称。

⑥ 政散：政治混乱。

⑦ 流：流离失所。

⑧ 诬上行私而不可止也：孔颖达疏："君既失政，在下则诬罔于上，行其私意，违背公道，不可禁止也。"

⑨ "乐者"七句：方悫曰："伦，言人伦。理，言物理。若君臣上下同听之则莫不和敬，长幼同听之则莫不和顺，父子兄弟同听之则莫不和亲，所谓通人伦也。若草木茂，区萌达，羽翼奋，角觡生，所谓通物理也。君子则通于道者也，故唯君子为能知乐焉。若瓠巴鼓瑟，游鱼出听；伯牙鼓琴，六马仰秣。此禽兽之知音者也。魏文侯好郑、卫之音，齐宣王好世俗之乐，此众庶之知音者也。若孔子在齐之所闻，季札聘鲁之所观，此君子之知乐者也。"

⑩ "是故审声以知音"六句：方悫曰："声杂而为音，故审声以知音。音比而为乐，故审音以知乐。声音之道与政通，故审乐以知政。此皆由粗以致精，故每言审焉。审声以知音，故不知声者不可与言音；审音以知乐，故不知音者不可与言乐。夫以天地之形言之，则乐隆于礼；以阴阳之理言之，则礼深于乐。所谓知音者，知其礼而已，故言知乐则几于礼也。"几，接近。

⑪ "礼乐皆得"二句：既懂得礼，又懂得乐，那才叫作真懂。

德者，得也。是故乐之隆，非极音也。食飨之礼，非致味也[1]。《清庙》之瑟[2]，朱弦而疏越[3]，一倡而三叹[4]，有遗音者矣[5]。大飨之礼[6]，尚玄酒而俎腥鱼[7]，大羹不和[8]，有遗味者矣[9]。是故先王之制礼乐也，非以极口腹耳目之欲也，将以教民平好恶而反人道之正也[10]。

人生而静，天之性也。感于物而动，性之欲也[11]。物至知知，然后好恶形焉[12]。好恶无节于内，知诱于外[13]，不能反躬[14]，天理灭矣[15]。夫物之感人无穷，而人之好恶无节，则是物至而人化物也[16]。人化物也者，灭天理而穷人欲者也[17]。于是有悖逆诈伪之心[18]，有淫泆作乱之事[19]。是故强者胁弱，众者暴寡，知者诈愚[20]，勇者苦怯[21]，疾病不养，老幼孤独不得其

---

① “是故乐之隆”四句：所以，无论多么隆重的乐，并不是为了极尽听觉上的享受；食飨之礼的供品无论多么丰富，并不是为了达到味觉上的享受。按：食（sì 四）飨之礼，也就是下文的“大飨之礼”，这是在太庙中合祭先王之礼，供品极其丰富。

②《清庙》之瑟：演奏《清庙》乐章所用的瑟。《清庙》，《诗经·周颂》篇名，是周人祭祀文王时的乐歌。

③ 朱弦：用煮过的朱丝做成的弦。煮过以后，弦声就浊。疏越（huó 活）：越是瑟底部的小孔。疏通瑟底之孔则发声迟缓。孔颖达疏：“弦声既浊，瑟音又迟，是质素之声，非要妙之响。”

④ 一倡而三叹：郑玄注：“倡，发歌句也。三叹，三人从叹之耳。”

⑤ 有遗音者矣：这才是先王留传下来的真正的音乐呀！

⑥ 大飨之礼：见本页注①。

⑦ 尚玄酒：尽管祭神的酒类品种很多，而以玄酒为上。玄酒，即水。水色玄，故名。俎腥鱼：以生鱼为俎实。腥者，生也。意谓尽管有牛羊猪可以作俎实而弃之不用。

⑧ 大（tài 太）羹：煮肉的清汤。汤中既无盐菜，也无佐料，故云“不和”。

⑨ 有遗味者矣：这才是先王留传下来的真正的滋味呀！

⑩ “是故先王之制礼乐也”三句：孔颖达疏云：“玄酒、腥鱼、大羹，是非极口腹也。朱弦、疏越，是非极耳目也。教民均平好恶，好者行之，恶者避之，反归人道之正也。”按《礼记·礼器》云：“礼也者，反本循古，不忘其初者也。”此节所记，颇有“反本循古，不忘其初”之义。

⑪ “感于物而动”二句：郑玄注：“言性不见物则无欲。”孔颖达疏：“感于物而动，性之欲也者，其心本虽静，感于外物而心遂动，是性之所贪欲也。”

⑫ “物至知知”二句：外物之来，人的认识与之交接，就会表现出喜好或厌恶两种态度。至，来。第一个“知”作心智解，第二个“知”作交接解。

⑬ 知诱于外：心智诱于外物。

⑭ 反躬：反躬自省。躬，自身。

⑮ 天理：天性。

⑯ 人化物：人性被外物所征服。

⑰ 灭天理：灭掉了天生清净之性。穷人欲：无限制地追求欲望的实现，欲壑难填。

⑱ 悖逆诈伪：犯上作乱，欺诈虚伪。

⑲ 淫泆（yì 佚）作乱：纵欲放荡，胡作非为。

⑳ 知者：即智者。

㉑ 勇者苦怯：勇猛者折磨怯懦者。

所。此大乱之道也。

是故先王之制礼乐[1]，人为之节[2]。衰麻哭泣[3]，所以节丧纪也；钟鼓干戚[4]，所以和安乐也[5]；昏姻冠笄[6]，所以别男女也；射乡食飨[7]，所以正交接也。礼节民心，乐和民声，政以行之，刑以防之[8]，礼乐刑政，四达而不悖[9]，则王道备矣。

〔问题分析〕

《乐记》之“乐”的含义辨析

《说文解字》：“乐，五声、八音总名。”五声，谓宫、商、角、征、羽五个音阶。八音，谓金、石、丝、竹、匏、土、革、木八种乐器。据《周礼·春官·大师》注，金指钟镈，石指磬，土指埙，革指鼓鼗，丝指琴瑟，木指柷敔，匏指笙，竹指管箫。《现代汉语词典》(修订本)和《汉语大词典》对“乐”字的释义都是“音乐”。用以上三种古今权威词书对“乐”字的解释来解释《乐记》之乐都不合适，或失于片面，或失于笼统。

《乐记》之“乐”，由三个要素构成，即诗、歌、舞。《乐记》：“诗，言其志也。歌，咏其声也。舞，动其容也。”又说：“故歌之为言也，长言之也。说(悦)之，故言之；言之不足，故长言之；长言之不足，故嗟叹之；嗟叹之不足，故不知手之舞之足之蹈之也。”所谓“诗”，相当于今天的歌词；所谓“歌”，相当于今天的谱曲；所谓“舞”，即今天的舞蹈。这三个要素不是平列的，而是立体的，是由简单到复杂，由低级到高级。《乐记》第一段讲的就是由声发展到乐的整个过程。孙希旦《礼记集解》是这样表述这个过程的：“人心不能无感，感不能不形于声。声，谓凡宣于口者皆是也。声之别有五，其始形也，止一声而已。然既形则有不能自已之势，而其同者以类相

---

① 制礼乐：制礼作乐。

② 人为之节：为人们制定出节制欲望的办法。

③ 衰(cuī 崔)麻哭泣：有关丧服、哭泣的规定。这方面，可以参看《仪礼·丧服》和《礼记》的《间传》《三年问》。

④ 钟鼓干戚：钟鼓是乐器，干戚是舞具。

⑤ 和安乐(lè 洛)：孙希旦说：“言导之于和，而使之发于声者皆安乐也。”

⑥ 冠笄：古代男子二十岁则行冠礼，女子十五岁则行笄礼。冠礼、笄礼是男子、女子的成年礼。

⑦ 射：谓乡射礼。详《仪礼·乡射礼》。乡：乡饮酒礼。详《仪礼·乡饮酒礼》和《礼记·乡饮酒义》。食飨：此谓设宴招待宾客。

⑧ “礼节民心”四句：用礼来节制民心，用乐来调节民声至于和谐，用政令加以推行，用刑罚加以防范。民声，人民的声音。

⑨ 四达而不悖：礼、乐、刑、政这四个方面的作用都得到发挥而没有梗阻。

应。有同必有异，故又有他声之杂焉，而变生矣。变之极而抑扬高下，五声备具，犹五色之交错而成文章，则成为歌曲而谓之音矣。然犹未足以为乐也，比次歌曲，而以乐器奏之，又以干戚、羽旄象其舞蹈以为舞，则声容毕具而谓之乐也。”

〔**由本篇产生的新词、成语**〕

1. **治世**，太平盛世。例如：

《荀子・大略》：“故义胜利者为治世，利克义者为乱世。”

《汉书・董仲舒传》：“王者承天意以从事，故任德教而不任刑。刑者不可任以治世，犹阴之不可任以成岁也。”

2. **亡国之音**，指国家将亡时的充满悲愁哀思的乐音。例如：

《晋书・律历上》：“荀勖造新钟，律与古器谐韵，时人称其精密。惟散骑侍郎陈留阮咸讥其声高，声高则悲，非兴国之音，亡国之音。”

《魏书・乐志五》：“大乐感于风化，与世推移。治国之音安以乐，亡国之音哀以思，随时隆替，不常厥声。”

3. **郑卫之音**，春秋时期郑、卫两国的民间音乐，由于其曲调和表演不同于正统的雅乐，所以被斥为乱世之音。例如：

汉・刘向《古列女传》卷二《齐桓卫姬》：“卫姬者，卫侯之女，齐桓公之夫人也。桓公好淫乐，卫姬为之不听郑卫之音。”

《后汉书・循吏列传》：“光武身衣大练，色无重彩，耳不听郑卫之音，手不持珠玉之玩。”

4. **桑间濮上**，桑间是地名，在濮水之旁。传说殷纣王命师延制作了一套靡靡之乐，不久国亡。后世以为靡靡之音的代称。例如：

《汉书・礼乐志第二》：“桑间濮上，郑、卫、宋、赵之声并出。”

《周礼・春官・大司乐》：“凡建国，禁其淫声、过声、凶声、慢声。”郑玄注：“淫声，若郑卫也。过声，失哀乐之节。凶声，亡国之声，若桑间濮上。慢声，惰慢不恭。”

5. **朱弦**，用煮过的朱丝做成的弦。煮过以后，弦声就浊。例如：

《荀子・礼论》：“三年之丧，哭之不反也；《清庙》之歌，一倡而三叹也；县一钟，尚拊膈，朱弦而通越也：一也。”

《吕氏春秋・仲夏纪・古乐》：“清庙之瑟，朱弦而疏越，一唱而三叹，有进乎音者矣。”

6. **疏越**，疏通瑟底之孔，使声音舒缓。例如：

唐·白居易《白氏长庆集》卷三《五弦弹》诗："正始之音其若何？朱弦疏越《清庙》歌。一弹一唱再三叹，曲淡节稀声不多。"

7. **一倡三叹**，一人首倡，三人随之赞叹。例如：

《荀子·礼论》："《清庙》之歌，一倡而三叹也。"

宋·王质《诗总闻》卷十九："诗称文王，多以'于'为辞。'于'，叹声也，亦见一倡三叹遗音之意。"

8. **反躬**，谓反求诸己。例如：

《新唐书·独孤及传》："天意丁宁谴戒，以警陛下，宜反躬罪己，旁求贤良者而师友之。"

宋·朱熹《二程遗书》卷二五："于圣人君子之学，将以反躬而已矣。反躬在致知，致知在格物。"

〔文化史扩展〕

"郑卫之音"辨

摘要：郑卫之音，在中国文化史上一直被视为异端，被以恶名。实际上，郑卫之音不过是春秋时期首先在郑国、卫国兴起的流行音乐而已，它不仅受到下层社会的欢迎，而且也为上流社会所倾倒。这是一次有重大历史意义的文化上的推陈出新。这是本文欲辨的第一点。郑卫之音，本来与《诗经》中的《郑风》《卫风》是两码事，但被某些学者混为一谈，于是，被孔子定性为"思无邪"的三百篇，也成为伤风败俗的淫诗了。这是本文欲辨的第二点。

关键词：郑卫之音；郑声；新乐；郑诗

郑卫之音，在儒家经典中，一向被视为异端，被以恶名。《礼记·乐记》云："郑卫之音，乱世之音也，比于慢矣。"[①]所谓"比于慢矣"，意谓近乎慢音了。"慢音"又是一种什么音呢？请看《乐记》自己的解释："宫为君，商为臣，角为民，征为事，羽为物。宫乱则荒，其君骄；商乱则陂，其官坏；角乱则忧，其民怨；征乱则哀，其事勤；羽乱则危，其财匮。五者皆乱，迭相陵，谓之慢，如此，则国之灭亡无日矣。"[②]原来宫、商、角、征、羽谓之五声，五声各自代表一种人事。如果五声中的某一声乱了，某一声代表的人事就会出问题。如果五声全部乱了套，那就叫"慢"。慢音出

①② 孔颖达《礼记正义》，1457页。

现，离亡国之日就不远了。

在成书早于《礼记》的《论语》中，“郑卫之音”被叫做“郑声”。《论语·卫灵公》：“子曰：‘放郑声，远佞人。郑声淫，佞人殆。’”刘宝楠《论语正义》：“放者，罢废之也。《乐记》云：‘郑音好滥淫志，宋音燕女溺志，卫音趋数烦志，齐音敖辟乔志。此四者，皆淫于色而害于德，是以祭祀弗用也。’是郑、宋、卫、齐四国皆有淫声，此独云‘郑声’者，举甚言之。”也就是说因为郑国的淫声最厉害。[①]《论语·阳货》又说：“子曰：‘恶紫之夺朱也，恶郑声之乱雅乐也，恶利口之覆邦家者。’”[②]至此，我们已经知道“郑卫之音”所担的主要罪名有两项：一项是“淫于色而害于德”，一项是“乱雅乐”。孔子不是说过吗：“饮食男女，人之大欲存焉。”（《礼记·礼运》）孟子也说过：“食色，性也。”赵岐注：“人之甘食悦色者，人之性也。”（《孟子章句·告子上》）孔子还说过：“吾未见好德如好色者也。”何晏注：“疾时人薄于德而厚于色，故发此言。”[③]如此看来，“好色”是人的天性，不是一个什么了不起的罪名。郑声的被诟病，在于“淫于色”，淫者，过分也，也就是过分的好色。过分的好色当然不好，但孔子说“吾未见好德如好色者也”，换言之就是上至国君，下至庶民，人人好色，郑声也不过是过分了点而已，似乎也不是什么大罪名。再一项是“乱雅乐”。所谓“乱雅乐”，意思就是郑声抢走了雅乐的地盘。这层意思，皇侃的《论语义疏》说得很明白：“云‘恶郑’云云者，郑声者，郑国之音也，其音淫也。雅乐者，其声正也。时人多淫声以废雅乐，故孔子恶之者也。”[④]看来，郑声是当时流行音乐的代表，尽管是下里巴人，但颇受民众欢迎，广有市场。而所谓的雅乐，尽管是阳春白雪，但能够欣赏的人日少，已濒邻退出历史舞台的边缘了。雅乐的代表作，据《乐记》及郑玄注，即《大章》，尧时之乐；《咸池》，黄帝之乐；《大韶》，舜时之乐；《大夏》，禹时之乐；《大濩》，汤时之乐；《大武》，周武王之乐。这就是所谓的六代乐舞。其中的《大韶》，最为孔子欣赏，曾经予以“尽善尽美”的评价。《论语·述而》：“子在齐，闻韶，三月不知肉味，曰：不图为乐之至于斯也。”[⑤]我们尊重孔子的意愿和兴趣，他个人爱好雅乐完全可以，他发表个人看法也可以。问题是，我们不要以孔子的是非为是非就行了。

---

① 刘宝楠《论语正义》，中华书局，1990年，624页。

② 刘宝楠《论语正义》，697页。

③ 刘宝楠《论语正义》，349页。

④ 皇侃《论语集解义疏》，景印《文渊阁四库全书》本，上海古籍出版社，1987年，第195册，503页。

⑤ 刘宝楠《论语正义》，364页。

“郑卫之音”还有个名称叫“新乐”、“新声”。《乐记》云：“魏文侯问于子夏曰：‘吾端冕而听古乐，则唯恐卧；听郑卫之音，则不知倦。敢问古乐之如彼何也？新乐之如此何也？”[①]这里所说的“古乐”，郑玄说是“先王之正乐也”，也就是雅乐。魏文侯一听雅乐就打瞌睡，一听郑卫之音就不知疲倦，郑卫之音的感染力于此可见。实际上当时喜欢郑卫之音的国君不止魏文侯一人。《国语·晋语八》说：“平公悦新声。”[②]据韦昭注，这个“新声”就是被称为“亡国之音”的桑间濮上之音。又据刘向《列女传·齐桓卫姬》记载：“卫姬者，卫侯之女，齐桓公之夫人也。桓公好淫乐，卫姬为之不听郑卫之音。”[③]可知就连五霸之首的齐桓公也是偏爱郑卫之音。

《乐记》上有一段子夏回答魏文侯的话，比较形象地描述了雅乐是如何表演的，新乐是如何表演的：

> 子夏对曰：“今夫古乐，进旅退旅，和正以广。弦匏笙簧，会守拊鼓，始奏以文，复乱以武，治乱以相，讯疾以雅。君子于是语，于是道古，修身及家，平均天下。此古乐之发也。今夫新乐，进俯退俯，奸声以滥，溺而不止；及优侏儒，糅杂子女，不知父子。乐终，不可以语，不可以道古。此新乐之发也。”[④]

为了便于理解，兹附译文如下：

> 子夏回答道：“咱们先说古乐。舞蹈时同进同退，整齐划一；唱歌时曲调平和中正而宽广。各种管弦乐器都在静候拊鼓的指挥，拊鼓一响，众乐并作，开始表演时击鼓，结束表演时击铙。用相来调节收场之歌曲，用雅来控制快速的节奏。表演完毕，君子还要发表一通议论，借古讽今，当然不外乎当时一些修身齐家治国平天下的大道理。这就是古乐的表演情形。再说新乐。舞蹈的动作参差不齐，唱歌的曲调邪恶放荡，使人沉湎其中而不能自拔。再加上俳优侏儒的逗趣，男女混杂，父子不分。表演完毕，让人无法予以评论，也谈不上借古讽今。这就是新乐的表演情形。”

尽管子夏是带着偏见来评论的，但是古乐的刻板，新乐的活泼，已经跃然纸上。

尽管孔子及其弟子及其后学不遗余力的鼓吹雅乐，贬抑郑卫之音，而历史的发展却并不以个人的意志为转移。南朝梁刘勰《文心雕龙·乐府》：“自雅声浸微，溺音腾沸。”这就是历史的结论。拿汉代来说，《汉书·礼乐志第二》：“是时河间献

---

① 孔颖达《礼记正义》，1521 页。

② 《国语》，景印《文渊阁四库全书》本，上海古籍出版社，1987 年，第 406 册，131 页。

③ 刘向《列女传》，景印《文渊阁四库全书》本，上海古籍出版社，1987 年，第 448 册，19 页。

④ 孔颖达《礼记正义》，1521—1523 页。

王有雅材，亦以为治道非礼乐不成，因献所集雅乐。天子下大乐官，常存肄之，岁时以备数，然不常御（御者，用也）。常御及郊庙，皆非雅声。今汉郊庙诗歌，未有祖宗之事，八音调均，又不协于钟律，而内有掖庭材人，外有上林乐府，皆以郑声施于朝廷。”可知郑卫之音在朝廷上已经占据压倒的优势，而雅乐倒成了偶尔的点缀品。汉代的皇帝，武帝和宣帝，对郑卫之音尤所偏爱。文化史上有名的乐府，就是汉武帝时设立的。汉武帝不仅在全国范围内提倡，而且身体力行，亲自写新诗。据《汉书・外戚列传》记载，汉武帝的宠妾李夫人死了，让武帝惋惜恋念不止。方士做法，让武帝能够“遥望见好女如李夫人之貌”，但又看不真切。于是“上愈益相思悲感，为作诗曰：‘是邪？非邪？立而望之，偏何姗姗其来迟。’令乐府诸音家弦歌之。”又据《汉书・王褒传》，宣帝曰：“辞赋大者与古诗同义，小者辩丽可喜。譬如女工有绮縠，音乐有郑卫，今世俗犹皆以此娱悦耳目。”上有好者，下必有甚焉者矣。到了元、成之时，“是时郑声尤甚，黄门名倡丙强、景武之属，富显于世，贵戚五侯、定陵、富平外戚之家，淫侈过度，至与人主争女乐”。汉哀帝是个厌恶郑卫之音的皇帝，他即位以后，很快就下诏：“郑声淫而乱乐，圣王所放，其罢乐府。”尽管作为机构的乐府被撤销，但新乐并没有停止前进的脚步。刘勰在《文心雕龙・乐府》的赞语中说：“《韶》响难追，郑声易启。”这就是说，《韶》作为雅乐的代表作，已是明日黄花，风光不再，取而代之的正是郑声。

最后，说一下郑声并非《郑诗》的问题。最早把郑声和《郑诗》扯在一起的是许慎《五经异义》：“今《论语》说：郑国之为俗，有溱、洧之水，男女聚会，讴歌相感，故云‘郑声淫’。《左传》说：‘烦手淫声’，谓之郑声者，言烦手踯躅之声，使淫过矣。许君谨案：《郑诗》二十一篇，说妇人者十九矣，故郑声淫也。”（孔颖达《礼记正义・乐记》引）而朱熹《诗集传》出，郑声为《郑诗》则几成定谳矣。朱熹《诗集传》云：“郑卫之乐，皆为淫声。然以《诗》考之，《卫诗》三十有九，而淫奔之诗才四之一；《郑诗》二十有一，而淫奔之诗，已不翅七之五。卫犹为男悦女之辞，而郑皆为女惑男之语；卫人犹多刺讥惩创之意，而郑人几于荡然无复羞愧悔悟之萌。是则郑声之淫有甚于卫矣！故夫子论为邦，独以郑声为戒，而不及卫，盖举重而言，固自有次第也。”后世不同意朱熹之说者非一，例如，明代杨慎《丹铅总录》卷十四“淫声”：“《论语》‘郑声淫’，淫者，声之过也。水溢于平地曰淫水，雨过于节曰淫雨，声滥于乐曰淫声，一也。郑声淫者，郑国作乐之声过于淫，非谓郑诗皆淫也。后世失之，解郑风皆为淫诗，谬矣。”又如，清人陈启源《毛诗稽古编》卷五：“朱子辨说，谓孔子‘郑声淫’一语可断尽《郑风》二十一篇，此误矣。夫孔子言‘郑声淫’耳，曷尝言郑诗淫乎？声者，乐音也，非诗辞也。淫者，过也，非专指男女之欲也。古之言淫多矣，于星言淫，于雨言淫，于水言淫，于刑言淫，于游观田猎言淫，皆言过其常度耳。乐之五音十二律，长短高下，皆有节焉，郑声靡曼幻眇，无中正和平之致，使闻之者，导欲增悲，沉溺而忘返，故曰淫也。朱子以郑声为《郑风》，以淫过之淫为男女淫欲之淫，遂举《郑风》二十一篇，尽目为淫奔者所作。"又如，孙希旦《礼记集解》："今朱子《集传》于《郑诗》多以为淫诗，与毛传不同，岂非即由慎（按：谓许慎）说发其端欤？然《郑诗》不可以为郑声。"孙氏在《乐记·魏文侯篇》又说："先儒皆以《郑诗》为郑声，然此言'溺音'有郑、宋、齐、卫四者，而宋初未尝有《诗》，则郑、卫之声固不系于其《诗》矣。"

春秋时期的郑国和卫国，都在今河南省境内。而笔者世居河南，因作此辨，期盼大雅君子有以教之。

〔**集评**〕

东汉·郑玄《三礼目录》云："名曰《乐记》者，以其记乐之义。此于《别录》属《乐记》。盖十一篇，合为一篇。有《乐本》，有《乐论》，有《乐施》，有《乐言》，有《乐礼》，有《乐情》，有《乐化》，有《乐象》，有《宾牟贾》，有《师乙》，有《魏文侯》。今虽合此，略有分焉。"

宋·朱熹《二程遗书》卷二十五引河南程氏曰："《礼记》除《中庸》、《大学》，唯《乐记》为最近道，学者深思，自得之。"

宋·黄震《黄氏日抄》卷二十一："此书间多精语，如曰'人生而静，天之性也。感于物而动，性之欲也'，如曰'好恶无节于内，知诱于外，不能反躬，天理灭矣'。皆近世理学所据，以为渊源。如曰'天高地下，万物散殊，而礼制行矣。流而不息，合同而化，而乐兴焉'，又晦庵先生所深嘉而屡叹者也。"

清·孙希旦《礼记集解》："乐以义理为本，以器数为用。古者乐为六艺之一，小学大学，莫不以此为教，其器数，人人之所习也，独其义理之精有未易知者，故此篇专言义理而不及器数。自古乐散亡，器数失传，而其言义理者，虽赖有是篇之存，而不可见之施用，遂为简上之空言矣。然而乐之理终未尝亡，苟能本其和乐庄敬者以治一身，而推其同和、同节者以治一世，则《孟子》所谓'今乐犹古乐'者，而其用或亦可以渐复也。"

王锷《礼记成书考》说："综合比较各家的观点，我们同意第一种看法（按：即认为《乐记》作者公孙尼子的看法），即《乐记》作者是七十子之弟子的公孙尼子，成篇于战国前期。”又说：“《乐记》与《荀子·乐论》、《吕氏春秋·适音》有相同文字，郭沫若、杨公骥、沈文倬、李学勤等已经作过对比，认为是《荀子》、《吕氏春秋》抄袭《乐记》，言之有据。”

〔思考与讨论〕

1. 《乐记》说：“声音之道，与政通矣。”这个命题成立吗？

2. 刘勰在《文心雕龙·乐府》的赞语中说：“《韶》响难追，郑声易启。”这两句话有何深意？

《祭义》第二十四（节选）

祭不欲数[①]，数则烦，烦则不敬。祭不欲疏[②]，疏则怠[③]，怠则忘[④]。是故君子合诸天道[⑤]，春禘秋尝[⑥]。秋[⑦]，霜露既降，君子履之[⑧]，必有凄怆之心[⑨]，非其寒之谓也[⑩]。春，雨露既濡[⑪]，君子履之，必有怵惕之心[⑫]，如将见之[⑬]。

---

① 欲：须要。数（shuò 硕）：频繁。谓过多。

② 疏：稀疏。谓过少。

③ 怠：懈怠。

④ 忘：遗忘。谓忘掉死去的亲人。

⑤ 合诸天道：合之于天意。换言之，按照天意行事。郑玄注：“合于天道，因四时之变化。孝子感时念亲，则以此祭之也。”

⑥ 春禘秋尝：孙希旦说：“禘，当作‘礿（yuè）岳。’”《礼记·王制》：“天子、诸侯宗庙之祭，春曰礿，夏曰禘，秋曰尝，冬曰烝。”这里只说了春礿、秋尝，没有说夏禘、冬烝，是省文。人们习惯以春秋指代四季。

⑦ 秋：此字原脱，据郑玄注补。秋，谓秋季到了。

⑧ 履之：谓脚踏霜露。

⑨ 凄怆：凄凉悲伤。

⑩ 非其寒之谓也：这倒不是说感受到了秋天的寒意，而是触景生情，想起了死去的亲人。

⑪ 濡：谓湿润大地。

⑫ 怵惕：怦然心动。

⑬ 如：而，连词。将（qiāng 枪）：希望。见之：见到死去的亲人。如将见之：谓希望能像春回大地那样见到死去的亲人。

致齐于内[1]，散齐于外[2]。齐之日[3]，思其居处，思其笑语，思其志意，思其所乐，思其所嗜[4]。齐三日，乃见其所为齐者[5]。

君子生则敬养[6]，死则敬享[7]，思终身弗辱也[8]。君子有终身之丧[9]，忌日之谓也[10]。忌日不用，非不祥也[11]。言夫日[12]，志有所至[13]，而不敢尽其私也[14]。

曾子曰："孝有三[15]：大孝尊亲[16]，其次弗辱[17]，其下能养。"公明仪问于曾子曰[18]："夫子可以为孝乎[19]？"曾子曰："是何言与[20]！是何言与！君子之所谓孝者，先意承志[21]，谕父母于道[22]。参直养者也[23]，安能为孝乎[24]？"

---

① 致齐：即致斋。齐，通"斋"。就大的祭祀来说，致斋是祭祀前三天的一个准备步骤。致斋期间，停止一切工作，目的是严格的净化心灵。致斋期间，必须昼夜居于斋宫，故云"于内"。

② 散齐：即散斋。就大的祭祀来说，散斋是致斋前七天的一个准备步骤。散斋期间，白天可以照常工作，但是不得举乐，不得吊丧问疾，不得预秽恶之事。散斋是在斋宫外进行，故云"于外"。

③ 齐之日：这个"齐"指的是致斋。齐之日，就是致斋期间。

④ "思其居处"五句：这五句中的"其"都是指死去的亲人。

⑤ 乃：于是。见其所为齐者：见到致斋者的对象。换言之，致斋三日，由于专心致志地想念死去的亲人（即所为斋者），到了最后就仿佛真的见到了将要祭祀的亲人。

⑥ 君子生则敬养：这句话有省略。它实际要表达的意思是"君子在双亲健在时则敬养"。敬养：尽心供养。

⑦ 敬享：虔诚祭飨。

⑧ 思终身弗辱也：思索终身不做玷辱父母之事。

⑨ 终身之丧：终身之丧是相对"三年之丧"而言。三年之丧是礼法规定的为父母服丧的期限，不能多，也不能少。而终身之丧是指终孝子一生都要在忌日那天举行的追思活动，是孝子的自觉行为。

⑩ 忌日：主要指父母亲去世的纪念日。

⑪ "忌日不用"二句：每逢忌日，什么事情也不干，并不是说这一天不吉利。

⑫ 言夫日：是说到了那一天。夫：指示代词，这，那。

⑬ 志有所至：意谓孝子把一门心思都放到了思念父母上了。

⑭ 不敢尽其私：不敢尽情于个人的私事。

⑮ 三：谓三等。详下。

⑯ 大孝：第一等的孝。尊亲：以自己的高尚道德和优秀才能赢得社会尊敬，从而使双亲引以自豪。《礼记集说》引黄裳曰："谓人子能立身行道，有大功于国，大德及民，俾人称美其先而尊重之为上也。"

⑰ 弗辱：不玷辱父母的令名。

⑱ 公明仪：曾子弟子。

⑲ 夫子可以为孝乎：老师您的作为可以称得上"孝"字了吧？曾子以孝闻名，这个"孝"当谓大孝。为：通"谓"。

⑳ 是何言与：你这是说的什么话！

㉑ 先意承志：在父母还没有表达自己的愿望之前就把父母想办的事办好了。

㉒ 谕父母于道：此句难解。孙希旦说："善承父母之意，能谕之于道，盖非大舜的得亲顺亲不足以当此。"

㉓ 参：曾子名参。此谓自称己名。直：但，仅仅。

㉔ 为：通"谓"，称作。

曾子曰："身也者，父母之遗体也[1]。行父母之遗体[2]，敢不敬乎？居处不庄[3]，非孝也；事君不忠，非孝也；莅官不敬[4]，非孝也；朋友不信，非孝也；战陈无勇[5]，非孝也。五者不遂[6]，灾及于亲，敢不敬乎？亨孰膻芗[7]，尝而荐之[8]，非孝也，养也。君子之所谓孝也者，国人称愿然曰[9]：'幸哉有子如此[10]！'所谓孝也已[11]。"

曾子曰："夫孝[12]，置之而塞乎天地[13]，溥之而横乎四海[14]，施诸后世而无朝夕[15]，推而放诸东海而准[16]，推而放诸西海而准，推而放诸南海而准，推而放诸北海而准。《诗》云：'自西自东，自南自北，无思不服。[17]'此之谓也。"

乐正子春下堂而伤其足[18]，数月不出，犹有忧色[19]。门弟子曰[20]："夫子之足瘳矣[21]，数月不出，犹有忧色，何也？"乐正子春曰："善如尔之问

---

① "身也者"二句：自己的身体乃是父母身体的延续。

② 行：使用。

③ 居处：指平日的仪容举止。《论语·子路》："居处恭，执事敬。"

④ 莅官：居官。

⑤ 战陈：即战阵。陈，"阵"的古字。

⑥ 五者不遂：应当理解作"五者之一不遂"。遂：成，做到。

⑦ 亨孰膻芗：亨，"烹"的古字。孰，"熟"的古字。膻，陈戍国校改作"馨"是也。芗，通"香"。整句的意思是加工制作一些美味的食物。

⑧ 尝而荐之：品尝过后再进献给父母。按：儿子先尝尝咸淡热凉然后进献父母，是孝敬的表现。

⑨ 称愿：称羡喝彩。然：转折连词，而。

⑩ 幸哉有子如此：有这样的儿子真是有福气呀！

⑪ 也已：两个语尾助词连用。

⑫ 夫：发语词，无义。

⑬ 置之：把孝竖立起来。置，通"植"，

⑭ 溥之：把孝平放起来。溥，本亦作"敷"，散布。横：充满，遮盖。四海：《尔雅·释地》："九夷、八狄、七戎、六蛮，谓之四海。"孙诒让《周礼正义·布宪》说："四海，谓夷、镇、蕃三服在九州岛之外者也。"约略言之，谓周边少数民族地区。下文的"东海"、"西海"、"南海"、"北海"即指各方的少数民族。

⑮ 无朝夕：谓永远遵循奉行。

⑯ 推而放诸东海而准：推而至于东海而平。放诸：至于。

⑰ "《诗》云"三句：见《诗经·大雅·文王有声》。原是赞美周武王的话，此处是断章取义。思：助词，无义。

⑱ 乐正子春：曾子弟子。

⑲ 忧色：愁容。

⑳ 门弟子：谓及门弟子。

㉑ 夫子：此谓乐正子春。瘳（chōu 抽）：病愈。

也[1]！善如尔之问也！吾闻诸曾子，曾子闻诸夫子曰[2]：‘天之所生，地之所养，无人为大[3]。父母全而生之[4]，子全而归之[5]，可谓孝矣。不亏其体[6]，不辱其身[7]，可谓全矣。’故君子顷步而弗敢忘孝也[8]。今予忘孝之道，予是以有忧色也。壹举足而不敢忘父母[9]，壹出言而不敢忘父母。壹举足而不敢忘父母，是故道而不径[10]，舟而不游[11]，不敢以先父母之遗体行殆[12]。壹出言而不敢忘父母，是故恶言不出于口，忿言不反于身[13]。不辱其身，不羞其亲，可谓孝矣。”

〔问题分析〕

“尊亲”辨析

曾子曰：“孝有三：大孝尊亲，其次弗辱，其下能养。”所谓“大孝尊亲”，意谓尊亲是第一等的孝顺。何谓“尊亲”？孔颖达说：“大孝尊亲，即是下文云‘大孝不匮’，圣人为天子者也，尊亲，严父配天也。”按照孔颖达的解释，普天之下，只有一个人能够做到大孝，那就是天子（或曰皇帝）。这显然是荒谬的。孝顺是对每一个人子的要求，怎能局限于天子一人？《汉语大词典》对“尊亲”的释义是“尊崇父母或祖先”。笔者认为，这个释义很不准确。第一，“或祖先”三字是画蛇添足。为什么？因为这里讲的是“孝”，《说文》：“孝，善事父母者。”可知“孝”是子女和父母之间的关系，与祖先无关。第二，剩下“尊崇父母”四字，释义仍然不对。这个“尊亲”，不是动宾结构，而是动词的使动用法。我的释义是：“尊亲，以自己的高尚道

① 善如：犹言“善乎”。本句是倒装句。意谓你问得真好啊！
② 夫子：此谓孔子。
③ 无人为大：没有比人更高贵的了。
④ 全：完整无缺。生之：谓生下儿子。
⑤ 归之：归还父母。
⑥ 亏：损伤。
⑦ 辱：玷辱。
⑧ 顷（kuǐ 傀）步：即跬步，半步。顷，通“跬”。古代称一举足曰跬，再举足曰步。所以，古代的跬等于今天的一步，古代的步则等于今天的两步。
⑨ 壹：凡也。下同。
⑩ 道而不径：走大道而不走小路。这是说的走陆路。
⑪ 舟而不游：乘船而渡而不游泳而渡。这是说的走水路。
⑫ 行殆：谓做冒险之事。
⑬ 忿言：此谓他人的辱骂。不反于身：王引之说当作“不及于身”，是。身，谓自身。

德和优秀才能赢得社会尊敬，从而使双亲引以自豪。"这样解释的根据有：

1. 先看本篇中的证据："君子之所谓孝也者，国人称愿然曰：'幸哉有子如此！（译文：一国之人都称许叹羡说："谁家的父母有这等福气，生下这么个好儿子！"）'所谓孝也已。"

2.《孝经·开宗明义章》："身体发肤，受之父母，不敢毁伤，孝之始也。立身行道，扬名于后世，以显父母，孝之终也。"

3.《史记·太史公自序》："夫余死，汝必为太史。为太史，无忘吾所欲论著矣。且夫孝始于事亲，中于事君，终于立身扬名于后世，以显父母，此孝之大者。"这是司马迁的父亲生前交待司马迁的话，一个父亲心声的自然流露。

4. 汉·王符《潜夫论·赞学》："《诗》云：'夙兴夜寐，无忝尔所生。'是以君子终日干干，进德修业者，非直为博己而已也。盖乃思述祖考之令问，而以显父母也。"

5. 宋人黄裳解释"大孝"曰："谓人子能立身行道，有大功于国，大德及民，俾人称美其先而尊重之为上也。"（见宋·卫湜《礼记集说》卷一一二引）

〔由本篇产生的新词、成语〕

1. **凄怆**，凄凉悲伤。例如：

《孔丛子·儒服》："其徒问曰：先生与彼二子善，彼有恋恋之心，未知后会何期，凄怆流涕，而先生厉声高揖，此无乃非亲亲之谓乎？"

《汉书·刑法志》："王者之于天下，譬犹一堂之上也，故一人不得其平，为之凄怆于心。"

2. **先意承志**，在父母还没有表达自己的愿望之前就把父母想办的事办好了。例如：

汉·王充《论衡·问孔篇》："孝子亦当先意承志，不当违亲之欲。"

宋·司马光《传家集》卷二十九《上皇帝疏》："臣愚伏望陛下亲诣皇太后阁，克己自责，以谢前失，温恭朝夕，侍养左右，先意承志，动无违礼，使大孝之美，纯粹光显。"

3. **遗体**，旧谓子女的身体为父母所生，因称子女的身体为父母的遗体。例如：

《汉书·霍光传》："至平阳传舍，遣吏迎霍中孺。中孺趋入拜谒，将军迎拜，因跪曰：'去病不早自知为大人遗体也。'"

《汉书·王尊传》："琅邪王阳为益州刺史，行部至邛郲九折阪，叹曰：'奉先人遗体，奈何数乘此险？'"

4. **称愿**,称许叹羡。例如:

宋·刘敞《公是集》卷三十《母京兆郡太夫人王氏追封某国太夫人》:"褕翟小君之命,汤沐六郡之封。王泽下流,国人称愿,在乎多士,可谓盛矣。"

宋·虞俦《尊白堂集》卷五《父赠少师制》:"朕惟昔者,曾参以膻芗之荐为养而非孝,若国人称愿然曰'幸哉有子如此',乃所谓孝也。"

5. **忿言**,怨恨的话。例如:

《晋书·苏峻传》:"稍有不如意,便肆忿言。"

《隋书·刘昉传》:"位极人臣,犹恨赏薄,云:'我欲反,何虑不成?'怒色忿言,所在流布。"

〔文化史扩展〕

说"忌日"

一个人一生有两个重要的日子,一个是生日,一个是死日。生日的文雅说法是诞辰,死日的文雅说法是忌日,或曰"逝世多少周年"。生日如何度过,是自己的事。忌日如何度过,则是子女的事。忌日又分私忌和国忌。所谓私忌,指私家的忌日,特指父母去世的日子。所谓国忌,有可细分为二:一曰大忌,指皇帝、皇后或太上皇帝、太上皇后的忌日;一曰小忌,指其他后妃的忌日。私忌和国忌,本质上没有两样,只不过国忌的范围较广、排场较大而已。

先说私忌。先秦的人们是怎样度过忌日的呢?在《十三经》中,能够回答这个问题的只有《礼记》。《祭义》说:"君子有终身之丧,忌日之谓也。忌日不用,非不祥也。言夫日志有所至,而不敢尽其私也。忌日必哀。"《檀弓上》说:"君子有终身之忧,故忌日不乐。"《丧大记》说:"忌日,则归哭于宗室。"可知每逢忌日,就停止工作。之所以停止工作,并非因为这一天不吉利,而是因为这一天思绪整个儿地被思亲所占据,根本就没有心情干活。忌日必哀,不能举乐。也可以哭泣,但要到殡宫去哭。北宋张载总结说:"古人于忌日,不为荐奠之礼,特致哀示变而已。"(《张子全书》卷八)古人质,后人文。忌日的过法,后世就比较复杂了。

据朱熹《家礼》,每逢忌日,就有了荐奠(按:较祭奠简单)之礼。前一天还要斋戒,忌日当天,设蔬果酒馔,请出神主,祭者另换一套衣服,行三献之礼。祭祀本来属于儒家文化,后来又夹杂了佛教文化。朱熹说:"每论士大夫家,忌日用浮屠诵经追荐,鄙俚可怪。既无此理,是使其先不血食(按:接受祭飨)也。"(《朱子语类》卷九十)尽管朱熹反对,但是此风有长无消。直到今天,我们到一些大的寺院中去，还可以看到和尚诵经追荐的现象。仇氏《家范》说："凡遇忌辰，请神主出，就正寝，孝子素服致祭。是日，不得饮酒食肉，夜则出宿于外。"（《读礼通考》卷五二引）据《唐开元礼》和《宋史·礼志》记载，每逢忌日，官员"给假一日，忌前之夕，听还私第"。元明以后，忌日给假的制度大概被取消了。所以清初的徐干学感慨说："唐宋之世，士大夫遭忌日，率多斋居谢客，不预人事。而朝廷亦有给假之令。后世居官者不得给假，不过陈馔一享，燕居如平时，其视古人为何如哉！"

次说国忌。据《唐六典》卷四记载："凡国忌日，两京（西京、东京）定大观寺各二散斋（按：此谓布施斋饭），诸道士、女道士及僧尼皆集于斋所。京文武五品以上与清官七品以上皆集，行香以退。若外州亦各定一观一寺以散斋，州县官行香。应设斋者，盖八十有一州焉。"可知国忌日的主要活动是做法事，即在全国范围内布施僧道，行香超度。至于废务（皇帝停止上朝，官员停止办公）、罢乐，乃是先秦以来的旧章，自不在话下。又据《宋史·礼志二十六》记载："忌日，唐初始著罢乐，废务及行香、修斋之文。其后，令天下上州皆准式行香。天佑（唐昭宗年号，904）初，始令百官诣阁奉慰。宋循其制。"可知唐末及宋，又添了一个新花样，即百官诣阁（到宫门）奉慰。大约就是进上一道表章，表示伏请皇上节哀保重，最后百官具名就是了。明代于慎行《笔麈》："唐制，二月八月及生日忌日，公卿朝拜诸陵。又有忌日行香于京城宫观，天下诸司亦于国忌行香。本朝国忌，上陵及内殿有祭，无行香宫观之礼，皆前代所不及也。"（《读礼通考》卷七十八引）是于前代有沿有革也。

〔**集评**〕

唐·孔颖达《礼记正义》曰："案郑《目录》云：'名曰《祭义》者，以其记祭祀、斋戒、荐羞之义也。此于《别录》属祭祀。'"

清《日讲礼记解义》卷五十："《祭义》，义者，言所以祭之义理也。篇中即祭以明孝弟敬让之义，至为详切。盖人事之本末，人道之始终，备于是矣。"

清·杭世骏《续礼记集说》卷八十引姚际恒曰："此秦人之笔，以篇中'黔首'二字知之。乃儒家之诸子也，虽少有疵处，然大段自醇正。此篇不专言祭，其首言祭，故名《祭义》尔。"

杨天宇《礼记译注》："《祭义》主要内容有二：一是记行孝道以敬奉双亲，二是记行悌道以敬顺长上。其中尤以记孝道为突出，故所谓《祭义》者，祭以尽孝道之义也。"

王锷《礼记成书考》:“《祭义》主要记人怎样通过祭祀来体现孝敬亲老的意义,故名。《祭义》成篇在孔子三传弟子乐正子春门人后,《荀子》、《孟子》前,应在战国中期。”

〔思考与讨论〕

1. 今天的人们是怎样度过忌日的?

2. 现代人对“孝”持什么样的观念?

《经解》第二十六

孔子曰:“入其国,其教可知也①。”其为人也,温柔敦厚,《诗》教也②;疏通知远③,《书》教也;广博易良④,《乐》教也;絜静精微⑤,《易》教也;恭俭庄敬⑥,《礼》教也;属辞比事⑦,《春秋》教也。故《诗》之失愚,《书》之失诬,《乐》之失奢《易》之失贼,《礼》之失烦,《春秋》之失乱⑧。其为人也,温柔敦厚而不愚,则深于《诗》者也⑨;疏通知远而不诬,则深于《书》者也;广

---

① “入其国”二句:郑玄注:“观其风俗,则知其所以教。”

② “其为人也”三句:他们的为人,如果显得温柔厚道,那就是《诗经》教化的结果。以下仿此。孔颖达疏:“《诗》依违讽谏,不指切事情,故云‘温柔敦厚,是《诗》教也’。”

③ 疏通知远:通达人情世故,知道久远的历史。因为《尚书》是讲虞、夏、商、周的历史的。

④ 广博易良:多才多艺,心地平易善良。因为乐所包甚广,略等于今天的文艺界,而乐的主要功能是和同。

⑤ 絜静精微:孙希旦说:“洗心藏密,故絜静;探赜索隐,故精微。”按:洗心藏密,探赜索隐,语皆出《周易·系辞上》。絜,通“洁”。

⑥ 恭俭庄敬:刘彝说:“卑己以尊人,恭也;厚人而薄己,俭也;着诚而去伪,庄也;正心以修身,敬也。”

⑦ 属辞比事:孙希旦说:“属辞者,连属其辞,以月系年,以日系月,以事系日也。比事者,比次列国之事而书之也。”此盖谓善于辞令、铺叙事情。

⑧ “故《诗》之失愚”六句:所以,《诗》学过了头,就会变得愚蠢;《书》学过了头,就会变得言过其实;《乐》学过了头,就会变得铺张奢侈;《易》学过了头,就会变得有作乱之心;《礼》学过了头,就会变得烦琐;《春秋》学过了头,就会变得没有是非。《钦定礼记义疏·经解》:“案《诗》以理情性,《书》以道政事,《乐》以养德性,《易》以道阴阳,《礼》以谨节文,《春秋》以辨是非,皆足以为教。学者过而失中,皆不能无弊。习于淳厚,而不察人之情伪,则失之愚。博于传闻,而不能知人论世,则失之诬。好乐而杂以郑卫,则淫心荡志,而入于奢。穷幽极渺,而惑于术数,则违叛正道,而入于贼。迂拘曲谨,而不知礼之用,和为贵,则烦。抑扬予夺,而是非颇谬于圣人,则乱。后世经学,如书传谓文王称王九年,周公践天子位七年,皆是诬。李寻、京房之说《易》,穿凿破碎,亦是贼。说《春秋》者,谓孔子许祭仲之废君,大卫辄之拒父,直是乱。

⑨ 深:孙希旦说:“深,谓学之而能深知其义也。深知其义,则有得而无失矣。”以下五“深”字同。

博易良而不奢，则深于《乐》者也；絜静精微而不贼，则深于《易》者也；恭俭庄敬而不烦，则深于《礼》者也；属辞比事而不乱，则深于《春秋》者也。

天子者，与天地参①。故德配天地，兼利万物，与日月并明，明照四海而不遗微小。其在朝廷，则道仁圣礼义之序②；燕处，则听《雅》、《颂》之音③；行步，则有环佩之声④；升车，则有鸾和之音⑤。居处有礼，进退有度⑥，百官得其宜，万事得其序。《诗》云："淑人君子，其仪不忒。其仪不忒，正是四国⑦。"此之谓也。发号出令而民说⑧，谓之和；上下相亲，谓之仁；民不求其所欲而得之，谓之信⑨；除去天地之害，谓之义⑩。义与信，和与仁，霸王之器也⑪。有治民之意而无其器，则不成。

礼之于正国也⑫，犹衡之于轻重也⑬，绳墨之于曲直也⑭，规矩之于方圆也⑮。故衡诚县⑯，不可欺以轻重；绳墨诚陈，不可欺以曲直；规矩诚设，不可欺以方圆；君子审礼，不可诬以奸诈。是故，隆礼由礼⑰，谓之有

---

① 参：通"三"。与天地参：天是老大，地是老二，天子是老三。

② 道：言也。序：通"绪"，谓事业。

③ 燕处：闲居。《雅》《颂》之音：这是《诗经》中的两类乐曲。雅乐为朝廷的乐曲，颂为宗庙祭祀的乐曲。后借指为高雅的音乐。《礼记·乐记》："故听其《雅》《颂》之声，志意得广焉。"孔颖达疏："《雅》以施正道，《颂》以赞成功，若听其声，则淫邪不入，故志意得广焉。"

④ 环佩：郑玄注："环佩，佩环、佩玉也。所以为行节也。《玉藻》曰：'进则揖之，退则扬之，然后玉锵鸣也。'环取其无穷止，玉则比德焉。"

⑤ 鸾和：两种车铃。鸾在车衡，和在车轼。

⑥ 度：规矩。

⑦ "诗云"四句：孔颖达疏："此《诗·曹风·鸤鸠》之篇，刺上下不均平之诗。言善人君子，用心均平，其威仪不有差忒（差忒〔tè 特〕，偏差），以其不差，故能正此四方之国（即能为四方之国效法）。"

⑧ 说："悦"的古字。

⑨ 民不求其所欲而得之二句：孔颖达疏："谓明君在上，赒赡于下，民不须营求，所欲之物自然得之。是在上信实，恩能覆养故也。"

⑩ 义：宜也。孔颖达疏："天地无害，于物有宜，故为义。"

⑪ 霸王：称霸称王。

⑫ 正国：治国。

⑬ 衡：秤。称量轻重之器。

⑭ 绳墨：木工用来画线的工具。

⑮ 规矩：规和矩。匠人用来校正圆形和方形的两种工具。

⑯ 衡诚县：如果真正的把秤使用起来。诚：真正的。县："悬"的古字。

⑰ 隆礼：谓尊重礼。由礼：谓实行礼。

方之士[①];不隆礼、不由礼,谓之无方之民。敬让之道也[②]。故以奉宗庙则敬,以入朝廷则贵贱有位,以处室家则父子亲、兄弟和,以处乡里则长幼有序。孔子曰:"安上治民,莫善于礼[③]。"此之谓也。

故朝觐之礼[④],所以明君臣之义也。聘问之礼[⑤],所以使诸侯相尊敬也。丧祭之礼[⑥],所以明臣子之恩也。乡饮酒之礼[⑦],所以明长幼之序也。昏姻之礼[⑧],所以明男女之别也。夫礼,禁乱之所由生,犹坊止水之所自来也[⑨]。故以旧坊为无所用而坏之者,必有水败[⑩];以旧礼为无所用而去之者,必有乱患。故昏姻之礼废,则夫妇之道苦[⑪],而淫辟之罪多矣[⑫]。乡饮酒之礼废,则长幼之序失,而争斗之狱繁矣[⑬]。丧祭之礼废,则臣子之恩薄,而倍死忘生者众矣[⑭]。聘觐之礼废[⑮],则君臣之位失,诸侯之行恶,而倍畔侵陵之败起矣。

---

① 有方:有道。

② 敬让之道也:这句话是为下面四句话而发。例如下文"故以奉宗庙则敬",应当理解作"故以敬让之道奉宗庙则敬"。余可类推。又《钦定礼记义疏》曰:"'敬让之道'句上当有'礼者'二字,阙文。"

③ "孔子曰"二句:按《孝经·广要道章》:"孔子曰:'安上治民,莫善于礼。'"唐玄宗注:"礼所以正君臣、父子之别,明男女长幼之序,故可以安上化下也。"

④ 朝觐之礼:诸侯按时朝见天子之礼。《周礼·春官·大宗伯》:"春见曰朝,秋见曰觐。"《礼记·乐记》:"朝觐,然后诸侯知所以臣。"

⑤ 聘问之礼:诸侯之间互派使臣访问之礼。《周礼·秋官·大行人》:"凡诸侯之邦交,岁相问也,殷(谓隔上几年)相聘也。"问则派大夫,聘则派卿。

⑥ 丧祭之礼:方悫曰:"三年之丧,四时之祭,臣子之所以报君父者尽于此,故丧祭之礼,所以明臣子之恩。"

⑦ 乡饮酒之礼:周代诸侯之乡大夫三年大比,献贤者能者于其君,以礼宾之,与之饮酒,谓之乡饮酒礼。乡饮酒礼除了贡献贤能外,还要教民尊老,有正齿位之礼。《礼记·乡饮酒义》:"乡饮酒之礼,六十者坐,五十者立侍,所以明尊长也。"就表现了年龄小的对年龄大的礼让。

⑧ 昏姻:嫁娶。

⑨ 坊:堤防。止水之所自来:防止水的泛滥。

⑩ 水败:水患。

⑪ 苦:方悫曰:"夫妇之道苦者,言不和也。"

⑫ 淫辟:亦作"淫僻",伤风败俗。

⑬ 狱:官司,诉讼。

⑭ 倍死忘生:王引之《经义述闻》引其父王念孙曰:"丧祭非所以事生,则丧祭之礼废亦不得言'忘生'。'生',当为'先'字之误也。丧礼废则民倍死,祭礼废则民忘先。《汉书·礼乐志》曰:'丧祭之礼废则骨肉之恩薄,而背死忘先者众。'师古曰:'先者,先人,谓祖考。'《论衡·薄葬》曰:'故曰丧祭礼废则臣子恩薄,臣子恩薄则倍死忘先。'二书皆用《经解》文也。"按:王说是。倍:通"背"。下同。

⑮ 聘觐之礼:即上文"朝觐之礼"。

故礼之教化也微[1]，其止邪也于未形[2]，使人日徙善远罪而不自知也[3]，是以先王隆之也。《易》曰："君子慎始，差若毫厘，缪以千里[4]。"此之谓也。

〔问题分析〕

本篇的"孔子曰"究竟"曰"到哪里？

本篇开头三个字就是"孔子曰"，这个"曰"字究竟管到哪里呢？孔颖达说："从篇首'孔子曰：入其国，其教可知也'至此'长幼有序'，事相连接，皆是孔子之辞，记者录之而为记。"这就是说，从篇首"孔子曰"到"以处乡里则长幼有序"句，都是孔子说的话。这是一种看法。元代学者吴澄在《礼记纂言》认为孔子曰只包括八个字："入其国，其教可知也。"这以后都是记者的话。所以吴澄说："此以下（按：谓"孔子曰：入其国，其教可知也"以下）盖记者之言。篇首先引夫子一语，而推广其义，谓入到此国，见其国内之为人如此，则知此国之君以此经教其民也。"这是第二种看法。《钦定礼记义疏》卷六三《经解》云："《春秋》曰：'周礼尽在鲁矣。'是《易》、《春秋》可统名《礼》也。《周礼》大司乐为宗伯之属，是乐亦礼也。汉儒因孔子所赞修删定者，始名之曰六经，而又托为孔子尝有此言，亦近诬矣。"然则是以"孔子曰：入其国，其教可知也"到"属辞比事而不乱，则深于《春秋》者也"，都是孔子的话。《钦定礼记义疏》的作者不信这一番话是孔子说的，所以才说"汉儒托为孔子尝有此言，亦近诬矣"。笔者认为，吴澄的看法是对的。因为孔子在世时，他可以在自己的私学里用六经教授弟子，而各国的国君是不是用六经来教育国民，是个大问号。一般来说，是不会的。只有到儒学被各国国君普遍接受，才有可能。而儒学的被各国国君普遍接受，恐怕是战国中期以后的事。

〔由本篇产生的新词、成语〕

1. **温柔敦厚**，特指《诗经》具有的教化功能。例如：

《魏书·常爽传》："温柔敦厚而不愚者，教深于《诗》也。"

---

① 礼之教化也微：礼的教化作用从事物的微小阶段就开始了。

② 止邪：消除邪恶。未形：萌芽状态。

③ 日：每日。徙善远罪：弃恶扬善。

④ "《易》曰"三句：见"易纬·通卦验"。不见于今天的《易经》。汉代人往往把《易纬》上的话也称之为"《易》曰"。豪牦（lí 厘）：即毫厘。豪，通"毫"。牦，"厘"的古字。缪：通"谬"，谬误。

唐·白居易《白氏长庆集》卷六五《救学者之失》:“是故温柔敦厚之教,疏通知远之训,畅于中而发于外矣。”

2. **疏通知远**,通达人情世故,知道久远的历史。特指《尚书》具有的教化功能。例如:

《隋书·经籍志·史部总序》:“夫史官者,必求博闻强识、疏通知远之士,使居其位。”

明·颜文选注:“孟氏传《书》为道,为疏通知远之儒。漆雕氏传礼为道,为恭俭庄敬之儒。”

3. **属辞比事**,连缀文辞,排比史事。特指《春秋》类史书具有的教化功能。例如:

沈约《宋书·自序》:“臣远愧南、董,近谢迁、固,以闾阎小,才述一代盛典,属辞比事,望古惭良。”

《梁书·裴子野传》:“著《宋略》二十卷,弥纶首尾,勒成一代,属辞比事,有足观者。”

4. **环佩**,古人身上戴的佩环、佩玉。其象征意义,郑玄注《经解》曰:“环取其无穷止,玉则比德焉。”后多用于妇女。例如:

《史记·孔子世家》:“夫人自帷中再拜,环佩玉声璆然。”

《后汉书·皇后纪序》:“居有保阿之训,动有环佩之响。”

5. **绳墨**,木工画直线用的工具。借喻规矩、准则。例如:

《孟子·尽心上》:“孟子曰:‘大匠不为拙工改废绳墨。’”

汉·何休《春秋公羊传序》:“往者略依胡毋生条例,多得其正,故遂隐括,使就绳墨焉。”

6. **差若毫厘,谬以千里**,谓对开始时的微小错误如果忽视,到头来就会造成无比巨大的谬误。后人多改写作“差之毫厘,谬之千里”等形式。例如:

《魏书·乐五》:“但气有盈虚,黍有巨细,差之毫厘,失之千里。”

《周书·黎景熙传》:“臣又闻之:为治之要,在于选举,若差之毫厘,则有千里之失。”

〔文化史扩展〕

千古之谜——六经中究竟有没有《乐经》?

《礼记·经解》为我们开出了六种儒家经典,它们是《诗》《书》《乐》《易》《礼》

《春秋》。其中的《诗》《书》《易》《礼》《春秋》,我们今天还可以看得到,摸得着,唯独《乐》,可以说从古到今,谁也没有真正看到过。问题就来了,究竟是六经还是礼记? 质言之,《乐经》到底有没有? 这是一个古今学者共同关心的问题,也是一个聚讼莫决的问题。仁者见仁,智者见智,直到二十一世纪的今天,仍然是莫衷一是。下面我们把有关情况予以简要介绍,同时也谈谈笔者的倾向看法。

关于《乐经》有无的问题,归纳起来,有下列五说:

1.《乐经》亡于秦火说。东汉班固、应劭、南朝宋沈约、南朝梁刘勰、宋陈旸、明湛若水等主张此说。

2.《周礼》的《大司乐》一章即《乐经》说。明张凤翔、清朱彝尊、李光地等主张此说。

3.《诗经》即《乐经》说。明刘濂、朱厚烷、朱载堉主张此说。

4.《乐经》的构件有四,其中的三个构件尚存,亡者乃乐谱。清代方观承主张此说。

5.《礼记·乐记》即《乐经》说。今人罗艺峰主张此说。

6. 乐本无经说。唐代颜师古、清代《四库全书总目》、邵懿辰、今人张舜徽、邓安生等主张此说。

下面依次说之。

一、《乐经》亡于秦火说

班固《白虎通》曰:“古者以《易》《书》《诗》《礼》《乐》《春秋》为六经,至秦燔书,《乐经》亡。今以《易》《书》《诗》《礼》《春秋》为礼记。”(见《太平御览》卷六百八引)

应劭《风俗通义》卷六《声音》:“周室陵迟,礼崩乐坏,重遭暴秦,遂以阙亡。”

沈约《宋书·乐一》:“秦焚典籍,《乐经》用亡。”

刘勰《文心雕龙·乐府》:“秦燔《乐经》。”

主张此说者,也设计了一个补救办法,即从各种古籍中辑佚。沈约就向梁武帝建议:“陛下以至圣之德,应乐推之符,实宜作乐崇德,殷荐上帝。乐书沦亡,寻案无所。宜选诸生,分令寻讨,经史百家,凡乐事,无大小,皆别纂录,乃委一旧学,撰为《乐书》,以起千载绝文,以定大梁之乐。”(见《隋书·音乐上》)宋代陈旸《乐书》卷一百六也说:“《乐经》之亡久矣,其遗音余韵,虽夺于殽乱之众言,然质诸他经,亦可少概见矣。”湛若水是这一补救办法的身体力行者。湛若水和他的学生共同写出了《古乐经传》三卷,其中的第一卷就是湛若水自己拟补的《古乐经》。湛若水《补乐经叙》云:“补《乐经》何为者也? 伤圣远言湮,《乐经》之阙而拟补之也。

《乐记》，其传也。经亡而传存，犹幸告朔之饩羊也。然而论其义理而遗其度数，则乐之本废矣。余年耋耄矣，幸天数之未尽，抚素志而未酬。乃在西樵，隐居无事，间取诸家律吕之说，而窃损益更张以文之，拟为《古乐经》一篇，而以《乐记》诸见于载籍者列于后，以为之传焉。经以定其度数，传以发其义理，而乐其可知矣。"《乐经》补是补出来了，问题是要得到社会的承认。《四库全书总目》认为此书没有什么价值，将此书列入存目，其《提要》云："《古乐经传》三卷，明湛若水撰。是书补《乐经》一篇，若水所拟。其大旨以论度数为主，以论义理为后，故以已所作者反谓之经，而《乐记》以下古经反谓之传。然古之度数，其密率已不可知，非圣人声律身度者，何由于百世之下闇与古合，而用以播诸金石管弦之器？若水遽定为经，未免自信之过矣。"看来，不过是一家之言而已。

二、《周礼》的《大司乐》一章即《乐经》说

《四库全书总目》著录《乐经集注》二卷云："明张凤翔撰。是书取《春官·大司乐》以下二十官为《乐经》，谓汉窦公献古乐经文，与《大司乐》合，是其明证。"

朱彝尊《经义考》卷一六七按语云："按《周官》成均之法，所以教国子乐德、乐语、乐舞三者而已。乐德则《舜典》'命夔教胄子'数言已括其要，乐语则《三百篇》可被弦歌者是，乐舞则铿锵鼓舞之节，不可以为经。乐之有经，大约存其纲领。然则《大司乐》一章即《乐经》可知矣。《乐记》从而畅言之，无异《冠礼》之有《义》，《丧服》之有《传》，即谓《乐经》于今具存可也。"

李光地《古乐经传》卷一云："《汉书》文帝时得魏文侯乐工窦公，年一百八十岁，出其本经一篇，即今《周官·大司乐》章，则知此篇乃古《乐经》也。"按：李光地以《大司乐》以下二十官为经，以《乐记》为之记，故其书名曰《古乐经传》。此书今存。

三、《诗经》即《乐经》说

明黄虞稷《千顷堂书目》卷二著录刘濂《乐经元义》八卷云："濂谓《三百篇》之诗，以词意寓乎声音，以声音附之词意，读之则为言，歌之则为曲，被之金石管弦则为乐。《乐经》不缺，《三百篇》皆《乐经》也。"按此书今存。

明朱载堉《乐律全书》卷十七载其父郑恭王朱厚烷说云："《乐经》者何？《诗经》是也。《书》不云乎：'帝曰："夔，命汝典乐，教胄子。直而温，宽而栗，刚而无虐，简而无傲。诗言志，歌永言，声依永，律和声。八音克谐，无相夺伦，神人以和。"夔曰："于，予击石拊石，百兽率舞。"'此之谓也。迄于衰周，《诗》、《乐》互称，尚未歧而为二。故孔子曰：'吾自卫反鲁，然后乐正，《雅》《颂》各得其所。'又曰：'师挚之始，关雎之乱，洋洋乎盈耳哉！'此称《诗》为《乐》也。《孟子》曰：'齐景公召

大师曰:“为我作君臣相说之乐!”盖《征招》、《角招》是也。其诗曰:“畜君何尤?”畜君者,好君也。此称《乐》为《诗》也。秦政坑儒灭学之后,礼乐崩坏。汉初,制氏世在乐官,但能纪其铿锵鼓舞,而不能言其义。齐、鲁、韩、毛但能言其义,而不知其音。于是,诗与乐始判而为二。魏晋已降,去古弥远,遂谓《乐经》亡,殊不知《诗》存则《乐》未尝亡也。”

明朱载堉《乐律全书》卷五:“愚谓《乐经》不缺,《三百篇》者,《乐经》也,世儒未之深考耳。夫《诗》者,声音之道也。昔夫子删《诗》,取《风》《雅》《颂》一一弦歌之,得诗得声者三百篇,余皆放逸。可见《诗》在圣门,辞与音并存矣。仲尼殁而微言绝,谈经者知有辞不复知有音。如以辞焉,凡书皆可,何必《诗》也。灭学之后,此道益加沦谬。文义且不能晓解,况不可传之声音乎?无怪乎以《诗》为《诗》,不以《诗》为《乐》也,故曰《三百篇》者,《乐经》也。”

四、《乐经》的构件有四,其中的三个构件尚存,亡者乃乐谱

清人方观承云:“古乐失传,汉、唐而下,纷然聚讼,而雅乐卒不可成,说者谓《乐经》既亡之故。愚则谓《乐经》不亡,官具于《周礼》,义存于《戴记》,而歌备于《三百篇》,皆乐之经也,所亡者,特其谱耳。”(见《五礼通考》卷七五)

五、《礼记·乐记》即《乐经》说

罗艺峰《由〈乐纬〉的研究引申到〈乐经〉与〈乐记〉的问题》一文说:“今只讨论《乐记》即《乐经》说,余说不议。我们从今传《乐纬》来看,却不难发现纬书正是以《乐记》为经,从而以纬证经,以纬论经的。这里,特别要指出被人往往忽视的《礼记·乐记》有两个与《乐经》有关联的要害:一是《正义》明确把《乐记》作为经书,二是《正义》常引纬书以证经。这两个事实,与本文所论关系十分密切。”罗文对这两个事实的论证从略。罗文见于由清华大学历史系和西北大学文学院在 2007 年 8 月联合举办的第二届中国经学国际学术研讨会印发的《第二届中国经学国际学术研讨会论文集》。罗文所举两个事实,其中的第一个事实恐怕不能成立。孔颖达《礼记正义》称《礼记》为经是事实,但这并不意味着孔颖达就认为《乐记》是《乐经》。拿礼记来说,《礼记》在汉代不是经。但到了唐代,《礼记》身价提高了,它已经取代了《仪礼》成为礼记之一。孔颖达奉敕撰写《礼记正义》,《礼记正义》是其一。《乐记》是《礼记》的一篇,既然《礼记》已经上升为经,水涨船高,《乐记》自然也就可以被看作是经文。但这和被看作《乐经》完全是两码事。

六、乐本无经说

《四库全书总目·经部乐类序》云:“沈约称《乐经》亡于秦。考诸古籍,惟《礼

记·经解》有乐教之文，伏生《尚书大传》引'辟廱舟张'四语，亦谓之乐。然他书均不云有《乐经》(《隋志》'《乐经》四卷'，盖王莽元始三年所立；贾公彦《考工记·磬氏》疏所称'乐曰'，当即莽书，非古《乐经》也)。大抵乐之纲目具于礼，其歌词具于《诗》，其铿锵鼓舞，则传在伶官。汉初制氏所记，盖其遗谱，非别有一经为圣人手定也。”

邵懿辰《礼经通论·论乐本无经》云：“乐本无经也。诗言志，歌永言，声依永，律和声。故曰诗为乐心，声为乐体。夫声之铿锵鼓舞，不可以言传也。乐之原，在《诗》三百篇之中；乐之用，在《礼》十七篇之中。故曰'兴于诗，立于礼，成于乐'。先儒惜《乐经》之亡，不知四术有乐，六经无乐，乐亡，非经亡也。周秦间，六经、六艺之云，特自四术加以《易》、《春秋》而名之耳。”

张舜徽《四库提要叙讲疏》：“此说(按：“此说”，谓上引《四库全书总目·经部乐类序》之说)明通，足成定论。《汉书·艺文志》曰：'汉兴，制氏以雅乐声律，世在乐官，颇能纪其铿锵鼓舞，而不能言其义。'《汉书·礼乐志》注引服虔曰：'制氏，鲁人，善乐事也。'乐事，即指'铿锵鼓舞'而言。举凡声乐之节奏，歌咏之高下，皆是也。悉赖传授演习而后得之，非可以言语形容也。故为之者，但能各效其技能而不能自言其义。《汉志》所云'世在乐官'，与《四库总目序》'传在伶官'之语意相同，即《荀子》所谓'不知其义，谨守其教，父子世传，以持王公'者也。其不能笔之于书以成一经，固宜。”

邓安生《论“六艺”与“六经”》一文(载《南开学报》2002年第2期)，窃以为是乐本无经说中的一篇力作。该文的摘要说：“'六艺'、'六经'习见于我国古代文献中，学术界一般认为是指六部儒家经典。其实，先秦只有礼记，并无《乐经》。后人说《乐经》毁于秦始皇焚书，只是主观揣测，并无文献根据。汉人所谓'六艺'，原本仅指孔子为教学而开设并为儒门历代传习的六种课程。'六经'为'六艺'之尊称，'六经'之'经'，是常道、常法之义，与'礼记'之'经'的义蕴有别。”邓文首先论证了说“秦燔《乐经》”是一种'想当然耳'的主观揣测”，没有任何文献根据。《史记·秦始皇本纪》始皇三十四年：“丞相李斯曰：'臣请史官非秦记皆烧之；非博士官所职，天下敢有藏《诗》、《书》、百家语者，悉诣守尉杂烧之。有敢偶语《诗》《书》者弃市。以古非今者族。吏见知不举者与同罪。令下三十日不烧，黥为城旦。所不去者，医药、卜筮、种树之书。若欲有学法令，以吏为师。'制曰：'可。'”这是所谓焚书的原始记载。但史文明明写着“非博士官所职，天下敢有藏《诗》、《书》、百家语者，悉诣守尉杂烧之”，然则博士官由于职务的需要是可以藏有《诗》、《书》、百家语的。

苟《诗》、《书》可藏，《乐经》安得不可藏？汉兴，《诗》、《书》、百家语等相继复出，唯独《乐经》销声匿迹。这种违背逻辑的现象，只能反证先秦本无《乐经》。其次，邓文又从以下三个方面加以论证：一、《乐记》没有言及《乐经》；二、先秦史书与诸子无一言及《乐经》之书；三、秦汉之际的学者无人提及《乐经》。最后得出结论，认为《四库全书总目》所说的本无圣人手定之《乐经》，“足以发蒙袪蔽，凿破千古混沌”。谈“六经”，避不开谈“六艺”，邓文对二者的关系的分辨也很有可取，但这已出乎本文的范围了。

以上六种说法，愚以为乐本无经说可取。

〔集评〕

唐・孔颖达《礼记正义》曰：“案郑《目录》云：‘名曰《经解》者，以其记六艺政教之得失也。此于《别录》属通论。’皇氏曰：‘解者，分析之名。此篇分析六经体教不同，故云《经解》。六经其教虽异，总以礼为本，故记者录入于《礼》。’”

宋・卫湜《礼记集说》卷一一七引方悫曰：“经者，纬之对。经有一定之体，故为常。纬则错综往来，故为变。圣人之言，道之常也。诸子百家之言，道之变也。故圣人之言，特谓之经焉。”

《钦定礼记义疏》卷六三《经解》：“《春秋》曰：‘周礼尽在鲁矣。’是《易》、《春秋》可统名《礼》也。《周礼》大司乐为宗伯之属，是乐亦礼也。汉儒因孔子所赞修删定者，始名之曰六经，而又托为孔子常有此言，亦近诬矣。”

清・杭世骏《续礼记集说》卷八三引姚际恒曰：“尝谓经之有解，经之不幸也。曷为乎不幸？以人皆知有《经解》而不知有经也。曷咎乎《经解》？以其解之致误而经因以晦，经晦而经因以亡也。其一为汉儒之经解焉，其一为宋儒之经解焉，其一为明初诸儒墨守排纂宋儒一家之经解而著为令焉。噫！果其为圣人复起不易之言，以著为令可也。今之著为令者，然耶？否耶？夫经解与著令，其事大不相通。其君若相，不过以一时治定功成，草草裁定，初不知圣贤真传为何若耳。乃使天下之学人耳目心思卒归于一途，而不敢或异，是以经解而著令，不又其甚焉者乎！穷变物理自然，材智日新，宁甘久腐？苟以汉宋诸儒久误之经解而明辨之，则庶几反经而经正，其在此时矣。此以《经解》名篇，正是汉儒之滥觞。汉以前无之，则吾窃怪斯名之作俑也。”

吕思勉《经子解题》：“此篇论《诗》、《书》、《乐》、《易》、《礼》、《春秋》之治，各有得失。六艺称经，此为最早矣。”

王梦鸥《礼记今注今译》："《庄子·天下篇》尝分述《诗》、《书》、《乐》、《易》、《礼》、《春秋》，马叙伦疑其为古注窜入，非《天下篇》本文。然则为经书作解题的，当以本篇为最早了。前人皆以为出于汉儒所记，唯篇首冠以'孔子曰'三字，孔颖达遂通篇解释为孔子之辞，固属拘泥；但后人必痛斥之，以为不似儒者之说，则又太过了。"

王锷《礼记成书考》："细审《经解》文字，乃作者引用孔子言论，进一步论述礼对社会和治理国家的重要性，《荀子》、《礼察》先后征引其文，所论又与《孝经》、上博简有相通者，所以，《经解》应成篇于战国中期。"

〔思考与讨论〕

1. 清代有两部很有名的《经解》，一是阮元主编的《清经解》，二是王先谦主编的《清经解续编》，试翻阅此二书，以深化对"经解"含义的认识。

2. "差若毫厘，缪以千里"，这两句名言出自《易纬》。《易纬》是纬书中的一个系列(共有 7 个系列)。试翻阅一下纬书(明·孙瑴编《古微书》，有《四库全书》本，易得；[日]安居香山、中村璋八辑《纬书集成》，河北人民出版社 1994 年版，易读)，以获得感性认识。

《坊记》第三十

子言之[①]："君子之道[②]，辟则坊与[③]？坊民之所不足者也[④]。大为之坊[⑤]，民犹逾之。故君子礼以坊德[⑥]，刑以坊淫[⑦]，命以坊欲[⑧]。"

子云："小人贫斯约[⑨]，富斯骄；约斯盗，骄斯乱。礼者，因人之情而为

---

① 子：古代男子的美称，弟子亦用以敬称其师。根据多数学者的意见，此"子"(包括下文"子云"之"子")是指子思(前 483 年—前 402 年)。子思，名孔伋，字子思，孔子嫡孙。《汉书·艺文志》儒家类著录《子思》二十三篇，后佚。清黄以周辑有《子思子》七卷。

② 道：谓治民之道。

③ 辟则：譬如。辟，通"譬"。坊：堤防。作动词用时，是"防止"义。与：通"欤"。

④ 不足：据郑玄注，指的是在仁义之道上面做的有欠缺。

⑤ 大为之坊：为民设置高大的堤防。这是个比喻。实际意思是虽然千方百计地去防止。

⑥ 德：此谓失德。即道德上的过失。

⑦ 淫：淫邪。

⑧ 命：教令。欲：贪欲。

⑨ 斯：则，即。约：据郑注，此谓穷。下同。

之节文[1]，以为民坊者也。故圣人之制富贵也[2]，使民富不足以骄，贫不至于约，贵不慊于上[3]，故乱益亡[4]。”

子云：“贫而好乐[5]，富而好礼，众而以宁者[6]，天下其几矣[7]。《诗》云：‘民之贪乱，宁为荼毒[8]。’故制[9]：国不过千乘[10]，都城不过百雉[11]，家富不过百乘[12]。以此坊民，诸侯犹有畔者[13]。”

子云：“夫礼者，所以章疑别微[14]，以为民坊者也。故贵贱有等，衣服有别，朝廷有位[15]，则民有所让。”

子云：“天无二日，土无二王，家无二主，尊无二上，示民有君臣之别也。《春秋》不称楚、越之王丧[16]。礼，君不称天[17]，大夫不称君[18]，恐民之

---

① 人之情：人的实际情况。节文：郑玄注：“此节文者，谓农有田里之差，士有爵命之级也。”

② 故圣人之制富贵也：据孔颖达疏，这句话的“富贵”二字下还应该有“贫贱”二字，省略了。意谓圣人制定出富贵贫贱的法规。

③ 慊（qiǎn 遣）：怨恨，不满意。

④ 故乱益亡：所以作乱的事就逐渐没有了。益：更。亡：通“无”。

⑤ 贫而好乐：与下文“富而好礼”相对，此“乐”字非“快乐”之乐，而是“礼乐”之乐。然则“贫而好乐”，在先秦时期，能有多少穷人做得到，实在是个问题。详本篇〔问题分析〕。

⑥ 众而以宁者：家族众而得安宁者。

⑦ 天下其几矣：郑玄注：“言如此者寡也。”意谓普天之下，做到以上三点者没有几个。

⑧ “《诗》云”二句：孔颖达疏云：“此《诗·大雅·桑柔》之篇，刺厉王之诗。言民之恶者，贪为祸乱，安为荼毒之行，以害于人。民多如此，故云上三事，天下甚少。”

⑨ 故制：（为了防止民之贪乱）所以作出限制。

⑩ 国不过千乘（shèng 剩）：大国的兵车不能超过一千辆。国，谓诸侯中的公国、侯国。乘：量词，指古代四马拉的兵车一辆。

⑪ 都城：指较大都邑的城墙。雉：古代计算城墙面积的单位。长三丈、高一丈为一雉。《左传·隐公元年》：“祭仲曰：‘都城过百雉，国之害也。’”

⑫ 家：谓卿大夫的采地。

⑬ 诸侯犹有畔者：孔颖达疏云：“于是卿大夫亦多畔，而独言‘诸侯’者，举其重也。”畔：通“叛”。

⑭ 章疑别微：章明其似同而异之疑，区别其似明而隐之微。

⑮ 朝廷有位：在朝廷上有固定的班位。例如《周礼·夏官·司士》：“掌正朝仪之位，辨其贵贱之等。王南乡，三公北面东上，孤东面北上，卿、大夫西面北上；王族故士、虎士在路门之右，南面东上；大仆、大右、大仆从者在路门之左，南面西上。”

⑯ 《春秋》不称楚、越之王丧：郑玄注：“楚、越之君僭号称王，不称其丧，谓不书‘葬’也。《春秋传》曰：‘吴、楚之君不书葬，辟（避）其僭号也。”按《春秋》宣公十八年：“九月甲戌，楚子旅卒。”楚子旅，即楚庄王。按照《春秋》常规，当书“葬楚庄王”，但是那样书写，等于承认其王号，故改换字眼，书“卒”以避之。

⑰ 君不称天：诸侯不得像天子那样称天。

⑱ 大夫不称君：大夫不得像诸侯那样称君。

惑也。《诗》云：‘相彼盍旦，尚犹患之。[①]’”

子云：“君不与同姓同车[②]，与异姓同车不同服[③]，示民不嫌也。以此坊民，民犹得同姓以弑其君。”

子云：“君子辞贵不辞贱，辞富不辞贫，则乱益亡[④]。故君子与其使食浮于人也[⑤]，宁使人浮于食[⑥]。”

子云：“觞酒、豆肉[⑦]，让而受恶[⑧]，民犹犯齿[⑨]。衽席之上[⑩]，让而坐下[⑪]，民犹犯贵[⑫]。朝廷之位[⑬]，让而就贱，民犹犯君。《诗》云：‘民之无良，相怨一方；受爵不让，至于己斯亡[⑭]。’”

子云：“君子贵人而贱己，先人而后己，则民作让。故称人之君曰君，自称其君曰寡君[⑮]。”

子云：“利禄[⑯]，先死者而后生者[⑰]，则民不偝[⑱]；先亡者而后存者，则

---

① “《诗》云”二句：这是两句逸诗。相：看，视。盍旦：“夜鸣求旦之鸟也。求不可得也，人犹恶其欲反昼夜而乱晦明，况于臣之僭君，求不可得之类，乱上下，惑众也。”患：厌恶。

② 君不与同姓同车：郑玄注：“同姓者，谓先王、先公子孙，有继及之道者也。其非此，则无嫌也。”

③ 与异姓同车不同服：国君的车上一共三人：国君、驭者、骖乘。除战时外，驭者和骖乘都和国君异服。

④ 亡：通“无”。

⑤ 食浮于人：得到的俸禄高出于自己的才干。这样做近乎贪。

⑥ 人浮于食：自己的才干高出于得到的俸禄。这样做近乎廉。

⑦ 觞酒：一杯酒。觞，酒器。豆肉：一盘肉。豆，食器，近乎高脚盘。

⑧ 让而受恶：让来让去，君子要了不好的一份。

⑨ 犯齿：僭越老者。按规矩，应首先照顾老者。犯，僭越。下同。齿：谓年龄。

⑩ 衽席：宴席。

⑪ 坐下：坐在下首。

⑫ 贵：谓尊者，爵位较高者。

⑬ 朝廷之位：孙希旦说：“谓人君视朝，卿、大夫、士所立之位也。”

⑭ “《诗》云”四句：见《诗经·小雅·角弓》。孔颖达疏：“言小人在朝，无良善之行。其相怨恨，各在一方。又受爵禄，不肯相让，行恶至甚，至于灭亡。引之者，证上每事须让也。”

⑮ 寡君：郑玄注：“寡君，犹言少德之君。言之谦。”

⑯ 利禄：利益和赏赐。

⑰ 死：姚际恒说：“死、亡皆谓为国而死亡者。古人多如此并言，不嫌其复。《中庸》亦云：‘事死如事生，事亡如事存。’”按：“亡”字见下文。

⑱ 偝：背弃。

民可以托[①]。《诗》云:‘先君之思,以畜寡人[②]。’以此坊民,民犹偝死而号无告。”

子云:“有国家者,贵人而贱禄,则民兴让[③];尚技而贱车[④],则民兴艺[⑤]。故君子约言,小人先言[⑥]。”

子云:“上酌民言,则下天上施[⑦];上不酌民言,则犯也[⑧];下不天上施,则乱也。故君子信让以莅百姓[⑨],则民之报礼重[⑩]。《诗》云:‘先民有言,询于刍荛。[⑪]’”

子云:“善则称人,过则称己,则民不争;善则称人,过则称己,则怨益亡。《诗》云:‘尔卜尔筮,履无咎言。[⑫]’”

子云:“善则称人,过则称己,则民让善。《诗》云:‘考卜惟王,度是镐京。惟龟正之,武王成之。[⑬]’”

子云:“善则称君,过则称己,则民作忠[⑭]。《君陈》曰:‘尔有嘉谋嘉

---

① 托:犹言信赖。

② “《诗》云”二句:见《诗经·邶风·燕燕》。“畜”,今《毛诗》作“勖”,乃“畜”之通假字。畜,孝也。《释文》谓:“此是《鲁诗》。”郑玄注此云:“此卫夫人定姜之诗也。定姜无子,立庶子衎,是为献公。畜,孝也。献公无礼于定姜,定姜作诗,言献公当思先君定公,以孝于寡人。”寡人:此为定姜自称。

③ “有国家者”三句:郑玄注:“言人君贵尚贤者、能者,而不吝于班禄、赐车服,则让道兴。贤者、能者,人所服也。”按:郑云“让道兴”,以兴为兴起之兴,非是。兴者,喜欢也。《礼记·学记》:“不兴其艺,不能乐学。”郑玄注:“兴之言喜也,歆也。”此“兴让”,谓乐于谦让。

④ 尚:与上文“贵”对文。技:技艺。车:谓车服。

⑤ 则民兴艺:民众就会偏爱技艺。《礼记·缁衣》:“上好是物,下必有甚者矣。”

⑥ 故君子约言小人先言:据郑玄注,“约言”与“先言”互文。如其言,则此二句当作“故君子约言后言,小人先言多言”。意谓君子说话少,思而后言,故言在后。小人说话多,不思而言,故言在先。

⑦ “上酌民言”二句:孔颖达疏:“言在上人君,取下民之言以为政教,既得民心,民皆喜悦,则在下之民,仰君之德如天,敬此在上所施之恩泽。言受上恩泽,如受之于天,尊之也。”

⑧ 犯:犯上。

⑨ 信让以:即“以信让”。莅:临,加之于。

⑩ 报礼重:郑玄注:“报礼重者,犹言能死其难。”

⑪ “《诗》云”二句:见《诗经·大雅·板》。刍尧:谓割草打柴者。

⑫ “《诗》云”二句:见《诗经·卫风·氓》。“履无咎言”,今《诗》作“体无咎言”。孙希旦说:“体,谓卦兆之体也。言尔之卜筮,本无咎言,而致咎者在己,以明‘过则称己’之意。”

⑬ “《诗》云”四句:见《诗经·大雅·文王有声》。陈澔解释此四句诗义说:“言稽考龟卜者,武王也。谋度镐京之居,盖武王之志已先定矣。及以吉凶取正于龟,而龟亦协从,武王遂以龟为正而成此都焉。是武王不自以为功而让之龟卜也,故引以为让善之证。”镐(hào 昊)京:古都名。西周国都。故址在今陕西省西安市西南沣水东岸。周武王既灭商,自酆徙都于此,谓之宗周,又称西都。

⑭ 作忠:产生忠君之心。

猷，入告尔君于内，女乃顺之于外，曰：此谋此猷，惟我君之德。于乎！是惟良显哉[①]！’”

子云：“善则称亲[②]，过则称己，则民作孝[③]。《大誓》曰：‘予克纣，非予武，惟朕文考无罪。纣克予，非朕文考有罪，惟予小子无良。[④]’”

子云：“君子弛其亲之过，而敬其美[⑤]。《论语》曰：‘三年无改于父之道，可谓孝矣[⑥]。’高宗云[⑦]：‘三年其惟不言，言乃讙。’”

子云：“从命不忿[⑧]，微谏不倦[⑨]，劳而不怨[⑩]，可谓孝矣。《诗》云：‘孝子不匮。[⑪]’”

子云：“睦于父母之党[⑫]，可谓孝矣。故君子因睦以合族[⑬]。《诗》云：‘此令兄弟，绰绰有裕；不令兄弟，交相为愈。[⑭]’”

---

① “《君陈》曰”七句：《君陈》，《尚书·周书》篇名。此处引文与《尚书》原文小异。郑玄注：“君陈，盖周公之子，伯禽弟也。”此以人名篇。七句大意谓：你如果有好主意好办法，先到宫内启禀你的君王。（得到俯允之后），你再拿到外面去实行，并且对人说：“这个好主意好办法，全靠我们君王的好领导。”呜呼！这就叫做臣良君明啊！于（wū 乌）乎：即呜呼。感叹词。

② 亲：此谓父母。

③ 作孝：产生孝心。

④ “《大誓》曰”六句：《大誓》，即《尚书·周书·泰誓》。古“大”“太”同字。郑玄注云：“今《泰誓》无此章，则其篇散亡。”引文中的“予”是周武王自称，“文考”谓武王之父文王，“无罪”谓有德。六句大意是：如果我打败了殷纣，那也不是由于我的武功，而是由于我的父亲有德。如果殷纣打败了我，那也不是由于我的父亲无德，而是由于我这个作儿子的不肖。

⑤ “君子弛其亲之过”二句：君子对于父母的过失从来不记恨在心，而对于父母的美德却敬记在心。弛，犹言弃忘。

⑥ “《论语》曰”二句：见《论语·学而》。“三年”，谓父死后三年之内。“无改于父之道”，谓即令父之道有缺失，也不能改。这就是上文的“弛其亲之过”。

⑦ “高宗云”二句：今《尚书》无《高宗》之篇。二句分见《尚书》的《说命》和《无逸》。高宗：殷高宗武丁，史称殷代的中兴之君。郑玄注云：“三年不言，有父小乙丧之时也。讙，当为欢，声之误也。其既言，天下皆欢喜，乐其政教也。”

⑧ 从命不忿：陈澔《礼记集说》：“一说‘忿’当作‘怠’，亦通。”王夫之《礼记章句》、王引之《经义述闻》并从此说。按：作“怠”是。从命：谓听从父母之命。

⑨ 微谏：用隐约委婉的话语进谏。不倦：郑玄注云：“《内则》曰：‘父母有过，下气怡色，柔声以谏。谏若不入，起敬起孝，说则复谏。’此所谓不倦。”

⑩ 劳而不怨：任劳任怨。

⑪ “《诗》云”句：见《诗经·大雅·既醉》。谓孝子行其孝道，没有匮乏之时。

⑫ 睦：厚。父母之党：父亲母亲的亲属。

⑬ 合族：与族人一道聚餐。

⑭ “《诗》云”四句：见《诗经·小雅·角弓》。四句意谓，有德之人使兄弟关系良好，有了什么事情无论怎样说都好说；无德之人使兄弟关系不好，彼此互相伤害。愈：危害。

子云:“于父之执[①],可以乘其车,不可以衣其衣[②],君子以广孝也[③]。”

子云:“小人皆能养其亲,君子不敬,何以辨[④]?”

子云:“父子不同位[⑤],以厚敬也[⑥]。《书》云:‘厥辟不辟,忝厥祖。[⑦]’”

子云:“父母在,不称老,言孝不言慈[⑧]。闺门之内[⑨],戏而不叹[⑩]。君子以此坊民,民犹薄于孝而厚于慈。”

子云:“长民者[⑪],朝廷敬老,则民作孝[⑫]。”

子云:“祭祀之有尸也[⑬],宗庙之有主也[⑭],示民有事也[⑮]。修宗庙,敬祀事,教民追孝也[⑯]。以此坊民,民犹忘其亲。”

子云:“敬则用祭器[⑰]。故君子不以菲废礼,不以美没礼[⑱]。故食礼[⑲],主

---

① 父之执:即父执,父亲的朋友。

② “可以乘其车”二句:孔颖达疏云:“以衣在身,车比衣稍远,故可以乘其车。”

③ 广孝:把孝道推广到父亲的朋友。

④ 何以辨:何以区别于小人?按:养其亲,是物质层面的问题;敬其亲,则是精神层面的问题。前者使其亲温饱,后者使其亲娱悦。

⑤ 不同位:不可处在尊卑相同的位置上。

⑥ 以厚敬:谓子以此厚敬其父。

⑦ “《书》云”二句:见《尚书·商书·太甲》,原文无“厥”字。意谓为君不君,则辱其祖。辟:君。忝:辱。引《书》者,谓为子者不仅应厚敬其父,还要厚敬其祖。

⑧ “父母在”三句:在父母面前,儿子如果称老,父母将作何感想?在父母面前,只可谈儿子如何孝顺父母的事,不可谈父母如何慈爱儿子的事,否则,父母又将作何感想?

⑨ 闺门之内:谓在父母面前。闺门,内室之门。

⑩ 戏而不叹:像小孩子那样地逗趣,而不唉声叹气。姜兆锡曰:“亦老莱子戏彩之意也。”

⑪ 长民者:指天子和诸侯。

⑫ 作孝:兴孝,兴起孝顺。

⑬ 尸:古代祭祀时代死者受祭的人。《礼记·曾子问》孔子曰:“祭成丧者必有尸,尸必以孙。孙幼,则使人抱之。无孙,则取于同姓可也。”《郊特牲》:“尸,神象也。”

⑭ 主:神主。

⑮ 有事:谓有所尊敬的对象。

⑯ 追孝:追行孝道。即念念不忘死去的亲人。

⑰ 敬:谓设宴招待宾客以表示敬意。祭器:郑玄注:“笾、豆、簋、铏之属也。盘盂之属为燕器。”按:招待宾客有三种规格不同的宴席,依次为飨礼、食礼、燕礼。举行飨礼、食礼时,用祭器。举行燕礼时,用燕器。

⑱ “故君子不以菲废礼”二句:所以君子不以家道贫穷而废除礼,不以家道殷实而超过礼。没:超过。

⑲ 食礼:规格较高的一种宴席。食礼所用之牲是太牢,有饭有肴,虽设酒而不饮。其礼以饭为主,故称为食礼。

人亲馈[①]，则客祭[②]；主人不亲馈，则客不祭。故君子苟无礼，虽美不食焉。《易》曰：‘东邻杀牛，不如西邻之禴祭，实受其福。[③]’《诗》云：‘既醉以酒，既饱以德[④]。’以此示民，民犹争利而忘义。”

子云：“七日戒，三日齐[⑤]，承一人焉以为尸[⑥]，过之者趋走[⑦]，以教敬也。醴酒在室，醍酒在堂，澄酒在下，示民不淫也[⑧]。尸饮三，众宾饮一，示民有上下也[⑨]。因其酒肉，聚其宗族，以教民睦也[⑩]。故堂上观乎室，堂下观乎上[⑪]。《诗》云：‘礼仪卒度，笑语卒获。[⑫]’”

子云：“宾礼每进以让[⑬]，丧礼每加以远[⑭]。浴于中溜，饭于牖下，小

---

① 亲馈：亲自为客人布菜。

② 祭：谓进行食祭。祭的方法是：在进食之前，把各种食品取出少许，放在食器之间的地上，以表示对古代造出此种食品的人的报答。

③ “《易》曰”三句：乃《周易·既济》九五爻辞。郑玄注：“东邻，谓纣国中也。西邻，谓文王国中也。此辞在《既济》。《既济》，《离》下《坎》上，《离》为牛，《坎》为豕。西邻禴祭则用豕与？言杀牛而凶，不如杀豕受福，喻奢而慢，不如俭而敬也。”禴（yuè 岳）：祭名。指夏祭或春祭。一说非时而祭曰禴。

④ “《诗》云”二句：见《诗经·大雅·既醉》，意谓君子设宴招待宾客，不但要让把酒喝好，还要充分展示美德。

⑤ 七日戒三日齐（zhāi 斋）：古代举行大的祭祀，要斋戒十日。其中前七日叫做戒，也叫散斋。散斋期间，白天可以照常干活，但是不得举乐，不得吊丧问疾，不得预秽恶之事。后三日叫做斋，也叫致斋。致斋期间，一切工作停止，一门心思地作祭祀的物质准备和精神准备。

⑥ 承：奉事。

⑦ 过之者：从尸身边经过的人。趋走：一种礼节。小步快走，表示尊敬。

⑧ “醴酒在室”四句：醴酒、醍（tǐ 体）酒、澄酒，是三种未经过滤的浊酒，以味道厚薄而论，醴酒最薄，醍酒稍厚，澄酒最厚。但作为祭品摆放的位置却是味最薄的在上（在室），稍厚的其次（在堂），最厚的在下（谓在堂下）。这样序列的摆放，是为了体现“皆从其朔”的饮食原则，也是敬神的需要，但展示给后人的却是神不贪味。

⑨ “尸饮三”三句：向尸敬酒三次，向众宾敬酒只一次，这是要示民有尊卑。即尸尊，众宾卑。

⑩ “因其酒肉”三句：孔颖达疏：“谓因其祭祀之酒肉，于祭祀之末，聚其宗族，昭穆相献酬，教民相亲睦也。”实际上这是飨神之后的族人会餐。

⑪ “故堂上观乎室”二句：孔颖达疏：“祭祀之时，在堂上者观望在室之人以取法，在堂下之人观看于堂上之人以为则。”

⑫ “《诗》云”二句：见《诗经·小雅·楚茨》。卒度：完全合乎法度。笑语卒获：谈笑也完全合乎分寸。

⑬ 宾礼每进以让：迎接宾客之礼，每一个往里面请进的环节都要互相谦让。拿《仪礼》来说，《乡饮酒礼》：“主人与宾三揖，至于阶，三让。”《聘礼》：“宾入门左，三揖，至于阶，三让。”《公食大夫礼》：“宾入，三揖。至于阶，三让。”

⑭ 丧礼每加以远：丧礼过程中，每一个仪式的完成，都意味着死者离家更远。

敛于户内，大敛于阼，殡于客位，祖于庭，葬于墓，所以示远也①。殷人吊于圹②，周人吊于家③，示民不偝也④。”

子云：“死，民之卒事也，吾从周⑤。以此坊民，诸侯犹有薨而不葬者⑥。”

子云：“升自客阶，受吊于宾位，教民追孝也⑦。未没丧，不称君，示民不争也。故鲁《春秋》记晋丧曰：‘杀其君之子奚齐及其君卓。⑧’以此坊民，子犹有弑其父者⑨。”

子云：“孝以事君⑩，弟以事长⑪，示民不贰也⑫，故君子有君不谋仕⑬，唯卜之日称二君⑭。丧父三年，丧君三年，示民不疑也⑮。父母在，不敢

---

① “浴于中溜”八句：这八句是具体说明上句“丧礼每加以远”的。浴于中溜：中溜是室的中央，在那里为死者沐浴。饭于牖下：在室内南窗下为死者饭含。小敛于户内：在室门内为死者小敛。大敛于阼：在堂的阼阶上为死者大敛。殡于客位：客位，指堂的西阶。大敛之后，在西阶停殡。祖于庭：在家庙的院子里举行祖奠（祖，始也。柩车开始向墓地进发时举行的祭典）。葬于墓：将死者葬于墓地。可以看出，由死者住室中央而窗下，由室内窗下而室门之内，由室门之内而阼阶（主人之阶），由阼阶而西阶（宾客之阶），再由家内迁之于家庙，由家庙而至于墓，是一步比一步离家远。按《礼记·檀弓上》：“子游曰：‘饭于牖下，小敛于户内，大敛于阼，殡于客位，祖于庭，葬于墓，所以即远也。故丧事有进而无退。’”

② 吊于圹：在墓地吊慰死者家属。

③ 吊于家：在死者家属从墓地返回家中之后进行吊慰。

④ 不偝：不忘记死者。

⑤ 死，民之卒事也，吾从周三句：郑玄注：“周于送死尤备。”卒事：最后的一件事。

⑥ 诸侯犹有薨而不葬者：按照礼的规定，诸侯死，五月而葬。薨，称诸侯之死。

⑦ “升自客阶”三句：这是说的从墓地回来后举行反哭仪式时，儿子升堂本该升自阼阶（因为此时儿子已是一家之主），但却升自客阶（即西阶）；接受吊唁本该在主人位（即阼阶），但仍然在客位（即西阶）。这样做的原因是，父亲刚刚下葬，儿子不忍马上就即父位。

⑧ “未没丧”五句：未没丧，即未终丧。孙希旦说：“以下文引《春秋》推之，当云‘未逾年，不称君’，记者之误尔。盖一岁不二君，未逾年而称君，则是急于受国而有争夺其父之心矣。奚齐及卓，皆晋献公之子。《春秋》僖公九年九月：‘晋侯佹诸（即晋献公）卒。冬，晋里克弑其君之子奚齐。’奚齐不称君，立未逾年也。十年正月：‘里克弑其君卓。’卓称君，已逾年也。”

⑨ 子犹有弑其父者：宋孙复《春秋尊王发微》卷一：“故春秋之世，臣弑其君者有之，子弑其父者有之，弟弑其兄者有之，妇弑其夫者有之。是时纪纲既绝，荡然莫禁。”

⑩ 孝以事君：孙希旦说：“谓以事亲之孝事君也。”《大学》：“孝者，所以事君也。”

⑪ 弟以事长：孙希旦说：“谓以事兄之弟事长也。”弟：通“悌”。《大学》：“弟者，所以事长也。”

⑫ 不贰：没有二心。

⑬ 故君子有君不谋仕：姚际恒曰：“君子既有君而事之，不得更谋他国之仕。”

⑭ 唯卜之日称二君：只有在初次出来做官，卜问吉凶时，可以在二国国君之间作出选择。此姚际恒、陆奎勋说。按《左传·闵公元年》：“初，毕万筮仕于晋，遇《屯》之《比》。”

⑮ 示民不疑也：郑玄注：“不疑于君之尊也。君无骨肉之亲，不重其服，至尊不明。”不重其服，谓与父同为三年。

有其身，不敢私其财，示民有上下也[①]。故天子四海之内无客礼，莫敢为主焉[②]。故君适其臣，升自阼阶，即位于堂[③]，示民不敢有其室也。父母在，馈献不及车马[④]，示民不敢专也。以此坊民，民犹忘其亲而贰其君。”

子云：“礼之先币帛也[⑤]，欲民之先事而后禄也。先财而后礼则民利[⑥]，无辞而行情则民争[⑦]。故君子于有馈者[⑧]，弗能见则不视其馈[⑨]。《易》曰：‘不耕获，不菑畬，凶。[⑩]’以此坊民，民犹贵禄而贱行[⑪]。”

子云：“君子不尽利以遗民[⑫]。《诗》云：‘彼有遗秉，此有不敛穧，伊寡妇之利。[⑬]’故君子仕则不稼，田则不渔[⑭]，食时不力珍[⑮]，大夫不坐羊，士不坐犬[⑯]。《诗》云：‘采葑采菲，无以下体。德音莫违，及尔同死。[⑰]’以此坊民，民犹忘义而争利，以亡其身。”

---

① “父母在”三句：意谓父母在时之时，包括儿子本人在内，一切财物的所有权都归于父母。

② “故天子四海之内无客礼”二句：意谓四海之内天子无论走到哪里都不是客人，没有谁敢当天子的主人。

③ 堂：古之堂，犹今室内之厅。

④ 馈献：奉送礼物。车马：车马是家庭财产中的大件。

⑤ 礼之先币帛也：郑玄注：“此礼，谓所执之贽以见者也。既相见，乃奉币帛以修好也。”币帛：作为礼品的帛。

⑥ 先财而后礼则民利：先奉上财物（即币帛）而后行相见之礼，则引发民之贪心。利，贪也。

⑦ 无辞而行情则民争：孔颖达疏：“辞，谓辞让。言与人相见，无辞让之礼，直行己情，则有利欲，故民为争。”

⑧ 有馈者：馈赠自己礼品（币帛）者。

⑨ 弗能见：姚际恒曰：“弗能先以礼来见也。即‘礼先币帛’之意。”不视其馈：不接受其馈赠。视，接受。

⑩ “《易》曰”三句：见《周易·无妄》六二爻辞，但原文中没有“凶”字，不少学者以为是个衍字。菑（zī资）：刚种一年的田地。畬（yú余）：开垦过三年的田地，熟田。三句大意是：不耕种而想收获，不开垦而想得到良田。

⑪ 行：谓做事。

⑫ 遗（wèi魏）民：留给百姓。

⑬ “《诗》云”三句：见《诗经·小雅·大田》。三句意谓，那里有遗留下来的禾把，这里有撒在地上的禾穗，这是让寡妇捡拾度日的。伊：是，此。

⑭ 田则不渔：田猎就不打鱼。

⑮ 食时：这个时令有什么就吃什么。不力珍：不追求高档膳食。

⑯ “大夫不坐羊”二句：实际意思是大夫不杀羊，士不杀犬。之所以用“坐”字，据郑玄注：“古者杀牲，食其肉，坐其皮。不坐犬羊，是不无故杀之。”

⑰ “《诗》云”四句：见《诗经·邶风·谷风》。葑：蔓菁。菲：萝卜。下体：谓葑与菲的根部。郑玄注：“采葑菲之菜者，采其叶而可食，无以其根美，则并取之。并取之，是尽利也。此诗故亲今疏者，言人之交，当如采葑采菲，取一善而已，君子不求备于一人，能如此，则德美之音不离令名，我愿与汝同死矣。”此处这种所谓“不尽利（不独占全部利益）”意义的使用，与诗文原意不符，所谓断章取义也。

子云："夫礼，坊民所淫[①]，章民之别[②]，使民无嫌，以为民纪者也[③]。故男女无媒不交，无币不相见[④]，恐男女之无别也。以此坊民，民犹有自献其身[⑤]。《诗》云：'伐柯如之何？匪斧不克。取妻如之何？匪媒不得。蓺麻如之何？横从其亩。取妻如之何？必告父母。[⑥]'"

子云："取妻不取同姓[⑦]，以厚别也[⑧]。故买妾不知其姓，则卜之。以此坊民，鲁《春秋》犹去夫人之姓曰'吴'，其死曰'孟子卒'[⑨]。"

子云："礼，非祭，男女不交爵[⑩]。以此坊民，阳侯犹杀缪侯而窃其夫人[⑪]。故大飨废夫人之礼。"

子云："寡妇之子，不有见焉，则弗友也，君子以辟远也[⑫]。故朋友之交，主人不在，不有大故[⑬]，则不入其门。以此坊民，民犹以色厚于德。"

子云："好德如好色[⑭]，诸侯不下渔色[⑮]。故君子远色以为民纪[⑯]。故

---

① 民：据下文，谓男女。下同。淫：贪淫。

② 章：彰明。

③ 民纪：民之准则，男女交往的准则。

④ 币：礼品。此谓婚礼六礼中的纳币。

⑤ 自献其身：无媒无币，私自结合。

⑥ "《诗》云"八句：见《诗经·齐风·南山》。伐柯：今《毛诗》作"析薪"。伐柯，伐木以为柯(斧柄)。匪：通"非"。克：能也。取："娶"的古字。蓺麻：种麻。横从：即"横纵"，整治之义。郑玄注："言取妻之法必有媒，如伐柯之必须斧也。取妻之道，必告父母，如树麻当先易治其田。"

⑦ 取妻不取同姓：因为古人已经知道"男女同姓，其生不蕃"。成语有"秦晋之好"，秦是嬴姓，晋是姬姓，因为异姓，才能结好。

⑧ 厚别：强调差别。

⑨ "鲁《春秋》"二句：按照《春秋》书法的通例，凡国君娶夫人皆书夫人娘家之姓。如娶齐国女子，则曰"夫人姜氏至自齐"。鲁国和吴国都是姬姓，今昭公娶吴女为夫人，《春秋》不好记载作"夫人姬氏至自吴"，只好去掉姓，只写作"夫人至自吴"。又《春秋》昭公十二年："孟子卒。"《左传》解释说："昭夫人孟子卒。昭公娶于吴，故不书姓。"孟子，昭公夫人的字。按照《春秋》书法惯例，应书"夫人姬氏薨"。但为了不露出同姓相婚的马脚，只好书作"孟子卒"。

⑩ 交爵：互相敬酒。

⑪ 阳侯：阳国国君。春秋时的阳国在今山东沂水县西南。缪侯：《淮南子·泛论训》作"蓼侯"。王引之说：缪，通"蓼"。高诱注云："蓼侯，皋陶之后，偃姓之国侯也，今在庐江。古者大飨饮酒，君执爵，夫人执豆。阳侯见蓼侯夫人美艳，因杀蓼侯而娶夫人，由是废致夫人之礼。"大飨：此谓两君相会时的盛大宴会。

⑫ "寡妇之子"四句：也是"瓜田李下"之义。有见：有才艺。辟远：犹言避嫌。

⑬ 大故：指丧事或疾病。

⑭ 好德如好色：郑玄注："此句似不足。《论语》曰：'未见好德如好色。'疾(谓痛感)时人厚于色之甚，而薄于德也。"

⑮ 诸侯不下渔色：诸侯不可在本国网罗美女。

⑯ 民纪：百姓的榜样。

男女授受不亲①。御妇人则进左手②。姑、姊妹、女子子已嫁而反③，男子不与同席而坐。寡妇不夜哭④。妇人疾，问之，不问其疾⑤。以此坊民，民犹淫泆而乱于族⑥。”

子云：“婚礼，婿亲迎，见于舅姑⑦，舅姑承子以授婿⑧，恐事之违也⑨。以此坊民，妇犹有不至者⑩。”

〔问题分析〕

《坊记》中的“子言之”、“子云”中之“子”指的是谁?

《坊记》第一章的开头是“子言之”，其余三十八章的开头都是“子云”。这个“子言之”、“子云”中的“子”指的是谁？作注的郑玄没有明说，但他在注释第三十八章“子云：好德如好色”时说：“此句似不足。《论语》曰：‘未见好德如好色。’”意谓比照《论语·子罕》中的“子曰”原文，这里少了“未见”两个字。这样看来，似乎是郑玄认为这里的“子”是指孔子。作疏的孔颖达也没有明说，但他在本篇开头说：“诸书皆称‘子曰’，唯此一篇皆言‘子云’，是录记者意异，无义例也。”意谓“子曰”与“子云”意思一样，录记者随便用。问题是《论语》一书凡是孔子的话都是用“子曰”表示，孔颖达所说的“诸书”不知道包括不包括《论语》？清毛奇龄《论语稽求篇》卷一曰：“《坊记》：‘子云：“小人皆能养其亲，不敬，何以辨？”’此正与‘皆能有养’（按：此四字是《论语·为政》篇孔子的话）同一语气。然则夫子此言，夫子已自注之矣。人不解经，亦当通经，盍亦取《坊记》一再读之。”是以《坊记》为孔子之作也。清姜兆锡曰：“首章‘礼以坊德’三句为纲。篇中各章皆记者杂引夫子及各经

---

① 男女授受不亲：郑玄注：“不亲者，不以手相与也。《内则》曰：‘非祭非丧，不相授器。其相授，则女受以篚。其无篚，则皆坐奠之，而后取之。’”

② 御妇人则进左手：男子为妇人驾车，妇人坐在车厢左边，驾车者坐在车厢右边，采取左手执辔驾车的姿势，就会自然地把背部侧向妇人，有所回避。

③ 女子子：即女儿。反：“返”的古字。指回娘家。

④ 寡妇不夜哭：郑玄注：“嫌思人道。”谓有思偶之嫌。

⑤ “妇人疾”三句：意谓妇人有病，要问，只可问是不是好了，不可详问得的什么病。

⑥ 乱于族：淫乱于家族内部。

⑦ 舅姑：本义是公公婆婆。这里指外舅外姑，即岳父岳母。下“舅姑”同。

⑧ 承子：谓亲手把女儿。此“子”，谓女儿。

⑨ 恐事之违也：指临行前父母对女儿的深情嘱咐。郑玄注：“父戒女曰：‘夙夜无违命。’母戒女曰：‘毋违宫事。’”宫事，即室事，今言家务事。

⑩ 不至：郑玄注：“不至，不亲夫以孝舅姑也。”

之言以申首章之意，非夫子于各章引经自释其言也。”(《续礼记集说》卷八五引)我们知道，“夫子”是儒家对孔子的尊称，然则姜氏盖亦以此处之“子”为孔子矣。笔者十年前撰写《礼记全译》时，亦以此处之“子”为孔子，现在看来证据不足，错了。此处之“子”应是指子思(孔伋)。子思是孔子的孙子。这样说的证据有：

《隋书·音乐上》：“沈约曰：‘《中庸》、《表记》、《坊记》、《缁衣》皆取《子思子》。’”

元·陈澔《礼记集说》引石梁王氏曰：“既有‘子云’，又引《论语》曰，不应孔子自言，因知皆后人为之。且不应孔子发言，段段引证，如此齐同。”

任铭善《礼记目录后案》：“此言‘子言之’、‘子云’者，此‘子’不指孔子而言，盖战国诸子之语，其弟子记之，皆称子也。知之者，此篇引《论语》曰：‘三年无改于父之道，可谓孝矣。’按《论语》孔子弟子门人所记，则孔子不得引之，是知必非孔子之言。”

李学勤《〈语丛〉与〈论语〉》：“《坊记》曾明引《论语》曰：‘三年无改于父之道，可谓孝矣。’《坊记》的‘子云’之‘子’，恐怕不是孔子。‘子’应当是指子思，乃是子思门人对他的尊称。”(《清华大学思想文化研究所集刊》第二辑)

〔**由本篇产生的新词、成语**〕

1. **天无二日**，天上没有两个太阳。常用来比喻国无二君，家无二主。例如：

《史记·高祖纪》：“高祖五日一朝太公，如家人父子礼。太公家令说太公曰：‘天无二日，土无二王。今高祖虽子，人主也；太公虽父，人臣也，奈何令人主拜人臣？’”

《三国志·蜀志·吕凯传》：“雍闿但答一纸曰：‘盖闻天无二日，土无二王。今天下鼎立，正朔有三，是以远人惶惑，不知所归也。’”

2. **土无二王**，一国之内不能有两个国王。例如：

《汉书·王莽传中》：“天无二日，土无二王，百王不易之道也。”

《三国志·吴志·诸葛恪传》：“夫天无二日，土无二王王者，不务兼并天下而欲垂祚后世，古今未之有也。”

3. **家无二主**，一家之内不能有两个家长。例如：

宋·释普济《五灯会元》卷十八《嘉兴府华亭性空妙普庵主》：：“师又掌曰：‘家无二主。’”

宋·朱熹《晦庵集》卷四十《答何叔京》：“此尊祖敬宗，家无二主之意，先王制作，精微不苟盖如此。”

4. **尊无二上**，一国、一家之内至尊之人只能有一个。例如：

汉·班固《白虎通义》卷下《巡狩》：“王者巡狩，必舍诸侯祖庙何？明尊无二上也。”

《魏书·张普惠传》：“《礼记》曰：天无二日，土无二王，尝禘郊社，尊无二上。”

5. **觞酒**，杯酒。例如：

《韩非子·十过》：“酣战之时，司马子反渴而求饮，竖谷阳操觞酒而进之。”

汉·桓宽《盐铁论》卷五《褒贤》：“觞酒豆肉，迁延相让。辞小取大，鸡廉狼吞。”

6. **先人后己**，一事当前，首先考虑别人，然后考虑自己。例如：

《后汉书·列女传·曹世叔妻》：“谦让恭敬，先人后己，有善莫名，有恶莫辞。”

《三国志·蜀志·许靖传》：“自流宕以来，与群士相随，每有患急，常先人后己。”

7. **善则称人，过则称己**。例如：

宋·陈经《尚书详解》卷十六：“苟有不善焉，则我一人有过失之罚，善则称人，过则归己之意也。”

元·郑玉《师山集》卷三《送赵典史序》：“善则称人，过则称己，布长贰之德，以施诸吏民。”

8. **渔色**，网罗美女。例如：

唐·白居易《白氏长庆集》卷六十七《得甲为郡守部下渔色御史将责之辞云未授官已前纳采》：“宜听隼旟之诉，难科渔色之辜。”

宋·李觏《盱江集》卷五《内治》：“人主知渔色而不知下无室家，知逞欲而不知下有怨旷，其可乎哉？”

9. **微谏**，用隐约委婉的话语进谏。例如：

《汉书·伍被传》：“淮南王阴有邪谋，被数微谏。”

《韩诗外传》卷七：“冠子不言，髮子不笞，听其微谏，无令忧之。此为人父之道也。”

10. **父执**，父亲的朋友。例如：

宋·郭知达《九家集注杜诗》卷一《赠卫八处士》诗：“怡然敬父执，问我来何方？”《新唐书·刘审礼传》：“见父执，必感泗滂沱，事继母尤谨。”

11. **交爵**，互相敬酒。例如：

汉·桓宽《盐铁论》卷三《论儒》:“礼,男女不授受,不交爵。”

宋·黄裳《演山集》卷五十七《杂说》:“男女之别,媒而后合,币而后见,祭则交爵,坐则异席。”

〔文化史扩展〕

1. 有关“男女授受不亲”的典故

《坊记》:“男女授受不亲。”郑玄注:“不亲者,不以手相与也。《内则》曰:‘非祭非丧,不相授器。其相授,则女受以篚。其无篚,则皆坐奠之,而后取之。’”自从有了这条规定之后,后人谨遵恪守,留下了若干典故。其中的《孟子》“嫂溺援之以手”一则,千百年来,为人们津津乐道。而其余数则,用今天的眼光来看,实在不足为训。时代的烙印如此,谁也无法改变。今以时代顺序,录之于下。

据《左传》记载,定公四年(前506),吴国攻打楚国,楚军战败,吴军逼近郢都,楚昭王仓皇出逃,能够带走的亲人,仅仅他的妹妹季芈畀我一人。他们一行逃出郢都,徒步渡过睢水,渡过长江,进入云中。祸不单行,他们在睡觉时又遭到强盗的袭击,于是又继续逃跑,楚昭王在前,随从钟建背着他的妹妹跟着。定公五年,楚国大夫申包胥搬来了救兵秦军。秦军大败吴军,楚昭王得以返国回到郢都。在奖赏过功臣之后,准备把季芈畀我嫁出去,季芈辞曰:“所以为女子,远丈夫也。钟建负我矣。”意思是说,作为一个女子,应该和男子保持距离。男女授受不亲,何况钟建背过我呢? 言外之意,要嫁就嫁钟建,此身已是钟建所有。于是楚昭王就把他的妹妹嫁给了钟建,并任命钟建为乐尹(乐官之长)。

《孟子·离娄章句上》:“淳于髡曰:‘男女授受不亲,礼与?’孟子曰:‘礼也。’曰:‘嫂溺则援之以手乎?’曰:‘嫂溺不援,是豺狼也。男女授受不亲,礼也;嫂溺援之以手者,权也。’”按:这则典故很出名。“男女授受不亲”在特殊情况下也是可以突破的。嫂子溺水了,仓促之间,任何援救工具也没有,在这种情况下,做小叔子的如果不伸出援助之手,那是没有人性。

宋·周密《癸辛杂识别集》卷上《男不授女状》:“林靖之共甫初筮越之民曺,常直议舍,同幕东莱吕延年后仲在焉。有妇人来投牒,吏无在者,林欲前受之,吕自后止之,曰:‘男女授受不亲。’林竦然而止,每称以诲子孙云。”

宋·俞德邻《佩韦斋集》卷十八:“张司业(张籍)《节妇吟》:‘君知妾有夫,赠妾双明珠。感君缠绵意,系在罗裙襦。妾家高楼连苑起,良人执戟明光里。知君用心如日月,事夫誓拟同生死。还君明珠双泪垂,曷不相逢未嫁时。’礼,男女授受不亲。妇人移天，理不应受他人之赠。今受明珠而系襦，还明珠而垂泪，其愧于秋胡之妻多矣，尚得谓之节妇乎？”

明·杨荣《文敏集附录·少师工部尚书兼谨身殿大学士赠特进光禄大夫左柱国太师谥文敏杨公行实》：“公之居近有溪流，绝行道。旧为梁（桥也）其上，山水暴溢，辄冲决之，涉者病焉。男女或相牵挽，公见而叹曰：‘此甚非所宜也！古者男女授受不亲，此何为哉？’乃率乡人，采木编筏，固以铁杙，水弗能害，行者安之。”

朱彝尊《曝书亭集》卷四十六《吴大安寺铁香炉题名跋》：“题名百人中，有金一娘、段二娘、雷三娘、魏四娘、张五娘、孙六娘、金七娘、戴十三娘、丘六十娘，杂之都勾当工人姓名中。夫为国以礼，务使男女各正其位，故授受不亲，不杂坐，不交爵，不同巾栉椸枷，言不出阃，所以坊民，闲其可踰乎！窃国之主，教民无术，失礼制之防，混冠衣于巾帼，而民不知耻，君子以为国非其国矣。”

清·蓝鼎元《鹿洲初集》卷九《郭贤妇传》：“长子碏，字彦敬，为栖霞县令。其妻庄氏，亦读书，知大义，居常以礼自闲。元末盗起，乡民多依山谷间，贼至，挈妻孥入岩穴避之。一穴多至百十人，男女无别。庄氏独不入，彦敬促之，庄氏曰：‘男女授受不亲，行则异途，居不杂坐，礼也。今以乱离之故，混处岩穴之中，杂然无辨，废礼甚矣，妾不敢也。’彦敬曰：‘然，其如贼至且掳何？’庄正色曰：‘无礼而生，不如死。即不幸见掠，君谓妾不能死耶？请先试之。’引刀自刎而死。后三日，贼大举，破其乡，无保全者。君子谓庄氏贤而且智云。彦敬感其义，终身不娶。”

《儿女英雄传》第二二回：“你我‘男女授受不亲’！你可记得我在能仁寺救你的残生，那样性命呼吸之间，我尚且守这大礼，把那弓梢儿扶你。”

2. 后世有关《坊记》的两部著作

一部是明代黄道周的《坊记集传》二卷。此书有景印文渊阁《四库全书》本，书首提要云：“此书乃道周在经筵日纂辑进呈之本，其自序以为圣人之坊乱，莫大于《春秋》，故是书之体，以《坊记》为经，而每章之下，皆胪举《春秋》之事以证之。《戴记》本为一篇，而（此书）分为三十章，章各创为之目。上卷之目曰：《大坊》第一，《去乱》第二，《己畔》第三，《章别》第四，《盍旦》第五，《远害》第六，《人浮于食》第七，《贵让》第八，《作让》第九，《可托》第十，《酌言》第十一，《让善》第十二，《作忠》第十三，《作孝》第十四，《敬美》第十五；下卷之目曰：《微谏》第十六，《睦族》第十七，《敬辨》第十八，《敬老追孝》第十九，《食义》第二十，《教敬教睦》第二十一，《卒事》第二十二，《不贰》第二十三，《先事后禄》第二十四，《遗利》第二十五，《别嫌》第二十六，《厚别》第二十七，《辟远》第二十八，《民纪》第二十九，《亲迎》第三十。亦非说经家法。第其意存鉴戒，于君臣、父子、夫妇、兄弟之间，原其乱之所自生，究其祸之所终极，言之颇为剀切。”

一部是清季廖平的《坊记新解》不分卷，比较容易看到的是《续修四库全书》本。廖氏《自序》云：“按春秋时代，由禽兽进于野人，大约与今海外程度相同。孔子拨乱反正，作《礼经》以引进之，所以用夏变夷，为礼以教人，使人自别于禽兽。由秦汉至今二千余年，验小推大，二十二行省，人伦礼教，浃髓入神，至圣之赐也。自欧化东行，一二喜新之士，乃欲用夷变夏，所谓‘以旧坊为无用而弃之’，正为今世言之。故仿黄氏之意，再解此书。用进化说，独尊孔经，欲以拨全球之乱，推礼教于外人。”观廖氏所谓“春秋时代，由禽兽进于野人，大约与今海外程度相同”云云，则廖氏之海外知识可知。而《续修四库全书总目提要》云：“平所著书，每好立新义，恣为异说，奇觚不类。独此书虽多新解，间亦以外国事迹参证，较其他书犹尚平实，未甚支离灭裂也。”

〔**集评**〕

唐·孔颖达《礼记正义》曰：“案郑《目录》云：‘名曰《坊记》者，以其记六艺之义，所以坊人之失者也。此于《别录》属通论。’”

清《钦定礼记义疏》引程子曰：“《坊记》不知何人所作，观其引《论语》曰，则不可以为孔子之言。汉儒如贾谊、董仲舒所言，盖得此篇之意，或者其所记与？”

清·杭世骏《续礼记集说》卷八五引姚际恒曰：“此篇固非孔子之言，然颇不诡于圣人之道，不必以其非孔子之言而遂少之也。子为男子美称，周秦间人多称之。又弟子录其师说，亦称子曰。……此儒家之诸子，义理严正，而作者贯穿诸礼于胸中，以议论出之，颇具精能其章法变化，不拘一辙，段落若断若连，洵先秦妙笔也。”

王锷《礼记成书考》：“我们认为，《坊记》是子思的著作。第一，南朝梁沈约说《坊记》取自《子思子》。第二，郭店楚简的出土，为《坊记》的作者和成篇时代提供了旁证。第三，《孟子》、《荀子》引《诗》的风格，与《坊记》极为相似，显然是对《子思子》文风的继承。”

〔**思考与讨论**〕

1.《坊记》中的“子言之”、“子云”中之“子”，您认为指的是谁？

2.《坊记》一篇之中，两次说到“善则称人，过则称己”，您如何评价？

《中庸》第三十一

天命之谓性[1]，率性之谓道[2]，修道之谓教[3]。道也者，不可须臾离也[4]，可离非道也。是故君子戒慎乎其所不睹[5]，恐惧乎其所不闻。莫见乎隐[6]，莫显乎微[7]，故君子慎其独也[8]。喜怒哀乐之未发，谓之中[9]；发而皆中节，谓之和[10]。中也者，天下之大本也[11]；和也者，天下之达道也[12]。致中和[13]，天地位焉[14]，万物育焉。

仲尼曰："君子中庸，小人反中庸[15]。君子之中庸也，君子而时中；小人之中庸也，小人而无忌惮也[16]。"

子曰："中庸其至矣乎！民鲜能久矣[17]！"

子曰："道之不行也[18]，我知之矣：知者过之[19]，愚者不及也。道之不明也，我知之矣：贤者过之，不肖者不及也。人莫不饮食也，鲜能知

---

① 天命：犹言天赋，上天赋予。据郑玄说，上天把仁义礼智信五种德行赋予了生人。

② 率性之谓道：郑玄注："率，循也。循性行之之谓道。"

③ 修道之谓教：据郑玄注，把道加以修治而推广之，使人仿效，就叫教。

④ 须臾：片刻。

⑤ 乎：介词，同"于"。其所不睹：直译"他（君子）所不睹"，实际意思是"为人所不见"。下句仿此。

⑥ 莫见（xiàn 现）乎隐：没有什么隐秘可以不被发现。见，"现"的古字。

⑦ 莫显乎微：没有什么小事可以不被显露。

⑧ 慎其独也：郑玄注："慎独者，慎其闲居之所为。"

⑨ "喜怒哀乐之未发"二句：朱熹注："喜怒哀乐，情也。其未发，则性也，无所偏倚，故谓之中。"发，发作。

⑩ 中（zhòng 仲）节：合乎规范，恰如其分。

⑪ 大本：根本。

⑫ 达道：普遍的规律。

⑬ 致：使达道。

⑭ 位：郑玄注："犹正也。"

⑮ "君子中庸"二句：郑玄注："庸，常也。用中为常道也。反中庸者，所行非中庸，然亦自以为中庸也。"朱熹注："中庸者，不偏不倚，无过不及，而平常之理，乃天命所当然，精微之极致也，唯君子为能体之，小人反是。"

⑯ "君子之中庸也"四句：朱熹注："君子之所以为中庸者，以其有君子之德，而又能随时以处中也。小人之所以反中庸者，以其有小人之心，而又无所忌惮也。"时中：时时恰如其分。小人之中庸也：王肃本作"小人之反中庸也"，是。

⑰ "中庸其至矣乎"二句：中庸大概是最高的道德标准了！可惜人们很少能够长期做到啊！

⑱ 道：谓中庸之道。

⑲ 知者：智者。知，古"智"字。

味也[①]。”

子曰：“道其不行矣夫[②]！”

子曰：“舜其大知也与[③]！舜好问而好察迩言[④]，隐恶而扬善，执其两端[⑤]，用其中于民[⑥]，其斯以为舜乎[⑦]！”

子曰：“人皆曰‘予知’[⑧]，驱而纳诸罟擭陷阱之中[⑨]，而莫之知辟[⑩]也。人皆曰‘予知’，择乎中庸而不能期月守也[⑪]。”

子曰：“回之为人也[⑫]，择乎中庸，得一善则拳拳服膺而弗失之矣[⑬]。”

子曰：“天下国家可均也[⑭]，爵禄可辞也，白刃可蹈也，中庸不可能也[⑮]。”

子路问强[⑯]。子曰：“南方之强与[⑰]？北方之强与？抑而强与[⑱]？宽柔以教，不报无道，南方之强也，君子居之[⑲]。衽金革，死而不厌，北方之强也，而强者居之[⑳]。故君子和而不流[㉑]，强哉矫[㉒]！中立而不倚[㉓]，强哉

---

① “人莫不饮食也”二句：人，指代上文的“智者”和“愚者”。莫不饮食：犹言莫不追求中庸。这是一个浅近的比喻。鲜能知味，犹言很少有人能够做到。

② 道：谓中庸之道。其：大概。

③ 大知：即大智。知，古“智”字。也与：语尾助词，相当于现代汉语的“了吧”。

④ 好问：犹言不耻下问。迩言：浅近之言，常人之语。迩，近也。

⑤ 两端：郑玄注：“过与不及也。”所谓“执其两端”，实际上是“舍其两端”。

⑥ 中：无过与无不及。

⑦ 其斯以为舜乎：这大概就是舜之所以为舜的道理吧！

⑧ 人皆曰‘予知’：人人都说自己聪明。

⑨ 罟(gǔ古)：罗网。擭(huò获)：设有机关的捕兽木笼。

⑩ 辟：通“避”，避开。

⑪ 择乎：选择了。期(jī基)月：满一个月。守：坚持。

⑫ 回：孔子的得意弟子颜回，字子渊。详见《论语》和《史记·仲尼弟子列传》。

⑬ 得一善：谓得到合乎中庸之道的片言只语。拳拳：奉持之貌。服膺：牢记在心。

⑭ 均：朱熹注：“平治也。”

⑮ 中庸不可能也：(与以上三者相比)中庸是很难做到的。

⑯ 子路问强：朱熹注：“子路，孔子弟子仲由也。子路好勇，故问强。”强，刚强。

⑰ 与：疑问语气词，后写作“欤”。

⑱ 抑：或者，抑或。尔：你。此谓子路。

⑲ “宽柔以教”四句：朱熹注：“宽柔以教，谓含容巽顺以诲人之不及也。不报无道，谓横逆之来，直受之而不报也。南方风气柔弱，故以含忍之力胜人为强，君子之道也。”

⑳ “衽金革”四句：朱熹注：“衽，席也。金，戈兵之属。革，甲胄之属。北方风气刚劲，故以果敢之力胜人为强，强者之事也。”

㉑ 和而不流：性情和顺而不随波逐流。按：从“故君子和而不流”句至本章之末，皆是孔子勉励子路之语。

㉒ 强哉矫：才是真正的强！矫，强貌。

㉓ 不倚：不偏不倚。

矫！国有道，不变塞焉[1]，强哉矫！国无道，至死不变[2]，强哉矫！”

子曰：“素隐行怪[3]，后世有述焉，吾弗为之矣[4]。君子遵道而行，半涂而废[5]，吾弗能已矣[6]。君子依乎中庸，遁世不见知而不悔，唯圣者能之[7]。君子之道费而隐[8]。夫妇之愚，可以与知焉[9]；及其至也[10]，虽圣人亦有所不知焉。夫妇之不肖，可以能行焉；及其至也，虽圣人亦有所不能焉。天地之大也，人犹有所憾[11]。故君子语大[12]，天下莫能载焉；语小[13]，天下莫能破焉[14]。《诗》云：‘鸢飞戾天，鱼跃于渊[15]。’言其上下察也[16]。君子之道，造端乎夫妇[17]；及其至也，察乎天地[18]。”

子曰：“道不远人[19]。人之为道而远人，不可以为道。《诗》云：‘伐柯伐柯，其则不远[20]。’执柯以伐柯，睨而视之[21]，犹以为远。故君子以人治人，改而止[22]。忠恕违道不远[23]，施诸己而不愿，亦勿施于人[24]。君子之道

---

① 不变塞焉：朱熹注：“塞，未达也。国有道，不变未达之所守。”

② 至死不变：朱熹注：“国无道，不变平生之所守也。”

③ 素隐行怪：朱熹注：“素，按《汉书》当作索，盖字之误也。索隐行怪，言深求隐僻之理，而过为诡异之行也。”

④ 吾：孔子自称。下同。

⑤ 半涂而废：今写作“半途而废”。

⑥ 已：停止。

⑦ “君子依乎中庸”三句：郑玄注：“言隐者当如此也。唯舜为能如此。”依乎中庸，义同上文之“择乎中庸”。

⑧ 费而隐：朱熹注：“费，用之广也。隐，体之微也。”然则，费而隐者，看起来微小，但用途广大。

⑨ “夫妇之愚”二句：笨头笨脑的普通男女，虽然也能够知其一二。

⑩ 及其至也：谈到君子之道的最高境界。

⑪ “天地之大也”二句：郑玄注：“憾，恨也。天地至大，无不覆载，人尚有所恨焉，况于圣人，能尽备之乎！”

⑫ 故君子语大：郑玄注：“语，犹说也。所说大事，谓先王之道也。”

⑬ 语小：郑玄注：“所说小事，谓若愚不肖夫妇之知行也。”

⑭ 破：分析。

⑮ “《诗》云”二句：见《诗经·大雅·旱麓》。鸢（yuān 渊）：老鹰。戾：至。

⑯ 言其上下察也：郑玄注：“察，犹着也。言圣人之德，至于天则鸢飞戾天，至于地则鱼跃于渊，是其着明于天地也。”

⑰ 造端乎：开始于。夫妇：郑玄注：“谓匹夫匹妇之所知所行。”

⑱ “及其至也”二句：说到君子之道的最高境界，则昭著于天地之间。

⑲ 道不远人：君子之道与人的距离并不遥远。

⑳ “《诗》云”二句：见《诗经·豳风·伐柯》。诗意为：砍斧柄啊砍斧柄，式样就在你面前。柯，斧柄。

㉑ 睨（nì 逆）：斜视，瞟一眼。之：指代手中所执之柯。

㉒ “故君子以人治人”二句：朱熹注：“君子之治人也，即以其人之道，还治其人之身。其人能改，即止不治。盖责之以其所能知能行，非欲其远人以为道也。”

㉓ 忠恕：朱熹注：“尽己之心为忠，推己及人为恕。”违：去，距离。

㉔ “施诸己而不愿”二句：《论语·宪问》：“己所不欲，毋施于人。”

四，丘未能一焉[①]：所求乎子，以事父，未能也[②]；所求乎臣，以事君，未能也；所求乎弟，以事兄，未能也；所求乎朋友，先施之，未能也[③]。庸德之行，庸言之谨[④]，有所不足，不敢不勉；有余，不敢尽[⑤]。言顾行，行顾言，君子胡不慥慥尔[⑥]！君子素其位而行，不愿乎其外[⑦]。素富贵，行乎富贵；素贫贱，行乎贫贱；素夷狄，行乎夷狄；素患难，行乎患难：君子无入而不自得焉[⑧]。在上位不陵下[⑨]，在下位不援上[⑩]，正己而不求于人[⑪]，则无怨。上不怨天，下不尤人。故君子居易以俟命[⑫]，小人行险以侥幸。”

子曰：“射有似乎君子，失诸正鹄，反求诸其身[⑬]。君子之道，譬如行远必自迩[⑭]，譬如登高必自卑[⑮]。《诗》曰：‘妻子好合，如鼓瑟琴。兄弟既翕，和乐且耽。宜尔室家，乐尔妻帑[⑯]。’”子曰：“父母其顺矣乎[⑰]！”

子曰：“鬼神之为德[⑱]，其盛矣乎！视之而弗见[⑲]，听之而弗闻，体物

---

① “君子之道四”二句：君子之道的内容有四条，我未能做到其中的任何一条。丘，孔子自称己名。郑玄注：“圣人而曰‘我未能’，明人当勉之无已（即不止）。”

② “所求乎子”三句：要求儿子对我做到的，我应当先对父亲做到，这一条我还没有做到。

③ “所求乎朋友”三句：要求朋友对我做到的，我应当先对朋友做到，这一条我还没有做到。

④ “庸德之行”二句：“之”字复指其前的宾语“庸德”、“庸言”，这是一种倒装结构。庸，常也。意谓行的是平平常常的德，谨的是平平常常的言。

⑤ 有余，不敢尽：自己的才能绰绰有余，也不敢把自己的才能使尽。这是表示谦退。

⑥ 胡不：何不，岂不。慥慥（zào zào 造造）：王引之《经义述闻》：“慥慥者，黾勉不敢缓之意，犹言汲汲耳。君子胡不慥慥耳，言君子何事不汲汲然自勉乎？”

⑦ “君子素其位而行”二句：朱熹注：“素，犹现在也。言君子但因现在所居之位而为其所当为，无慕乎其外之心也。”按：下文四个“素”字均作“现在”解。

⑧ 君子无入而不自得焉：君子随遇而安。

⑨ 陵：欺凌。

⑩ 援：攀援，巴结。

⑪ 正己而不求于人：《论语·卫灵公》：“君子求诸己，小人求诸人。”

⑫ 故君子居易以俟命：朱熹注：“居易，素位而行也。俟命，不愿乎外也。”郑玄注“俟命”为“听天任命”。

⑬ “射有似乎君子”三句：射箭有似于君子之道，如果没有射中靶心，要回过头来从自己身上找原因。正鹄（zhēng gǔ 征古）：正与鹄都是箭靶的中心。其区别在于正用于宾射，布制；鹄用于大射，皮制。

⑭ 迩：近。近处。

⑮ 卑：低处。

⑯ “《诗》曰”六句：见《诗经·小雅·棠棣》。妻子好合：与妻子相亲相爱。如鼓瑟琴：如同鼓瑟抚琴般之声音相应和。翕（xī 西）：和合，和顺。尔：你，你的。耽：很快乐。帑：通“孥”，儿子。这里引此六句诗的含义是，要做到治国、平天下这样的大事，也要从自己做起，从自己的家庭做起。

⑰ 父母其顺矣乎：孔子说：（做到像《诗》所描写的那样），做父母的大概就感到顺心了。

⑱ 鬼神：人鬼天神。德：功德。

⑲ 之：指鬼神。下句同。

而不可遗[①]。使天下之人齐明盛服[②]，以承祭祀。洋洋乎！如在其上，如在其左右[③]。《诗》曰：‘神之格思，不可度思！矧可射思[④]！’夫微之显[⑤]，诚之不可揜[⑥]，如此夫！”

子曰：“舜其大孝也与！德为圣人，尊为天子，富有四海之内。宗庙飨之[⑦]，子孙保之[⑧]。故大德必得其位，必得其禄，必得其名[⑨]，必得其寿。故天之生物，必因其材而笃焉[⑩]。故栽者培之[⑪]，倾者覆之[⑫]。《诗》曰：‘嘉乐君子，宪宪令德。宜民宜人，受禄于天。保佑命之，自天申之[⑬]。’故大德者必受命[⑭]。”

子曰：“无忧者，其惟文王乎[⑮]！以王季为父[⑯]，以武王为子[⑰]，父作之，子述之。武王缵大王、王季、文王之绪[⑱]，壹戎衣而有天下[⑲]，身不失天下之显名。尊为天子，富有四海之内。宗庙飨之，子孙保之。武王末

---

① 体物而不可遗：据郑玄注，这句话变成了“生物而无所遗漏”，即世上万物无一不是鬼神之气所生。

② 齐(zhāi 斋)明：斋戒和沐浴。齐，通“斋”。明，谓清洁自身。

③ “洋洋乎”三句：鬼神无处不在，到处流动，一会儿像是在你的头上，一会儿像是在你的左右。洋洋：朱熹注：“流动充满之意。”

④ “《诗》曰”三句：见《诗经・大雅・抑》。格：来。思：语助词，无义。度(duó 夺)：忖度，推测。矧(shěn 审)：况且。射(yì 异)：通“斁”，厌倦。郑玄笺云：“神之来至去止，不可度知，况可于祭末而有厌倦乎？”

⑤ 夫：发语词。微之显：鬼神无形却到处显灵。

⑥ 诚之不可揜：鬼神不言却报应不爽。

⑦ 飨：敬献供品。之：指舜。

⑧ 保，安也。本句是说舜的子孙因得到舜的庇佑而平平安安。

⑨ 名：郑玄注：“令闻也。”即好名声。

⑩ “故天之生物”二句：郑玄注：“材，谓其质性也。笃，厚也。言善者天厚其福，恶者天厚其毒，皆由其本而为之。”

⑪ 栽：种植。培：培益。

⑫ 倾：倾斜。覆：覆败。

⑬ “《诗》曰”六句：见《诗经・大雅・假乐》。嘉乐：赞美喜爱。君子：诗的原意是指成王。这里指舜。宪宪：《毛诗》作“显显”，光明的样子。命之：命舜。申：重申之重。申之：一再赐福于舜。

⑭ 受命：朱熹注：“受天命为天子也。”

⑮ “无忧者”二句：无忧无虑的人，恐怕只有周文王吧！

⑯ 王季：文王之父。史称季历，又称公季。王季是追王以后的称呼。参《史记・周本纪》。因为周的基业是由王季开的头，所以下文说“父作之”。

⑰ 武王：周武王，文王之子。因为武王又继承了文王的未竟之业，所以下文说“子述之”。

⑱ 缵(zuǎn 纂)：继承。大王：即太王。王季之父，文王之祖。原叫古公亶父。太王也是追王以后的称呼。绪：未竟之业。

⑲ 壹戎衣：郑玄注：“衣读如殷，声之误也。壹戎殷者，壹用兵伐殷也。”

受命[1]，周公成文、武之德[2]，追王大王、王季[3]，上祀先公以天子之礼[4]。斯礼也，达乎诸侯、大夫及士、庶人[5]。父为大夫，子为士，葬以大夫，祭以士。父为士，子为大夫，葬以士，祭以大夫。期之丧[6]，达乎大夫。三年之丧[7]，达乎天子。父母之丧，无贵贱，一也[8]。"

子曰："武王、周公，其达孝矣乎[9]！夫孝者，善继人之志[10]，善述人之事者也。春秋修其祖庙[11]，陈其宗器[12]，设其裳衣[13]，荐其时食[14]。宗庙之礼，所以序昭穆也[15]。序爵[16]，所以辨贵贱也。序事[17]，所以辨贤也。旅酬下为上，所以逮贱也[18]。燕毛，所以序齿也[19]。践其位[20]，行其礼，奏其乐，

---

① 末：晚年。受命：受命为天子。

② 成：成就了，完成了。德：此指心愿。

③ 追王：追认为王。

④ 上祀先公：追溯祭祀太王以前的周人的祖先。因为这些祖先只是早期的国君，故称先公。郑玄注："先公，组绀以上至后稷也。"

⑤ "斯礼也"二句：郑玄注："斯礼达于诸侯、大夫、士、庶人者，谓葬之从死者之爵，祭之用生者之禄也。"下文的"父为大夫"一下八句，都贯穿着这条礼的规定。达乎：通行于，适用于。

⑥ "期(jī基)之丧"二句：朱熹注："丧服自期以下，诸侯绝，大夫降。"意谓为旁系亲属应穿一年孝服的丧礼，诸侯是没有的，而大夫则降一等，服大功。

⑦ 三年之丧：穿三年孝服的丧礼。孔颖达说："谓正统在三年之丧，父母及嫡子并妻也。"换言之，天子只为其父母、嫡子、妻服三年之丧。

⑧ 一也：都一样。即都应服三年之丧。

⑨ 达孝：犹言最孝。

⑩ 人：谓先人、父祖。

⑪ 春秋：指代一年四季。修：修整，打扫。

⑫ 陈：陈设。宗器：谓祭器。

⑬ 裳衣：先人遗下的衣服。郑玄注："设之，当以授尸也。"即让代替先人接受祭祀的人来穿。

⑭ 荐：进献。时食：四时的当令食品。

⑮ "宗庙之礼"二句：朱熹注："宗庙之次：左为昭，右为穆，而子孙亦以为序(按：这是讲的死者神主的排列)。有事于太庙，则子姓、兄弟、群昭、群穆咸在而不失其伦焉(按：这是讲生者在太庙中参加祭祀活动时的排序)。"序昭穆，按照昭穆顺序来排序。

⑯ 序爵：按照公、卿、大夫、士的爵位高低来排序。

⑰ 序事：按照在祭祀中所担当的职事来排序。朱熹注："事，宗祝有司之职事也。"

⑱ "旅酬下为上"二句：旅酬，谓祭祀即将结束时，众人互相劝酒。旅酬时，首先由卑幼给尊长劝酒，这就是所谓"下为上"。在祭祀活动中，以能够摊到事情做为荣。"旅酬下为上"，就是忘了给卑贱者提供这样一个机会，故曰"所以逮贱也"。

⑲ "燕毛"二句：朱熹注："燕毛，祭毕而燕(按：即宴)，则以毛发之色别长幼，为坐次也。齿，年数也。"

⑳ 践其位：就先王所就之位。其，指先王。下文四个"其"字皆同。例如，"行其礼，奏其乐"，就是行先王所行之礼，奏先王所奏之乐。

敬其所尊，爱其所亲，事死如事生，事亡如事存[①]，孝之至也。郊社之礼，所以事上帝也[②]。宗庙之礼，所以祀乎其先也。明乎郊社之礼、禘尝之义[③]，治国其如示诸掌乎[④]！”

哀公问政[⑤]。子曰：“文、武之政，布在方策[⑥]。其人存[⑦]，则其政举；其人亡，则其政息[⑧]。人道敏政，地道敏树[⑨]。夫政也者，蒲卢也[⑩]。故为政在人[⑪]，取人以身[⑫]，修身以道[⑬]，修道以仁[⑭]。仁者人也[⑮]，亲亲为大；义者宜也[⑯]，尊贤为大。亲亲之杀，尊贤之等，礼所生也[⑰]。在下位不获乎上，民不可得而治矣[⑱]！故君子不可以不修身；思修身，不可以不事亲；思

---

① “事死如事生”二句：朱熹注：“始死谓之死，既葬则曰反而亡焉。皆指先王也。”请注意朱熹辨析“死”、“亡”二字的区别。

② “郊社之礼”二句：朱熹注：“郊，祭天。社，祭地。不言‘后土’者，省文也。”意思是说，天神是上帝，地神是后土，可是“所以事上帝也”句中没有提到“后土”，那是省文的原因。

③ 禘尝：按《礼记·王制》：“天子、诸侯宗庙之祭：春曰礿，夏曰禘，秋曰尝，冬曰烝。”这里是用“禘尝”指代宗庙之礼。

④ 示诸掌：朱熹注：“示，与‘视’同。视诸掌，言易见也。”郑玄注：“序爵、辨贤、尊尊、亲亲，治国之要。”

⑤ 哀公：（？—前468年）春秋时鲁国国君，名蒋。问政：请教如何治理国家。

⑥ “文、武之政”二句：文王、武王的治国方法，都记载在典籍上面。方策，木板和竹简。上古的书写工具。

⑦ 其人存：贤人若在。

⑧ 息：熄灭，不存。

⑨ “人道敏政”二句：孔颖达说：“敏，勉也。言为人君当勉力行政。地道敏树者，树，殖草木也。言为地之道，亦勉力生殖也。”

⑩ 蒲卢：郑玄注：“蒲卢，蜾蠃，谓土蜂也。《诗》曰：‘螟蛉有子，蜾蠃负之。’螟蛉，桑虫也，蒲卢取桑虫之子去而变化之，以成为己子。政之于百姓，若蒲卢之于桑虫然。”朱熹注则曰：“蒲卢，沈括以为蒲苇是也。”未知孰是，这里故从郑说。孔颖达疏曰：“蒲卢取桑虫之子以为己子，善为政者化养他民以为己民，若蒲卢然也。”

⑪ 为政在人：朱熹注：“《家语》作‘为政在于得人’，语意尤备。人，谓贤臣。”

⑫ 取人以身：能否取得贤臣取决于国君自身。

⑬ 国君自身的修养如何取决于道。道，谓下文之“天下之达道”。

⑭ 修道以仁：道修得如何取决于仁。

⑮ 仁者人也：所谓仁，就是爱人。

⑯ 义者宜也：所谓义，就是适宜。

⑰ “亲亲之杀（shài 晒）”三句：亲近亲人而有亲疏之别，尊敬贤人而有等级之差，礼也就应运而生。杀（shài 晒），等差。

⑱ “在下位不获乎上”二句：郑玄说：这两句应当在下文，误重于此。

事亲，不可以不知人；思知人，不可以不知天[1]。天下之达道五[2]，所以行之者三[3]。曰：君臣也，父子也，夫妇也，昆弟也，朋友之交也，五者天下之达道也。知、仁、勇[4]，三者天下之达德也[5]，所以行之者一也[6]。或生而知之[7]，或学而知之，或困而知之；及其知之，一也。或安而行之，或利而行之，或勉强而行之；及其成功，一也。"

子曰："好学近乎知，力行近乎仁，知耻近乎勇[8]。知斯三者，则知所以修身；知所以修身，则知所以治人；知所以治人，则知所以治天下国家矣。

"凡为天下国家有九经[9]，曰：修身也，尊贤也，亲亲也，敬大臣也，体群臣也[10]，子庶民也[11]，来百工也[12]，柔远人也[13]，怀诸侯也[14]。修身则道立[15]，尊贤则不惑[16]，亲亲则诸父昆弟不怨，敬大臣则不眩[17]，体群臣则士之报礼重，子庶民则百姓劝[18]，来百工则财用足，柔远人则四方归之，怀诸侯则天下畏之。

---

① "故君子不可以不修身"七句：郑玄注："言修身乃知孝，知孝乃知人，知人乃知贤不肖，知贤不肖乃知天命所保佑。"

② 达道：公认的准则。

③ 所以行之者三：用来实行这五条准则的美德有三种。即下文的"知、仁、勇"。

④ 知："智"的古字。

⑤ 达德：美德。

⑥ 所以行之者一也：所以百王都推行五达道、三达德而不改变。一，百王所不变。

⑦ 之：指代上文的五达道、三达德。下同。

⑧ "好学近乎知"三句：据孔颖达疏，"好学近乎知"是针对上文"或学而知之"说的；"力行近乎仁"是针对上文"或利而行之"说的；"知耻近乎勇"是针对上文"困而知之"和"勉强而行之"说的。

⑨ 为：治理。九经：九条常规。

⑩ 体：体恤。

⑪ 子：爱。庶民：百姓。

⑫ 来百工：劝勉各种工匠。王引之《经义述闻》卷十六："来，读'劳来'之来，谓劝勉之也。"

⑬ 柔远人：怀柔蕃国。

⑭ 怀：安抚。

⑮ 道：道德。

⑯ 尊贤则不惑：因为有贤者出谋划策。

⑰ 不眩：不迷。因为任用之大臣聪明。

⑱ 劝：劝勉。

“齐明盛服[1]，非礼不动，所以修身也；去谗远色，贱货而贵德[2]，所以劝贤也[3]；尊其位，重其禄，同其好恶，所以劝亲亲也；官盛任使[4]，所以劝大臣也；忠信重禄[5]，所以劝士也，时使薄敛[6]，所以劝百姓也；日省月试[7]，既廪称事[8]，所以劝百工也；送往迎来[9]，嘉善而矜不能[10]，所以柔远人也；继绝世，举废国[11]，治乱持危[12]，朝聘以时[13]，厚往而薄来[14]，所以怀诸侯也。

“凡为天下国家有九经[15]，所以行之者一也[16]。凡事豫则立[17]，不豫则废。言前定则不跲[18]，事前定则不困[19]，行前定则不疚[20]，道前定则不穷[21]。

“在下位不获乎上[22]，民不可得而治矣；获乎上有道，不信乎朋友，不获乎上矣[23]；信乎朋友有道，不顺乎亲[24]，不信乎朋友矣；顺乎亲有道，反

---

① 齐明：注见前。

② 货：财货。

③ 劝贤：鼓励贤臣。

④ 官盛任使：属官众多，任其使令。

⑤ 忠信重禄：朱熹注：“待之诚而养之厚。”即待之以诚，授以高禄。

⑥ 时使：役使有时。薄敛：减轻赋税。

⑦ 日省（xǐng醒）月试：每日查看，每月考试。

⑧ 既廪（xì lǐn西凛）称事：给的俸禄与其工作般配。既，通“饩”。饩与廪本指国家免费提供的口粮。此泛指俸禄。称：相称。

⑨ 送往迎来：来时欢迎，走时欢送。

⑩ 嘉善而矜不能：夸奖其做得好的，怜悯其不能做的。

⑪ “继绝世”二句：延续其断绝了的香火，复兴被灭亡的国家。

⑫ 治乱持危：其国有内乱则帮助平定，其国遇到危急则予以支持。

⑬ 朝聘以时：朱熹注：“朝，谓诸侯见于天子。聘，谓诸侯使大夫来献。《王制》：‘比年一小聘，三年一大聘，五年一朝。’”

⑭ 厚往而薄来：诸侯来朝时纳贡菲薄，归国时的赏赐则要丰厚。

⑮ 凡为天下国家有九经：注见前。

⑯ 所以行之者一也：注见前。

⑰ 豫：朱熹注：“素定也。”即事前有准备。

⑱ 言前定则不跲（jiá荚）：要说的话事前有所准备就不会半路卡壳。前定，事前有准备。下同。跲，有所牵绊。

⑲ 困：陷入困境。

⑳ 行：行动。疚：诟病。

㉑ 道：道路。穷：走投无路。

㉒ 在下位不获乎上：作为臣子如果不能获得国君的信任。

㉓ “获乎上有道”三句：获得国君的信任是有办法的，如果能够取信于朋友，就能够取信于国君。

㉔ 不顺乎亲：不孝顺于父母。

诸身不诚[1],不顺乎亲矣;诚身有道[2],不明乎善[3],不诚乎身矣。

"诚者,天之道也[4];诚之者,人之道也[5]。诚者,不勉而中,不思而得,从容中道,圣人也[6]。诚之者,择善而固执之者也[7]。

"博学之,审问之,慎思之,明辨之,笃行之。有弗学,学之弗能,弗措也[8];有弗问,问之弗知,弗措也;有弗思,思之弗得,弗措也;有弗辨,辨之弗明,弗措也;有弗行,行之弗笃,弗措也。人一能之,己百之;人十能之,己千之。果能此道矣,虽愚必明,虽柔必强。

"自诚明,谓之性。自明诚,谓之教。诚则明矣,明则诚矣[9]。

"唯天下至诚,为能尽其性[10];能尽其性,则能尽人之性[11];能尽人之性,则能尽物之性[12];能尽物之性,则可以赞天地之化育[13];可以赞天地之化育,则以与天地参矣[14]。

"其次致曲[15]。曲能有诚,诚则形[16],形则著[17],著则明[18],明则动[19],动

---

① 反诸身不诚:反躬自省,如果不是诚心诚意。

② 要使自身诚心诚意是有办法的。

③ 不明乎善:不知好歹。

④ "诚者"二句:诚本身是天理。

⑤ "诚之者"二句:做到诚,这是做人的准则。

⑥ "诚者不勉而中"五句:作为天理的诚,不用勉强就正好,不假思索就能得到,从容不迫,恰如其分,能够这样做到的是圣人。

⑦ "诚之者"二句:做到诚,只有那些择善而从并且紧紧抓住不放的人。

⑧ 措:放下,丢开。下同。

⑨ "自诚明"六句:郑玄注:"自,由也。由至诚而有明德,是圣人之性者也。由明德而有至诚,是贤人学以成之也。有至诚则必有明德,有明德则必有至诚。"

⑩ "唯天下至诚"二句:只有具备天下至诚的圣人,才能完全发挥自己的天性。

⑪ 则能尽人之性:就能发挥他人的天性。

⑫ 则能尽物之性:就能发挥万物的天性。

⑬ 赞天地之化育:郑玄注:"赞,助也。育,生也。助天地之化生,谓圣人受命,在王位,致太平。"

⑭ 天地参(sān 三):(圣人与)天地并列而为三。参,通"三"。按:本节是就上文的"自诚明"而言。

⑮ 其次:郑玄注:"其次,谓'自明诚'者也。"能够做到"自明诚"的是贤人,次于能够做到"自诚明"的圣人。致曲:郑玄注:"致,至也。曲,犹小小之事也。"盖谓贤人只能从小事做起。

⑯ 形:表现出来。

⑰ 著:显著。

⑱ 明:光明。

⑲ 动:感动人心。

则变[1]，变则化[2]。唯天下至诚为能化。

“至诚之道，可以前知[3]。国家将兴，必有祯祥[4]。国家将亡，必有妖孽[5]。见乎蓍龟[6]，动乎四体[7]。祸福将至：善，必先知之；不善，必先知之。故至诚如神。

“诚者，自成也；而道，自道也[8]。

“诚者，物之终始，不诚无物[9]。是故君子诚之为贵[10]。

“诚者，非自成己而已也，所以成物也[11]。成己，仁也；成物，知也[12]。性之德也[13]，合外内之道也[14]，故时措之宜也[15]。

“故至诚无息[16]。不息则久，久则征[17]，征则悠远，悠远则博厚，博厚则高明。博厚，所以载物也；高明，所以覆物也；悠久[18]，所以成物也。博厚配地[19]，高明配天[20]，悠久无疆[21]。如此者，不见而章，不动而变，无为而成[22]。

---

① 变：谓弃恶从善。

② 化：谓脱胎换骨。

③ “至诚之道”二句：郑玄注：“可以前知者，言天不欺至诚者也。”

④ 祯祥：谓吉兆。

⑤ 妖孽：谓凶兆。

⑥ 见(xiàn现)乎蓍龟：体现在占卜上。古代占用龟甲，卜用蓍草。见，“现”的古字。

⑦ 动乎四体：郑玄注：“四体，谓龟之四足。春占后左，夏占前左，秋占前右，冬占后右。”

⑧ “诚者”四句：诚是由自身的修养完成的，而道的掌握也是自身努力的结果。第一个“道”指技艺，第二个“道”是“导”的古字。

⑨ “诚者”三句：诚贯穿于万物，没有诚也就没有万物。

⑩ 是故君子诚之为贵：即所以君子贵诚。

⑪ “诚者”三句：诚，并非完成自身的修养就算完事了，还要以诚来成就万物。

⑫ 知，“智”的古字。

⑬ 性之德也：仁、智是人性中的美德。这句话的主语是仁和智。

⑭ 合外内之道也：包括了成就自己和成就万物的方法。外，指上文的“成物”；内指上文的“成己”。

⑮ 故时措之宜也：朱熹注：“以时措之，而皆得其宜也。”措，用也。

⑯ 至诚无息：朱熹注：“既无虚假，自无间断。”无息，不间断。

⑰ 征：有了效验。

⑱ 悠久：即上文之“悠远”。

⑲ 博厚配地：呼应上文“博厚，所以载物也”。

⑳ 高明配天：呼应上文之“高明，所以覆物也”。

㉑ 悠久无疆：呼应上文之“悠久，所以成物也”。

㉒ “如此者”四句：孔疏：“言圣人之德如此博厚、高明、悠久，不见所为而功业章显，不见作动而万物改变，无所施为而道德成就。”

天地之道，可一言而尽也[①]。其为物不贰，则其生物不测[②]。

“天地之道，博也，厚也，高也，明也，悠也，久也。今夫天[③]，斯昭昭之多[④]，及其无穷也[⑤]，日月星辰系焉，万物覆焉。今夫地，一撮土之多[⑥]，及其广厚，载华岳而不重[⑦]，振河海而不泄[⑧]，万物载焉。今夫山，一卷石之多[⑨]，及其广大，草木生之，禽兽居之，宝藏兴焉。今夫水，一勺之多，及其不测[⑩]，鼋鼍、蛟龙、鱼鳖生焉，货财殖焉。《诗》曰：‘惟天之命，于穆不已[⑪]！’盖曰天之所以为天也。‘于乎不显，文王之德之纯[⑫]！’盖曰文王之所以为‘文’也，纯亦不已。

“大哉圣人之道！洋洋乎发育万物[⑬]，峻极于天[⑭]。优优大哉[⑮]！礼仪三百，威仪三千[⑯]，待其人然后行。故曰：苟不至德，至道不凝焉[⑰]。

“故君子尊德性而道问学，致广大而尽精微，极高明而道中庸[⑱]。温故而知新，敦厚以崇礼[⑲]。

---

① “天地之道”二句：朱熹注：“天地之道，可一言而尽，不过曰‘诚’而已。”

② “其为物不贰”二句：孔疏：“言圣人行至诚接待于物，不有差贰，以此之故，能生殖众物，不可测量。”

③ 今夫天：就拿天来说吧。今夫，转接连词，犹言“若夫”。

④ 斯昭昭之多：一开始也不过就那么狭小一片。孔颖达疏：“昭昭，狭小之貌。”

⑤ 及其无穷也：等它变得无穷大。

⑥ 一撮土之多：一开始也不过一把土而已。

⑦ 华岳：西岳华山。此处泛指五岳。不重：不以为重。

⑧ 振：收容，容纳。

⑨ 一卷（quán 拳）石：一块拳头大小的石头。卷，通“拳”。

⑩ 不测：谓水深不可测。

⑪ “诗曰”二句：见《诗经·周颂·维天之命》。郑笺云：“命，犹道也。天之道，于乎美哉！动而不止，行而不已。”于（wū 乌）：感叹词。穆：美。

⑫ “于乎不显”二句：亦见《诗经·周颂·维天之命》。于乎：同“呜呼”，感叹词。不显：显，光明。“不”是语中助词，无义。纯：朱熹注：“纯一不杂也。”

⑬ 洋洋：孔颖达疏：“洋洋，道德充满之貌。”

⑭ 峻：高大。

⑮ 优优：充足有余的样子。

⑯ “礼仪三百”二句：礼的大纲有三百条，礼的细则有三千条。三百、三千，皆泛言其多，非实指。

⑰ “故曰”二句：如果不是至德之人，至善之道也不可成。

⑱ “故君子尊德性而道问学”三句：所以君子尊崇圣人的至诚之性并通过问学的途径来达道；既要达到如同地德那样的博厚，又要达到无微不至；既要达到如同天德那样的高明，又要通达于中庸之理。“道问学”之道，由也。

⑲ 敦厚：这是个动宾结构，犹言加厚，加大力度。

“是故居上不骄[①]，为下不倍[②]；国有道，其言足以兴；国无道，其默足以容。《诗》曰：‘既明且哲，以保其身[③]。’其此之谓与！”

子曰：“愚而好自用[④]，贱而好自专[⑤]，生乎今之世，反古之道[⑥]。如此者，烖及其身者也[⑦]。非天子，不议礼，不制度，不考文[⑧]。今天下车同轨[⑨]，书同文[⑩]，行同伦[⑪]。虽有其位[⑫]，苟无其德，不敢作礼乐焉；虽有其德[⑬]，苟无其位，亦不敢作礼乐焉。”

子曰：“吾说夏礼，杞不足征也[⑭]。吾学殷礼，有宋存焉[⑮]。吾学周礼，今用之[⑯]，吾从周。王天下有三重焉[⑰]，其寡过矣乎[⑱]！上焉者虽善无征，无征不信，不信民弗从；下焉者虽善不尊，不尊不信，不信民弗从[⑲]。故君子之道[⑳]，本诸身[㉑]，征诸庶民[㉒]，考诸三王而不缪[㉓]，建诸天地而不

---

① 不骄：对下不骄傲。

② 不倍：对上不违逆。

③ “诗曰”二句：见《诗经·大雅·烝民》。

④ 自用：自以为是。

⑤ 自专：自作主张。

⑥ 反古之道：恢复古代的那一套。反，恢复。

⑦ 烖：同“灾”。

⑧ “非天子”四句：不是天子，就没有资格议论礼的改变，没有资格制定法度，没有资格考定文字。

⑨ 今：郑玄注：“今，孔子谓其时。”轨：车子两轮间的距离。本句是说法度统一。

⑩ 书同文：书写使用同样的文字。这句是说文字统一。

⑪ 行同伦：行为遵循同样的伦理。这句是说礼仪统一。

⑫ 位：谓天子之位。

⑬ 其德：谓圣人之德。郑玄概括“虽有其位”以下六句的意思说：“言作礼乐者，必圣人在天子之位。”

⑭ “吾说夏礼”二句：据孔颖达说，这两句与下文的“吾学殷礼，有宋存焉”是互文，当分别读作“吾说夏礼，有杞存焉，杞不足征也”和“吾学殷礼，有宋存焉，宋不足征也”。此二句大意是，我想解说夏代的礼，虽然夏的后裔杞国尚存，但由于杞君暗弱，不足以赞成此事。

⑮ “吾学殷礼”二句：我想学习殷代的礼，虽然殷的后裔宋国尚存，但由于宋君暗弱，不足以赞成此事。

⑯ 今：指孔子生活的时代。

⑰ 王(wàng望)天下：称王于天下。三重：郑玄注：“三重，三王之礼。”三王，指夏禹、商汤和周文王、周武王。

⑱ 寡过：少犯过错。

⑲ “上焉者虽善无征”六句：朱熹注：“上焉者，谓时王以前，如夏、商之礼虽善，而皆不可考。下焉者，谓圣人在下，如孔子虽善于礼，而不在尊位也。”征，证据。

⑳ 君子：朱熹注：“此君子，指王天下者而言。”

㉑ 本诸身：从自身做起。

㉒ 征诸：验证于。

㉓ 考：稽考于，验证于。三王：见上注。

悖①，质诸鬼神而无疑②，百世以俟圣人而不惑。质诸鬼神而无疑，知天也；百世以俟圣人而不惑，知人也。是故君子动而世为天下道③，行而世为天下法④，言而世为天下则⑤。远之则有望，近之则不厌⑥。《诗》曰：'在彼无恶，在此无射。庶几夙夜，以永终誉⑦！'君子未有不如此而蚤有誉于天下者也⑧。"

仲尼祖述尧、舜⑨，宪章文、武⑩；上律天时⑪，下袭水土⑫。譬如天地之无不持载，无不覆帱⑬；譬如四时之错行⑭，如日月之代明⑮。万物并育而不相害，道并行而不相悖⑯。小德川流，大德敦化⑰。此天地之所以为大也。唯天下至圣⑱，为能聪明睿知⑲，足以有临也⑳；宽裕温柔，足以有容也㉑；

---

① 建：疑当作"鉴"。鉴，察也。"鉴""建"古音相近。上文之"征"、"考"，下文之"质"，皆验证、稽考之意，不应此一字独异。

② 质：质问，质询。

③ 动：朱熹注："兼言行而言"。既指言，又指行。道：准则。

④ 法：法则。

⑤ 则：规矩。

⑥ "远之则有望"二句：远离君子，则有仰慕之心。靠近君子，则无厌倦之意。之，指君子。

⑦ "诗曰"四句：见《诗经·周颂·振鹭》。郑笺云："在彼，谓居其国无怨恶之者。在此，谓其来朝，人皆爱敬之，无厌之者。永，长也。誉，声美也。"射(yì 易)：《诗经》作"斁"，二字通，讨厌之意。终：通"众"，众人。

⑧ 蚤：通"早"。

⑨ 祖述：效法。"祖述尧舜"，这是从远处来说。

⑩ 宪章：效法。文武：周文王、周武王。"宪章文武"，这是从近处来说。

⑪ 上律天时：从上来说，效法天时。律天时，以天时为律。律，法也。

⑫ 下袭水土：从下来说，因袭水土。以上四句，言孔子效法圣人、效法天，效法地。

⑬ 譬如天地之无不持载，无不覆帱：这是个合叙句。分开来说就是：譬如地之无不持载，天之无不覆帱。帱(dào 道)，覆盖。

⑭ 错行：交替运行。

⑮ 代明：轮流明亮。

⑯ 道并行而不相悖：各种规律并行而不互相冲突。

⑰ "小德川流"二句：小德川流不息，大德敦厚化育。小德，谓天地之德的一部分。大德，谓天地之德的总体。

⑱ 至圣：谓孔子。

⑲ 睿知：即睿智。

⑳ 有临：能够君临天下。

㉑ 有容：有所包容。

发强刚毅[①]，足以有执也[②]；齐庄中正[③]，足以有敬也[④]；文理密察[⑤]，足以有别也。溥博渊泉[⑥]，而时出之[⑦]。溥博如天，渊泉如渊。见而民莫不敬[⑧]，言而民莫不信，行而民莫不说[⑨]。是以声名洋溢乎中国[⑩]，施及蛮貊[⑪]。舟车所至，人力所通[⑫]，天之所覆，地之所载，日月所照，霜露所队[⑬]，凡有血气者[⑭]，莫不尊亲[⑮]，故曰配天[⑯]。唯天下至诚，为能经纶天下之大经[⑰]，立天下之大本[⑱]，知天地之化育。夫焉有所倚[⑲]？肫肫其仁[⑳]！渊渊其渊[㉑]！浩浩其天[㉒]！苟不固聪明圣知达天德者[㉓]，其孰能知之？《诗》曰："衣锦尚絅[㉔]。"

---

① 发强：刚强。《逸周书·谥法解》："刚克曰发。"

② 有执：有决断。

③ 齐（zhāi 斋）庄：端庄。齐，通"斋"中正：正直。

④ 有敬：令人起敬。

⑤ 文理密察：条理详审明察。

⑥ 溥博：博大。渊泉：精深。此亦言至圣之德。

⑦ 时出之：在适当的时机有所表现。

⑧ 见：谓至圣一出现。见，古"现"字。

⑨ 说：高兴。说，古"悦"字。

⑩ 中国：指华夏本土。

⑪ 施（yì 义）及蛮貊：延伸到边疆少数民族居住地区。蛮，古称居住在南方的少数民族。貊，古称居住在东北方的少数民族。

⑫ 人力所通：人的足迹所能到之处。

⑬ 队：古"坠"字。坠落。

⑭ 血气：血液和气息。指代生命。

⑮ 莫不尊亲：谓莫不尊敬和亲近至圣者。

⑯ 故曰配天：故曰至圣之德可以与天媲美。

⑰ 经纶：朱熹注："经、纶，皆治丝之事。经者，理其绪而分之。纶者，比其类而合之也。"此处意谓理顺，总结出。大经：治国纲领。

⑱ 大本：根本。

⑲ 夫焉有所倚：朱熹注："岂有所倚着于物而后能哉？"

⑳ 肫肫（zhūn zhūn 谆谆）：诚恳的样子。

㉑ 渊渊：深沉的样子。

㉒ 浩浩：浩荡无垠的样子。

㉓ 固：本来。

㉔ 诗曰衣锦尚絅（jiǒng 扃）：见《诗经·卫风·硕人》。但今本《毛诗》作"衣锦褧（按：同"絅"）衣"，文字不同。造成文字不同的原因，孔颖达说是由于记者"截断诗文"，而王引之则认为"《诗》曰"下原有诗文"衣锦褧衣"四字，而"衣锦尚絅"四字则是解释"衣锦褧衣"的。"衣锦褧衣"四字在孔颖达作《正义》时已经脱失。详见《经义述闻》卷十六。笔者认为王说合情合理。然则此处当作"《诗》曰'衣锦褧衣'，衣锦尚絅"。衣：动词，穿。锦：华丽的衣服。褧：同"絅"，单层罩衣。所谓"衣锦尚絅"，意谓穿了华丽的衣服，又在上面加了一层罩衣。尚，加也。

恶其文之著也[1]。故君子之道，暗然而日章[2]；小人之道，的然而日亡[3]。君子之道，淡而不厌，简而文，温而理，知远之近，知风之自，知微之显，可与入德矣[4]。《诗》云："潜虽伏矣，亦孔之昭[5]！"故君子内省不疚[6]，无恶于志[7]。君子所不可及者，其唯人之所不见乎！《诗》云："相在尔室，尚不愧于屋漏[8]。"故君子不动而敬，不言而信。《诗》曰："奏假无言，时靡有争[9]。"是故君子不赏而民劝[10]，不怒而民威于鈇钺[11]。《诗》曰："不显惟德，百辟其刑之[12]。"是故君子笃恭而天下平。《诗》曰："予怀明德，不大声以色[13]。"

子曰："声色之于以化民，末也[14]。《诗》曰：'德輶如毛[15]。'毛犹有伦[16]。'上天之载，无声无臭[17]'，至矣[18]！"

---

① 恶(wù 物)其文之著也：厌恶锦衣的华丽太显眼了。

② 暗然而日章：刚一开始不显眼，时间长了就日益彰明。

③ 的然而日亡：刚一开始光芒刺目，时间长了就日趋消亡。的然：明亮的样子。

④ "君子之道"八句：君子之道，淡薄而不令人生厌，简朴而有文采，温和而理顺，知远而从近始，闻风而知其风向，见著而知微，可以说是摸到了进入圣人之德的门径了。

⑤ "《诗》云"二句：见《诗经・小雅・正月》。意谓鱼儿虽然潜伏水底，但仍被看得分明。孔：很。

⑥ 内省不疚：《论语・颜渊》："子曰：'内省不疚，夫何忧何惧？'"谓自我反省，没有做错事情。

⑦ 恶：损。

⑧ "《诗》云"二句：见《诗经・大雅・抑》。相：看。屋漏：郑笺云："屋，小帐也。漏，隐也。礼，祭于奥(按：室内西南隅)既毕，改设馔于西北隅而厞隐之处。"然则，屋漏者，室内西北隅祭神之隐蔽处也。不要以为屋漏是隐蔽之处，没人看得见，就没有肃敬之心，实际上，神什么都能看见。

⑨ "《诗曰》"二句：见《诗经・商颂・烈祖》。孔颖达疏曰："此篇美成汤之诗。《诗》本文云'鬷假无言'，此云'奏假'者，与《诗》文异也。假，大也。言祭成汤之时，奏此大乐于宗庙之中，人皆肃敬，无有喧哗之言。所以然者，时既太平，无有争讼之事，故无言也。"

⑩ 劝：受到鼓励。

⑪ 鈇钺：斫刀和大斧，古代的刑具。

⑫ "《诗》曰"二句：见《诗经・周颂・烈文》。不显：见前注。百辟：谓众诸侯。刑：通"型"，模型，效法。之：指代文王。

⑬ "《诗》曰"二句：见《诗经・大雅・皇矣》。意谓我归心于明德的文王，他从不疾言厉色。

⑭ "子曰"二句：用疾言厉色去教化百姓，这是下策。

⑮ 德輶如毛：见《诗经・大雅・烝民》。輶(yóu 游)：轻。

⑯ 伦：比也。

⑰ "上天之载"二句：见《诗经・大雅・文王》。据郑玄注，载，通"栽"，谓生物。句义为：上天的造生万物，人们既听不到它的声音，也闻不到它的气味。

⑱ 至矣：这才是至高无上的境界啊！

〔问题分析〕

1.《中庸》为什么又进入《四书》?

《中庸》本来是《礼记》四十九篇之一,而《礼记》本身又是五经之一,身份已经不低了,怎么忽然好像池小养不了大鱼似的,腾身一跃,又加入《四书》行列了呢?朱熹《中庸集解原序》说:"尝窃谓秦、汉以来,圣学不传,儒者唯知章句训诂之为事,而不知复求圣人之意,以明夫性命道德之归。"答案就在这里。包括郑玄、孔颖达在内的汉唐学者,可以说都是肉眼凡胎,"唯知章句训诂之为事",忽略了《中庸》在圣学中的崇高地位和价值。据朱熹说,中庸之道的源头,不在子思,也不在孔子,而在唐尧、虞舜那里。《尚书》上的"人心惟危,道心惟微,惟精惟一,允执厥中"十六字,是尧授舜、舜授禹的心法。其中的那个"中"字,就是《中庸》"时中"的源头,就是中庸之道的道统的源头。后来的商汤、周文王、周武王也都继承了这个道统。孔子是有其德而无其位,他无法推行中庸之道,他的功劳在于进一步阐明了中庸之道,并把它传授给自己的弟子。弟子之中,唯有颜渊、曾参得其真传。曾子再传给孔子的孙子子思。由于"去圣远而异端起矣,子思惧夫愈久而愈失其真也,于是推本尧舜以来相传之意,质以平日所闻父师之言,更互演绎,作为此书,以诏后之学者"(朱熹《中庸章句序》)。子思再传孟子,孟子以后,这个道统就断线了。千年以后,北宋的二程,独具慧眼,发现了《中庸》在圣学道统中的特殊地位,使沉埋千载的道统重见天光。朱熹在二程的基础上又精心加以整理,写出《中庸章句》。朱熹的《中庸章句》和郑注孔疏的《中庸》尽管在训诂上也有一致之处,但从本质上、从体系上来说,截然不同。郑注孔疏属于经学体系,朱熹《中庸章句》属于理学体系。道不同不相为谋,分道扬镳之势已成,于是《中庸》就从原来的注疏体系被纳入新的《四书》体系。元明清时期,科举考试的第一场考试经义,出题和标准答案皆以朱熹《四书章句集注》为准,而《礼记》中的《大学》《中庸》两篇则被删去,仅存其目。

2."天下中庸有胡公"是褒还是贬?

"胡公"是对东汉大臣胡广(字伯始)的尊称。这句话出自《后汉书·胡广传》:"(胡广)性温柔,谨素常,逊言恭色,达练事体,明解朝章,虽无謇直之风,屡有补阙之益。故京师谚曰:'万事不理问伯始,天下中庸有胡公。'"李贤注:"庸,常也。中和,可常行之德也。孔子曰:'中庸之为德,其至矣乎!'"从传文来看,从李贤注来看,谚语中的"中庸"一词是正面的,是带有褒义的。再看《资治通鉴》卷五十七的说法:"京师谚曰:'万事不理问伯始,天下中庸有胡公。'然温柔谨悫,常逊言恭色,以取媚于时,无忠直之风,天下以此薄之。”司马光对胡广的为人已有微词了。苏轼《王元之画像赞》:“传曰:‘不有君子,其能国乎!’余尝三复斯言,未尝不流涕太息也。如汉汲黯、萧望之、李固,吴张昭,唐魏郑公、狄仁杰,皆以身徇义,招之不来,麾之不去,正色而立于朝,则豺狼狐狸,自相吞噬,故能消祸于未形,救危于将亡。使皆如公孙丞相、张禹、胡广,虽累千百,缓急岂可望哉?”已经是把胡广作为一个反面人物来看待了。朱熹则更进了一步,他在《四书或问》卷十说:“然则斯人之所谓中庸者,乃胡广之中庸,而非子思之中庸必也。”这就是说,胡广的“中庸”乃是假中庸。朱熹在《晦庵集》卷四十一《答程允夫》中又说:“‘时中’之说,亦未易言。若如来谕,则是安常习故,同流合污,小人无忌惮之中庸,后汉之胡广是也,岂所谓‘时中’者哉!”然则,直以为胡广之“中庸”为小人之中庸了。而明人夏良胜《中庸衍义》卷五引赵弼曰:“孔子曰:‘中庸之为德也,其至矣乎!’广有何德而以‘天下中庸’称之?广事六帝,为司空再,为司徒三,为大尉,又为太傅,未闻出一谠正之言,献一匡时之策,惟逊言恭色,取媚戚宦,趋炎附势,陷害正人。广为国之大臣,值天下多故,群奸乱政,既不能匡扶汉祚,又不能引身而退,窃禄固位,与时浮沉,八十二乃死,谚所谓‘愚福而痴寿’也,‘乡原,德之贼也’,广之谓也。”把胡广骂得狗血喷头。还是朱熹说得对,看来汉代人把“安常习故,同流合污”当作中庸之道了。

〔由本篇产生的新词、成语〕

1. **中庸之道**,例如:

《三国志·魏书·刘表传》裴松之注引谢承后汉书曰:“表受学于同郡王畅,畅为南阳太守,行过乎俭。表时年十七,进谏曰:‘奢不僭上,俭不逼下,盖中庸之道。是故蘧伯玉耻独为君子。府君若不师孔圣之明训而慕夷齐之末操,无乃皎然自遗于世。’”

宋·林栗《周易经传集解损益卷》二十一:“如二五者,弗可损,弗可益,刚柔相须,多寡适称,中庸之道也。”

2. **中和**,中庸之道的主要内涵。儒家认为能“致中和”,则天地万物均能各得其所,达于和谐境界。例如:

《汉书·地理志第八下》:“孔子曰:‘移风易俗,莫善于乐。’言圣王在上,统理人伦,必移其本而易其末,此混同天下,壹之乎中和,然后王教成也。”

《汉书·匡衡传》:“广心浩大者戒于遗忘,必审己之所当戒而齐之以义,然后中和之化应,而巧伪之徒不敢比周而望进。”

3. **拳拳服膺**，诚恳信奉，衷心信服。例如：

唐·颜真卿《颜鲁公集》卷七《郭公庙碑铭》："用情不间于疏远，泛爱莫遗于贱贫。拳拳服膺，终始靡二。故所居则化，所去见思，人到于今称之，斯不朽矣。"

宋·石介《徂徕集》卷十四《与张洞进士书》："泰山孙先生得《春秋》最精，近见所为论十数篇，甚善，黜三家之异同，而独会于经，予固已拳拳服膺矣。"

4. **素隐行怪**，深求隐僻之理，而过为诡异之行。例如：

宋·王禹偁《小畜集》卷十六《四皓庙碑》："若其秦乱而不避，则焚书坑儒，高、斯之流也。汉危而不出，则素隐行怪，巢、由之徒也。"

宋·钱时《两汉笔记》卷八："若夫未志于经世，不贵于明伦，槁死岩穴之中，离处纲常之外，沈虚陷寂，守一偏一曲以自好，此则素隐行怪，万世名教之罪人，非吾圣人之所谓道也。"

5. **半途而废**，半路上终止。比喻做事情有始无终。例如：

《梁书·徐勉传》："况夫名立官成，半途而废者，亦焉可已已哉！"

宋·朱熹《晦庵集》卷三十八《答林正夫》："此所以骤而语之，虽知可悦，而无以深得其味，遂至半途而废，而卒不能以有成耳。"

6. **上不怨天，下不尤人**，谓遇到不幸，多从自己身上找原因。例如：

唐·白居易《白氏长庆集》卷四十四《与杨虞卿书》："然而求名而得名，求禄而得禄，人皆以为能，仆独以为命。命通则事偶，事偶则幸来，幸之来尚归之于命，不幸之来也，舍命复何归哉！所以上不怨天下，不尤人者，寔如此也。"

宋·胡瑗《周易口义·系辞下》："言人居困穷之时，守节不移，上不怨天，下不尤人，但守其正而已。"

7. **达道**，公认的准则。例如：

唐·姚思廉《梁书序》："德如此其至也，而应乎外者，未尝不与人同，此吾之道所以为天下之达道也。"

唐·柳宗元《柳河东集》卷四十《祭穆质给事文》："达道之行，实惟交友。"

8. **达德**，美德。例如：

汉·陆贾《新语·慎微》："夫建大功于天下者，必先修于闺门之内；垂大名于万世者，必先行之于纤微之事。是以伊尹负鼎，屈于有莘之野，修达德于草庐之下，躬执农夫之作，意怀帝王之道，身在衡门之里，志图八极之表。"

唐·杜牧《樊川集》卷十二《为中书门下请追尊号表》："伏惟圣敬文思和武光孝皇帝陛下，修先王之大道，行天下之达德。"

9. **无征不信**，没有经过验证的事不可相信。例如：

宋·陈振孙《直斋书录解题》卷二："《古三坟书》一卷，《三坟》之名，惟见于《左氏》右尹子革之言。盖自孔子定《书》，断自唐虞以下，前乎唐虞，无征不信，不复采取，于时固已影响不存，去之二千载而其书忽出，何可信也！"

宋·胡宏《五峰集》卷二《与彪德美》："书中有康王受命一事，恐或可推。但无征不信，不敢遽立说耳。"

本篇其他名言：

君子之道，譬如行远必自迩，譬如登高必自卑。

夫孝者，善继人之志，善述人之事者也。

事死如事生，事亡如事存。

凡事豫则立，不豫则废。

博学之，审问之，慎思之，明辨之，笃行之。有弗学，学之弗能，弗措也；有弗问，问之弗知，弗措也；有弗思，思之弗得，弗措也；有弗辨，辨之弗明，弗措也；有弗行，行之弗笃，弗措也。人一能之，己百之；人十能之，己千之。果能此道矣，虽愚必明，虽柔必强。

家将兴，必有祯祥。国家将亡，必有妖孽。

故君子之道，暗然而日章；小人之道，的然而日亡。

〔文化史扩展〕

1. 从国人的命名看中庸之道的源远流长和日趋普及

《礼记·檀弓上》："幼名，冠字，周道也。"意思是说，幼儿三月，家长为其取名。男子二十岁举行冠礼，表示成人，由父执给他取字。这个制度周代就有了。

中国人一向是重视名字的，它或者寄托着父辈的期望，或者寄托着当事人的追求。它从一个侧面反映了中国人的国民性。对古人的名字，我们做了一个并非全面地调查，其结果已经让我们感到吃惊：打在中国人名字上的中庸之道的烙印是如此的持久，如此的强烈，宋元以后，又是如此的普及。毫无疑问，它反映了古人对中庸之道的普遍认可和强烈追求。

古人的名字，一般来说，都存在"名字相应"的关系。这种关系，王引之《春秋名字解诂》归纳为五种。实际上，最主要的只有两种：一种是名与字是同义词关系。例如，孔子的第一名贤弟子颜回，字子渊。"子"是男子的美称，不必管它。按

《说文》："渊，回水也。"所谓"回水"，就是打漩涡的水。所以《说文》又说："回，转也。"这个"转"就是打漩涡。常识告诉我们，凡是打漩涡的水，都是深渊。所以段玉裁注说："渊，回水也，故颜回字子渊。"这句是说，"回"与"渊"是同义词关系。孔子还有个弟子宰予，字子我，"予"和"我"则是同义词，都是第一人称代词。再一种是名与字是反义词关系。例如，《说文解字·黑部》："黵，虽皙而黑也。古人名黵，字皙。"据《史记·仲尼弟子列传》，孔子有个弟子就叫曾点，字皙。只不过"点"是"黵"的借字罢了。"黵"是黑，"皙"是白，所以二者是反义词关系。孔子还有个弟子叫端木赐，字子贡。"端木"是复姓，而"赐"是上赐下，"贡"是下献上，二字也是反义词。孔子还有个弟子叫漆雕哆，字子敛。"哆"通"侈"，是过分之义；"敛"则是收敛、减少之义，二者也是反义词。孔子说："道之不行也，我知之矣：知者过之，愚者不及也。道之不明也，我知之矣：贤者过之，不肖者不及也。"（见《中庸》）朱熹《中庸章句》说："中者，不偏不倚、无过无不及之名。庸，平常也。"取名叫"黵"，叫"赐"，叫"哆"，已经违背了"不偏不倚、无过无不及"的精神。为了纠正这种或者过分，或者不及的偏差，古人就在"字"上做文章，取一个反义词的"皙"、"贡"和"敛"，这叫做相反相成，其结果是恢复到了"不偏不倚、无过无不及"，换言之，这么一处理，就又合乎了中庸之道。这是古人常用的一种方法。上面举的三个例子都是孔子的弟子，这说明中庸之道在春秋时期已经深入人心，名副其实的源远流长。下面我们再来举一些稍后的古人名字相反相成的例子。《三国志》上有个吕蒙，字子明，是孙权的大将。蒙的意思是蒙昧，明的意思是光明。《宋书》有个谢晦，字宣明，是赫赫有名的谢家子弟。唐代的韩愈，号称"文起八代之衰"，字退之。"愈"是超过，违背中庸之道，就用字"退之"来中和一下。据《宋史》，北宋有个大臣叫高若讷，字敏之。"讷"是笨嘴笨舌，"敏"则是敏捷。南宋的朱熹，字符晦。"熹"是炽盛、光亮，未免太出风头，没有节制，于是就字"元晦"，"晦"是昏暗，名字相抵，正合乎中庸之道。清代学者钱大昕的弟弟叫钱大昭，原来的字是"宏士"，他觉得太夸张了，不好，就改作字"晦之"。"昭"与"晦"，是反义词，这样一来，也就又回到了中庸之道上来。钱大昕觉得改得好，就写了一篇《晦之字说》，其中有这样的话："晦之，勉乎哉！有昼无夜，百物奚以生？有朔无晦（即只有初一，没有月底），岁功奚以成？有作无息，人心奚以宁？"意思是说，两个方面，缺一不可，把中庸之道中所含的辩证法，说得相当明白。

宋代是理学由发生到盛行的时代，职此之故，从宋代开始，人们在取名取字上的中庸之道意识得到极大的加强和普及。这表现在如下两点上。第一，有的人干脆就用“中庸”二字命名。这种情况，在宋代以前，我们只发现一例，即《全唐诗》卷二五七收有柳中庸诗 13 首，小传介绍说：“柳中庸，名淡，以字行。河东人，宗元之族。”到了宋代，我们就发现了三例。《宋史》卷四八五有个殿崇班阁门祗候叫王中庸，又据《宋史・郭崇传》，有个郭中庸，是郭崇的孙子。李焘《长编》卷一四五有个太常博士叫张中庸。这种叫法，很时髦，但太直白，典雅不足，所以仿效者不多，昙花一现而已。第二，《中庸》记载孔子的话说：“君子之中庸也，君子而时中。”何谓“时中”，就是时时恰如其分，不偏不倚。反过来说，能够做到“时中”的人，也就是君子，也就是做到了中庸。由于《中庸》学术地位的上升，于是乎叫“时中”的人一下子多了起来。例如：

《宋史》卷三三一有个苗时中，字子居，卷三七一有个白时中，字蒙亨。《绍兴十八年同年小录》：“第十四人范时中，字当可。”宋・梁克家《淳熙三山志》卷三十记载：“干道八年黄定榜，特奏名有王时中。”同卷：“淳熙二年特奏名有林时中。”同卷：“淳熙八年特奏名有黄时中。”卷三十二：“宝佑元年姚勉榜有郭时中。”宋・张淏《会稽续志》卷六：“绍兴二十四年张孝祥膀有虞时中。”宋・罗浚《宝庆四明志》卷十：“淳佑七年张渊微榜有胡时中。”宋・周应合《景定建康志》卷二十四：“签判题名有沈时中。”明・董斯张《吴兴备志》卷五：“宇文时中，绍兴六年十一月以左中奉大夫直宝文阁。”以上是宋代的。

元・吴师道《敬乡录》卷七：“汪约叟之子时中，记其父故人知监路公卒于蕲，妻弱子幼，丧不能归，约叟走蕲，载其柩归。”然则有名汪时中者。《明一统志》卷四元代人物有“张时中，巨鹿令。县遭水旱，多方赈恤，期月而百姓丰裕”。以上是元代的。

《明史》卷二百二有王时中，字道夫，黄县人，弘治三年进士。《明一统志》卷十八有马时中，成化间知沛县。卷四十四有韩时中，洪武末处州府同知。卷五十六有萧时中，庐陵人，登永乐辛卯进士第一。卷五十八有赵时中，永乐间来守南安府。卷五十九有王时中，湖广按察使。卷六十八有菅时中，洪武间西充知县。卷七十八有周时中，洪武初知邵武府。卷八十二有秦时中，洪武中知雷州府。明・黄佐《殿阁词林记》卷十六：“云南道御史萧时中言致灾八事。”以上是明代的。

至于那些取名“居中”、“执中”、“秉中”、“师中”、“安中”、“建中”之类，双名中含有一个“中”字的，这个“中”字，也是中庸之道之中（千万不要误会为中国之中）。这种情况很多，简直是恒河沙数，仓促之间，很难统计。

2. 朱熹的《白鹿洞书院学规》与《中庸》

白鹿洞书院之所以能够名列宋代四大书院之一，和朱熹的努力密切相关。朱熹不仅关心书院的硬件建设，而且关心书院的软件建设。朱熹还自任书院洞主。朱熹在宋孝宗淳熙七年(1180)亲手制定的《白鹿洞书院学规》(见《晦庵集》卷七十四)就是他关心书院软件建设的集中表现。下面是《学规》的原文：

父子有亲，君臣有义，夫妇有别，长幼有序，朋友有信。

右五教之目，尧舜使契为司徒，敬敷五教，即此是也。学者学此而已。而其所以学之之序亦有五焉，其别如左：

博学之，审问之，慎思之，明辨之，笃行之。

右为学之序。学、问、思、辨四者，所以穷理也。若夫笃行之事，则自修身以至于处事接物，亦各有要。其别如左：

言忠信，行笃敬，惩忿窒欲，迁善改过。

右修身之要。

正其义，不谋其利。明其道，不计其功。

右处事之要。

己所不欲，勿施于人。行有不得，反求诸己。

右接物之要

按：不难看出，这个《学规》的内容，主要是来自《中庸》。先说"五教之目"，《中庸》说："天下之达道五，曰：君臣也，父子也，夫妇也，昆弟也，朋友之交也，五者天下之达道也。"再说"为学之序"，所谓"博学之，审问之，慎思之，明辨之，笃行之"，与《中庸》所载也一字不差。我们不妨这样说，朱熹用以塑造书院学生人格的方法，主要就是中庸之道。所谓"学规"，相当于今天的校训。我国今天的大学，几乎都有校训。而校训的内容，或全部或局部地采自"博学之，审问之，慎思之，明辨之，笃行之"者也很多，如果溯本求源，当推《白鹿洞书院学规》为最早。但重要的问题并不在这里。问题在于，二者的相同，仅仅是字面而已。今日的大学，与时俱进，已经对"博学之，审问之，慎思之，明辨之，笃行之"作了新的解释，注入了新的内容。

〔**集评**〕

朱熹《中庸章句》卷首："子程子曰：'不偏之谓中，不易之谓庸。中者，天下之正道；庸者，天下之定理。'此篇乃孔门传授心法，子思恐其久而差也，故笔之于书，以授孟子。其书始言一理，中散为万事，末复合为一理。‘放之则弥六合，卷之则退藏于密’，其味无穷，皆实学也。善读者玩索而有得焉，则终身用之，有不能尽者矣。”

清·毛奇龄《四书剩言》卷一：“《中庸》一书，《集注》单以分配比合为能事，恐谈理之书，不必如是。如首章性道自只言人，注分配人物，则于率性修道，俱说不去矣。至于修道功夫，全在慎独，与《大学》首功相合，乃又分别动静，以隐微属动，则所谓不睹不闻者，非梦寐之间不可。然且大本、达道、致中、致和，动静到底，殊为难解。”

文渊阁《四库全书》本《中庸辑略》书首提要：“《中庸辑略》二卷，宋石𡼖编，朱子删定。《中庸》为《礼记》第三十一篇，孔颖达疏引郑玄《目录》云：‘此于《别录》属通论。’《汉书·艺文志》有《中庸说》二篇，颜师古注曰：‘今《礼记》有《中庸》一篇，亦非本礼经。’盖子思之作是书，本以阐天人之奥，汉儒以无所附丽，编之《礼记》，实于五礼无所属，故刘向谓之通论，师古以为‘非本礼经’也。梁武帝尝作《义疏》，见于《隋志》，然其书不传。迨有宋诸儒，研求性道，始定为传心之要，而论说亦遂日详。”

清·杭世骏《续礼记集说》卷八十六引姚氏际恒曰：“学者依孔孟所教，则学圣人甚易，人人乐趋喜赴而皆可为圣人。依伪中庸所教，则学圣人，千难万难，茫无畔岸，人人畏惧退缩而不敢前。自宋以后，《中庸》之书日盛而《语》《孟》日微，宜乎伪道学日益多而真圣贤之徒日益少也。此古今世道升降一大关键，惜乎人在世中，绝不觉之，可为浩叹。”

清·杭世骏《续礼记集说》卷八十六引陆氏奎勋曰：“据《孔丛子》，作于子思，性道文章，原原本本，非小戴所能增损。朱子《章句》《或问》二书，诠解极精，后学无从置喙。”

〔思考与讨论〕

1. 对朱熹《中庸章句》，后世学者，褒者有之，贬者有之，您有什么看法？

2. 《汉语大词典》对“中庸”的释义是：“儒家的政治、哲学思想。主张待人、处事不偏不倚，无过无不及。”这个释义准确、全面吗？

《问丧》第三十五（节选）

亲始死[①]，鸡斯[②]，徒跣[③]，扱上衽[④]，交手哭[⑤]。恻怛之心[⑥]，痛疾之意，伤肾、干肝、焦肺[⑦]，水浆不入口，三日不举火，故邻里为之糜粥以饮食之[⑧]。

夫悲哀在中[⑨]，故形变于外也[⑩]。痛疾在心，故口不甘味，身不安美也[⑪]。三日而敛[⑫]，在床曰尸，在棺曰柩。动尸举柩，哭踊无数[⑬]。恻怛之心，痛疾之意，悲哀志懑气盛[⑭]，故袒而踊之[⑮]，所以动体、安心、下气也[⑯]。妇人不宜袒，故发胸、击心、爵踊[⑰]，殷殷田田[⑱]，如坏墙然，悲哀痛疾之至也。故曰："辟踊哭泣，哀以送之。[⑲]"送形而往，迎精而反也[⑳]。其往送也，

---

① 亲，此指父亲或母亲。

② 鸡斯：郑玄说："鸡斯，当为'笄纚'，声之误也。"笄是固定发髻的簪，纚是包裹发髻的帛。到了第三天，笄纚也要去掉，改成用麻绳束发。

③ 徒跣（xiǎn）：光着脚。

④ 扱（chā 插）：插，掖起来。

⑤ 交手哭：双手交替捶着胸口痛哭。

⑥ 恻怛（dá）：悲哀伤心。

⑦ 伤肾、干肝、焦肺：郑玄说："五脏者，肾在下，肝在中，肺在上，举三者之焦伤，而心、脾在其中矣。"意思是"五内如焚"。

⑧ 邻里：郑玄注："五家为邻，五邻为里。"糜粥：糜与粥都是粥，区别在于糜稠而粥稀。

⑨ 中：内。

⑩ 形变：指面色憔悴，形容枯槁。

⑪ 身不安美：意谓也不讲究穿的好坏。

⑫ 三日而敛：据《仪礼·士丧礼》，人死去的第二天，进行小敛，就是为死者着衣。第三条，进行大敛，将死者入棺。

⑬ 踊：跳也，双足跳起以顿足，表示极哀。

⑭ 志懑（mèn）：心中烦闷。气盛：气满胸膛。

⑮ 袒：袒露左臂。

⑯ 动体安心下气：通过肢体动作来安定情绪，使烦闷之气得到发泄。

⑰ 发胸、击心、爵（què 雀）踊：敞开外衣前襟，双手捶胸，像麻雀那样地双足跳跃。爵，通"雀"。

⑱ 殷（yǐn）殷田田：吴澄《礼记纂言》云："谓墙崩倒之声也。"

⑲ 辟踊哭泣，哀以送之：这两句见于《孝经·丧亲章》，不同者，"辟"作"擗"。擗，抚心；捶胸。"辟"，通"擗"。唐玄宗《孝经》注云："男踊，女擗。"意谓亲属中的男子双足跳起跺地，女子则捶胸。

⑳ "送形而往，迎精而反"二句：送形而往，谓将亲人的灵柩送往墓地埋葬；迎精而反，谓下葬之后，只能将亲人的灵魂迎接回来。郑玄说："反，谓反哭及日中而虞也。"反哭，是从孝子从墓地返回祖庙而哭的礼仪。日中而虞，是在日中时分举行安魂之祭。

望望然[①]，汲汲然[②]，如有追而弗及也；其反哭也，皇皇然[③]，若有求而弗得也。故其往送也如慕，其反也如疑[④]。求而无所得之也[⑤]：入门而弗见也，上堂又弗见也，入室又弗见也。亡矣，丧矣，不可复见已矣[⑥]！故哭泣辟踊，尽哀而止矣。心怅焉怆焉，惚焉忾焉[⑦]，心绝志悲而已矣[⑧]。祭之宗庙，以鬼飨之[⑨]，徼幸复反也[⑩]。成圹而归，不敢入处室，居于倚庐，哀亲之在外也[⑪]。寝苫枕块，哀亲之在土也[⑫]。故哭泣无时[⑬]，服勤三年[⑭]，思慕之心，孝子之志也，人情之实也。

或问曰："死三日而后敛者，何也？[⑮]"曰："孝子亲死，悲哀志懑，故匍匐而哭之，若将复生然，安可得夺而敛之也？故曰三日而后敛者，以俟其生也。[⑯] 三日而不生，亦不生矣；孝子之心，亦益衰矣；家室之计，衣服之

---

① 望望然：依依不舍貌。

② 汲汲然：神情怅惘貌。

③ 皇皇然：皇，通"惶"。皇皇，即惶惶，彷徨不安貌。

④ "故其往送也如慕"二句：孝子在前往送葬的路上，就像幼儿思慕父母而哭泣不止；在葬毕返回的路上，又像是担心亲人的神灵不能跟着一道回来而迟疑不前。

⑤ 求而无所得之也：这一句是下面几句的总领，大意是孝子从墓地回到家里，像往常一样，到处搜寻已逝亲人的身影而无一所得的失落心情。

⑥ 已矣：句末叹词，表示彻底完了。

⑦ "心怅焉怆焉"二句：形容孝子内心无限的惆怅，无限的悲伤，无限的恍惚，无限的感叹，内心无限的惆怅。

⑧ 心绝志悲而已矣：除去断了念头和悲哀以外，还有什么办法呢！

⑨ "祭之宗庙"二句：这里指的是虞祭。葬前之祭叫做奠，彼时尚以事生之礼对待死者；从虞祭开始，就把开始死者当作鬼神来对待了。

⑩ 徼幸复反：盼望其神魂复反。

⑪ "成圹而归"四句：孝子把亲人在墓穴中埋好以后从墓地返回家中，不敢进入自己的寝室居住，而是住在简陋的倚庐里，就是因为哀伤死去的亲人还在荒郊野外。《仪礼·丧服》曰："居倚庐，寝苫枕块，哭，昼夜无时。歠粥，朝一溢（二十两为一溢）米，夕一溢米。寝，不脱绖带。"这就是居倚庐开始时的生活。

⑫ "寝苫枕块"二句：睡在草苫上，拿土块当枕头，就是因为哀伤死去的亲人还身埋土中。

⑬ 哭泣无时：想起来就哭，没有定时。

⑭ 勤：谓忧劳。据《仪礼·丧服》，子女应为父母服丧三年。

⑮ 或曰：死三日而后敛者。何也：有人问道："人死后三天才入敛，这是为什么呢？"

⑯ 曰："孝子亲死"以下七句：回答是：孝子在父母刚刚去世时，心中悲哀，思想上一下子接受不了，所以趴在尸体上痛哭，就好像是能把父母哭活似的，人们怎么可以不顾及孝子的这点心思而强行马上入敛呢？所以说，之所以三天以后才入敛，是为了等待死者的复生。

具，亦可以成矣[①]；亲戚之远者，亦可以至矣[②]。是故圣人为之断决，以三日为之礼制也。”

〔**由本篇产生的新词、成语**〕

1. **糜粥**，糜与粥都是粥，区别在于糜稠而粥稀。

《后汉书·礼仪中》：“仲秋之月，县道皆案户比民，年始七十者，授之以玉杖，餔之糜粥，八十九十，礼有加赐。”

《隋书·李士谦传》：“他年，又大饥，多有死者。士谦罄竭家资，为之糜粥，赖以全活者将万计。”

2. **口不甘味**，即食不甘味。

《魏书·辛绍先传》：“有至性，丁父忧，三年口不甘味，头不栉沐，发遂落尽。”

《孝经注疏·丧亲章》邢昺引严植之曰：“美食，人之所甘，孝子不以为甘，故《问丧》云‘口不甘味’，是不甘美味也。”

3. **恻怛**，哀伤。

《汉书·文帝纪》：“今朕夙兴夜寐，勤劳天下，忧苦万民，为之恻怛不安。”

《后汉书·祭遵传》：“征虏将军颍阳侯遵，不幸早薨，陛下仁恩，为之感伤，远迎河南，恻怛之恸，形于圣躬。”

4. **辟踊**，辟，通“擗”。擗，捶胸；踊，以脚顿地。形容极度悲哀。

《孝经·丧亲章》：“擗踊哭泣，哀以送之。”

《晋书·刘元海传》：“龆龀英慧，七岁遭母忧，擗踊号叫，哀感旁邻，宗族部落，咸共叹赏。”

5. **反哭**，古代丧葬仪式之一。安葬后，丧主捧神主归家而哭。

《左传·隐公三年》：“夏，君氏卒，声子也，不赴于诸侯，不反哭于寝。”

《孔子家语》卷十《曲礼子贡问》：“子贡问于孔子曰：‘殷人既定而吊于圹，周人反哭而吊于家，如之何？’孔子曰：‘反哭之吊也，丧之至也。反而亡矣，失之矣，于斯为甚，故吊之。’”

---

① “衣服之具”二句：按《王制》：“绞、衿、衾、冒，死而后制。”这说明为死者准备装敛的衣物也需要时间。

② 亲戚之远者，亦可以至矣：按：《礼记·王制》：“天子七日而殡，七月而葬。诸侯五日而殡，五月而葬。大夫、士、庶人，三日而殡，三月而葬。”郑玄注：“尊者舒，卑者速。《春秋传》曰：天子七月而葬，同轨毕至；诸侯五月，同盟至；大夫三月，同位至；士逾月，外姻至。”

〔文化史扩展〕

1. 说"心丧"

"心丧"一词怎样讲？先看我国的两部权威词典的解释：

《中文大辞典》【心丧】戚容如哀父母而无服也。《礼记·檀弓上》："事师无犯无隐，左右就养无方，服勤至死，心丧三年。"郑玄注："心丧，戚容如父而无服也。"

《汉语大词典》【心丧】1. 古时谓老师去世，弟子守丧，身无丧服而心存哀悼。《礼记·檀弓上》："事师无犯无隐，左右就养无方，服勤至死，心丧三年。"郑玄注："心丧，戚容如父而无服也。"

看了这两部大型辞书的说解，给人一种印象，似乎"心丧"一词只能用在老师身上。实则不是，"心丧"一词，首先是用在父母身上的。知者，《仪礼·丧服》贾公彦疏云："《丧服》所陈，其理深大。今之所释，且以七章明之。第一，明黄帝之时，朴略尚质，行心丧之礼，终身不变。第二，明唐虞之日，淳朴渐亏，虽行心丧，更以三年为限。《易·系辞》云'古者丧期无数'，在'黄帝九事'章中，是黄帝以前，心丧终身不变也。《虞书》云：'百姓如丧考妣，三载，四海遏密八音。'则是唐虞之日，心丧三年，亦未有服制也。"[①]按：无论是"黄帝以前"的心丧终身，还是"唐虞之日"心丧三年，其说均难以征实。而《仪礼·丧服》"齐衰有杖期(音 jī，一周年)"章明确记载："父在为母。"传曰："何以期也？屈也。至尊在，不敢伸其私尊也。父必三年然后娶，达子之志也。"孔疏："云'父必三年然后娶，达子之志也'者，子于母屈而期，心丧犹三年，故父虽为妻期而除，三年乃娶者，通达子之心丧之志故也。"[②]这里说的"心丧"倒是实实在在的事。意思是说，母亲死了，按照常规，应该服丧三年。但因为父亲尚在，就不能服丧三年，只能服丧一年，其余两年是心丧。

《仪礼·丧服》的这条规定，在唐代曾经一度被打破。《旧唐书·礼仪七》载："上元元年，天后(武则天)上表曰：'至如父在为母服止一期，虽心丧三年，服由尊降。窃谓子之于母，慈爱特深。非母不生，非母不育，推燥居湿，咽苦吐甘，生养劳瘁，恩斯极矣。所以禽兽之情，犹知其母。三年在怀，理宜崇报。若父在为母，服止一期，尊父之敬虽周，服母之慈有阙。且齐斩之制，足为差减，更令周以一期，恐伤人子之志。今请父在为母，终三年之服。'高宗下诏，依议行焉。"[③]

但时过未久，"父在为母，终三年之服"的新规就又被改回来了。《旧唐书·礼

① 《仪礼注疏》，北京大学出版社，2000 年，621—622 页。

② 《仪礼注疏》，658 页。

③ 《旧唐书》，1023 页。

仪七》载:“开元五年,右补阙卢履冰上言:‘准《礼》,父在为母,一周除灵,三年心丧。则天皇后,请同父没之服,三年然始除灵。虽则权行,有紊彝典。今陛下孝理天下,动合礼经,请仍旧章,庶叶通典。’”①

回过头来再说用在老师身上的心丧。用在老师身上的心丧,是从孔子开始的。众所周知,孔子可不是一个普普通通的老师。司马迁《孔子世家》说:“孔子以《诗》《书》《礼》《乐》教弟子,盖三千焉。身通六艺者,七十有二人。”②又说:“孔子卒,弟子皆服三年。三年心丧毕,相诀而去,则哭各复尽哀,或复留。唯子贡庐于冢上,凡六年,然后去。”③最后,司马迁又以“太史公曰”的形式感慨系之地说:“《诗》有之:‘高山仰止,景行行止。’虽不能至,然心乡往之。余读孔氏书,想见其为人。适鲁,观仲尼庙堂,车服礼器,诸生以时习礼其家。余祗回留之,不能去云。天下君王,至于贤人,众矣,当时则荣,没则已焉。孔子布衣,传十余世,学者宗之。自天子王侯,中国言六艺者,折中于夫子,可谓至圣矣。”④

按:孔子就是这样的一个在中国历史上不仅影响当时,而且影响后世数千年的教师,古今一人而已。《孔子世家》中的“三年心丧”一词,在《二十四史》中是第一次出现。

经书中最早提到“心丧三年”的是《礼记》,也是因孔子而发。《礼记·檀弓上》:“孔子之丧,门人疑所服。”郑玄注:“无丧师之礼。”子贡曰:“昔者夫子之丧颜渊,若丧子而无服,丧子路亦然。请丧夫子若丧父而无服。”郑玄注:“无服,不为衰,吊服而加麻,心丧三年。”孔颖达疏云:“此一节论弟子为师丧制之礼。‘门人疑所服’者,依《礼》,丧师无服,其事分明。今夫子之丧,门人疑者,以夫子圣人,与凡师不等,当应特加丧礼,故疑所服。”⑤请注意,第一,孔颖达所说的“依《礼》,丧师无服,其事分明”,那个“礼”字,指的是《仪礼》。说得再具体点,指的是《仪礼·丧服》。第二,孔颖达所说的“以夫子圣人,与凡师不等,当应特加丧礼”,所谓“凡师”,即普普通通的教师。换言之,并非凡是老师都适用“心丧三年”之礼。

孔颖达说:“依《礼》,丧师无服,其事分明。”吊诡的是,丧师有服的规定在历史上也曾经昙花一现。《晋书·礼志中》:“《丧服》无弟子为师服之制,《新礼》弟子为

① 《旧唐书》,1023 页。
② 《史记》,2335 页。
③ 《史记》,2342 页。
④ 《史记》,2344 页。
⑤ 《礼记正义》,283 页。

师齐衰三月。挚虞以为,自古无师服之制,故仲尼之丧,门人疑于所服。子贡曰:'昔夫子之丧颜回,若丧子而无服。请丧夫子,若丧父而无服。遂心丧三年。'此则怀三年之哀,而无齐衰之制也。先圣为礼,必易从而可传。师徒义诚重,而服制不著,历代相袭,不以为缺。且寻师者以弥高为得,故屡迁而不嫌;修业者以日新为益,故舍旧而不疑。仲尼称'三人行必有我师焉',子贡云'夫何常师之有'!浅学之师,暂学之师,不可皆为之服。义有轻重,服有废兴,则臧否由之而起,是非因之而争,爱恶相攻,悔吝生焉。宜定新礼,无服如旧。诏从之。"①

按:"《新礼》弟子为师齐衰三月",行之未久,又被改回,恢复原状。究其原因,盖《新礼》的规定有泛滥之弊,即所谓"浅学之师,暂学之师,不可皆为之服"也。这就提出了一个问题,除了孔子之外,什么样的师才当得起"心丧三年"?北宋张载《张子全书》卷八:"圣人不制师之服,师无定体。如何是师?见彼之善而已效之,便是师也。故有得其一言一义如朋友者,有相亲炙而如兄弟者,有成就己身而恩如天地父母者,岂可一概服之?故圣人不制其服,心丧之可也。"②张载这番话值得咀嚼。"圣人不制师之服,师无定体",这实际上是个一问一答句。问:"为什么圣人不制师之服?"答曰:"师无定体。"进一步追问,何谓"师无定体"?一比较就知道了。郭沫若《洪波曲》第十一章第四节:"中国社会是尊师重道的,每家的祖先堂上都供有'天地君亲师'的香位牌。"③"天地君亲师"五位,天只有一个,地只有一个,君只有一个,亲(父亲)只有一个,都是确定不移的,是"定体";只有那个"师",不计其数,很多很多。这就是"师无定体"。既然"师无定体",那就难免长短不齐,鱼龙混杂。圣人正是看到这种情况,所以才"不制师之服"。那么,什么样的师才当得起"心丧三年"呢?张载提出了一个标准,即"有成就己身而恩如天地父母者"。这句话中的"天地母"三字是陪衬,可以删去,就成了"有成就己身而恩如父者"。窃以为,综观书传,凡为师心丧三年者,大体上就是以此为准。请看:

《汉书·扬雄传》:"雄家素贫,耆酒,人希至其门。时有好事者,载酒肴从游学。而巨鹿侯芭,常从雄居,受其《太玄》、《法言》焉。天凤五年卒,侯芭为起坟,丧之三年。"④

《后汉书·桓典传》:"桓典,字公雅,以《尚书》教授颍川,门徒数百人。举孝

① 《晋书》,631—632 页。

② 张载《张子全书》,景印《文渊阁四库全书》本,上海古籍出版社,1987 年,第 697 册,185 页。

③ 《郭沫若全集》文学编第 14 卷,人民文学出版社,1992 年,169 页。

④ 《汉书》,3585 页。

廉，为郎。居无几，会国相王吉以罪被诛，故人亲戚，莫敢至者。典独弃官，收敛归葬，服丧三年，负土成坟，为立祠堂，尽礼而去。”①

《后汉书·荀淑传》：“荀淑，字季和，颍川颍阴人也，荀卿十一世孙也。少有高行，博学而不好章句。安帝时，征拜郎中。后再迁当涂长，去职还乡里。当世名贤李固、李膺等，皆师宗之。建和三年卒，李膺时为尚书，自表师丧。”李贤注：“《礼记》曰：‘事师无犯无隐，左右就养无方，服勤至死，心丧三年。’”②

《后汉书·李郃傳》：“郃年八十余，卒于家。门人上党冯胄独制服，心丧三年，时人异之。”③

《后汉书·桓鸾传》：“时太守向苗有名迹，乃举鸾孝廉，迁为胶东令。始到官而苗卒，鸾即去职，奔丧，终三年然后归，淮汝之间高其义。”④

《后汉书·荀爽传》：“袁逢举有道，不应。及逢卒，爽制服三年。”⑤

按：以上两例是为举主持丧。

《晋书·郄鉴传》：“外甥周翼为剡县令，鉴之薨也，翼追抚育之恩，解职而归，席苫，心丧三年。”⑥

《新唐书·王义方传》：“义方总章二年卒，年五十五。门人员半千、何彦先行丧，莳松柏冢侧，三年乃去。”⑦

朱熹《伊洛渊源录》卷十胡文定（安国）答其子宏：“其一如子弟之于父兄，居则侍立，出则杖屦，服勤至死，心丧三年，若子贡、曾子之于仲尼。近世吕与叔、潘康仲之于张横渠是也。”⑧

《宋史·道学传》：“黄榦受业朱熹。熹卒，讣闻，榦持心丧三年。”⑨

朱彝尊《曝书亭集》卷六十三《戴良传》：“戴良，字叔能，浦江人。父暄，与柳贯交，命良受业于贯。贯卒，良持心丧三年。”⑩

《明史·曹端传》：“遭艰归。渑池、霍诸生多就墓次受业。服阕，改蒲州学正。

① 《后汉书》，1258页。
② 《后汉书》，2049页。
③ 《后汉书》，2718页。
④ 《后汉书》，1259页。
⑤ 《后汉书》，2057页。
⑥ 《晋书》，1801页。
⑦ 《新唐书》，4161页。
⑧ 朱熹《伊洛渊源录》，景印《文渊阁四库全书》本，上海古籍出版社，1987年，第448册，493页。
⑨ 《宋史》，12778页。
⑩ 朱彝尊《曝书亭集》，景印《文渊阁四库全书》本，第1318册，346页。

霍、蒲两邑各上章争之，霍奏先得请，先后在霍十六载。宣德九年卒官，年五十九。诸生服心丧三年。”①

《明史·王畿传》：“王畿，字汝中，山阴人。受业王守仁。奔守仁丧，经纪丧事，持心丧三年。”②

徐乾学《读礼通考》卷二十五：“《广州志》：‘湛若水师陈献章，献章没，若水心丧三年。’《闻见录》：‘邹守益师事王守仁，守仁没，守益行心丧之礼。’”③

查慎行《敬业堂诗集》卷三十三《七月十六日乌城直庐惊闻房师虞山公讣音哀情痛切托于短章四首》：“历忆追随地，多惭属望情。早曾同座主(癸酉乡试，慎行与先生同出清溪徐公、庐陵彭公之门)，老及作门生。寝哭知何日，心丧痛失声。滦河兼泪雨，滴滴向南倾。”④

按：此为科举考试之座主心丧三年。秦蕙田《五礼通考》云：“门生之名，起于两汉，谓所传业者，非谓所举之士也。然东汉孝廉于举主之丧，至有制服三年，比于心丧者，则谢恩私门，汉时已然矣。唐世士子，始以有司为座主，而自称门生。中叶以降，遂成门户之习。”⑤然则，查慎行之为座主心丧，与东汉孝廉于举主之丧，一脉相承。

2. 司马光《书仪》和朱熹《家礼》中的居丧杂仪

居丧杂仪：

《檀弓》曰：始死，充充如有穷；既殡，瞿瞿如有求而弗得；既葬，皇皇如有望而弗至。练而慨然，祥而廓然。

又，颜丁居丧，始死，皇皇焉如有求而弗得；及殡，望望焉如有从而弗及；既葬，慨焉如有不及其反而息。

《杂记》曰：孔子曰：大连、少连善居丧，三日而不怠，三月不解，期悲哀，三年忧。

《丧服四制》曰：仁者可以观其爱焉，知者可以观其理焉，强者可以观其志焉。礼以治之，义以正之，孝子弟弟正妇，皆可得而察焉。

《曲礼》曰：居丧未葬读丧礼，既葬读祭礼。丧复常，读乐章。

---

① 《明史》，中华书局，1974年，7238页。

② 《明史》，7274页。

③ 徐乾学《读礼通考》，景印《文渊阁四库全书》本，上海古籍出版社，1987年，第112册，554页。

④ 查慎行《敬业堂诗集》，景印《文渊阁四库全书》本，上海古籍出版社，1987年，第1326册，440页。

⑤ 秦蕙田《五礼通考》，景印《文渊阁四库全书》本，上海古籍出版社，1987年，第139册，188页。

《檀弓》曰：大功废业。或曰大功诵可也(居丧但勿读乐章可也)。

《杂记》曰：三年之丧，言而勿语，对而不问。

《丧大记》曰：父母之丧，非丧事不言。既葬，与人君言王事，不言国事；大夫士，言公事，不言家事。

《檀弓》曰：高子皋执亲之丧，未尝见齿。言，言已事也，为人说为语。(言笑之微)

《杂记》曰：疏衰之丧，既葬，人请见之则见，不请见人。小功，请见人可也。又，凡丧，小功以上，非虞、祔、练、祥，无沐浴。

《曲礼》曰：头有疮则沐，身有疡则浴。

《丧服四制》曰：百官备，百物具，不言而事行者扶而起，言而后事行者杖而起。身自执事而后行者，面垢而已。

凡此皆古礼，今之贤孝君子，必有能尽之者。自余，相时量力而行之可也。

按：以上《居丧杂仪》，取自司马光《书仪》和朱熹《家礼》。《礼记》四十六篇(其中《曲礼》《檀弓》《杂记》三篇分上下两篇)，元代学者吴澄《礼记纂言原序》云："其中言丧礼者十有一篇：《丧大记》《杂记》《丧服小记》《服问》《檀弓》《曾子问》六篇记丧，而《大传》《间传》《问丧》《三年问》《丧服四制》五篇则丧之义也。"所占比例够大了。今人熊十力《读经示要》说："死丧之礼，礼经最重。"可谓深得礼经要旨。

〔问题与思考〕

熊十力《读经示要》说："死丧之礼，礼经最重。"您认可这两句话吗？为什么？

《三年问》第三十八

三年之丧何也[①]？曰：称情而立文[②]，因以饰群[③]，别亲疏贵贱之节，

① 三年之丧何也：服丧三年的规矩是根据什么制定的呢？此处的"三年之丧"，是指父亲之丧。父亲之丧，儿子要服丧三年。

② 称情而立文：这是衡量了服丧者的哀痛程度而确立的规定条文。

③ 因以饰群：用来打扮服丧的亲属们。

而不可损益也[1],故曰无易之道也[2]。创钜者其日久[3],痛甚者其愈迟[4]。三年者,称情而立文,所以为至痛极也[5]。斩衰、苴杖、居倚庐、食粥、寝苫枕块[6],所以为至痛饰也[7]。三年之丧,二十五月而毕[8],哀痛未尽,思慕未忘,然而服以是断之者[9],岂不送死者有已[10],复生有节也哉[11]?凡生天地之间者,有血气之属必有知[12],有知之属莫不知爱其类。今是大鸟兽,则失丧其群匹[13],越月逾时焉[14],则必反巡[15],过其故乡[16],翔回焉,鸣号焉,

---

① "别亲疏贵贱之节"二句:方悫曰:"服君与父,皆斩衰三年。由父而降,则杀(杀,音晒,减降也。下同)焉,所以别亲疏之节也。由君而降,亦杀焉,所以别贵贱之节也。亲与贵者,不可易而损之;疏而贱者,不可易而益之:故曰弗可损益。"

② 无易之道:不可改变的规矩。

③ 创钜者其日久:创伤巨大,康复的时间就长。

④ 愈:痊愈。

⑤ 至痛:无以复加的悲痛。极:用作动词,立个标准,立个限度。意思是说,父母之丧,儿子服丧的时间最多不能超过三年。

⑥ 斩衰(cuī 崔):五种丧服中最重的一种。斩衰丧服用粗麻布制成。据段玉裁《说文解字注》说:"衰,本作'縗'。衰,其假借字也。"《说文・纟部》:"縗,丧服衣。"之所以称"斩",是因为剪裁下来用以制丧服的麻布不缝毛边。苴(jū 居)杖:古代居父丧时孝子所用的竹杖。看起来很粗糙。倚庐:古人为父母守丧时在户外居住的简陋棚屋。聂崇义《三礼图集注》卷十五:"倚庐,谓倚木为庐。在中门外,东方,北户。居门外之庐,哀亲之在外也。"意谓倚庐的位置在二门外,倚东墙而搭建,朝北留个门。之所以要住在倚庐里,是因为想到死去的亲人也是露宿在外。食粥:按照礼的规定,斩衰之丧,孝子由于痛不欲生,头三天不吃不喝,到了第四天殡殓了以后,才食粥,即喝点稀饭。寝苫枕块:睡在草苫上,以土块作枕头。古时居父母丧之礼。《仪礼・既夕礼》:"居倚庐,寝苫枕块。"贾公彦疏:"孝子寝卧之时,寝于苫,以块枕头。必寝苫者,哀亲之在草;枕块者,哀亲之在土云。"

⑦ 为至痛饰:为了表示无以复加的悲痛。

⑧ 二十五月而毕:二十五个月就结束了。吴澄解释说:"重丧虽名三年,实则二十五月也。盖二十四月则两期(按:即两周年)矣。其第二十五月者,第三年之月也。大祥(按:即父母之丧的两周年祭)后除练服,去绖杖,则丧服毕矣。其丧后所服,至二十七月禫祭(按:即除去孝服之祭)毕而除者,此非丧之正服也。故丧之正服,止于二十五月而已。"

⑨ 是:指代三年。

⑩ 送死者有已:怀念死者总得有个头。已:停止,结束。

⑪ 复生有节:让活着的人恢复正常生活也总得有个时刻。节:时刻。

⑫ 血气:犹言"生命"。因为血液和气息是人和动物体内维持生命活动的两种要素。知:感情。下同。

⑬ 则:连词。表假设。犹若,如果。群匹:同类,同伴。

⑭ 逾时:超过一季。时,四时之时。

⑮ 反巡:拐回来察看。

⑯ 故乡:家乡。此指鸟之旧巢,兽之旧穴。

蹢躅焉，踟蹰焉[1]，然后乃能去之[2]。小者至于燕雀，犹有啁噍之顷焉[3]，然后乃能去之。故有血气之属者，莫知于人[4]，故人于其亲也，至死不穷[5]。将由夫患邪淫之人与[6]？则彼朝死而夕忘之，然而从之[7]，则是曾鸟兽之不若也[8]，夫焉能相与群居而不乱乎[9]？将由夫修饰之君子与[10]？则三年之丧，二十五月而毕，若驷之过隙[11]，然而遂之[12]，则是无穷也[13]。故先王焉为之立中制节[14]，壹使足以成文理[15]，则释之矣[16]。

然则何以至期也[17]？曰：至亲以期断[18]。

是何也[19]？曰：天地则已易矣，四时则已变矣，其在天地之中者，莫不更始焉，以是象之也[20]。

---

① 翔回：盘旋。鸣号：嗥叫。蹢躅（zhí zhú 直逐）：以足击地，顿足。踟蹰（chí chú 持除）：不忍离去貌。

② 去之：离开那里。

③ 犹有啁噍(zhōu jiū 周究)之顷焉：也要叽叽喳喳地哀鸣一会儿。啁噍：也作"啁啾"，鸟之哀鸣声。顷：片刻。

④ 莫知于人：没有比人更有感情的了。

⑤ "故人于其亲也"二句：所以人对于其死去的父母，怀念到死也没有终止。

⑥ 将：如果。患邪淫之人：王引之说："患邪淫之人，当作'愚陋邪淫之人'。'愚'字与古文'患'字相似，故'愚'误为'患'，又脱'陋'字。《荀子·礼论》正作'愚陋邪淫之人'。"详《经义述闻》卷十六。愚陋：愚蠢无知。邪淫：心术不正。与："欤"的古字。本句意谓如果由着那些愚蠢无知、心术不正的人的意思去做呢？

⑦ 从之：谓按照愚陋邪淫的人的意思去做。

⑧ 曾：连。不若：不如。

⑨ 相与：互相。

⑩ 修饰：谓讲究礼仪。

⑪ 若：如同。驷之过隙：形容三年的时间转眼就过去了。

⑫ 遂之：与上文"从之"同义。此谓如果按修饰的君子的意思去做。

⑬ 无穷：谓服丧的时间无穷。

⑭ 焉：于此。立中制节：谓制定与生者哀痛心情轻重相称的五服年月。

⑮ 壹使足以成文理：能够使所有的人都感到合情合理。

⑯ 释之：谓（该什么时间就什么时间）除去丧服。

⑰ 然则何以至期（jī 基）也：那么服丧一年的规矩优势怎么回事呢？期："期服"之略，持丧一年的孝服。

⑱ 至亲以期断：郑玄注："言服之正，虽至亲，皆期而除也。"意思是说，按照丧服的正规来说，即令是父亲那样的至亲，也是满一年就除去孝服了。

⑲ 是何也：此话怎讲？

⑳ "天地则已易矣"五句：意谓一年之中，天地都已经发生了变化，四季也都已经发生了变化，生活在天地之间的万物莫不除旧布新，重新开始，所以就制定出持丧时间为一年的丧服来效法它。

然则何以三年也[①]？曰：加隆焉尔也[②]，焉使倍之[③]，故再期也[④]。

由九月以下何也[⑤]？曰：焉使弗及也[⑥]。故三年以为隆[⑦]，缌、小功以为杀[⑧]，期、九月以为间[⑨]。上取象于天，下取法于地，中取则于人[⑩]，人之所以群居和壹之理尽矣[⑪]。

故三年之丧，人道之至文者也[⑫]。夫是之谓至隆[⑬]，是百王之所同[⑭]，古今之所壹也[⑮]，未有知其所由来者也[⑯]。孔子曰："子生三年，然后免于父母之怀。夫三年之丧，天下之达丧也[⑰]。"

---

① 然则何以三年也：郑玄注："言法此变易可以期，何以乃三年为？"意谓：既然一年就行了，为什么又有三年的规定呢？

② 加隆：加多。隆，多。焉：于此。尔也：复音语助词。

③ 焉：于是，于此。

④ 再期：两周年。实谓三年。因为三年之丧，二十五月而毕，是过了两个周年。

⑤ 由九月以下何也：持丧期限又有九个月、五个月、三个月的规定又是怎么回事儿呢？按：五服中的大功持丧九月，小功持丧五月，缌麻持丧三月，故有此问。

⑥ 焉使弗及也：这里是有意识让它们（九月、五月、三月）赶不上（一年）。此与上文"加隆焉尔也"一句相对。

⑦ 隆：增多。请注意，这个增多是对"期、九月"而言。

⑧ 缌：谓缌麻。古代丧服名。五服中之最轻者，孝服用细麻布制成，服期三月。缌是细麻布，用来做衰裳；麻是整治过的麻，用来做绖带。小功：古代丧服名，五服之第四等。其服以熟麻布制成，视大功为细，较缌麻为粗。服期五月。因为此种丧服用布加工较大功用布细密，故称小功。杀（shài 晒）：减少。请注意，这个减少也是对"期、九月"而言。

⑨ 期（jī 基）：谓齐衰一年的丧服。此等丧服用粗麻布制成，以其缉边缝齐，故称齐衰。九月：谓持丧九月的大功丧服。间：中间。蒙上文，谓隆与杀之间。

⑩ "上取象于天"三句：孔颖达疏云："上取象于天，下取法于地者，天地之气，三年一闰，是三年者取象于一闰。天地一期物终，是一期者取象于一周。九月者，以象阳之数，又象三时而物成也。五月以象于五行。三月者，取象天地一时而气变。言五服之节，皆取法于天地。中取则于人者，则，法也，天地之中，取则于人。若子生三年，然后免于父母之怀，故服三年。人之一岁，情意变改，故服一期。九月、五月、三月之属，亦逐人情而减杀，是中则于人。"

⑪ 和壹：和谐一致。

⑫ 人道之至文者也：人情味十足的一种礼仪。

⑬ 夫：发语词。是之：即此之。之，指代三年之丧。至隆：最隆重。

⑭ 百王：历代天子。同：遵循。

⑮ 壹：与上句之"同"为互文，也是遵循之义。

⑯ 未有知其所由来者也：郑玄注："不知其所从来，喻此三年之丧，前世行良久矣。"

⑰ "孔子曰"四句：见《论语·阳货》。达丧：上自天子，下至庶人，对谁都适用的丧礼。

〔问题分析〕

1.《三年问》篇名含义辨析

元代吴澄《礼记纂言》卷十九："此篇专问父母丧所以三年之义，故以《三年问》名篇。"笔者认为，那个"母"字恐怕是多余的。换言之，《三年问》主要讲的是父丧所以三年之义。这样说的证据何在呢？《三年问》的第一段中说："三年者，称情而立文，所以为至痛极也。斩衰、苴杖、居倚庐、食粥、寝苫枕块，所以为至痛饰也。"其中谈到的"斩衰、苴杖、居倚庐、食粥、寝苫枕块"都是为父斩衰三年应有的衣食住行，也都见之于《仪礼·丧服》的斩衰三年章。按照《仪礼·丧服》的规定，为母的丧服有两等。一等是齐衰三年，适用于父亲已经去世；另一等是齐衰杖期（一年），适用于父亲仍然健在。质言之，按照《仪礼·丧服》的规定，父母的地位是不平等的。这就是我们的证据。

2."三年之丧"所含月数的郑、王之争

三年之丧，究竟是多少个月，经学史上有争论。以东汉郑玄为首的学者主张二十七月，以三国魏王肃为首的学者主张二十五月。争论的起因是对"中月而禫"一句话的理解不一样。《仪礼·士虞礼记》："期而小祥，又期而大祥，中月而禫。""期（一周年）而小祥"的意思是在人死后的第十三个月举行小祥之祭。"又期（两周年）而大祥"的意思是在人死后的第二十五个月举行大祥之祭。对这两句话的理解，学者没有分歧。问题是"中月而禫"，禫是除去丧服之祭，"中月"是什么意思？郑玄注云："中犹间（按：间隔之间）也。禫，祭名也。与大祥间一月。自丧至此，凡二十七月。"而王肃则认为，这个"中月"，就是"月中"、"月内"，说得更明白点，就是大祥之祭那一月的月中。大祥之祭在二十五月，如此计算，禫祭自然也是在二十五月。两家相差两个月。在历代的实行中，郑玄说占了上风。这倒不是说人们都认为郑玄说得对，而是人们有一种"礼宜从厚"的心理，为父母多守两个月的孝总比少守两个月好。清人盛世佐就说："郑、王二说，各有所据，未易评定得失。至于变除之节，与其过而除也，毋宁过而服之，此二十七月之制所以为万世遵行欤？"（《仪礼集编》卷三十三）

〔由本篇产生的新词、成语〕

1. **故乡**，家乡。出生或长期居住过的地方。例如：

《史记·项羽本纪》："项王欲东归，曰：'富贵不归故乡，如绣衣夜行，谁知之者？'"

《史记·高祖本纪》:“大风起兮云飞扬,威加海内兮归故乡。”

2. **踯躅**,以足击地,顿足。用以表示感慨。例如:

《三国志·蜀志·郄正传》裴松之注引桓谭《新论》曰:“坟墓生荆棘,狐狸穴其中,游儿牧竖踯躅其足而歌其上曰:‘孟尝君之尊贵,亦犹若是乎!’”

宋·朱震《汉上易传·同人》:“犬兽亡其群,则踯躅而悲。”

3. **啁噍**,也作“啁啾”,鸟之哀鸣声。例如:

汉·应劭《风俗通义》卷三《山阳太守汝南薛恭祖……今相别也》:“且鸟兽之微,尚有回翔之思,啁噍之痛,何有死丧之感,终始永绝,而曾无恻容!”

唐·孔颖达《毛诗正义序》:“若夫哀乐之起,冥于自然;喜怒之端,非由人事。故燕雀表啁噍之感,鸾凤有歌舞之容。”

4. **达丧**,指三年之丧。特指父母之丧。因为父母去世,孝子持丧三年,上至天子,下至庶人,无人例外,故称。

《晋书·礼志中》:“每代礼典,质文皆不同耳,何为限以近制,使达丧阙然乎?”

《魏书·王肃传》:“夫三年者,天下之达丧,古今之所一。”

5. **邪淫**,谓心术不正。例如:

《史记·夏本纪》:“百吏肃谨,毋教邪淫奇谋,非其人居其官,是谓乱天事。”

汉·王符《潜夫论》卷六《卜列》:“今民生不见正道,而长于邪淫诳惑之中,其信之也难卒解也,唯王者能变之。”

〔文化史扩展〕

1. 丧服由为父为母的不平等到为父为母平等的历史进程

我们现在能够看到的最早的关于丧服的规定,见之于《仪礼·丧服》。《丧服》主要是根据人们的血缘关系远近的原则制定了五个等级的丧服,由重到轻,依次为斩衰、齐衰、大功、小功、缌麻。父亲去世,儿子应服斩衰三年。这是最重的丧服(俗称孝服)了。母亲去世,就不一样了。如果父亲健在,那就只能服齐衰期(一年)。为什么呢?《丧服传》云:“何以期也?屈也。至尊在,不敢伸其私尊也。”《丧服》的作者估计到了人们会提问:“为父亲是三年,为母亲怎么就变成一年了呢?”就回答说:这是为了委屈孝子。因为父亲是一家之长,是至尊,至尊健在,儿子怎么敢为母和为父一个样呢!什么是“私尊”?就是儿子独自一人的尊。至尊是对家庭成员中的任何人都尊(当然包括儿子的母亲),私尊是儿子独自一人的尊,二者怎好相提并论呢?宋代李如圭《仪礼集释》说:“《丧服四制》曰:‘天无二日,土无二王，国无二君，家无二尊，以一治之也。故父在为母齐衰期者，见（“现”的古字，谓显示）无二尊也。’”俗话说：“家有千口，主事一人。”就是这个意思。如果父亲去世，那就升格改服齐衰三年。这在《丧服》的“齐衰三年”章叫做“父卒则为母”。父亲去世了，儿子为什么可以升格服丧三年呢？郑玄注云：“尊得伸也。”意思是说，至尊不在了，儿子也就用不着委屈了。但请注意，这个三年是齐衰三年，比起斩衰三年还差了一大截。原因何在呢？《钦定仪礼义疏》解释说：“案：子于父母，恩无重轻，而义有统系。母虽与父敌，而母必统于父。犹地虽与天配，而地必统于天也。故均之三年也，而斩与齐别焉。非薄于母也，以三纲之道准之，而见铢两杪分之不可以苟也。”

《仪礼・丧服》的上述规定，到了唐代，起了变化。据《通典》卷八九记载，唐高宗上元元年（674），皇后武则天上了一道表章：“父在为母，服止一周（按：即一年）。虽心丧三年，服由尊降。窃谓子之于母，慈爱特深。所以禽兽之情，犹能知母。三年在怀，理宜崇报。今请父在为母，终三年之服。”高宗下诏依行。到了玄宗开元五年（717），随着政治形势的变化，事情出现了反复。右补阙卢履冰上言：“准《礼》，父在为母，一周除灵，三年心丧。太后请同父没之服，三年然后始除灵。虽则权行，有紊彝俗。今请仍旧章，庶协通礼。”玄宗于是下令百官详议。百官之中，赞成卢履冰的有，反对卢履冰的也有，各自都有一套道理。议来议去，议了两年，意见也未能统一。到了开元七年，玄宗下诏曰：“惟周公制《礼》，当历代不刊；况子夏为《传》，乃孔门所受。格条之内，有父在为母齐缞三年，此有为而为，非尊厌之义。与其改作，而不如师古，诸服纪，宜一依《丧服》文。”这就是说，为母之服，又回到了原始起点，按照《仪礼・丧服》的规定来办。但当时的实际情况是，士大夫之家各行其是，诏书并没有得到完全的实行。正如元行冲所说：“人情易摇，浅俗者众。一紊其度，其可正乎！”开元二十年，中书令萧嵩领衔撰写《大唐开元礼》，在为母之服的问题上，建议玄宗按照高宗上元元年的诏书来办，实际上也就是按照武则天的建议来办，得到许可，于是为母齐衰三年一条被正式写入《开元礼》，见《开元礼》卷一三二。请注意，这是丧服制度上的一项重大改革，宋代、元代都是沿袭《开元礼》的做法。有的人尽管内心不赞成，但因为这是国家法令的规定，也不敢反对。例如朱熹说：“庐履冰议是，但今条制如此，不敢违耳。”（《晦庵集》卷六三《答郭子从》）

到此为止，在为父和为母的丧服的问题上，尽管距离拉近了，但仍然是不平等。为父是斩衰三年，为母是齐衰三年，时间的长短一样了，所穿之衰（孝服）还不一样。要完全平等，还需要时间。据徐干学《读礼通考》卷六征引《明太祖实录》，洪武七年(1374)十一月，由于贵妃孙氏薨，明太祖命礼官定丧服之制。礼官大约是守旧派，回答明太祖说：按照《仪礼》的规定，“父在为母服期年，若庶母则无服”。太祖对这样的回答很不满意，说：“父母之恩一也，而丧服低昂若是，其不近于人情甚矣！”命令翰林学士宋濂等再议。“濂等考得古人论服母丧者凡四十二人，愿服三年者二十八人，服期年者十四人，奏之”。这就是说，愿意为母三年者占大多数。明太祖乃立为定制，子为父母，庶子为其母，皆斩衰三年。明陆容《菽园杂记》卷六云：“本朝子为母服斩衰三年，则以儒臣群议不合，高皇断自宸衷，曰：‘礼乐自天子出，此礼当自我始！’”到此为止，为母服取得了与为父服完全平等的地位，都是斩衰三年。明太祖这样做，可以说人情味十足，迎合了人们的“母爱伟大”的心理，受到了后人的肯定。但是不知道明太祖是否意识到，他的这一决定，实际上是对“夫为妻纲”的挑战与突破。清初徐干学总结说：“子为母服，历代不同。父在则齐衰期年，父没则齐衰三年者，周制然也。至唐则一概定为齐衰三年，而宋元因之。至明则一概增为斩衰三年，而本朝因之。”(《读礼通考》卷六)我们今天能够看到的为父为母之服(主要是在农村)，沿袭的就是明清之制。

2. 三年之丧为实足三十六月的民俗追踪

我们已经知道，三年之丧，经学史上有郑、王之争。郑玄认为，三年之丧，二十七月而毕。王肃认为，三年之丧，二十五月而毕。而民间对郑、王之争似乎不屑一顾，他们既不从郑，也不从王，而是独树一帜：三年之丧，实足的三十六月而毕。笔者已经年过古稀，父母均已作古。回忆当年的守孝，就是农村流行的三十六月而毕。父母去世的那一天叫做忌日。第一个忌日俗称一周年，第二个忌日俗称两周年，第三个忌日俗称三周年。实足的三年。民间的一周年，相当于经书上的小祥之祭(也叫练祭)；民间的两周年，相当于经书上的大祥之祭；民间的三周年，相当于经书上的禫祭。所不同者，第一，民间的周年之祭，都是固定在忌日举行，而古礼则采取卜日之法。徐干学说：“古之练、祥，不用忌日，而一听之于卜筮。故有‘丧事先远日’之文。练、祥之用忌日，后世之礼也。”(《读礼通考》卷二九)徐干学是清初人，他的话表明，“练、祥之用忌日”更在其前。第二，古礼的禫祭，按照郑玄之说，是在第二十七个月举行；按照王肃之说，是在第二十五个月举行。而民俗则是在第三十六个月举行。每逢忌日，我都要从城市赶回农村老家。当时隐隐约约地感觉到民间的做法与经书所载不同，但并没有放在心上，当做一回事。后来，比较多地接触了《礼记》等书，才知道民间的这种做法，并非我的老家一地如此，而是大江南北皆有，而倡为此说者更是千年以上的古人。

据《旧唐书·张柬之传》记载，武则天称帝时期，弘文馆直学士王元感著论云："三年之丧，合三十六月。"史家只用两句话九个字摘取了王元感的论点，删掉了论据。既然说"合三十六月"，势必要讲出"合"的理由。可惜，由于史家的偏见，被删得干干净净。张柬之著论批驳王元感，列举了《春秋》《尚书》《礼记》《仪礼》四部经书上的证据，得出结论："三年之丧，二十五月，不刊之典也。"又指责王元感说："今无端构造异论，既无依据，深可叹息。"时人皆以为张柬之所驳为是，这不奇怪。这件事的历史意义在于，这是历史上第一次公开提出"三年之丧，合三十六月"的观点。从表面上来看，这场辩论，是张柬之胜利了，王元感失败了。实际上不见得完全如此。历史上的很多事情是需要时间来证明的。

明清之际，不仅出现了较多的主张"三年之丧，合三十六月"的学者，而且在很多地方已经得到了切实地实行。主张"三年之丧，合三十六月"的学者有毛奇龄、张文嘉、邱嘉惠等。

毛奇龄《丧礼吾说篇·三年之丧不折月说》云："丧礼莫重于三年，使三年之丧而不能明，亦无庸议礼矣。自汉唐宋以迄于今，实亦无能明之者。夫三年之丧，三十六月也，古人无虚悬月日之理。《尧典》'百姓如丧考妣三载'，《孟子》'舜三年丧毕，禹避舜之子于阳城'，《商书》'王宅忧三祀'，《论语》'百官总己以听于冢宰三年'。其云三年、三祀、三载，皆明明三十六月，并未尝有虚悬月日，以二十七月当三十六月。自周制丧有等杀，而战国、汉初为《礼记》者，遂各记节次，因而有期而小祥（十二月为期，十三月为小祥祭，又名练祭，易重服为练服），再期而大祥（二十四月为再期，二十五月为大祥，设祥祭，易练服为祥服），中月而禫（中月者，一云隔一月，一云即此祥月，遂有二十五月、二十七月之异。尔时设禫祭，易祥服为禫服）之说，以为丧有节次，自此而杀。然未尝言禫服在几月，禫之为服又当有几月，而三年之丧当限于禫服几月内也。乃汉后作经注者皆周章不明，而唐儒袭误，遂因之有二十七月之限，而三年之丧从此绝矣。"

张文嘉《齐家宝要》卷下《丧礼》引韦六象曰："槜李沈氏曰：'三年之丧，其来久矣。《尧典》："帝乃殂落，百姓如丧考妣三载。"唐虞以来，三代共之。宰我有为期之问，子曰："子生三年，然后免于父母之怀。夫三年之丧，天下之通丧也。"孟子对滕文公亦如之。迨汉文帝遗诏短丧，以日易月，定以三十六日。是知三年者，三十六月也。时虽废古礼，而礼固在也。及考《仪礼》"期而小祥，又期而大祥，中月而禫。是月也，吉祭，犹未配"。此下疑有阙文，乃《戴礼·杂记》有云

“三年之丧，二十五月而毕”，未审据何经典。于是郑玄以中月为间月，则主二十七月；王肃以中月为月中，则主二十五月。而三年之丧，遂不复行。是虽存古礼，而礼已亡矣。知礼者其详考焉。’案沈讳尧中，字执甫，官刑部尚书，著《沈氏学弢》，考核甚悉。予每疑三年之丧何以止二十七月，今读沈司寇此论，乃是礼之代变，非古礼也。今《家礼》及王制皆二十七月服除，相沿已久，固罔敢过。然母之同于父而斩衰也，生母之同于父母而三年也，后王议礼，改而从厚，协乎天理人心之至，百代定为遵守，则有志复古者，自当以三年之丧仍从三十六月为断，以稍尽罔极之悲焉。”

邱嘉惠《东山草堂迩言》卷一《三年丧辨》：“自汉文帝遗诏短三年丧，以日易月，终汉世不能复。然古之所谓三年，实三十有六月。按《书》太甲居忧，《竹书纪年》及《通鉴前编》皆以三十祀丁未冬十二月为汤崩，戊申太甲元祀冬十二月伊尹祀于先王，奉太甲祗见厥祖，徂桐宫，己酉二祀太甲在桐宫，庚戌三祀冬十二月朔，伊尹奉太甲自桐宫复居于亳。是首尾四年，实三十有六月也。即以汉制证之，其以日易月，亦为三十有六日。如《汉书·翟方进传》谓方进后母终，既葬，三十六日除服，起视事。以为身备汉相，不敢逾国家之制。亦可见其符于汉文遗诏矣。近余庚午座师平湖少宗伯陆公讳菜，字义山，以丁艰二十七朔毕，即当补官，竟不肯赴，犹家居素服一年，然后出。诸城李渔村侍讲为余言，贵座师陆公躬行君子，实守古礼，盖本于《鲁诗世学》之说云。但《鲁诗世学》一书系宋本，今坊中无之，未见其说果如何也。”综合以上诸例，在士大夫中间，不仅有其言，而且有其行。官居礼部侍郎的陆菜（康熙六年进士）就是一个身体力行者。

万斯同曰：“予乡四明之俗，禫除之后，仍以素服，终三十六月。历祀相沿，莫以为误。既非古典，又违时制。乃不知礼者，竟以为古礼当然，而不敢变。其知礼者，又以为亲丧宜厚而不敢议。此实非礼之礼，君子不以为可也。”（见《读礼通考》卷二八）顾湄曰：“丰坊《鲁诗世学》云：‘丧二十四月禫，二十六月以吉礼祭也，二十七月而除。然必又历九月，始得衣锦食肉，燕乐嫁娶，复仕于朝。此父母之丧，必满三十六月，故三年之丧，天下之达礼也。’案丰氏，嘉靖初进士，亦四明人，可见其俗相沿已久。其说诡而非正，所著书不行于世。”（亦见《读礼通考》卷二八）可以看出，万斯同和顾湄都是不赞成三年之丧三十六月的，但他们无意中透露出这样一个事实，在文化、经济都比较发达的浙东地区，至少从明代嘉靖开始，实行三年之丧而终丧三十六月的做法，已经成为一种不可扭转的民俗。

〔**集评**〕

唐·孔颖达《礼记正义》曰："案郑《目录》云：'名曰《三年问》者，善其问以知丧服年月所由，此于《别录》属丧服。'"

宋·卫湜《礼记集说》卷一四五引方悫曰："三年之丧，百王之所同，问丧者以是为首，故记丧者以是名篇。"

《钦定礼记义疏·三年问》引朱氏申曰："三年之丧，天下之通丧也，故以是名篇。"

清·杭世骏《续礼记集说》卷九五引姚际恒曰："此篇撮取《荀子·礼论》篇之文，辑礼者但见其言三年，便以为合于圣人之礼，而不知其旨之谬于圣人也。只合还《荀子》书为得。"

王锷《礼记成书考》："我们认为，《三年问》成篇于战国中期。荀子写《礼论》篇时，曾将《三年问》和《大戴礼记·哀公问五义》全文引用，以证明自己的观点。"

〔**思考与讨论**〕

1. 由于不可抗拒的新陈代谢规律的存在，"三年之丧"，是我们每个人都会碰到的话题。古礼和民俗中肯定有很多落后于时代的东西，但认真思考一下，有没有可以借鉴的合理的东西呢？

2. 本篇的内容，《荀子·礼论》也有。有的学者认为是《荀子·礼论》袭用了《三年问》，有的学者认为是《三年问》袭用了《荀子·礼论》。请查找有关资料，然后谈谈自己的看法。

《儒行》第四十一

鲁哀公问于孔子曰①："夫子之服，其儒服与②？"孔子对曰："丘少居鲁③，衣逢掖之衣④；长居宋⑤，冠章甫之冠⑥。丘闻之也，君子之学也博，

① 哀公：（？—前468年）春秋时鲁国国君，名蒋。

② "夫子之服"二句：先生您的衣服，大概是儒者特有的衣服吧？郑玄注："哀公馆孔子，见其服与士大夫异，又与庶人不同，疑为儒服而问之。"与："欤"的古字。

③ 丘：孔子自称。古礼，自称名，称人以字。

④ 衣逢掖之衣：穿袖子宽大的衣服。第一个"衣"字是动词。逢掖，宽大的衣袖。

⑤ 长居宋：长大后住在宋国。孔子的祖先来自宋国。

⑥ 章甫：殷人所戴冠名。因为宋国是殷人之后，所以这句话也可理解为戴宋国之冠。

其服也乡[①]，丘不知儒服[②]。”

哀公曰：“敢问儒行[③]。”孔子对曰：“遽数之不能终其物，悉数之乃留，更仆未可终也[④]。”

哀公命席[⑤]。孔子侍[⑥]，曰：“儒有席上之珍以待聘[⑦]，夙夜强学以待问[⑧]，怀忠信以待举[⑨]，力行以待取[⑩]。其自立有如此者。

儒有衣冠中[⑪]，动作慎；其大让如慢[⑫]，小让如伪[⑬]；大则如威，小则如愧[⑭]。其难进而易退也[⑮]，粥粥若无能也[⑯]。其容貌有如此者。

儒有居处齐难[⑰]，其坐起恭敬；言必先信[⑱]，行必中正[⑲]；道途不争险易之利[⑳]，冬夏不争阴阳之和[㉑]；爱其死以有待也[㉒]，养其身以有为也。其备豫有如此者[㉓]。

---

① 其服也乡：儒者的穿衣戴帽是入乡随乡。

② 丘不知儒服：我不懂得什么是儒服。这句话实际上是给鲁哀公一个软钉子碰：怎么一见面就问这么一个无关紧要的问题。哀公也意识到了，所以下面就改换了话题。

③ 敢问儒行：请问儒者的行为有何特点。

④ “遽数之不能终其物”三句：仓促地列举，短时间不能说得完。全部列举要费很长时间，恐怕值班的仆人到了换班的时间也说不完。物，事也。留，久也。

⑤ 命席：命人给孔子安排坐席。

⑥ 侍：此谓陪侍哀公坐着。

⑦ 儒有席上之珍以待聘：孔颖达疏：“席，犹铺陈也。珍，谓美善之道。言儒能铺陈上古尧、舜美善之道，以待君上聘召也。”

⑧ 夙夜强学：早起晚睡地努力学习。

⑨ 待举：等待举荐。

⑩ 力行：未详。孔颖达解释作“言已修身励，力行之”，也不达意。取：郑玄注：“进取位也。”

⑪ 衣冠中（zhòng 众）：穿衣戴帽合乎要求。

⑫ 大让：在大事情上的谦让。如让国、让天下。如慢：如同傲慢似的。

⑬ 小让：在小事情上的谦让。如饮食、升降之让。如伪：好像矫情似的。

⑭ 大则如威二句：郑玄注：“如威、如愧，如有所畏。”然则意谓无论是处理大事还是处理小事，都是战战兢兢，如履薄冰似的。

⑮ 其难进而易退也：让他们去争取点什么有点难办，让他们放弃点什么倒是比较容易。

⑯ 粥粥（yù yù 育育）：卑谦貌。

⑰ 齐难（zhāi nǎn 斋赧）：与下文的“恭敬”是同义词。齐，通“斋”。难，王引之说通“戁”，《说文》：“戁，敬也。”

⑱ 先信：以诚信为先。

⑲ 中（zhòng 众）正：合乎正道，合乎规矩。

⑳ 险易之利：指路途的难走好走带来的方便。

㉑ 冬夏不争阴阳之和：意谓夏天不与人争阴凉处，冬天不与人争太阳地儿。

㉒ 爱其死：惜其死。与下文的“养其身”同义。

㉓ 备豫：此谓考虑问题能瞻前顾后。

儒有不宝金玉[1]，而忠信以为宝；不祈土地[2]，立义以为土地；不祈多积[3]，多文以为富[4]。难得而易禄也[5]，易禄而难畜也[6]。非时不见[7]，不亦难得乎？非义不合[8]，不亦难畜乎？先劳而后禄[9]，不亦易禄乎？其近人有如此者[10]。

儒有委之以货财[11]，淹之以乐好[12]，见利不亏其义；劫之以众[13]，沮之以兵[14]，见死不更其守[15]；鸷虫攫搏[16]，不程勇者[17]；引重鼎[18]，不程其力[19]；往者不悔，来者不豫[20]；过言不再[21]，流言不极[22]；不断其威，不习其谋[23]。其特立有如此者[24]。

儒有可亲而不可劫也，可近而不可迫也，可杀而不可辱也。其居处不淫[25]，

---

① 不宝金玉：不以金玉为宝。

② 不祈：不贪图。

③ 积：谓积累财富。

④ 文：孙希旦说是"《诗》《书》六艺之文。"果然，则如今日所谓之"书本知识"。

⑤ 难得：谓儒者难以得到，难以邀请出山。易禄：轻视高官厚禄。

⑥ 难畜：难以畜养，留不住。

⑦ 非时不见（xiàn 现）：不是能够作为的时候，就不出山。

⑧ 非义不合：不尊重儒者的正确意见，他就辞职不干。

⑨ 先劳而后禄：先说工作而后说报酬。

⑩ 近人：接人待物。

⑪ 委：积聚。

⑫ 淹之以乐好：谓不间断地用声色狗马去诱惑儒者。

⑬ 劫之以众：谓用人多势众去胁迫他。

⑭ 沮之以兵：用武器来恐吓他。

⑮ 更：改变。守：指信仰。

⑯ 鸷虫：猛鸟猛兽。攫搏：（与猛鸟猛兽）搏斗。

⑰ 不程勇者：王引之说，当作"不程其勇"。意谓也不估量一下自己的本领咋样。

⑱ 引：犹举也。

⑲ 不程其力：不自量力。

⑳ "往者不悔"二句：认准了的事，做过之后从不后悔；尚未做的也不考虑过多。

㉑ 过言不再：说错的话不再说。

㉒ 不极：谓不穷追流言从哪里来。

㉓ 不习其谋：俞樾说："习之言重（chóng 崇）也。不习其谋，犹不重其谋。言谋定则行，不重习也。"然则意谓拿定主义的事，说干就干，不优柔寡断。

㉔ 特立：特立独行。

㉕ 淫：谓奢侈豪华。

其饮食不溽[①]；其过失可微辨而不可面数也[②]。其刚毅有如此者。

儒有忠信以为甲胄[③]，礼义以为干橹[④]；戴仁而行，抱义而处[⑤]；虽有暴政，不更其所[⑥]。其自立有如此者。

儒有一亩之宫[⑦]，环堵之室[⑧]，筚门圭窬[⑨]，蓬户瓮牖[⑩]；易衣而出[⑪]，并日而食[⑫]，上答之不敢以疑[⑬]，上不答不敢以谄[⑭]。其仕有如此者[⑮]。

儒有今人与居，古人与稽[⑯]；今世行之，后世以为楷；适弗逢世[⑰]，上弗援，下弗推，谗谄之民有比党而危之者[⑱]；身可危也，而志不可夺也[⑲]；虽危[⑳]，起居竟信其志[㉑]，犹将不忘百姓之病也[㉒]。其忧思有如此者。

---

① 溽：谓追求滋味。

② 微辨：在私下予以指出。面数：当面数落。

③ 忠信以为甲胄：以忠信为甲胄。甲胄，铠甲和头盔。

④ 干橹：干和橹都是盾牌，区别在于干小而橹大。干橹和上文的甲胄，都是自卫的武器。

⑤ "戴仁而行"二句：这两句话是互文，应当理解作"戴仁抱义而行，抱义戴仁而处"，意谓无论是行走，还是驻足休息，须臾离不开仁义。

⑥ 不更其所：不改变其所守。所守，指仁义。

⑦ 一亩之宫：一亩大小的院子。宫，院子四周的围墙。

⑧ 环堵：四周环绕着每面一丈高的土墙。形容狭小、简陋的居室。堵，古代筑墙的计量单位名。古以版筑法筑土墙，一版之长，五版之高，为一堵。

⑨ 筚门：用荆条或竹枝编织成的门。圭窬(yú 于)：在墙上打出的圭形门洞。圭之形，上锐下方。

⑩ 蓬户：用蓬草做成的门。瓮牖：用破瓮做成的窗户。

⑪ 易衣而出：全家只有一件衣服，谁出门谁穿。易衣，轮换着穿衣。

⑫ 并日而食：两天只吃一天的饭。

⑬ 上答之不敢以疑：受到国君的赏识重用，不敢怀疑自己的才能不足。此用王夫之说。

⑭ 谄：谄媚，奉迎巴结。

⑮ 仕：做官。

⑯ "儒有今人与居"二句：当读作"儒有与今人居，与古人稽"，意谓虽然与当代人生活在一起，但其言行却与古人吻合。

⑰ 适弗逢世：生不逢时，命运乖舛。

⑱ "上弗援"三句：当国君的不说拉他一把，当部下的不说帮他一下，那些说坏话、拍马屁的人还要勾结起来算计他。

⑲ "身可危也"二句：《论语·子罕》："子曰：'三军可夺帅也，匹夫不可夺志也。'"

⑳ 虽危：虽然处境险恶。

㉑ 起居竟信其志：一举一动还想着伸展自己的抱负。郑玄注："起居，犹举事动作。信，读如'屈伸'之伸，假借字也。"

㉒ 病：痛苦。

儒有博学而不穷[①]，笃行而不倦；幽居而不淫[②]，上通而不困[③]；礼之以和为贵，忠信之美[④]，优游之法[⑤]，慕贤而容众[⑥]，毁方而瓦合[⑦]。其宽裕有如此者[⑧]。

儒有内称不辟亲[⑨]，外举不辟怨；程功积事，推贤而进达之，不望其报[⑩]；君得其志[⑪]，苟利国家，不求富贵。其举贤援能有如此者。

儒皆闻善以相告也，见善以相示也，爵位相先也[⑫]，患难相死也[⑬]；久相待也[⑭]，远相致也[⑮]。其任举有如此者[⑯]。

儒有澡身而浴德[⑰]，陈言而伏[⑱]，静而正之[⑲]；上弗知也[⑳]，粗而翘之，又不急为也[㉑]；不临深而为高，不加少而为多[㉒]；世治不轻，世乱不沮[㉓]；同

---

① 不穷：谓不停止学习。

② 幽居而不淫：虽然一人独处，也不做邪辟之事。

③ 上通而不困：虽然飞黄腾达，也不背离正道。参陈澔说。

④ 忠信之美：即美忠信。以忠信为美德。

⑤ 优游之法：即法优游。效法从容不迫。

⑥ 慕贤而容众：不但见贤思齐，而且接纳一般民众。

⑦ 毁方而瓦合：郑玄注："去己之大圭角，下与众人小合也。必瓦合者，亦君子为道不远人。"然则盖谓儒者不孤芳自赏，能与民众打成一片也。

⑧ 宽裕：谓胸襟开阔。

⑨ 内称不辟亲：内：指亲属。称，举荐。辟，通"避"。意谓举荐贤能，只要他有真才实学，哪怕是自己的亲属也不回避。

⑩ "程功积事"三句：意谓在充分考虑到被荐举者的才能和实际表现以后，才向国君举荐并使之得到任用。但这并不是为了得到对方的回报。程功积事，谓程其功，积其事。

⑪ 君得其志：只要国君实现了他的愿望。

⑫ 相先：郑玄注："犹相让也。"

⑬ 患难相死：灾难临头，争先恐后地赴死。

⑭ 久相待也：郑玄注："久相待，谓其友久在下位不升，己则待之乃进也。"

⑮ 远相致也：谓己得明君而仕，而朋友在远方他国不得志，则要设法将朋友招来一同出仕。

⑯ 任举：保举和推荐。

⑰ 澡身而浴德：洁身自好，注意品德修养。

⑱ 陈言而伏：向国君陈说其言而伏听君命。

⑲ 静而正之：谓不露痕迹地向国君进谏。

⑳ 上弗知也：国君不理会自己的进谏。

㉑ "粗而翘之"二句：郑玄注："粗，犹疏也，微也。君不知己有善言正行，则观色缘事而微翘发其意使知之，又必舒而脱脱焉。己为之疾，则君纳之速；君纳之速，怪妬所由生也。"盖谓察言观色，在适当的时候再提醒国君，又不能操之过急。否则又会产生副作用。

㉒ "不临深而为高"二句：郑玄注："不临深而为高，临众不以己位尊自振贵也。不加少而为多，谋事不以己少胜自矜大也。"

㉓ "世治不轻"二句：遇到盛世，不自惭形秽；遇到乱世，不放弃信念。

弗与，异弗非也[①]。其特立独行有如此者[②]。

儒有上不臣天子，下不事诸侯；慎静而宽[③]，强毅以与人[④]，博学以知服[⑤]；近文章[⑥]，砥厉廉隅[⑦]；虽分国，如锱铢[⑧]，不臣不仕。其规为有如此者[⑨]。

儒有合志同方[⑩]，营道同术[⑪]；并立则乐[⑫]，相下不厌[⑬]；久不相见，闻流言不信[⑭]；其行本方立义[⑮]，同而进，不同而退[⑯]。其交友有如此者。

儒有不陨获于贫贱[⑰]，不充诎于富贵[⑱]；不慁君王，不累长上，不闵有司[⑲]，其尊让有如此者[⑳]。

---

① "同弗与"二句：对观点相同的人不随便吹捧，对观点不同的人不妄加非议。与，赞扬。

② 特立独行：孙希旦说："前言'特立'，以行己言；此言'特立独行'，以事君言也。"

③ 慎静而宽：《唐石经》作"慎静而尚宽"，诸本多从之。尚宽，崇尚宽大。

④ 以：连词，用同"而"。下同。与人：称许他人。与，称许。句意谓性格强毅而能从善如流。

⑤ 博学以知服：学问渊博而能服膺胜于己者。

⑥ 近文章：盖谓多读圣经贤传。

⑦ 砥厉廉隅：磨练品行气节。

⑧ "虽分国"二句：郑玄注："虽分国，如锱铢，言君分国以禄之，视之轻如锱铢矣。八两曰锱。"然则颇有粪土万户侯之义。锱铢（zī shū 资殊）：古代重量单位。六铢等于一锱，四锱等于一两。形容微小。

⑨ 规为：方正的行为。

⑩ 合志同方：志同道合。

⑪ 营道同术：作学问的路子相同。术，道路。

⑫ 并立：彼此都取得了成就。

⑬ 相下：彼此有了差距。不厌：不嫌弃。

⑭ 闻流言不信：郑玄注："不信其友所行如毁谤也。"

⑮ 其行本方立义：他们的行为基础建立在方正和道义上。

⑯ "同而进"二句：有此相同基础者，就进而结交；没有此共同基础者，就退而远之。

⑰ 陨获：困顿失志的样子。

⑱ 充诎：欢喜失节的样子。

⑲ 不慁（hùn 混）君王三句：郑玄注："慁，犹辱也。累，犹系也。闵，病也。言不为天子、诸侯、卿、大夫、群吏所困迫而违道。孔子自谓也。"

⑳ 其尊让有如此者：按：此一节从首句"儒有不陨获于贫贱"起，至"其尊让有如此者"止，凡六句。其前五句，原在下文"故曰儒"之前；其末句"其尊让有如此者"，原在上文"犹且不敢言仁也"句下。俞樾《群经平议》在"故曰儒"句下云："樾谨案：上文所陈十五儒，皆以'儒有'起，'有如此者'结。此文亦以'儒有'起，而以'故曰儒'结之，既不与上文一律，且义亦未足。岂所谓儒者止以其不慁君王，不累长上，不闵有司乎？疑传写错误。"儒有不陨获"至"不闵有司"，当在上文'其尊让有如此者'之前，与前列十五儒一律，孔子说儒者之行，盖十有六也。不烦慁其君王，不负累其长上，不忧闵其有司，故谓之尊让矣。上文'温良者，仁之本也'至'犹且不敢言仁也'，当在此文'故曰儒'之上，乃孔子总论儒行也。自传写错误，而十六儒止存十五儒。今订正如左：

儒有不陨获于贫贱，不充诎于富贵，不慁君王，不累长上，不闵有司，其尊让有如此者。

温良者，仁之本也；敬慎者，仁之地也；宽裕者，仁之作也；孙接者，仁之能也；礼节者，仁之貌也；言谈者，仁之文也；歌乐者，仁之和也；分散者，仁之施也。儒皆兼此而有之，犹且不敢言仁也，故曰儒。"（俞樾《春在堂全书》第一卷《群经平议》，凤凰出版社，2010 年，364—365 页）

熊十力《读经示要》认可俞樾之说。笔者从之。此错简，在郑玄之前。郑玄认为《儒行》所论"十有五儒"，而据俞樾之说，则"十有六儒"矣。

温良者，仁之本也；敬慎者，仁之地也[1]；宽裕者[2]，仁之作也[3]；孙接者[4]，仁之能也[5]；礼节者，仁之貌也[6]；言谈者，仁之文也[7]；歌乐者[8]，仁之和也；分散者[9]，仁之施也。儒者兼此而有之，犹且不敢言仁也，故曰儒。

儒有不陨获于贫贱[10]，不充诎于富贵[11]；不慁君王，不累长上，不闵有司[12]，故曰儒。今众人之命儒也妄，常以儒相诟病[13]。"

孔子至舍[14]，哀公馆之[15]，闻此言也，言加信[16]，行加义[17]："终没吾世，不敢以儒为戏。"

〔问题分析〕

"儒"字诸解辨析

西汉·扬雄《法言·君子篇》："通天地人曰儒。"

东汉·许慎《说文解字》："儒，柔也。术士之称。从人，需声。"段玉裁注云："术，邑中也，因以为道之称。《周礼》：'儒以道得民。'注曰：'儒，有六艺以教民者。'《大司徒》：'以本俗六安万民，四曰联师儒。'注云：'师儒，乡里教以道艺者。'按：六艺者，礼、乐、射、御、书、数也。《周礼》谓'六德'、'六行'、'六艺'曰德行道艺。自真儒不见，而以儒相诟病矣。"

---

① 地：落脚点。

② 宽裕：胸襟开阔。

③ 作：发作。

④ 孙接：谦逊地接人待物。孙，同"逊"。

⑤ 能：才能。

⑥ 貌：外表。

⑦ 文：文采。

⑧ 歌乐（yuè 月）：音乐。

⑨ 分散：谓有福同享。

⑩ 陨获：困顿失志的样子。

⑪ 充诎：欢喜失节的样子。

⑫ 不慁君王三句：郑玄注："慁，犹辱也。累，犹系也。闵，病也。言不为天子、诸侯、卿、大夫、群吏所困迫而违道。孔子自谓也。"

⑬ "今众人之命儒也妄"二句：现在许多人自命为儒但却有名无实，所以儒者才常常遭到羞辱。

⑭ 孔子至舍：此谓孔子回到鲁国。

⑮ 哀公馆之：哀公将孔子安排在宾馆中。

⑯ 言加信：对儒者的话更加相信。

⑰ 行加义：对儒者的行为更加赞许。

东汉·郑玄《礼记目录》："名曰《儒行》者，以其记有道德者所行也。儒之言优也，柔也，能安人，能服人。又儒者，濡也，以先王之道，能濡其身。"

东汉·王粲《儒吏论》："儒岂生而迂缓也，起于讲堂之上，游于乡校之中，无严猛断割以自裁，虽欲不迂缓，弗能得矣。先王见其如此也，是以博陈其教，辅和民性，达其所壅，祛其所蔽。"

三国魏·张揖《广雅·释诂》："儒，柔也。"王念孙《疏证》云："郑氏《礼记目录》云：'儒之言优也，柔也，能安人，能服人。'"

南朝梁·皇侃《论语集解义疏·雍也》"女为君子儒"曰："儒者，濡也。夫习学事久，则濡润身中，故谓久习者为儒也。"

唐·贾公彦疏《周礼·天官·太宰》"儒以道教民"曰："儒，亦有道德之称也。"

宋·朱熹《论语集注·雍也》"女为君子儒"曰："儒，学者之称。"

明·黄道周《儒行集传》卷上："儒之为言需也。《易》曰：'云上于天，需。'天下所待，其膏雨也。"

清·刘宝楠《论语正义·雍也》"女为君子儒"曰："儒，为教民者之称。"

以上这些对"儒"字的解释，从训诂方法上来说，有形训，如《说文》(此例又含声训)；有声训，如郑玄《礼记目录》；有义训，如扬雄《方言》。从给出的释义上来说，有比较全面的、概括的，也有比较片面的、具体的。要之，意各有指，言各有当，既不可以此而废彼，亦不可以彼而废此也。

〔**由本篇产生的新词、成语**〕

1. **逢掖**，本义是宽大的衣袖。因本篇之故，后指儒生所穿之衣。例如：

《后汉书·卢植传赞》："子干兼姿，逢掖临师。"

南朝梁·范缜《神灭论》："舍逢掖，袭横衣，废俎豆，列瓶钵，家家弃其亲爱，人人绝其嗣续。"

2. **更仆难数**，源出于本篇："遽数之不能终其物，悉数之乃留，更仆未可终也。"后因以"更仆难数"形容事物繁多，一时半会儿数不清。例如：

明·黄道周《易象正目次》："其烦者更仆难数，其简者一言可尽。"

明·余继登《淡然轩集》卷一《覆谥法疏》："近有行事差可，其心孔艰，而谥者矣；又有谥与人不相符合者矣。诸如此类，更仆难数。"

3. **环堵之室**，形容狭小、简陋的居室。例如：

汉·韩婴《韩诗外传》卷一："原宪居鲁，环堵之室，茨以蒿莱，蓬户瓮牖，桷桑而无枢，上漏下湿，匡坐而弦歌。”

唐·杜甫《寄柏学士林居》诗：“几时高议排金门，各使苍生有环堵。”

4. **筚门**，荆条竹枝编成的门。常用以指贫民居室。例如：

《晋书·段灼传》：“今台阁选举，徒塞耳目，九品访人，唯问中正。故据上品者，非公侯之子孙，则当涂之昆弟也。二者苟然，则筚门蓬户之俊，安得不有陆沉者哉！”

《晋书·刘惔传》：“惔少清远，有标奇，与母任氏寓居京口，家贫，织芒屩以为养，虽筚门陋巷，晏如也。”

5. **蓬户瓮牖**，用蓬草编成的门，用破瓮充当窗户。形容住室简陋。例如：

汉·刘向《新序》卷七：“原宪居鲁，环堵之室，茨以生蒿，蓬户瓮牖，揉桑以为枢，上漏下湿，匡坐而弦歌。”

唐·柳宗元《柳河东集》卷二十五《凌助教蓬屋题诗序》：“儒有蓬户瓮牖而自立者，河间凌士燮，穷讨六籍，皆有著述，而尤邃《春秋》。”

6. **澡身浴德**，谓洁身自好，注意品德修养。例如：

《三国志·魏书·韩暨传》：“景初二年春，诏曰：‘太中大夫韩暨，澡身浴德，志节高絜，年踰八十，守道弥固，可谓纯笃，老而益劭者也。’”

《隋书·高祖纪下》开皇九年诏：“凡我臣僚，澡身浴德，开通耳目，宜从兹始。”

7. **特立独行**，谓志行高洁，不随波逐流。例如：

唐·韩愈《伯夷颂》：“士之特立独行，适于义而已，不顾人之是非，皆豪杰之士，信道笃而自明者也。”

《朱子语类》卷三十四：“见善必迁，有过必改，为学则强力，任事则果决，亦是一等特立独行之人。”

8. **砥厉廉隅**，谓磨练节操。廉隅，棱角，喻操守方正。例如：

《孔丛子·连丛子下》：“志不在小，则不可度，砥厉廉隅，则不可越，行高体卑，则不可阶。”

《册府元龟》卷四百六十二：“去官而徒四壁，启手而无余财。斯皆砥砺廉隅，树立名节，造次于是，始终不渝。用能仪表于官联，敦尚于俗化。”

9. **陨获**，困顿失志的样子。例如：

汉·蔡邕《蔡中郎集》卷六《彭城姜伯淮碑》：“先生盘桓育德，莫之肯就，不陨获于贫贱，不充诎于富贵，拔乎其萃，出乎其类，生民之杰也。”

南朝梁·任昉《求为刘巘立馆启》：“贫不陨获其心，穷不二三其操。”

10. **充诎**,得意忘形的样子。例如:

《三国志·蜀书·郄正传》:"狭屈氏之常醒,浊渔父之必醉;溷柳季之卑辱,褊夷叔之高怼;合不以得,违不以失;得不充诎,失不惨悸。"

《梁书·刘峻传》:"生而不喜,死而不戚。瑶台夏屋不能说其神,土室编蓬未足忧其虑。不充诎于富贵,不遑遑于所欲。"

11. **诟病**,羞辱,侮辱。后引申为指责或嘲骂。例如:

汉·徐干《中论·爵禄第十》:"窃国而贵者有之,窃地而富者有之。奸邪得愿,仁贤失志。于是则以富贵相诟病矣。"

唐·陆贽《翰苑集》卷二十一《论裴延龄奸蠹书》:"诗曰:'方茂尔恶,相尔矛矣。'又曰:'既之阴汝,反予来吓。'又曰:'凉曰不可,覆背善詈。'言小人得志,恶怒是凭,肆其褊心,以相诟病也。"

〔**文化史扩展**〕

1. 漫说"士可杀而不可辱"

《礼记·儒行》云:"儒有可亲而不可劫也,可近而不可迫也,可杀而不可辱也。"由于这三句话是孔子说的,所以其为士大夫所服膺也就非常自然。三句话中对后世影响最大的是"可杀而不可辱"一句。在古代,士农工商,所谓四民,儒居四民之首。由于儒者的社会地位与士相近,所以"儒"字就变成了"士"字,于是乎就有了"士可杀而不可辱"这句话。请注意,"士可杀而不可辱"这句话中的"士",不要误解为是最低级的爵位之称,而应理解为是"士大夫"的通称,也可以说是"大臣"、"高官"的通称。司马迁在《报任安书》中说:"传曰'刑不上大夫',此言士节不可不厉也。"上句言"大夫",下句变文为"士";下文的举例中,有三品大员亦称"士"者,均可证。"士可杀而不可辱"这句话,对历代士大夫的品格塑造所产生的影响非常大,以至于成为士大夫的一个挥之不去的心结,从而构成了"刑不上大夫"的精神基础。为了证明这一点,请看:

(1)《三国志·魏志·何夔传》:"太祖性严,掾属公事,往往加杖。夔常畜毒药,誓死无辱,是以终不见及。"从中不难看出"士可杀而不可辱"这一信念对何夔的影响。

(2)《资治通鉴》卷二百十二唐开元十年十一月乙未:"前广州都督裴伷先下狱,上与宰相议其罪。张嘉贞请杖之。张说曰:'臣闻"刑不上大夫",为其近于君,且所以养廉耻也。故士可杀不可辱。臣向巡北边,闻杖姜皎于朝堂。皎官登三品，亦有微功，有罪应死则死，应流则流，奈何轻加笞辱，以皂隶待之！姜皎事往，不可复追。伷先据状当流，岂可复蹈前失。'上深然之。"

（3）元·陶宗仪《说郛》卷四十一下引宋代高文虎《蓼花洲闲录》云："神宗时，以陕西用兵失利，内批出令，斩一漕官。明日，宰相蔡确奏事。上曰：'昨日批出斩某人，今已行否。'确曰：'方欲奏知。'上曰：'此人何疑？'确曰：'祖宗以来，未尝杀士人。臣等不欲自陛下始？'上沉吟久之，曰：'可与刺面配远恶处。'门下侍郎章惇曰：'如此，即不若杀之。'上曰：'何故？'曰：'士可杀，不可辱。'上声色俱厉曰：'快意事更做不得一件！'惇曰：'如此快意，不做得也好。'"

（4）明·夏原吉《夏忠靖公遗事》："刑部金尚书以疾在告，蹇忠定公有会，乃赴之。上闻之不乐，曰：'以疾不朝，而宴于私，可乎？'命系之。公言进退大臣当以礼，可杀而不可辱。金某老矣而系辱之，非刑不上大夫之意。上即宥之。"

（5）明·袁帙《世纬》："《记》曰：'刑不上大夫。'此言士可杀而不可辱也。秦、汉以来，士也日贱。李斯，相也，具五刑；萧何，侯也，缚缧绁；勲如条、绛，材如迁、向，幽囚械系，宫腐髠钳，辱已甚矣。"

（6）明·刘宗周《刘蕺山集》卷四《敬陈圣学疏》："至于廷杖一节，原非祖宗故事，辱士尤甚。士可杀，不可辱。仍愿陛下推敬礼大臣之心以及群臣，与厂卫一体并罢，还天下礼义廉耻之坊。"

（7）《世宗宪皇帝上谕内阁》卷八十七记载："李绂、蔡珽著交刑部讯取确供，倘再支吾掩饰，即加刑讯。古人云'士可杀而不可辱'，若李绂等奸猾之徒，有不得不辱之势，亦其所自取也。"

（8）清·陈立《白虎通疏证》卷九在征引贾谊《新书·阶级》"廉耻礼节，以治君子。故有赐死而无僇辱。是以系缚榜笞，髠刖黥劓之罪，不及士大夫，以其离主上不远也"之后，加按语说："故《儒行》云：'士可杀而不可辱。'"

以上8例，尤以第5例、第8例说得最为明白。实际上，司马迁所说的："传曰'刑不上大夫'，此言士节不可不厉也。"所谓"士节不可不厉也"，可以视为"士可杀而不可辱也"的另外一种表述。

2. "内称不辟亲，外举不辟怨"的历史佳话

《左传》襄公三年："晋祁奚请老，晋侯问嗣焉。称解狐，其仇也。将立之而卒，又问焉。对曰：'午也可。'于是羊舌职死矣，晋侯曰：'孰可以代之？'对曰：'赤也可。'于是使祁午为中军尉，羊舌赤佐之。君子谓祁奚于是能举善矣。称其仇，不为谄；立其子，不为比；举其偏，不为党。《商书》曰：'无偏无党，王道荡荡。'其祁奚之谓矣!”

这则故事,在《吕氏春秋·去私》篇又被演绎作:“晋平公问于祁黄羊曰:‘南阳无令,其谁可而为之?’祁黄羊对曰:‘解狐可。’平公曰:‘解狐非子之雠邪?’对曰:‘君问可,非问臣之雠也。’平公曰:‘善!’遂用之,国人称善焉。居有间,平公又问祁黄羊曰:‘国无尉,其谁可而为之?’对曰:‘午可。’平公曰:‘午非子之子邪?’对曰:‘君问可,非问臣之子也。’平公曰:‘善!’又遂用之,国人称善焉。孔子闻之,曰:‘善哉!祁黄羊之论也:外举不避雠,内举不避子,祁黄羊可谓公矣。’”

3. 试说“苟利国家生死以,岂因祸福趋避之”的原始出处

“苟利国家生死以,岂因祸福趋避之”,这是清人林则徐的两句诗。近年来,随着前国务院总理温家宝在2003年3月18日在人民大会堂回答记者问时说:“在我当选以后,我心里总默念着林则徐的两句诗:‘苟利国家生死以,岂因祸福避趋之。’这就是我今后工作的态度。”这两句诗就更广为人知。为使读者知其全貌,兹摘引全诗如下:

林则徐《云左山房诗钞》卷六《赴戍登程口占示家人》:

力微任重久神疲,再竭衰庸定不支。

苟利国家生死以,岂因祸福避趋之?

谪居正是君恩厚,养拙刚于戍卒宜。

戏与山妻谈故事,试吟断送老头皮。

所谓“赴戍”,谓发配到新疆戍边。时在道光二十二年(1842)。关于颔联两句诗的出处,笔者曾经看到过一些说法,但总觉得与私意颇有出入。因此不揣谫陋,略述己见。笔者认为,这两句诗和《礼记·儒行》篇大有关系,《儒行》篇可以视为其原始出处。我的理由有下列几点:

第一,林则徐是熟悉《礼记》的。知者,朱彬的《礼记训纂》是清人注释《礼记》的出类拔萃之作,而林则徐在道光二十二年(1842)曾为此书作序。

第二,《儒行》篇的作者,据郑玄说是孔子。然则《儒行》成篇于春秋时期,比《左传》等书要早。

第三,就上句“苟利国家生死以”来说,最早使用“苟利国家”一词的是《儒行》:“苟利国家,不求富贵。”此后,文献中陆续出现了下列近似的说法:

(1)《左传》昭公四年:“郑子产作丘赋。国人谤之,曰:‘其父死于路,己为虿尾,以令于国,国将若之何?’子宽以告。子产曰:‘何害?苟利社稷,死生以之。’”

(2)《唐文粹》卷二十八苏安恒《请则天皇后复位于皇太子疏》:“臣闻:见过不

谏，非忠臣也。畏死不言，非勇士也。臣何惜一朝之命而不安万乘之国哉！故曰：‘苟利国家，虽死可矣！’”

(3)《朱子语类》卷八十一：“古人做事，苟利国家，虽杀身为之而不辞。”

(4)顾炎武《天下郡国利病书》第二千七百八十七册载明人刘应节复上疏曰：“夫事苟利国家，死生以之。今河是非不明，臣之心迹弥晦，辄敢不避嫌怨，冒昧再陈惟，陛下少垂察焉。”

笔者认为，以林则徐的博学，以上四例涉及的四种书，他都是看过的。其中，顾炎武的《天下郡国利病书》对林则徐的影响尤为直接。为什么这样说呢？《天下郡国利病书》此节是讲究水利的，而林则徐也关心水利，著有《畿辅水利议》一卷。《天下郡国利病书》中的“夫事苟利国家，死生以之”的话，林则徐必是看过且留有深刻印象。但这仍然只是直接影响而已，追本溯源，还在《儒行》。

第四，下句“岂因祸福趋避之”，“祸福趋避”一语，文献颇见用例。例如，乾隆皇帝《御制清文翻译全藏经序》就说：“夫以祸福趋避教人，非佛之第一义谛也。第一义谛，佛且本无，而况于祸福乎？”但这些用例并非与林则徐的“岂因祸福趋避之”同调。笔者认为，“岂因祸福趋避之”一句，并非采自前人现成的文句，而是独出心裁，熔铸了《儒行》的下列一段话而成的：“儒有今人与居，古人与稽；今世行之，后世以为楷；适弗逢世，上弗援，下弗推，谗谄之民有比党而危之者；身可危也，而志不可夺也；虽危，起居竟信其志，犹将不忘百姓之病也。其忧思有如此者。”为了帮助读者理解这段话，谨将其译成现代汉语如下：儒者中间有这么一种人，他们虽然与当代人生活在一起，但其言行却与古人吻合。其今世之所作所为，后世将以为楷模。生不逢时，命运乖舛。当国君的不说拉他一把，当部下的不说帮他一下，那些说坏话、拍马屁的人还要勾结起来算计他。身体虽然可危，但其信念丝毫不为所动。虽然处境险恶，一举一动还想着伸展自己的抱负，还念念不忘老百姓的痛苦。儒者的忧思有如此者。联系当时林则徐的处境、心境，我认为，只有在《儒行》的这段话中才能够找到正确的表达。

4. 宋代官方格外重视《儒行》篇

《儒行》篇在宋代受到朝廷的特殊重视，其表现为：

第一，从宋太宗开始，凡是新及第的进士，一律每人赐《儒行》一篇，以资嘉勉。《宋史·选举志一》记载：“淳化元年，诸道贡士凡万七千余人。……帝谕多士曰：‘尔等各负志业，效官之外，更励精文采，无坠前功也。诏刻《礼记·儒行篇》赐之。”《宋会要辑稿·选举二之二》淳化三年三月十五日，诏：“赐新及第进士及诸科贡举人《儒行篇》各一轴，令至所著于壁，以代座右之诫。”从此成为定例。《宋会要辑稿·礼六二》仁宗天圣八年四月条记载：“自后，登第者赐闻喜宴日，必遣中使赐《儒行》或《中庸》、《大学》篇一轴以为常。”直到宋高宗时，这种情况才有所改变。据《宋史·高闶传》：“高闶，绍兴元年，以上舍选赐进士第。执政荐之，召为秘书省正字。时将赐新进士《儒行》、《中庸》篇。闶奏《儒行》词说不醇，请止赐《中庸》庶几学者得知圣学渊源，而不惑于他说。从之。”

第二，从宋太宗开始，不仅将《儒行》篇赐新及第进士，而且赐予近臣。《宋史·张洎传》载：“时上令以《儒行》篇刻于版，印赐近臣及新第举人。洎得之，上表称谢，上览而嘉之。”

第三，从宋真宗开始，又扩大赐予范围，将《儒行》篇赐予地方官。《宋史·职官八》记载：“大中祥符元年，真宗又以《礼记·儒行篇》赐亲民厘务文臣。其幕职州县官使臣，赐敕戒砺，令崇文院刻板模印，送阁门，辞日，分给之。”

〔**集评**〕

唐·孔颖达《正义》曰：“案郑《目录》云：‘名曰《儒行》者，以其记有道德者所行也。此于《别录》属通论。’”

宋·卫湜《礼记集说》卷一百四十七引吕大临说：“此篇之说，有矜大胜人之气，少雍容深厚之风，似与不知者力争于一旦。窃意末世儒者，将以自尊其教，有道者不为也。虽然，其言儒者之行，不合于义理者殊寡，学者果践其言，亦不愧于为儒矣。此先儒所以存于篇，今日讲解所以不敢废也。”

明·黄道周《儒行集传》卷上：“古未有称儒者。鲁之称儒，有道艺之臣，伏而未仕者也。其首行曰‘待聘’、‘待问’、‘待举’、‘待取’，待者，需也，故儒之为言需也。《易》曰：‘云上于天，需。’天下所待，其膏雨也。而失者以为柔濡，故天下无知儒者也。天子无儒臣则道义不光，礼乐不作，乱贼恒有。天下无儒学，则骄慢上陈，贪鄙下行，寇攘穿窬，据于高位，而贤人之德业皆熄矣。仲尼故举十七种以明之。先于学问，衷于忠信，而归之于仁。故仁者，儒者之实也。天子既知儒之实，不疑于名，因而求之，得其数种，皆足以为治。其无当于是，虽习章句，被文绣，皆小人之儒也。周之末年，始不悦学。原伯鲁宣言于朝，闵子马闻之，曰：‘周其乱乎！夫必多有是说，而后及其大人。大人患失而惑，又曰：“可以无学，无学不害。”则苟而可，于是乎下陵上替，能无乱乎？夫学，殖也。不学将落，原氏其亡乎！’仲尼恐后世不学，不知先王之道存于儒者，儒者之学存于德行，故备举以明之，使后之天子，循名考实，知人善任，为天下得人，不以爵禄为宵小侥幸，不以黼黻骄于士大夫，故其悬鉴甚定，取舍甚辨，则备取诸此也。”

清·孙希旦《礼记集解》曰：“孔子为鲁哀公陈儒者之行也。”

清·杭世骏《续礼记集说》卷九十六引陆氏奎勋曰：“吕氏、李氏皆谓非孔子言，细按之，亦无疵语，唯‘大让如慢，小让如伪’、‘其过失可微辨而不可面数’、‘宽裕者，仁之作；孙接者，仁之能’，不似圣言之浑成曲当。然《戴记》中《表记》、《缁衣》之属，孰非汉儒所推衍者，何独于《儒行》而疑之。”

清·杭世骏《续礼记集说》卷九十六引姚际恒曰：“战国之时，墨子常非儒，故后之儒士，作为此篇以尊儒，而名《儒行》。然依仿《庄子·田子方》篇鲁哀公与庄子论儒服之说为发端，实原本于《老》《庄》之意，宜其篇中所言，轻世肆志，迂阔陂僻，鲜有合于圣人之道也。

熊十力《读经示要》云：“《二程遗书》卷十七云：‘《儒行》之篇，全无义理，如后世游说之士，所谓夸大之说。观孔子平日语言，有如是者否。’伊川为宋学宗师，其斥《儒行》如此。吾为此惧，爰述《儒行》。十五（按：据俞樾说，当作“十六”。熊氏赞同俞樾之说）儒，显晦异迹，而行事皆出乎中正。不审伊川何故斥为‘虚夸’也。今略举其大者。如‘夙夜强学以待问’，‘闻善以相告，见善以相示’，即夫子‘己欲立而立人，己欲达而达人’之旨。佛氏度众生之宏愿，亦同《儒行》。‘世治不轻，世乱不沮’，其经纶宇宙之宏规伟略，于是可见。‘不临深而为高，不加少而为多’，则所以察群变，同群情，而司其化者，可谓至矣。‘同弗与，异弗非，道并行而不相悖，万物并育而不相害’，可谓善体天地之化，自由之极则也。‘行方立义，同而进，不同而退’，友道固然。‘不臣天子，不事诸侯，虽分国，如锱铢’，逍遥乎尘垢之外，几与浮屠比迹。此则儒之畸行也。然‘慎静尚宽’，不舍人伦，要自异于趣寂之风。‘非时不见’，而贵难得。其规模与识量，盖广远之极哉！‘见利不亏其义，劫以众，沮以兵，见死不更其守’，可谓坚固炽然矣。谗谄之民，比党相危，而志不可夺，犹将不忘百姓之病也，何其仁之至耶！若乃‘蓬户圭窦，并日而食’，以自苦为极者，犹备邦君之询，弗忘当世之务。呜呼！仁矣哉！《儒行》也。佛家有《华严普贤行愿品》，庶几同符此篇。

有谓《儒行》，只是条列各种行谊，殊无宗旨者。此甚妄。此篇结尾明明以百行一本于仁，与《论语》相印证，孰谓无宗旨乎？《儒行》篇，自昔罕有注意者，汉唐经师，只是注疏之业，根本不知儒者精神。郑玄、孔颖达之注，于《儒行》精要，都无所窥。两宋理学，大抵不脱迂谨，末流遂入乡愿。

《大学》《儒行》两篇，皆贯穿群经，而撮其要最，详其条贯，揭其宗旨，博大闳深。盖皆以简少之文，而摄无量义也。二三子读经，从此入手，必无茫然不知问津之感。读尽《六经》之后，又复回玩二篇，当觉意思深远，与初读时，绝不相同。夫学不本于经，无根柢。

〔**思考与讨论**〕

1. 对《儒行》篇，历代学者中，既有褒之者，也有贬之者，您有什么看法？
2. 《儒行》篇对塑造中国知识人的品格有无影响？

《大学》第四十二[①]

大学之道，在明明德，在亲民，在止于至善[②]。知止而后有定[③]，定而后能静[④]，静而后能安[⑤]，安而后能虑[⑥]，虑而后能得[⑦]。物有本末，事有终始，知所先后，则近道[⑧]矣。

古之欲明明德于天下者[⑨]，先治其国；欲治其国者，先齐其家[⑩]；欲齐其家者，先修其身[⑪]；欲修其身者，先正其心[⑫]；欲正其心者，先诚其意；欲诚其意者，先致其知[⑬]。致知在格物[⑭]。物格而后知至[⑮]，知至而后意诚，

---

① 郑玄《三礼目录》云："名曰《大学》者，以其记博学可以为政也。"在郑玄那里，"大"是"博"的意思，大学即博学。宋代学者则不然。朱熹《大学章句序》："《大学》之书，古之大学所以教人之法也。"把大学看作与小学相对的教育机构。本文择善而从，此处采用郑说。详篇后《"大学"名义辨析》。

② 大学之道四句：意谓博学的目的有三，一是彰明自身的光明之德，二是亲爱民众，三是将以上二事做到至善的境界。司马光曰："明明德，所以修身也。亲民，所以治天下国家也。君子学斯二者，必至于尽善然后止。"

③ 知止而后有定：知道了止于至善这个目标才会志有定向。

④ 静：朱熹说："谓心不妄动。"犹今云心无杂念。

⑤ 安：司马光说："安者，学而时习之也。"

⑥ 虑：司马光说："虑者，专精致思以求之也。"

⑦ 得：谓达到至善境界。

⑧ 道：即上文的"大学之道"。

⑨ 古之欲明明德于天下者：孔颖达说："言欲章明己之明德，使遍于天下者。"

⑩ 齐：治理。

⑪ 修：通"修"，修理，整治。

⑫ 心：朱熹说："心者，身之所主也。"

⑬ 知：郑玄注："知，谓知善恶吉凶之所终始也。"盖谓知道所以善有善报恶有恶报之理。

⑭ 格物：郑玄注："格，来也。物犹事也。其知于善深则来善物，其知于恶深则来恶物，言事缘人所好来也。"盖谓善恶报应之不爽。

⑮ 知至：善恶能够辨别。

意诚而后心正，心正而后身修，身修而后家齐，家齐而后国治，国治而后天下平。自天子以至于庶人，壹是皆以修身为本[①]，其本乱而末治者否矣[②]。其所厚者薄，而其所薄者厚，未之有也[③]。此谓知本，此谓知之至也[④]。

所谓诚其意者，毋自欺也。如恶恶臭[⑤]，如好好色[⑥]，此之谓自谦[⑦]。故君子必慎其独也。小人闲居为不善，无所不至，见君子而后厌然[⑧]，掩其不善而着其善[⑨]。人之视己，如见其肺肝然，则何益矣[⑩]！此谓诚于中，形于外，故君子必慎其独也。

曾子曰[⑪]："十目所视，十手所指，其严乎！"富润屋，德润身，心广体胖[⑫]，故君子必诚其意。

《诗》云："瞻彼淇澳，菉竹猗猗。有斐君子，如切如磋，如琢如磨。瑟兮僩兮，赫兮喧兮。有斐君子，终不可諠兮[⑬]！""如切如磋"者，道学也[⑭]；

---

① 壹是：一概。

② 本：指修身。末：指齐家、治国、平天下。

③ 其所厚者薄三句：比喻本应下大力气的地方却没有下，而本应不下什么力气的却下大力气，这样做而希望得到好的结果，是没有的事。

④ 知之至：最高的智慧。

⑤ 如恶(wù 误)恶臭(xiù 袖)：就像厌恶难闻的气味。

⑥ 如好(hào 浩)好色：就像喜欢漂亮的女人。

⑦ 自谦(qiè 妾)：朱熹注："自快足于己。"谦，通"慊"，满足。

⑧ 厌(yǎn 眼)然：掩饰真相的样子。厌，通"黡"，闭藏貌。

⑨ 揜其不善而着其善：掩盖他做过的坏事而宣扬他做过的好事。

⑩ "人之视己"三句：任何一个人对自己干的是好事或者坏事，自己心里最清楚，瞒过别人瞒不过自己，掩饰或者宣扬有什么好处呢？

⑪ "曾子曰"四句：(尽管你是一人独处，但要想到)众多的眼睛在看着你，众多的指头在指着你，多么让人敬畏啊。

⑫ "富润屋"三句：郑玄注："胖(pán 盘)，大也。三者言有实于内，显见于外。"大意谓：人的贫富可以从其住所看得出来，人的道德水平可以从其行动看得出来，人的心胸宽广与否可以从其身体舒泰与否上看得出来。

⑬ "《诗》云"九句：见《卫风·淇奥》，有个别文字与今本《诗经》不同。淇：水名。澳(yù 玉)：弯曲的河岸。菉竹：草名。即荩草。一名王刍。其叶片似竹，故名。猗猗(yī 依)：茂盛的样子。有斐：即斐斐，有文采的样子。据《尔雅·释器》，对骨头进行加工叫作切，对象牙进行加工叫作磋，对玉进行加工叫作琢，对石头进行加工叫作磨。瑟：矜持端庄的样子。僩(xiàn 现)：威武的样子。喧：通"宣"，坦荡的样子。諠：今《诗》作"谖"，又作"萱"，忘记。

⑭ 道学也：是说君子的研究学问。

“如琢如磨”者，自修也[①]；“瑟兮諠兮”者，恂栗也[②]；“赫兮喧兮”者，威仪也；“有斐君子，终不可諠兮”者，道盛德至善，民之不能忘也。

《诗》云：“于戏前王不忘！[③]”君子贤其贤而亲其亲，小人乐其乐而利其利，此以没世不忘也[④]。

《康诰》曰：“克明德[⑤]。”《大甲》曰：“顾諟天之明命[⑥]。”《帝典》曰：“克明峻德[⑦]。”皆自明也[⑧]。

汤之《盘铭》曰：“苟：日新，日日新，又日新[⑨]。”《康诰》曰：“作新民[⑩]。”

《诗》曰：“周虽旧邦，其命惟新[⑪]。”是故君子无所不用其极[⑫]。《诗》云：“邦畿千里，惟民所止[⑬]。”《诗》云：“缗蛮黄鸟，止于丘隅[⑭]。”子曰：“于

---

① 自修也：是说君子的自我修养。

② 恂栗也：是说君子的外貌严厉。

③ “《诗》云”句：见《周颂·烈文》。于戏：感叹词，音义俱同“呜呼”。前王不忘：先王的美德使人难忘。

④ 君子贤其贤而亲其亲三句：这三句是解释为什么“前王不忘”的。因为君子从先王那里尊重贤人和热爱亲人，小人从先王那里享受到快乐和得到实惠，因此才到死不忘。

⑤《康诰》：《尚书·周书》篇名。据说为周公封康叔而作。克：能够。

⑥《大甲》：《尚书·商书》篇名，有上中下三篇。据说为伊尹告诫殷高宗大甲而作。大，读作“太”。顾諟(shì 是)，据郑玄注：“顾，念也。諟，犹正也。”犹今言关注并端正。天之明命：犹言天赐予你之明德。

⑦《帝典》：指《尧典》，《尚书·虞书》篇名。峻德：大德。

⑧ 皆自明也：意谓以上三句引经据典，讲的都是勉励人君要自明己德啊。

⑨ “汤之《盘铭》曰”四句：商汤在他的洗澡盘子上镌刻着自勉的铭文：“要自己严厉地告诫自己：今天沐浴自新了吗？明天也要沐浴自新，每天都要沐浴自新啊！”表面上说的是身体的自新，实际上隐含着精神上的自新。苟，苟(音 jì 季)：《说文解字·苟部》：“苟，自急敕也。从羊省，从勹口。”桂馥《说文解字义证》：“经师说此字，多误爲从艸之苟(音 gǒu)。”朱骏声《说文通训定声》：“苟，苟艸也，从艸，句声。又为‘苟’之误字。苟，自急敕也，从勹口，从羊省，会意，读如亟。敬字从此。《仪礼·燕礼·记》：‘宾为苟敬。’注：‘苟，且也，假也。’失之。《礼记·大学》：‘苟日新。’疏：‘诚也。’亦失之。”张舜徽《说文解字约注》：“《礼记·大学》‘苟日新’之类，皆当作从羊省之苟，学者所宜明辨也。”按：此“苟”(jì 季)字，学者多误作“苟”(音 gǒu)，笔者此前也曾误解。所谓“自急敕”，即自己严厉地告诫自己。“苟日新，日日新，又日新”，廖名春《〈大学〉篇“汤之盘铭”新释》(《国学季刊》2015 年 2 期)认为是错简，当作“苟：日新，又日新，日日新”。廖说是，今译文从之。

⑩ 作新民：谓鼓励化纣恶俗的殷人，使弃恶从善，重新做人。

⑪ “《诗》曰”二句：见《大雅·文王》。意谓周虽然本来是殷的诸侯国，但已经接受天命取代殷商成为新朝的天子。

⑫ 是故君子无所不用其极：朱熹注：“自新、新民，皆欲止于至善也。”

⑬ “《诗》云”二句：见《商颂·玄鸟》。意谓天子辖地千里，都是百姓安居之所。邦畿，王城及其所属周围千里的地域。

⑭ “《诗》云”二句：见《小雅·绵蛮》。意谓小小的黄鸟，止息在山角。绵蛮，毛传：“小鸟貌。”黄鸟，鸟名。

止，知其所止，可以人而不如鸟乎①？”《诗》云：“穆穆文王，于缉熙敬止②！”为人君，止于仁③；为人臣，止于敬；为人子，止于孝；为人父，止于慈；与国人交，止于信。

子曰：“听讼，吾犹人也，必也使无讼乎④！”无情者不得尽其辞⑤，大畏民志。此谓知本⑥。

所谓修身在正其心者：身有所忿懥，则不得其正；有所恐惧，则不得其正；有所好乐，则不得其正；有所忧患，则不得其正⑦。心不在焉⑧，视而不见，听而不闻，食而不知其味。此谓修身在正其心。

所谓齐其家在修其身者：人之其所亲爱而譬焉⑨，之其所贱恶而譬焉，之其所畏敬而譬焉，之其所哀矜而譬焉，之其所敖惰而譬焉⑩。故好而知其恶，恶而知其美者⑪，天下鲜矣！故谚有之曰：“人莫知其子之恶，

---

① 于止：鸟止息于何处。于鬯说：“于，盖‘鸟’字之误，鸟初误为‘乌’，而乌又写作‘于’耳。于者，‘乌’之古文也。”

② “《诗》云”二句：见《大雅·文王》。穆穆：毛传：“美也。”文王：周文王。于（wū 乌）：叹美声。缉熙：郑玄注：“光明也。”止：本是语尾助词，无义。此处断章取义，作为“止息”讲。所以郑玄说：“此美文王之德光明，敬其所以自止处。”

③ 止于仁：字面意思是止息于仁，深层意思是要把“仁”字做到止于至善的地步。下文的“止于敬”、“止于孝”、“止于慈”、“止于信”，都当作如是解。

④ “子曰”三句：见《论语·颜渊》。意谓孔子说：“审理案件，我和别人差不多；一定要说有什么不同的话，那就是我想让案件从根本上不再发生。”

⑤ “无情者不得尽其辞”二句：让没有真凭实据的一方不得肆意狡辩，让他们感到非常胆怯心虚。郑玄注：“情，犹实也。大畏其心志，使诚其意，不敢讼。”

⑥ 本：郑玄说：“本，谓诚其意也。”

⑦ “身有所忿懥（zhì 治）”八句：朱熹注：“程子曰：‘身有’之身当作‘心’。忿懥，怒也。盖是四者，皆心之用而人所不能无者。然一有之而不能察，则欲动情胜，而其用之所行，或不能不失其正矣。”总而言之，心要时刻保持平常态，一动感情，心就不得其正。

⑧ 心不在焉：字面意思是如果心不在其位。承上文，意谓如果心不得其正。“心不在焉”是条件，“视而不见”三句是结果。

⑨ 人之其所亲爱而譬焉：人对于其所亲爱的人的看法往往会有所偏颇。譬，一本作“辟”。朱熹注：“之，犹于也。辟，读为僻。辟，犹偏也。”下文“之其所贱恶而譬焉”等四句，与此同理。这是人之常情，不难理解。

⑩ 敖惰：傲慢怠惰。犹今言瞧不起。敖，通“傲”。

⑪ “故好而知其恶”二句：与《曲礼上》的“爱而知其恶，憎而知其善”异曲同工。

莫知其苗之硕。[①]"此谓身不修不可以齐其家。

所谓治国必先齐其家者，其家不可教而能教人者，无之。故君子不出家而成教于国：孝者，所以事君也[②]；弟者，所以事长也[③]；慈者，所以使众也[④]。《康诰》曰："如保赤子[⑤]。"心诚求之，虽不中不远矣[⑥]。未有学养子而后嫁者也。一家仁，一国兴仁[⑦]；一家让，一国兴让；一人贪戾[⑧]，一国作乱。其机如此[⑨]。此谓一言偾事，一人定国[⑩]。尧、舜率天下以仁，而民从之；桀、纣率天下以暴，而民从之。其所令反其所好，而民不从[⑪]。是故君子有诸己而后求诸人[⑫]，无诸己而后非诸人[⑬]。所藏乎身不恕，而能喻诸人者，未之有也[⑭]。故治国在齐其家。《诗》云："桃之夭夭，其叶蓁蓁。之子于归，宜其家人。[⑮]"宜其家人，而后可以教国人。《诗》云："宜兄宜弟。[⑯]"宜兄宜弟，而后可以教国人。《诗》云："其仪不忒，正是四国[⑰]。"其为父子兄弟足法，而后民法之也。此谓治国在齐其家。

---

① "故谚有之曰"三句：没有一个人知道自己儿子的毛病，没有一个人认为他种的庄稼已经长得够好了。恶、硕押韵，二字古音同在铎部。朱熹注："谚，俗语也。溺爱者不明，贪得者无厌，是则偏之为害，而家之所以不齐也。"

② "孝者"二句：家庭中的孝，可以移来侍奉君主。《说文》："孝，善事父母者。"

③ 弟（tì 悌）者二句：家庭中的悌，可以移来侍奉官长。弟，通"悌"，顺从和敬爱兄长。

④ "慈者"二句：家庭中的慈，可以移来使唤百姓。慈，仁慈。

⑤ 如保赤子：如同爱护婴儿那样。

⑥ 虽不中（zhòng 重）不远矣：虽然不能完全做到，但也差不多。中，及。

⑦ "一家兴仁"二句：国君一家讲究仁爱，就会影响到全国讲究仁爱。

⑧ 一人：谓国君一人。

⑨ 机：关键。

⑩ 此谓一言偾（fèn 奋）事"二句：这叫做国君一言不慎就会坏事，国君一人做到齐家就能使国治。偾，败坏。

⑪ "其所令反其所好"二句：国君命令大家做到的与国君自己喜好的不一致，老百姓就不会听从。郑玄注："言民化君行也。君若好货而禁民淫于财利，不能止也。"

⑫ 有诸己而后求诸人：好事，自己首先做到了，然后才能要求别人做到。

⑬ 无诸己而后非诸人：毛病，自己首先没有，然后才能批评别人。

⑭ "所藏乎身不恕"三句：自己身上看不出一点恕的影子，而能晓谕别人什么是恕，这是从来没有的事。恕，己所不欲，毋施于人。

⑮ "《诗》云"四句：见《周南・桃夭》。夭夭：美好的样子。蓁蓁（zhēn 针）：茂盛的样子。之子：即是子。此指出嫁的女子。妇人谓嫁曰归。宜其家人：能使其婆家家人和顺。

⑯ "《诗》云"句：见《小雅・蓼萧》。

⑰ "《诗》云"二句：见《曹风・鸤鸠》。意谓自己的仪容没有偏差，才被四方各国来效法。忒：偏差。正：榜样。

所谓平天下在治其国者：上老老而民兴孝[①]，上长长而民兴弟[②]，上恤孤而民不倍[③]，是以君子有絜矩之道也[④]。所恶于上，毋以使下[⑤]；所恶于下，毋以事上；所恶于前，毋以先后；所恶于后，毋以从前；所恶于右，毋以交于左；所恶于左，毋以交于右。此之谓絜矩之道。《诗》云："乐只君子，民之父母。[⑥]"民之所好好之，民之所恶恶之，此之谓民之父母。《诗》云："节彼南山，维石岩岩。赫赫师尹，民具尔瞻[⑦]。"有国者不可以不慎，辟则为天下僇矣[⑧]。《诗》云："殷之未丧师，克配上帝。仪监于殷，峻命不易[⑨]。"道得众则得国[⑩]，失众则失国。是故君子先慎乎德。有德此有人[⑪]，有人此有土[⑫]，有土此有财，有财此有用[⑬]。德者本也，财者末也。外本内末，争民施夺[⑭]。是故财聚则民散，财散则民聚。是故言悖而出者，亦悖而入；货悖而入者，亦悖而出[⑮]。《康诰》曰："惟命不于常[⑯]！"道善则得之，不善则失之矣。《楚书》曰："楚国无以为宝，惟善以为宝[⑰]。"舅犯

---

① 上老老而民兴孝：只要国君尊老，国人就会孝顺成风。老老：第一个"老"字是名词的意动用法，即以老为老。

② 长长(zhǎng zhǎng 掌掌)：以长者为长，即敬长。弟：通"悌"。

③ 上恤孤而民不倍：只要国君体恤孤儿，国人就不会遗弃孤儿。倍：通"背"，背道而驰。

④ 絜(xié 协)矩之道：作出表率的法则。郑玄说："絜，犹结也，挈也。君子有挈法之道，谓当执而行之，动作不失之。"

⑤ "所恶于上"二句：你所厌恶的上级的行为，就不要再用来对待你的下级。以下的五组同类句式，均可仿照此组来理解。其实质就是自己要首先作出表率。

⑥ "《诗》云"二句：意谓能让贤者快乐的国君，才是民之父母。君子，谓贤者。

⑦ "《诗》云"四句：节，毛传："高峻貌。"岩岩：毛传："积石貌。"师尹：指西周的太师尹氏。民具尔瞻：国人都在看着你的一言一行。具，通"俱"。总的意思是，在上者人所瞻仰，言行不可不慎。

⑧ 辟则为天下僇矣：郑玄注："邪辟失道，则有大刑。"僇：通"戮"，杀戮。

⑨ "《诗》云"四句：见《大雅・文王》，文字小异。意谓殷在纣王以前尚未丧失民众之心，所以能得到上帝保佑。及纣为恶，民怨神怒，以失天下。应该以殷代的兴亡为鉴，天之大命才不可改易。师，众也。仪，《诗》作"宜"。监：通"鉴"，镜子。峻，《诗》作"骏"，大也。

⑩ 道：言。

⑪ 有德此有人：国君有德就会有民众拥护。

⑫ 有土：有国，得国。

⑬ 有用：有国用。

⑭ "外本内末"二句：轻本重末，就会造成与民争利，实施抢夺。

⑮ 是故言悖而出者四句：所以国君如果有违背正道的话出口，百姓也就会有违背正道的话传入其耳；国君的财货如果不是从正道取得，也就会从不是正道流失。

⑯ "《康诰》曰"句：天命并不总是保佑某一个人。

⑰ "《楚书》曰"二句：郑玄注："《楚书》，楚昭王时书也。言以善人为宝。时谓观射父、昭奚恤也。"

曰:“亡人无以为宝,仁亲以为宝[①]。”《秦誓》曰[②]:“若有一介臣[③],断断兮无他技[④],其心休休焉[⑤],其如有容焉[⑥]。人之有技,若己有之;人之彦圣[⑦],其心好之,不啻若自其口出。实能容之,以能保我子孙,黎民尚亦有利哉[⑧]!人之有技,媢疾以恶之[⑨]。人之彦圣,而违之俾不通[⑩]。实不能容,以不能保我子孙,黎民亦曰殆哉[⑪]!”唯仁人放流之[⑫],迸诸四夷[⑬],不与同中国[⑭]。此谓唯仁人为能爱人,能恶人。见贤而不能举,举而不能先,命也[⑮];见不善而不能退,退而不能远,过也[⑯]。好人之所恶,恶人之所好,是谓拂人之性[⑰],菑必逮夫身[⑱]。是故君子有大道[⑲],必忠信以得之,骄泰以失之。生财有大道[⑳]:生之者众,食之者寡,为之者疾,用之者舒[㉑],则财恒足矣。仁者以财发身,不仁者以身发财[㉒]。未有上好仁而下

---

① “舅犯曰”二句:朱熹注:“舅犯,晋文公舅狐偃,字子犯。亡人,文公时为公子,出亡在外也。仁,爱也。事见《檀弓》。”

② 《秦誓》:《尚书》篇名。秦穆公派兵远道偷袭郑国,大臣劝阻不听,结果遭晋军伏击,大败而回。痛定思痛,乃作此篇。此处引文与《尚书》小异。

③ 若:假如。一介:犹言一个,

④ 断断兮:诚恳的样子。

⑤ 休休:宽容乐善的样子。

⑥ 其如有容:《尚书》孔传:“其如是,则能有所容。言将任之。”

⑦ 彦圣:美圣。据下文,盖指嘉言懿行而言。

⑧ “能保我子孙”二句:不仅能够保护我的子孙,而且百姓也能跟着沾光。

⑨ 媢(mào 貌)疾:嫉妒。

⑩ 违之俾不通:(对于别人的美德),压着盖着,不让国君知道。

⑪ 黎民亦曰殆哉:百姓也会感到危险。曰,句中助词,无义。

⑫ 之:代词。指代上文的媢疾之人。

⑬ 迸:朱熹注:“犹逐也。”

⑭ 不与同中国:不与媢疾之人同住国中。

⑮ 命:郑玄注:“命,读为慢,声之误也。举贤而不能使君以先己,是轻慢于举人也。”

⑯ 过:错过,错误。

⑰ 拂:违背。

⑱ 菑:同“灾”,灾害。逮:及。

⑲ 大道:孔颖达疏:“大道,谓所由行孝悌仁义之大道也。”

⑳ 大道:此指规律、方法。

㉑ “生之者众”四句:朱熹注引吕氏曰:“国无游民,则生者众矣。朝无幸位,则食者寡矣。不夺农时,则为之疾矣。量入为出,则用之舒矣。”生之者,指生产者、劳动者。食之者,指享受劳动成果者。为之者,犹言干活时。用之者,犹言消费时。

㉒ “仁者以财发身”二句:朱熹注:“发,犹起也。仁者散财以得民。不仁者亡身以殖货。”

不好义者也，未有好义其事不终者也，未有府库财非其财者也[①]。孟献子曰："畜马乘，不察于鸡豚；伐冰之家，不畜牛羊；百乘之家，不畜聚敛之臣。与其有聚敛之臣，宁有盗臣[②]。"此谓国不以利为利，以义为利也。长国家而务财用者[③]，必自小人矣。彼为善之[④]，小人之使为国家，菑害并至。虽有善者，亦无如之何矣！此谓国不以利为利，以义为利也。

〔问题分析〕

1.《大学》的两种不同版本辨析

《大学》有很多版本。这些版本分属于两个不同的版本系统：一个属于由东汉郑玄作注、唐代孔颖达作疏的《礼记注疏》系统，我们姑且称之为注疏本《大学》；一个属于宋代朱熹《四书章句集注》系统，我们姑且称之为《四书》本《大学》。这两个版本既有相同之处，又有不同之处。这里主要说二者的不同之处。其不同之处有四：

第一，注释者认识的高度不一样。在郑玄看来："名曰《大学》者，以其记博学可以为政也。此于《别录》属通论。"在《礼记》四十九篇中并不占有什么特殊的位置。但在朱熹看来，"《大学》，孔氏之遗书，而初学入德之门也。于今可见古人为学次第者，独赖此篇之存。"在孔颖达看来，《大学》是谁写的，不知道，只能笼统地归之于"七十子后学者所记"。但在朱熹看来，《大学》中有经有传，经一章，传十章，经是"孔子之言，而曾子述之"，传是"曾子之意而门人记之"。和孔子、曾子挂上了钩，诚所谓圣经贤传，自然身价倍增。

第二，章节顺序不一样。注疏本保存了古本的原貌，而《四书》本则认为古本不过是"旧本"而已，而这个旧本章节乱套的地方很多，并非圣经贤传的原貌，需要重新加以整理。于是乎将《大学》全文分为经一章、传十章。传十章的先后顺序，

---

① "未有上好仁而下不好义者也"三句：郑玄注："言君行仁道，则其臣必义。以义举事，无不成者。其为诚然(按：谓其行为确实如此)如己府库之财为己有也。"

② "孟献子曰"八句：郑玄注："孟献子，鲁大夫仲孙蔑也。畜马乘，谓以士初试为大夫也。伐冰之家，卿大夫以上，丧祭用冰。百乘之家，有采地者也。鸡豚、牛羊，民之所畜养以为财利者也。国家利义不利财。盗臣损财耳，聚敛之臣乃损义。"总的意思是，卿大夫之家，不应与民争利。所以，士初试为大夫之家就不关心自家养了多少小鸡、小猪；有资格用冰的卿大夫之家就不必畜养牛羊。有百乘兵车的大夫之家，就不要养活有本领聚敛财富的家臣。欲其养活聚敛之臣，还不如养活吃里扒外的盗臣。

③ 长(zhǎng 掌)国家：身为一国之长、一家之长。

④ 彼为善之：朱熹注："此句上下，疑有阙文误字。"

和注疏本迥异。例如，朱熹在“传之首章”下加注说：“此通下三章止‘止于信’，旧本误在‘没世不忘’之下。”在“传之三章”下加注说：“此章自引《淇澳》诗以下，旧本误在《诚意章》下。”在“传之四章”下加注说：“此章旧本误在‘止于信’下。”

第三，《四书》本有补缀传文、更动记文的现象。例如，朱熹认为，传之五章“而今亡矣”，于是就增补了“所谓致知在格物者……此谓知之至也”凡一百三十四字。“在亲民”一句，没有旁证，仅仅根据程颐的意思，就把“亲”字改作“新”。

第四，注释不一样。最大的不一样表现在，朱熹在注文中提出了“三纲八目”的概念，这是前无古人的。朱熹在“大学之道，在明明德，在新民，在止于至善”下注释说：“此三者，大学之纲领也。”又在“古之欲明明德于天下者先治其国，欲治其国者先齐其家，欲齐其家者先修其身，欲修其身者先正其心，欲正其心者先诚其意，欲诚其意者先致其知，致知在格物”下注释说：“此八者，大学之条目也。”简言之，即“格物”、“致知”、“诚意”、“正心”、“修身”、“齐家”、“治国”、“平天下”。三纲八目是整个《大学》的主轴。至于个别文字的诠释，二者各有千秋。例如“人之其所亲爱而辟焉，之其所贱恶而辟焉，之其所畏敬而辟焉，之其所哀矜而辟焉，之其所敖惰而辟焉”，一连五个“辟”字，郑玄都理解为“譬喻”，而朱熹则注释为“辟，犹偏也”。结合上下文，觉得朱熹的这条注释确实比郑玄好。

对于朱熹的更动古本，《四库提要》在著录毛奇龄《大学证文》时是这样评价的：“《大学》一篇，移掇尤甚。譬如增减古方以治今病，不可谓无裨于医疗，而亦不可谓即扁鹊、仓公之旧剂也。”

2. 试说朱熹理解的“大学”

郑玄《三礼目录》说：“名曰大学者，以其记博学可以为政也。”可知郑玄理解的“大学”是博学，“大”是“博”的意思。而朱熹在《大学章句序》中说：“《大学》之书，古之大学所以教人之法也。”可知朱熹理解的“大学”，是上古的教育机构。朱熹又在《晦庵集》卷十五《经筵讲义》中说：“大学者，大人之学也。古之为教者，有小子之学，有大人之学。小子之学，洒扫、应对、进退之节，诗、书、礼、乐、射、御、书、数之文是也。大人之学，穷理、修身、齐家、治国、平天下之道是也。此篇所记，皆大人之学，故以《大学》名之。”

朱熹生怕人们不懂，在《四书或问》卷一又设为问答以明之：

“或问：大学之道，吾子以为大人之学何也？

曰：此对小子之学言之也。

曰：敢问其为小子之学何也？

曰：愚于序文已略陈之，而古法之宜于今者，亦既辑而为书矣，学者不可以不之考也。

曰：吾闻君子务其远者大者，小人务其近者小者。今子方将语人以大学之道，而又欲其考乎小学之书何也？

曰：学之大小，固有不同，然其为道，则一而已。是以方其幼也，不习之于小学，则无以收其放心，养其德性，而为大学之基本；及其长也，不进之于大学，则无以察夫义理，措诸事业，而收小学之成功。是则学之大小，所以不同，特以少长所习之异宜而有高下、浅深、先后、缓急之殊。”

朱熹所说的“古之大学”，最早见之于《尚书大传》卷三：“古之王者，必立大学、小学，使王子、公卿大夫元士之适子，十有五年始入小学，见小节焉，践小义焉；二十始入大学，见大节焉，践大义焉。故入小学，知父母之道，长幼之序；入大学，知君臣之仪，上下之位。”古代男子二十而冠，即为成年人。清代学者胡渭认为朱熹“有大人之学，有小子之学”的说法欠妥，主张将“大人之学”改为“成人之学”（见《大学翼真》卷一），就是根据《尚书大传》立论。

〔由本篇产生的新词、成语〕

1. **齐家**，即治家。例如：

宋・宋敏求《唐大诏令集》卷一百五《命张说等两省侍臣讲读勅》：“勅：先王务本，君子知教，化人成俗，理国齐家，必由于学。”

《宋史・理宗纪》绍定五年九月：“九月辛酉，经筵官请以御制敬天、法祖、事亲、齐家四十八条及缉熙殿榜殿记宣付史馆。”

2. **家齐**，家庭得到治理。例如：

唐・李翱《李文公集》卷二《复性书中》：“知至故意诚，意诚故心正，心正故身修，身修而家齐，家齐而国治，国治而天下平。”

宋・李焘《续资治通鉴长编》卷三百五十七：“天下之本在国，国之本在家，家之本在身。夫欲家齐、国治而天下化，莫若修身。修身之道，以正心诚意为本。”

3. **修身**，陶冶身心，涵养德性。例如：

《周易・复卦》初九：“《象》曰：不远之复，以修身也。”

《史记・五帝本纪》：“知民之急，仁而威，惠而信，修身而天下服。”

4. **正心**，端正人心。例如：

《汉书・董仲舒传》：“谓一为元者，视大始而欲正本也。《春秋》深探其本而反，自贵者始。故为人君者，正心以正朝廷，正朝廷以正百官，正百官以正万民，正万民以正四方。”

唐・韩愈《原道》：“然则所谓正心而诚意者，将以有为也。”

5. **格物**，推究事物之理。例如：

宋・苏舜钦《苏学士集》卷十《答范资政书》：“治《易》颇有所得，时苦奥处无人商论，乃知君子理身格物之道自有本也。”

宋・司马光《传家集》卷六十二《与范景仁第八书》：“昨在乡里，作《绝四》及《致知在格物》二论，辄敢录呈，有不合于理处，更告景仁攻难，庶得求其是而从之。”

6. **自欺**，自己欺骗自己。例如：

齐・谢朓《谢宣城集》卷二《当对酒》：“徇往良为达，求名本自欺。”

《南史・王僧虔传》：“汝曾未窥其题目，未辨其指归，而终日自欺，人人不受汝欺也。”

7. **慎独**，严格要求自己于独处之时。例如：

三国魏・曹植《卞太后诔》：“祗畏神明，敬惟慎独。”

晋・葛洪《抱朴子外篇・讥惑》：“出门有见宾之肃，闲居有慎独之戒。”

8. **十目所视**，谓人的言行总是处在众人的监察之下，如有不善，无法掩盖。例如：

唐・孟简《〈咏欧阳行周事〉序》：“席上有妓，北方之尤者，屡目于生。生感悦之，留赏累月……既而南辕，妓请同行。生曰：‘十目所视，不可不畏。’辞焉。”

宋・陈襄《古灵集》卷十四《又答黄殿丞书》：“十目所视，十手所指，虽不自愧于心，宁不愧长者乎！”

9. **心广体胖**，谓心中坦然则身体舒泰。例如：

宋・晁补之《鸡肋集》卷六十一《代尚书侍郎两制祭枢密赵公文》：“心广体胖，不泰而康。公不为名，耆老益光。”

宋・张元干《芦川归来集》卷十《休庵铭》：“古君子儒，环堵之室。心广体胖，既安既佚，养此休誉。”

10. **没世不忘**，谓终身不能忘记。例如：

《三国志・魏志・荀彧传》注引《魏氏春秋》：“太祖曰：‘二荀令之论人，久而益信，吾没世不忘。’”

《隋书・豆卢毓传》：“诏曰：‘故大将军正义愍公毓，临节能固，捐生殉国，成为令典,没世不忘。'"

11. **无所不用其极**,谓想到的办法都用尽了。例如:

宋·史绳祖《学斋占毕》卷四《容斋五笔论孟子记舜事多误之言未审》:"此一章之义,见圣贤所处,无所不用其极,所谓'止于至善'者也。"

宋·晁补之《鸡肋集》卷三十八《策问》:"事死如事生,事亡如事存。孝子之于事亲,无所不用其极也。"

12. **心不在焉**,谓心思不在这里。例如:

唐·李翱《李文公集》卷六《答韩侍郎书》:"天下如瞽者鲜,则其坠者皆离娄也,心不在焉故也。"

宋·曾巩《元丰类稿》卷十六《福州上执政书》:"其忧思之深,至于山脊石砠仆马之间;而志意之一,至于虽采卷耳而心不在焉。"

13. **视而不见**,谓看见了同没有看见一样。形容未予关心,未予注意。例如:

唐·韩愈《明水赋》:"视而不见,谓合道于希夷;挹之则盈,方同功于造化。"

宋·宋敏求《唐大诏令集》卷八十六《光启三年七月德音》:"朕深宫九重,跬步千里,目虽视而不见,耳虽听而不闻,罪在朕躬。"

14. **听而不闻**,谓听了但没有听到。或由于心不在焉,或由于声音细微。例如:

《灵枢经·贼风第五十八》:"血气内乱,两气相搏,其所从来者微,视之不见,听而不闻,故似鬼神。"

《三国志·吴志·步骘传》:"县赏以显善,设刑以威奸,任贤而使,能审明于法术,则何功而不成,何事而不辨,何听而不闻,何视而不睹哉?"

15. **食而不知其味**,不知道吃到口里的东西的味道。多是由于心不在焉。例如:

元·胡祗遹《紫山大全集》卷二十《论作养士气》:"传不云乎:视而不见,听而不闻,食而不知其味者,心不在焉。"

明·李贤《古穰集》卷二十九《杂录》:"读书有三到:眼到,口到,心到。大抵以心到为要。心苟到矣,眼口未有不到者。若眼口到而心不到,所谓视而不见,听而不闻,食而不知其味者也。"

16. **絜矩**,谓作出表率。例如:

唐·颜真卿《颜鲁公集》卷五《河南府参军郭君神道碑铭》:"君子曰:夫孝弟之至,絜矩之道,文章之绝,周旋之仪,可谓成人矣。"

唐·陆贽《翰苑集》卷十七《谢密旨因论所宣事状》:“陛下若谓问遗可以通物情,絜矩不足敦理化,则自建中以来,股肱耳目之间,盖常有交利行私者矣。”

17. **生财有道**,谓用合乎正道的办法增加财富。

宋·王称《东都事略·徐绩传》:“绩曰:生财有道,理财有义,用财有法。”

宋·许景衡《横塘集》卷十四《代贺徐户书启》:“生财有道,遂无匮乏之忧。”

18. **格物致知**,谓从对事物的研究中获得知识。例如:

宋·杨时《龟山集》卷二十一《答学者》:“盖天下国家之大,未有不诚而能动者也。然而非格物致知,乌足以知其道哉!”

《朱子语类》卷十四:“格物致知,便是要知得分明;诚意、正心、修身,便是要行得分明。若是格物致知有所未尽,便是知得这明德未分明。”

〔文化史扩展〕

1. 谈谈《四书》

因为《大学》不仅是《四书》中的第一种,而且是“初学入德之门”,所以我们在这里简单谈谈有关《四书》的问题。

在朱熹以前,儒家的经典著作有礼记、七经、九经、十二经之名,但没有《四书》之名。《四书》之名,始于朱熹。宋孝宗淳熙九年(1182)朱熹的《四书章句集注》问世,经学史上《四书》之名从此诞生。《四书章句集注》包括下列四种书:即《大学章句》《中庸章句》《论语集注》《孟子集注》。请注意,这四种书合起来可以叫做《四书章句集注》,分开来叫,千万不能叫做《大学章句集注》《中庸章句集注》《论语章句集注》《孟子章句集注》。如果这样叫,就要被人笑话了。为什么?《四库提要》说:“《大学》古本为一篇,朱子则分别经传,颠倒其旧次,补缀其阙文;《中庸》亦不从郑注分节,故均谓之《章句》。《论语》《孟子》融会诸家之说,故谓之《集注》。”对于《四书章句集注》,可以说是朱熹毕生为之呕心沥血之作,直到临终前三日,他还在修改《大学》“诚意”章。从朱熹以来八百年,《四书章句集注》成为中国读书人的必读书,其地位在《礼记》之上。元代的科举考试始于仁宗皇庆年间,据《元史·选举志》:“考试程序:蒙古、色目人第一场经问五条,《大学》《论语》《孟子》《中庸》内设问,用朱氏《章句集注》。其义理精明,文辞典雅者为中选。汉人、南人第一场明经经疑二问,《大学》《论语》《孟子》《中庸》内出题,并用朱氏《章句集注》。”可知无论是蒙古人、色目人,还是汉人、南人,第一场都是考《四书》。我们再看《明史·选举志》和《清史稿·选举志》,也同样记载着与《元史·选举志》相同的内容。由此可见,元明清三代,科举考试第一场的出题与判卷标准,皆以《四书章句集注》为准。这种情形,一直延续到 1905 年废除科举为止。

由于有科举考试这根指挥棒,所以产生了大量的有关《四书》的书。清代乾隆年间修《四库全书》,将有关《四书》的书甄别为三种:一种是收录,据《四库全书总目》卷三十六的统计,有六十三部七百三十二卷。一种是存目,即只保留书名,但不予收录。据《四库全书总目》卷三十七的统计,一百一部一千三百九十六卷。存目的数量大于收录。一种是连目也不存,视同垃圾,任其自生自灭。《总目》有一段文字很精彩,兹摘录如下:"案古书存佚,大抵有数可稽,惟坊刻《四书》讲章,则旋生旋灭,有若浮沤;旋灭旋生,又几如扫叶,虽隶首不能算其数。盖讲章之作,沽名者十不及一,射利者十恒逾九。一变其面貌,则必一获其赢余;一改其姓名,则必一趋其新异。故事同幻化,百出不穷,取其书而观之,实不过陈因旧本,增损数条,即别标一书目,别题一撰人而已。如斯之类,其存不足取,其亡不足惜,其剽窃重复不足考辨,其庸陋鄙俚亦不足纠弹。今但据所见,姑存其目,所未见者,置之不问可矣。"不啻为今日之剽窃之作画像矣。

2. 今日大学校训整个或部分取自《礼记·大学》者

东南大学校训:止于至善。

香港大学校训:明德格物。(以上整个取自《大学》)

厦门大学校训:自强不息,止于至善。

福州大学校训:明德至诚,博学远志。

河南师范大学校训:厚德博学,止于至善。

湘潭大学校训:博学笃行,盛德日新。

中国政法大学校训:厚德,明法,格物,致公。

河南财经学院校训:明德、博学、经世、笃行。

江苏科技大学校训:笃学明德,经世致用。

西华大学校训:求是,明德,卓越。(以上部分取自《大学》)

〔**集评**〕

《二程遗书》卷二十二上《伊川语录》:"棣初见先生,问初学如何。曰:"入德之门,无如《大学》。今之学者,赖有此一篇书存。其他莫如《论》《孟》。"

《二程遗书》卷十五:"古者八岁入小学,十五入大学,择其才可教者聚之,不肖者复之田亩。盖士农不易业,既入学则不治农,然后士农判。在学之养,若士大夫之子，则不虑无养。虽庶人之子，既入学，则亦必有养。古之士者，自十五入学，至四十方仕，中间自有二十五年学，又无利可趋，则所至可知。须去趋善，便自此成德。后之人，自童稚间已有汲汲趋利之意，何由得向善？故古人必使四十而仕，然后志定。只营衣食却无害，惟利禄之诱最害人。"

朱熹《大学章句序》："河南程氏两夫子出，而有以接乎孟氏之传，实始尊信此篇而表章之。既又为之次其简编，发其归趣，然后古者大学教人之法，圣经贤传之指，粲然复明于世。虽以熹之不敏，亦幸私淑而与有闻焉。顾其为书犹颇放失，是以忘其固陋，采而辑之，间亦窃附己意，补其阙略，以俟后之君子。极知僭逾，无所逃罪。然于国家化民成俗之意，学者修己治人之方，则未必无小补。"

元·何异孙《十一经问对》卷二："问：《大学》何以名篇？对曰：此大人之学也。自格物致知、诚意正心、修身齐家、治国平天下，穷而在下，讲明此学者也；达而在上，推行此学者也，故以《大学》名篇。"

清·胡渭《大学翼真》卷一："朱子《章句序》曰：'《大学》之书，古之大学所以教人之法也。'上'大学'谓书名，下'大学'谓所学之宫，辟廱、頖宫是也。古者因教法之大小以名其官，其义则《尚书大传》云：'十三入小学，见小节，践小义。二十入大学，见大节，践大义。'方悫曰：'小学所以处学之小者，大学所以处学之大者。'尽之矣。"

清·杭世骏《续礼记集说》卷九十七引陆氏奎勋曰："《大学》杂入《戴记》中千余年，河南两程子始尊信而表章之，内圣外王，规模已具，嘉惠后学，厥功匪浅。朱子为之《章句》及《或问》，竭毕生慎思明辨之功。虽于古经不尽仍旧，然皆通观前后文势而为之订讹改错。此如洪水之后，再见平成，小儒妄诋，多见其不自量也已。"

《四库全书总目·〈四书章句集注〉提要》："《大学》古本为一篇，朱子则分别经传，颠倒其旧次，补缀其阙文。……《大学章句》，诸儒颇有异同。然"所谓诚其意者"以下，并用旧文；所特创者，不过补传一章，要非增于八条目外。既于理无害，又于学者不为无裨，何必分门角逐欤？"

〔思考与讨论〕

1. 清人皮锡瑞在《经学历史》一书中称宋代为"经学变古时代"，结合本篇实际，试述己见。

2. "格物"一词，是我国思想史和学术史上的一个重要概念，后人的解释也不尽同，试畅述己见。

《昏义》第四十四

昏礼者，将合二姓之好[①]，上以事宗庙[②]，而下以继后世也，故君子重之。是以昏礼纳采、问名、纳吉、纳征、请期[③]，皆主人筵几于庙[④]，而拜迎于门外[⑤]，入，揖让而升[⑥]，听命于庙[⑦]，所以敬慎重正昏礼也[⑧]。

父亲醮子而命之迎[⑨]，男先于女也[⑩]。子承命以迎，主人筵几于庙，而拜迎于门外。婿执雁入[⑪]，揖让升堂，再拜奠雁[⑫]，盖亲受之于父母

---

① 二姓：两个不同的姓。之所以结婚必异姓，是因为古人已经知道“男女同姓，其生不蕃”(《左传》僖公二十三年)的道理。

② 事：此谓祭祀。《春秋》宣公八年：“有事于太庙。”杜预注：“有事，祭也。”

③ 纳采、问名、纳吉、纳征、请期：这是昏礼“六礼”中的前五礼。纳采：昏礼之第一步。男方派遣使者向女方献纳求婚礼品。郑玄注《士昏礼》云：“纳其采择之礼。”这是在男方已经选定女方之女、派遣媒人通话、并得到女方家长同意后才采取的步骤。问名：昏礼之第二步。孔颖达疏云：“问其女之所生母之姓名。”贾公彦《士昏礼》疏云：“问女之姓氏。”孙希旦认为孔、贾之说皆不可通，认为：“问名者，问女之名，将以加诸卜也。故《曲礼》曰：‘男女非有行媒，不相知名。’”纳采与问名虽然是两个步骤，但是在同一天进行。所以孔颖达疏：“此二礼，一使而兼行之。”纳吉：昏礼之第三步。男方卜得吉兆，备礼通知女方。郑玄注《士昏礼》：“归卜于庙，得吉兆。复使使者往告，婚姻之事于是定。”纳征：昏礼之第四步。郑玄注《士昏礼》：“征，成也。使使者纳币，以成昏礼。”所谓“币”，就是财礼。财礼的品种和数量，据孔颖达疏，平民只送黑缯五匹。卿大夫虽然也是五匹，但其中三匹是玄色，象征阳；二匹是浅绛色，象征阴；外加两张鹿皮。至于诸侯和天子，还要层层加码，详见《周礼·考工记·玉人》。因为要纳财礼，所以纳征又叫纳币。请期：昏礼之第五步。男方派遣使者把迎娶的吉日通知女方。之所以称“请”，孔颖达疏云：“男家不敢自专，执谦敬之辞，故云请也。”

④ 皆主人筵几于庙：意谓以上五礼都是在女方祢庙(父庙)进行的。这是女方家长郑重其事的表现。郑玄注《士昏礼》云：“将以先祖之遗体(谓其女儿)许人，故受其礼于祢庙也。”主人：谓女之父。筵几：铺筵设几。筵是席子，可以坐；几是几案，可以凭依。筵几是为祢庙之神而设。

⑤ 拜迎：拜迎的对象是男方派来的使者。

⑥ 揖让：这是宾主双方进门以后到走到堂下准备登阶升堂的礼仪。《士昏礼》：“三揖，至于阶，三让。”详彼处注疏。

⑦ 听命：郑玄注：“听命，谓主人听使者所传婿家之命。”

⑧ 重正：郑重，庄重。

⑨ 醮：古代冠礼、昏礼中的一种敬酒礼，其做法是，由尊者向卑者敬酒，卑者将酒饮尽而不回敬。所以郑玄注云：“酌而无酬酢曰醮。”迎：迎亲。

⑩ 男先于女也：男子先到女家亲迎，而后女子跟随男子来到夫家。

⑪ 雁：昏礼中男方送给女方的礼物。贾公彦《士昏礼》疏云：“昏礼有六，五礼用雁，纳采、问名、纳吉、请期、亲迎是也。唯纳征不用雁，以其自有币帛可执故也。”用雁的含义，孔颖达疏引《白虎通义》说：“雁，取其随时而南北，不失节也。又是随阳之鸟，妻从夫之义也。”

⑫ 再拜：据《士昏礼》，“再拜”是“再拜稽首”的省文。再拜稽首，是礼之最隆重者，一般用于臣对君、子对夫。这是婿向岳父行再拜礼。此礼的具体行法，详《檀弓下》注。奠雁：置雁于地。

也[①]。降出[②]，御妇车，而婿授绥，御轮三周[③]。先俟于门外[④]，妇至，婿揖妇以入。共牢而食[⑤]，合卺而酳[⑥]，所以合体、同尊卑，以亲之也[⑦]。

敬慎重正而后亲之[⑧]，礼之大体，而所以成男女之别，而立夫妇之义[⑨]也。男女有别，而后夫妇有义；夫妇有义，而后父子有亲；父子有亲，而后君臣有正。故曰：昏礼者，礼之本也[⑩]。

夫礼始于冠，本于昏，重于丧、祭，尊于朝、聘，和于射、乡[⑪]。此礼之大体也。

"夙兴，妇沐浴以俟见。质明，赞见妇于舅姑。妇执笲枣、栗、段修以

---

① 盖亲受之于父母也：这句话来的有点突兀。孔颖达疏为之补充说："壻既拜讫，旋降出。女出房，南面，立于母左，父西面诫之；女乃西行，母南面诫之。是壻亲受之于父母。但亲受之，非是分明手有亲受，示有亲受之义，故云'盖'以疑之。"

② 降出：降谓婿从西阶而下，妇随之；出谓婿与妇出门。

③ "御妇车"三句：婿亲自驾驶妇乘之车，又把挽以登车的绳索递给妇。等到车轮转动三圈后，再由仆人驾驶。按：这三个动作本应由仆人来做，现在由婿来做，是婿为了表示对妇的亲爱而有意自降身份。所以郑玄注《士昏礼》："婿御者，亲而下之。"

④ 先：谓夫乘车先导。门：夫家大门。

⑤ 共牢而食：夫妇共食同一俎中之牲。牢，俎也。说得准确点，这个牢，主要是指一个分作两半的小猪，盛放在一个俎上。请注意，绝对不能把左右两半分置于两俎，那样的话，就做不到夫妇同尊卑了。因为周人的习惯，以牲牢的左半体为贵，右半体为贱。左右半体分置二俎，势必造成有一个俎贵，有一个俎贱。不论夫妇谁得到贵俎或贱俎，总有一人是贵，一人是卑。而左右半体共置一俎，则无此弊。这个道理，清人郑珍《仪礼私笺》讲得最为明白。共牢而食，象征下文的"同尊卑"。

⑥ 合卺（jǐn 锦）而酳（yìn 印）：孔颖达疏云："酳，演也，谓食毕饮酒，演安其气。卺，谓半瓢。以一瓠分为两瓢，谓之卺。壻之与妇，各执一片以酳，故云合卺而酳。"演安其气，谓清洁口腔。合卺而酳，象征下文的夫妇"合体"。共牢而食和合卺而酳都在寝室举行。

⑦ 亲之：谓夫妇相亲。

⑧ 敬慎重正而后亲之：昏礼六礼中的前五礼，即纳采、问名、纳吉、纳征、请期，表现了昏礼的敬慎重正；其最后一步亲迎，表现了昏礼的亲之。

⑨ 夫妇之义：按《礼记·郊特牲》："出乎大门而先，男帅女，女从男，夫妇之义，由此始也。"然则，夫妇之义的含义，就是夫唱妇随的夫妇关系。

⑩ "故曰"三句：孔颖达疏云："所以昏礼为礼本者，昏姻得所，则受气纯和，生子必孝，事君必忠。孝则父子亲，忠则朝廷正，是昏礼为诸礼之本也。"

⑪ "夫礼始于冠"五句：冠：冠礼。丧：丧礼。祭：祭礼，也叫吉礼。朝：朝礼。诸侯朝见天子之礼。聘：聘礼。诸侯互相聘问之礼。射：射礼。乡：乡饮酒礼。卫湜《礼记集说》引马晞孟曰："冠所以成人，故为礼之始。昏所以继后世，故为礼之本。丧以慎终，祭以追远，故曰重。朝所以教诸侯之臣，聘所以成诸侯之好，故曰尊。习射尚功，习乡尚齿，皆有饮，故曰和。"

见。赞醴妇。妇祭脯醢，祭醴[①]"，成妇礼也[②]。

舅姑入室，妇以特豚馈，明妇顺也[③]。"厥明，舅姑共飨妇以一献之礼，奠酬。舅姑先降自西阶，妇降自阼阶[④]"，以著代也[⑤]。

成妇礼，明妇顺，又申之以著代[⑥]，所以重责妇顺焉也[⑦]。妇顺者，顺于舅姑，和于室人[⑧]，而后当于夫[⑨]，以成丝麻布帛之事[⑩]，以审守委积盖藏[⑪]。是故妇顺备而后内和理[⑫]，内和理而后家可长久也。故圣王重之。

---

① "夙兴"至"祭醴"：皆《仪礼·士昏礼》文。夙兴：早早起床。这是指的是亲迎的第二天。以俟见：等待拜见公婆。赞：赞礼者。有如今日之司仪。见(xiàn 现)：介绍，通报。舅姑：公婆。《尔雅·释亲》："妇称夫之父曰舅，称夫之母曰姑。"笲(fán 凡)：用竹子编制的容器。内放枣、栗、段修。枣、栗、段修：枣子、栗子和加入姜桂后经过捶治的干肉。段，同"腶"。枣、栗是送给公公的见面礼，段修是送给婆婆的见面礼。其象征意义，据贾公彦《士昏礼》疏："枣、栗，取其早自谨敬。段修，取其断断自修正。"断断，守善之貌。以上是妇见舅姑之礼。赞醴妇：孙希旦说："赞醴妇者，妇既见，宜有以答之，故赞为舅姑酌醴以礼妇也。但舅姑尊，故不自醴而使赞代之也。"祭脯醢：这是一种食前之祭。脯是肉干，醢是肉酱。所谓祭，就是祭古代首先造出此种食品的人。祭的方法，将该食品取出少许置之于地即可。祭醴：也是食前之祭。祭法，以少量甜酒注地即可。按：妇祭脯醢，祭醴，表示新妇接受了舅姑的答礼。

② 成妇礼也：成全她作为新妇之礼。主要指两件事，一是新妇拜见舅姑，二是舅姑醴妇。

③ "舅姑入室"三句：郑玄注："以馈明妇顺者，供养之礼，主于孝顺。"特豚：一只小猪。此小猪已经煮熟。馈，进食于长者尊者。明妇顺，表明新妇的孝顺主要就表现在对舅姑的供养上。按：此三句所述之事，习惯上称作盥馈之礼，即伺候舅姑洗手吃饭之礼。

④ "厥明"至"妇降自阼阶"：也是《士昏礼》文。厥明：孙希旦说："谓盥馈之明日也。"舅姑共飨妇以一献之礼：郑玄注《士昏礼》："以酒食劳人曰飨。"一献之礼：贾公彦《士昏礼》疏云："舅献姑酬，共成一献。"凌廷堪《礼经释例》卷三："凡主人进宾之酒谓之献，凡宾报主人之酒谓之酢，凡主人先饮以劝宾之酒谓之酬。"具体到此处，主人是舅姑二人，宾则新妇一人。其做法是：舅先向妇敬酒，这叫献。妇饮过后，以酒回敬舅姑，这叫酢。然后，姑先自饮一杯，而后再向妇敬酒，这叫酬。妇接过此酒不饮，把酒杯放在席上，这就是下文的"奠酬"。至此，一献之礼成。因为此礼是由舅姑二人共同完成，故曰"共飨"。舅姑先降自西阶二句：郑玄注《士昏礼》："授之室，使为主，明代己。"按：所谓"授之室"，郑玄注《郊特牲》云："明当为家事之主也。"阼阶，本为舅姑升降之阶，今由新妇升降，明舅姑已将处理家事之权转交。

⑤ 著代：表明交接班。

⑥ 申之以：继之以。

⑦ 重责：强调。

⑧ 和于室人：与室人和睦相处。室人，指丈夫的姊妹和妯娌。

⑨ 当(dāng 裆)：郑玄注："当，犹称(chèn 趁)也。"即称心。之所以把"当于夫"放到后面才说，郑玄注云："不顺舅姑，不和室人，虽有善者，犹不为称夫也。"

⑩ 成：完成。丝麻：治丝绩麻。麻可以织布，丝可以织帛。

⑪ 审守：谨慎地守护。委积：孙诒让《周礼正义》卷十九："凡储聚禾米薪刍之属，通谓之委积。"盖藏：储藏。

⑫ 妇顺备：郑玄注："行和、当，事成、审也。"换言之，做到了上文的四点，才算是完全做到了妇顺。

是以古者妇人先嫁三月[1]，祖庙未毁[2]，教于公宫[3]；祖庙既毁，教于宗室[4]。教以妇德、妇言、妇容、妇功[5]。教成祭之[6]，牲用鱼，芼之以苹藻[7]，所以成妇顺也。

古者天子后立六宫[8]，三夫人、九嫔、二十七世妇、八十一御妻[9]，以听天下之内治[10]，以明章妇顺，故天下内和而家理。天子立六官[11]，三公、九卿、二十七大夫、八十一元士[12]，以听天下之外治[13]，以明章天下之男教，故外和而国治。故曰：天子听男教，后听女顺；天子理阳道，后治阴

---

① 先嫁三月：出嫁三个月之前。

② 祖庙未毁：谓出嫁女与国君还是五服以内的亲属。这一节讲的是贵族妇女的出嫁，所以郑玄注《士昏礼》："祖庙，女高祖为君者之庙也。"贾公彦疏："共承高祖，是四世缌麻之亲；若三世，共曾祖，是小功之亲；若共祖，是大功之亲；若共祢庙，是齐衰之亲。"换言之，就是出嫁女与当时在位的国君，或同高祖，或同曾祖，或同祖，或同父，总而言之，血缘关系还在五服以内。毁，迁也，指将神位迁到始祖庙内。《礼记·祭法》："诸侯立五庙。"即始祖庙、高祖庙、曾祖庙、祖庙、父庙。始祖庙永远不毁。高祖庙一下四庙称为四亲庙。如果四亲庙中的任何一庙与当时的国君超过了缌麻亲的血缘关系，就要将其神位迁到始祖庙内。

③ 公宫：君之祖庙。《诗·召南·采蘩》："公侯之宫。"毛传："宫，庙也。"但要注意，与国君是缌麻亲，则教于高祖庙；与国君是小功亲，则教于曾祖庙。其余类推。

④ 宗室：郑玄注："宗子之家也。"宗子，古代宗法制度称大宗的嫡长子。

⑤ 教以妇德、妇言、妇容、妇功：据郑玄注，负责此项教育的是女师。郑注又云："妇德，贞顺也。妇言，辞令也。妇容，婉娩也。妇功，丝麻也。"贞顺，谓安分顺从；辞令，谓应对说话；婉娩，谓服饰整洁，讲究卫生；丝麻，谓针黹女工。

⑥ 教成祭之：王引之《经义述闻》卷十六引起父王念孙说，认为此四字当作"教成之祭"，盖传写者误倒。俞樾《群经平议》也赞成王说。教成之祭的对象，郑注云："祭其所出之祖也。"也就是说，此女若与国君同出于高祖，则祭高祖；同出于曾祖，则祭曾祖。其余类推。

⑦ "牲用鱼"二句：郑玄注："鱼、苹藻，皆水物，阴类也。鱼为俎实，苹藻为羹菜。祭无牲牢，告事耳，非正祭也。"大意是说，这是告祭，不是正祭，所以祭品的礼数较轻。为什么使用苹藻为羹菜，《诗·召南·采苹》孔疏云："祭不以余菜，独以苹藻者，苹之言宾，宾，服也，欲使妇人柔顺服从。藻之言澡，澡，浴也，欲使妇人自洁清。"

⑧ 天子后：王后。六宫：王后理事和居住之处。郑玄注《周礼·天官·内宰》："妇人称寝曰宫。后象王，立六宫而居之，亦正寝一，燕寝五。"按：于正寝理事，于燕寝休息。

⑨ "三夫人"句：夫人、嫔、世妇、御妻，都是妇官名。夫人最尊，其下依次而降。夫人是王后的最高顾问，所以郑玄注《周礼·天官·九嫔》云："夫人之于后，犹三公之于王，坐而论妇礼，无官职。"御妻，孙希旦认为是《周礼》的女御。嫔、世妇、御妻的职掌，笼统地讲，都是负责妇女的教育。分开来说，详《周礼·天官》的有关部分。

⑩ 听：管理。内治：妇女的教育。

⑪ 六官：据《周礼》，六官是天官冢宰、地官司徒、春官宗伯、夏官司马、秋官司寇、冬官司空。

⑫ "三公"句：此句与上文的"三夫人"句相对应，是一个男官系统。元士：天子之士。孔颖达《王制》疏云："天子之士所以称元者，异于诸侯之士也。"

⑬ 外治：政事、国事。

德;天子听外治,后听内职[①]。教顺成俗,外内和顺,国家理治,此之谓盛德。

是故男教不修,阳事不得[②],适见于天[③],日为之食;妇顺不修,阴事不得,适见于天,月为之食。是故日食则天子素服而修六官之职[④],荡天下之阳事[⑤];月食则后素服而修六宫之职,荡天下之阴事。故天子之与后,犹日之与月、阴之与阳,相须而后成者也。天子修男教,父道也[⑥];后修女顺,母道也。故曰:天子之与后,犹父之与母也。故为天王服斩衰[⑦],服父之义也[⑧];为后服资衰[⑨],服母之义也。

〔问题分析〕

1.《左传》"成昏(婚)"的含义是"订婚"而非"结婚"辨

《汉语大词典》:

【成婚】亦作"成昏"。1、结婚。《左传·桓公三年》:"会于嬴,成昏于齐也。"(第5册,202页。修订本《辞源》释义、书证同,兹一并说之)

按:释义误。盖以今义释古义。上古所说的成昏,等于今天所说的订婚,不等于今天所说的结婚。《左传》昭公三年记载齐、晋二国缔结婚姻时说:"既成昏。"杜预注:"许昏成。"可知"成昏"就是把婚事定下来的意思。就《左传》桓公三年这个

① "天子听男教"六句:这是三组排比句,总的意思是天子与王后分治内外,但用词不一。从性别的角度讲,就用"男女";从刚柔的角度讲,就用"阴阳";从分工的角度讲,就用"外内":实际上,意思基本一样。阴德:即妇德。孙诒让《周礼正义·内宰》云:"以事涉妇人,故谓之阴。"

② 阳事不得:政事失当。

③ 适见于天:天的谴责就表现出来了。适,通"谪",谴责。见,"现"的古字。

④ 素服:身穿白色的衣服。这是罪己的表示。修:改进,整顿。

⑤ 荡天下之阳事:郑玄注:"荡,荡涤,去秽恶也。"意谓将弊政革除。

⑥ 父道:父亲的行辈。

⑦ 为天王服斩衰(cuī 催):《周礼·天官·司服》:"凡丧,为天王斩衰,为王后齐衰。"孙诒让《正义》解释说,只有诸侯和诸臣为天王服斩衰,为王后服齐衰。至于士民百姓,则不服此丧服。斩衰,五种丧服中最重的一种。服制三年。父死,儿子服斩衰。斩衰丧服用粗麻布制成。据段玉裁《说文解字注》说:"衰,本作'縗'。衰,其假借字也。"《说文·纟部》:"縗,丧服衣。"之所以称"斩",是因为剪裁下来用以制丧服的麻布不缝毛边。

⑧ 服父:为父亲服丧。

⑨ 资衰:郑玄注:"资,当为齐(zī 姿),声之误也。"齐衰,五种丧服中次于斩衰的一种。又分为齐衰三年、齐衰杖期、齐衰不杖期、齐衰三月四种。父卒则为母三年,父在则为母杖期。服亦用粗麻布制成,以其缉边缝齐,故称齐衰。

“成昏”来说，这是记载鲁桓公和齐女文姜的婚事的，其中的“成昏”二字，孔颖达疏云：“此成昏，谓聘文姜也。”聘者，聘定也，就是今天所说的订婚。古人的婚礼分为六个步骤，即所谓“六礼”：纳采、问名、纳吉、纳征、请期、亲迎。“成昏”属于第四步骤纳征之礼。《仪礼·士昏礼》：“纳征，玄纁束帛，俪皮。”郑玄注：“征，成也。使使者纳币以成昏礼。”所谓“币”，就是财礼，聘礼。只不过鲁桓公是国君，所纳之币要比士厚重得多。另外，我们就是仅仅从《左传》的原文来看，这个“成昏”也只能是订婚，而不是结婚。据传文，鲁桓公“会于嬴，成昏于齐”的时间是当年的正月。而且“会于嬴”，是鲁桓公“会齐侯（文姜的哥哥）于嬴”，并不是和新娘文姜“会于嬴”。到了这年的七月，鲁桓公才派“公子翚如齐逆女”，即到齐国去迎接新娘文姜（因为按照礼的规定，国君不亲迎）。到了九月，《春秋》经文说：“九月，齐侯送姜氏于讙。”杜注：“讙，鲁地。已去齐国，故不言女；未至于鲁，故不称夫人。”说得很明白，此时新娘文姜尚“未至于鲁”，换言之，还没有和鲁桓公见面。接下来的经文是：“公会齐侯于讙。夫人姜氏至自齐。”也就是说，新娘文姜九月才到达鲁国。试想，在这种情况下，鲁桓公怎么可能在当年的正月就和文姜结婚呢？

2. “共牢而食”是怎样表示夫妇“同尊卑”的？

“共牢而食”是古代婚礼中的一个仪式，其用意是要表示夫妇相亲，地位相等，不分尊卑。其中的“牢”究竟指什么？不分尊卑又是如何体现的？通观古今的注疏和辞书，或言之不明，或言之有误，本文试图在吸取前贤研究成果的基础上，予以正确、通俗的解释。

《礼记·昏义》中的“共牢而食”，郑玄的注不解决问题，孔颖达的疏还有点意思：“共牢而食者，在夫之寝，壻东面，共一牲牢而同食，不异牲。”但离明白还差一大截。王夫之《礼记章句·昏义篇》：“牢，少牢。士用少牢，亦摄盛礼也。”错的就更远了。《汉语大词典》“共牢”条的释义是：“古婚礼时，夫妇共食一牲。牢，祭礼用的牺牲。”这个释义显然是脱胎于孔疏，但它不是前进了，而是后退了。据《仪礼·士昏礼》可知，这个“牢”，也就是“共食一牲”的牲，是一头分作两半的完整的小猪（《士昏礼》叫“特豚”）。那么，这个“牢”字作何解较好？我认为作“俎”解较好。清代学者凌廷堪《礼经释例》卷十一：“凡载牲体之器曰俎。”现代汉语中没有和俎对应的食器，求其近似，不妨译作“碗”或“盘子”。所谓“共牢而食”，就是“夫妇同吃一个碗里的肉”。直到今天，夫妇同吃一个碗里的食品仍然被看作不分彼此、相亲相爱的表示。最早释“牢”为“俎”的是元代的陈澔，见其《礼记集说·郊特牲》注，但他没有讲出道理。至清代的郑珍，就把这个道理讲得极其透彻。他在

《仪礼私笺》中说：

> 按同牢之礼，夫妇共俎，故曰“共牢而食，以同尊卑”。共牢，犹曰“共俎”也。上文“陈三鼎，其实特豚，合升”，注：“合升，合左右胖升于鼎”；下文“妇盥，馈。特豚合升，侧载”（把煮熟的牲体从镬中取出盛入鼎中叫做升，再从鼎中取出放到俎上叫做载），注：“侧载者，右胖（即右半个）载之舅俎，左胖（即左半个）载之姑俎，异尊卑。”是舅姑异俎分载，故云“侧载”。夫妇同俎共载，故云“合升”。而异俎者为异尊卑，则同尊卑者共俎决矣。

“共牢”的问题解决了，那么，“共牢而食”何以就能表示“同尊卑”呢？说者于此亦多不了了。例如孙希旦《礼记集解·郊特牲》篇说：“牢礼以爵等为差，夫妇共牢，以其尊卑同也。”意思是说，接待宾客的礼数，以宾客的身份高低来决定（实际上就是今天俗语所说的“看人下菜”）。夫妇身份相等，所以牢数也一样多（打个今天的比方，都是四个菜或八个菜）。用这个解释去解释“共牢而食”，是方枘圆凿，格格不入。那么，正确的解释是什么呢？实际上孔颖达所说的“不异牲”三字，以及上文摘引郑珍《仪礼私笺》的话，已经大体上解决了这个问题，只是还差一点没有点透。我们已经知道，俎上的一头小猪是分为两个半体的，这两个半体分别叫做左胖、右胖。二胖相比，右胖尊，左胖卑。知者，郑玄注《乡射记》云：“右体，周所贵也。”又注《少牢馈食礼》云：“右胖，周所贵也。”可知周代以右胖为尊，左胖为卑。所以《士昏礼》新妇馈食舅姑，右胖载之舅俎，左胖载之姑俎，即表示舅尊姑卑。现在夫妇共牢而食，也就是共俎而食。而俎中的小猪，既有右胖，也有左胖，新郎与新娘均可以随意地下箸；既可吃右胖，也可吃左胖，所以才显得“同尊卑”。假如把左右两胖各分置一俎，不论右胖归谁，左胖归谁，势必形成一尊一卑的格局（这也就是孔颖达所说的“不异牲”。不异牲者，不将一头完整的小猪分置二俎之谓也），那样以来，也就无法做到“同尊卑”了。

《礼记·郊特牲》：“三王作牢。”意思是说共牢之礼，夏、商、周三代就有了。夏、商文献无征。周代以后，据文献记载，此礼绵延不绝。唐代的《开元礼》，宋代的《政和五礼新仪》，明代的《明集礼》，都有同牢礼的记载。笔者世居中州农村，犹记儿时往观邻家娶妇。黄昏时分，堂前摆设一条长桌，上面放四盘小菜，一壶酒，俗称“吃四盘菜”。唯共牢之礼，古今有沿有革。所沿者，夫妇“同尊卑”之义；所革者，共牢仪式的具体做法。司马光《书仪》卷三：“古者，同牢之礼，壻在西，东面；妇在东，西面。盖古人尚右，故壻在西，尊之也。今人既尚左，且须从俗。”宋代已经如此，宋代以后可知。

〔**由本篇产生的新词、成语**〕

1. **共牢**，古婚礼时，夫妇共食放在同一俎中的一头分作左右两半的小猪。用以表示夫妇同尊卑之义。例如：

汉·焦赣《焦氏易林》卷一："《大壮》，婚姻合配，同枕共牢，以降休嘉，子孙封侯。"

《汉书·郊祀志第五下》："天地合精，夫妇判合。祭天南郊，则以地配，一体之谊也。天地位皆南乡同席，地在东，共牢而食。"

2. **合卺**，古代婚礼中的一种仪式。将一瓠分为两瓢，新婚夫妇各执一瓢，斟酒以饮。表示夫妇同体之义。例如：

《南史·袁枢传》："盖以王姬之重，庶姓之轻，若不加其等级，宁可合卺而酳？所以假驸马之位，乃崇于皇女也。"

宋·周辉《清波杂志》卷八："顷岁儿女合卺之夕，壻登高座，赋诗催妆为常礼。"

3. **妇顺**，妇女四德之一。新妇对舅姑的供养非常孝顺。例如：

汉·徐干《中论》卷上《贵言》第六："若夫父慈、子孝、姑爱、妇顺、兄友、弟恭、夫敬、妻听，朋友必信，师长必教，有司日月虑知乎州闾矣。"

唐·陆贽《翰苑集》卷六《册杞王妃文》："明章妇顺，虔奉姆仪。克茂《鹊巢》之规，叶宣《麟趾》之美。"

4. **妇德**，妇女四德之一。妇德的核心内容是安分顺从。例如：

《后汉书·列女传·曹世叔妻》："妇德不必才明绝异也。清闲贞静，守节整齐，行己有耻，动静有法，是谓妇德。"

《晋书·烈女·虞潭母孙氏》："虞潭母孙氏，吴郡富春人，孙权族孙女也。初适潭父忠，恭顺贞和，甚有妇德。"

5. **妇言**，妇女四德之一。其核心内容是应对说话，恰如其分。例如：

《后汉书·列女传·曹世叔妻》："妇言不必辩口利辞也。择辞而说，不道恶语，时然后言，不厌于人，是谓妇言。"

汉·荀悦《申鉴》卷二："古有掌阴阳之礼之官，以教后宫，掌妇学之法：妇德、妇言、妇功。"

6. **妇容**，妇女四德之一。其核心内容是服饰整洁，讲究卫生。例如：

《后汉书·列女传·曹世叔妻》："妇容不必颜色美丽也。盥浣尘秽，服饰鲜洁,沐浴以时,身不垢辱,是谓妇容。”

《李义山文集笺注》卷七《为外姑陇西郡君祭张氏女文》:“念汝差长,慰吾最深。女德妇容,光映姻表。”

7. **妇功**,妇女四德之一。其核心内容是做好有关穿衣吃饭之事。

《后汉书·列女传·曹世叔妻》:“妇功不必工巧过人也。专心纺绩,不好戏笑,洁齐酒食,以奉宾客,是谓妇功。”

《魏书·崔浩传》:“余自少及长,耳目闻见,诸母诸姑,所修妇功,无不蕴习酒食,朝夕养舅姑。四时祭祀,虽有功力,不任僮使,常手自亲焉。”

〔文化史扩展〕

“六礼”的历史演变

婚礼中的六礼,从形式上来看,是婚礼的六个步骤;从其性质上来看,则是合法夫妻关系成立的不可或缺的手续。《礼记·内则》:“聘则为妻,奔则为妾。”注:“聘,问也。妻之言齐也,以礼聘问,则得与夫敌体。”这是从礼的角度来说的。这里所说的“以礼聘问”指的就是通过六礼这道手续。《唐律疏义》卷十三:“妻者,传家事,承祭祀,既具六礼,取则二仪。”这是从法律的角度来说的。《中华人民共和国婚姻法》第八条:“要求结婚的男女双方必须亲自到婚姻登记机关进行结婚登记。符合本法规定的,予以登记,发给结婚证。取得结婚证,即确立夫妻关系。”古代的六礼,其性质就等于《婚姻法》第八条的规定。

六礼的名称和次序,据《仪礼·士昏礼》和《礼记·昏义》,即纳采、问名、纳吉、纳征(也叫纳币)、请期、亲迎。这一套名称,主要适用于士大夫阶层,庶民也可以用。如果是皇帝纳后和皇太子纳妃,则个别名称有变化。据《大唐开元礼》,皇帝纳后,改“请期”为“告期”。这很容易理解,贵为皇帝,用不着“请”,用个“告”字就够抬举对方了。自古以来,天子不亲迎,诸侯不亲迎。所以改“亲迎”为“命使奉迎”。宋代的《政和五礼新仪》,六礼的名称有两套,一套是采择、问名、告吉、告成、告期、亲迎,适用于皇子以上;一套是纳采、问名、纳吉、纳成、请期、亲迎,适用于诸王至庶民。

六礼的步骤,有合并简化的趋势。据《开元礼》,纳采、问名合用一个使者,就透露出合两步为一步的消息。据《政和五礼新仪》,士大夫以上,六礼还保持着各自单独进行的意思,而庶民的婚仪,不仅合纳采、问名为一,而且合纳成(纳征)、请期为一。据《明集礼》,明代庶民的婚仪同于宋。据《大清通礼》卷二十四,品官和士庶人的婚仪只有四步，即纳采、纳币、请期、亲迎。以上说的是官家的规定。至于民间，简化的力度更大。在这方面，是朱熹《家礼》开其端倪。在《家礼》中，六礼只剩下了三礼，即纳采、纳币、亲迎。朱熹说："古礼有问名、纳吉，今不能尽用，止用纳采、纳币，以从简便。"元明至清，民间基本上是遵循《家礼》行事。徐干学《读礼通考》卷三八："当世士大夫，未尝不用《家礼》。"《山西通志》卷八五："陈凤梧，正德间以进士任山西提学副使，冠婚丧祭，悉令遵用朱子《家礼》。"可证。实际上，当代社会流行的做法，一般来说也是三步。第一步，男女双方要见面、要互相认识，此即古礼之纳采也；第二步，交换订婚礼物，此即古礼之纳币也；第三步，亲迎这一步，古今相同。不同者，古人骑马、乘车、坐轿，今人则无论城乡多用汽车也。溯其源渊，肇自朱熹《家礼》也。

〔**集评**〕

东汉·郑玄《三礼目录》云："名曰《昏义》者，以其记娶妻之义，内教之所由成也。此于《别录》属吉事也。"

唐·孔颖达《礼记正义》曰："谓之昏者，娶妻之礼，以昏为期，因名焉。必以昏者，取阳往阴来之义。"

清·姜兆锡《礼记章义》曰："此释《仪礼·士昏礼》之义也，当合《郊特牲》篇观之始备。"

王锷《礼记成书考》："我们认为，《昏义》的第一部分是该篇的主体，即原文，当成篇于战国中晚期。第二部分文字（按：自"古者天子后立六宫"至篇末）就内容来看，与昏礼、昏义关系不大，应该是后人补充的文字，或他篇烂简于此。"

〔**思考与讨论**〕

1. 关于天子、诸侯亲迎与否，学者所见不同。许慎《礼记异义》云："《戴礼》说：天子亲迎。《左氏》：天子不亲迎，上卿迎之；诸侯亦不亲迎，使上大夫迎之。"郑玄《驳异义》云："文王娶太姒，亲迎于渭。又孔子答哀公：'合二姓之好以继先圣之后，以为天地宗庙社稷之主，冕而亲迎，何谓已重乎！'此天子、诸侯有亲迎也。"您有什么看法？

2. 观察思考一下，现代社会的婚礼仪式中，还有没有古代婚礼仪式的遗存？

主要参考文献

[唐]孔颖达.礼记正义,七十卷(吕友仁校点),上海古籍出版社,2008年。
[唐]孔颖达.礼记正义,七十卷(吕友仁校点),北京大学出版社,《儒藏》精华编本,2016年。
[宋]卫湜.礼记集说,一百六十卷,景印文渊阁《四库全书》本,上海古籍出版社,1987年。
[元]吴澄.礼记纂言,三十六卷,景印文渊阁《四库全书》本,上海古籍出版社,1987年。
[元]陈澔.礼记集说,十卷,中国书店,1994年。
[清]钦定礼记义疏,八十二卷,景印文渊阁《四库全书》本,上海古籍出版社,1987年。
[清]方苞.礼记析疑,四十六卷,景印文渊阁《四库全书》本,上海古籍出版社,1987年。
[清]江永.礼记训义择言,八卷,景印文渊阁《四库全书》本,上海古籍出版社,1987年。
[清]徐乾学.读礼通考,一百二十卷,景印文渊阁《四库全书》本,上海古籍出版社,1987年。
[清]秦蕙田.五礼通考,二百六十二卷,景印文渊阁《四库全书》本,上海古籍出版社,1987年。
[明]郝敬.礼记通解,二十二卷,《续修四库全书》本,上海古籍出版社,2002年。
[清]王夫之.礼记章句,四十九卷,《续修四库全书》本,上海古籍出版社,2002年。
[清]万斯大.礼记偶笺,三卷,《续修四库全书》本,上海古籍出版社,2002年。
[清]姜兆锡.礼记章义,十卷,《续修四库全书》本,上海古籍出版社,2002年。
[清]杭世骏.续礼记集说,一百卷,《续修四库全书》本,上海古籍出版社,2002年。
[清]孙希旦.礼记集解,六十一卷,中华书局,1989年。
[清]郝懿行.礼记笺,四十九卷,《续修四库全书》本,上海古籍出版社,2002年。
[清]朱彬.礼记训纂,四十九卷,中华书局,1989年。
[清]焦循.礼记补疏,三卷,《续修四库全书》本,上海古籍出版社,2002年。
[清]俞樾.小戴礼记平议,四卷,《清经解·清经解续编》本,上海书店,2014年。
王梦鸥.礼记今注今译,台湾商务印书馆,1969年。
杨天宇.礼记译注,上海古籍出版社,2004年新1版。
吕友仁、吕咏梅.礼记全译,贵州人民出版社,1998年。
王文锦.礼记译解,中华书局,2001年。
丁鼎.礼记解读,中国人民大学出版社,2010年。
荆门市博物馆编.郭店楚墓竹简,文物出版社,1998年。
《中国哲学》编辑部、国际儒联学术委员会编.郭店楚简研究,辽宁教育出版社,1999年。
《中国哲学》编辑部.郭店简与儒学研究,辽宁教育出版社,2000年。
[清]王聘珍.大戴礼解诂,十三卷,中华书局,1983年。
黄怀信.大戴礼记汇校集注,三秦出版社,2005年。
方向东.大戴礼记汇校集解,中华书局,2008年。
王锷.礼记成书考,中华书局,2007年。
周礼注疏,四十二卷,点校《十三经注疏》本,北京大学出版社,1999年。

[清]孙诒让. 周礼正义，八十六卷，中华书局，1987 年。
仪礼注疏，五十卷，点校《十三经注疏》本，北京大学出版社，1999 年。
吕友仁. 周礼译注，中州古籍出版社，2004 年。
吕友仁、李正辉、孙新梅. 周礼注译，中州古籍出版社，2018 年。
[宋]朱熹. 仪礼经传通解，《朱子全书》本，上海古籍出版社，2002 年。
[清]胡培翚. 仪礼正义，四十卷，《续修四库全书》本，上海古籍出版社，2002 年。
[清]凌廷堪. 礼经释例，十三卷，台湾"中央研究院"中国文哲研究所，2002 年。
[清]郑珍. 仪礼私笺，八卷，《续修四库全书》本，上海古籍出版社，2002 年。
杨天宇. 仪礼译注，上海古籍出版社，1994 年。
[日]工藤卓司. 近百年来日本学者〈三礼〉之研究，台湾万卷楼图书公司，2016 年。
[南朝陈]陆德明. 经典释文，三十卷，上海古籍出版社，1985 年。
吴承仕. 经典释文叙录疏证，中华书局，1984 年。
陈戍国校点. 周礼・仪礼・礼记，岳麓书社，1989 年。
洪业. 洪业论学集，中华书局，1981 年。
沈文倬. 宗周礼乐文明考论，浙江大学出版社，1999 年。
钱玄. 三礼通论，南京师范大学出版社，1996 年。
钱玄. 三礼辞典，江苏古籍出版社，1998 年。
[清]阮元校刻. 十三经注疏(附校勘记)，中华书局，1980 年。
李学勤主编. 十三经注疏(校点繁体字版)，北京大学出版社，2000 年。
[清]王引之. 经义述闻，三十二卷，《续修四库全书》本，上海古籍出版社，2002 年。
[清]孙诒让. 十三经注疏校记，齐鲁书社，1983 年。
杨伯峻. 春秋左传注，中华书局，1981 年。
国语，二十卷，上海古籍出版社校点本，1978 年。
[清]陈立. 白虎通疏证，十二卷，《清经解续编》本。
[清]陈寿祺. 礼记异义疏证，三卷，《清经解・清经解续编》本，上海书店。
[清]王先谦. 荀子集解，二十卷，中华书局，1988 年。
[清]皮锡瑞. 六艺论疏证，一卷，《续修四库全书》本，上海古籍出版社，2002 年。
吕氏春秋，二十六卷，《诸子集成》本，中华书局，1954 年。
淮南子，二十一卷，《诸子集成》本，中华书局，1954 年。
[汉]司马迁. 史记，一百三十卷，中华书局，1959 年。
[汉]司马迁. 史记，一百三十卷(修订版)，中华书局，2013 年。
[汉]班固. 汉书，一百卷，中华书局，1962 年。
[唐]张参. 五经文字，三卷，《丛书集成》本，商务印书馆，1936 年。
[清]郝懿行. 尔雅义疏，二十卷，中国书店，1982 年。
[清]段玉裁. 说文解字注，上海古籍出版社，1988 年。

图书在版编目(CIP)数据

礼记讲读/吕友仁著. —上海:华东师范大学出版社,2020
(国学名著讲读系列)
ISBN 978-7-5760-0343-7

Ⅰ.①礼… Ⅱ.①吕… Ⅲ.①礼仪-中国-古代②《礼记》-注释 Ⅳ.①K892.9

中国版本图书馆CIP数据核字(2020)第062235号

国学名著讲读系列
礼记讲读

著　者　吕友仁
策划组稿　曹利群　张俊玲
责任编辑　乔　健
责任校对　刘　瑾　时东明
封面设计　夏艺堂艺术设计
版式设计　卢晓红

出版发行　华东师范大学出版社
社　址　上海市中山北路3663号　邮编200062
网　址　www.ecnupress.com.cn
电　话　021-60821666　行政传真021-62572105
客服电话　021-62865537　门市(邮购)电话021-62869887
地　址　上海市中山北路3663号华东师范大学校内先锋路口
网　店　http://hdsdcbs.tmall.com

印刷者　浙江临安曙光印务有限公司
开　本　787×1092　16开
印　张　22.25
字　数　383千字
版　次　2020年9月第2版
印　次　2020年9月第1次
书　号　ISBN 978-7-5760-0343-7
定　价　78.00元

出版人　王　焰